国际企业管理（第四版）

International Enterprise Management

马述忠 等编

图书在版编目(CIP)数据

国际企业管理/马述忠等编.—4版.—北京:北京大学出版社,2019.10
21世纪经济与管理规划教材.工商管理系列
ISBN 978-7-301-30722-9

Ⅰ.①国… Ⅱ.①马… Ⅲ.①跨国公司—企业管理—高等学校—教材 Ⅳ.①F276.7

中国版本图书馆CIP数据核字(2019)第199186号

书　　　名	国际企业管理(第四版) GUOJI QIYE GUANLI (DI-SI BAN)
著作责任者	马述忠　等编
责任编辑	贾米娜
标准书号	ISBN 978-7-301-30722-9
出版发行	北京大学出版社
地　　　址	北京市海淀区成府路205号　100871
网　　　址	http://www.pup.cn
微信公众号	北京大学经管书苑(pupembook)
电子信箱	em@pup.cn
电　　　话	邮购部 010-62752015　发行部 010-62750672　编辑部 010-62752926
印　刷　者	北京溢漾印刷有限公司
经　销　者	新华书店
	787毫米×1092毫米　16开本　22.25印张　501千字
	2007年1月第1版　2010年1月第2版　2013年9月第3版 2019年10月第4版　2020年8月第2次印刷
定　　　价	49.00元

未经许可,不得以任何方式复制或抄袭本书之部分或全部内容。
版权所有,侵权必究
举报电话: 010-62752024　电子信箱: fd@pup.pku.edu.cn
图书如有印装质量问题,请与出版部联系,电话: 010-62756370

丛书出版前言

作为一家综合性的大学出版社,北京大学出版社始终坚持为教学科研服务,为人才培养服务。呈现在您面前的这套"21世纪经济与管理规划教材"是由我国经济与管理领域颇具影响力和潜力的专家学者编写而成,力求结合中国实际,反映当前学科发展的前沿水平。

"21世纪经济与管理规划教材"面向各高等院校经济与管理专业的本科生,不仅涵盖了经济与管理类传统课程的教材,还包括根据学科发展不断开发的新兴课程教材;在注重系统性和综合性的同时,注重与研究生教育接轨、与国际接轨,培养学生的综合素质,帮助学生打下扎实的专业基础和掌握最新的学科前沿知识,以满足高等院校培养精英人才的需要。

针对目前国内本科层次教材质量参差不齐、国外教材适用性不强的问题,本系列教材在保持相对一致的风格和体例的基础上,力求吸收国内外同类教材的优点,增加支持先进教学手段和多元化教学方法的内容,如增加课堂讨论素材以适应启发式教学,增加本土化案例及相关知识链接,在增强教材可读性的同时给学生进一步学习提供指引。

为帮助教师取得更好的教学效果,本系列教材以精品课程建设标准严格要求各教材的编写,努力配备丰富、多元的教辅材料,如电子课件、习题答案、案例分析要点等。

为了使本系列教材具有持续的生命力,我们将积极与作者沟通,争取每三年左右对教材进行一次修订。无论您是教师还是学生,您在使用本系列教材的过程中,如果发现任何问题或者有任何意见或建议,欢迎及时与我们联系(发送邮件至 em@pup.cn)。我们会将您的宝贵意见或建议及时反馈给作者,以便修订再版时进一步完善教材内容,更好地满足教师教学和学生学习的需要。

最后,感谢所有参与编写和为我们出谋划策提供帮助的专家学者,以及广大使用本系列教材的师生,希望本系列教材能够为我国高等院校经管专业教育贡献绵薄之力。

北京大学出版社
经济与管理图书事业部

21世纪经济与管理规划教材
工商管理系列

第四版前言

时光荏苒,岁月如梭。自从本教材第一版2007年由北京大学出版社出版以来,承蒙学界同仁厚爱,为国内众多高校选用,现在要印第四版了,转眼之间十二年,整整一个轮回。

十二年祖国大地发生了翻天覆地的变化,2018年我们更是迎来了中国改革开放四十周年,硕果累累。我国企业也"走出去",走到了世界舞台的中央。2014年我国共实现全行业对外直接投资1 160亿美元,同比增长15.5%,如果加上第三地融资再投资,2014年我国对外投资规模应该在1 400亿美元左右,高于利用外资200亿美元。也就是说,2014年我国首次成为资本净输出国,可喜可贺!因此,我们绝不缺乏学习和研究国际企业管理的土壤。据美国《财富》杂志2019年世界500强排行榜,本次共有129家中国企业上榜,首次超过美国(121家),这是一个历史性的变化。

一路走来,我要衷心感谢北京大学出版社李娟、贾米娜两位编辑老师,以书结缘,书里书外我们都成为很好的朋友。如果没有李娟老师的督促和鼓励,就不会有本教材第四版的修订和面世。威廉·莎士比亚(William Shakespeare)说过:"放弃时间的人,时间也会放弃他。"由于自2015年起我从传统国际贸易与跨国公司研究转为主攻跨境电子商务研究,也就是后来的全球数字贸易研究,因此对本教材第四版的修订一拖再拖。感谢李娟老师的耐心和包容,不然我真的会成为莎翁笔下那个被放弃的人。

第四版的修订工作是在我的硕士研究生王今非、刘健琦的帮助下完成的。两位同学认真负责,拥有自律的优良品质,在整个修订过程中的表现真是可圈可点。在这里,我要向两位同学表示最衷心的感谢!在管理学中有一个概念,叫作"时间颗粒感",指一个人安排时间的基本单位。越是那些自律的"牛人",时间颗粒感越细。我也衷心希望两位同学未来能够成为不一般的"牛人"。

原本与"国际企业"关联度最高的应该是"跨国公司",但伴随数字经济时代的到来,"跨国公司"这一概念处于被迭代的尴尬境地,其将为呼之欲出的"全球企业"这一新表述所替代。当然,这是我个人的学术理解。姑且让我们一道关注全球企业的显现,相信全球企业会日益强大,共同去拥抱国际企业数字化和智能化转型成功那灿烂的明天!

马述忠

2019年7月于浙江大学玉泉校区

21世纪经济与管理规划教材

工商管理系列

目 录

第一章 导 论 ………………………………………………………… 1
　　引导案例　海尔国际化的五个阶段 ……………………………… 2
　　第一节　国际企业的内涵与特征 ………………………………… 6
　　第二节　国际企业经营的动机与方式 …………………………… 11
　　第三节　国际企业的产生与发展 ………………………………… 17
　　第四节　经济全球化的兴起与发展 ……………………………… 21
　　第五节　国际企业管理及其学科性质 …………………………… 25
　　本章小结 …………………………………………………………… 27
　　复习思考题 ………………………………………………………… 28
　　案例分析　松下电器的跨国经营 ………………………………… 28

第二章　与国际企业管理相关的基本理论 ………………………… 33
　　引导案例　美国对外直接投资结构的变化及影响因素分析 …… 34
　　第一节　国际贸易的基本理论 …………………………………… 37
　　第二节　对外直接投资的基本理论 ……………………………… 48
　　第三节　发展中国家对外直接投资的基本理论 ………………… 59
　　本章小结 …………………………………………………………… 69
　　复习思考题 ………………………………………………………… 70
　　案例分析　印度软件业崛起探因 ………………………………… 71

第三章　国际企业的经营环境 ……………………………………… 73
　　引导案例　三星集团国际化 ……………………………………… 74
　　第一节　国际企业的经营环境及其特征 ………………………… 75
　　第二节　国际政治环境 …………………………………………… 80
　　第三节　国际经济环境 …………………………………………… 86

第四节　国际法律环境 ………………………………………………………… 94
　　第五节　国际文化环境 ………………………………………………………… 99
　　第六节　国际技术环境 ………………………………………………………… 101
　　本章小结 ………………………………………………………………………… 102
　　复习思考题 ……………………………………………………………………… 103
　　案例分析　政府做靠山，前路仍艰险 ………………………………………… 103

第四章　国际企业的战略管理 ……………………………………………………… 107
　　引导案例　通用汽车的"全球经营"战略 ……………………………………… 108
　　第一节　国际企业战略管理概述 ……………………………………………… 111
　　第二节　国际企业的战略模式选择与经营业务定位 ………………………… 116
　　第三节　国际企业战略分析工具 ……………………………………………… 122
　　第四节　国际企业战略联盟 …………………………………………………… 138
　　本章小结 ………………………………………………………………………… 147
　　复习思考题 ……………………………………………………………………… 148
　　案例分析　谷歌——新经济时代的新企业 …………………………………… 149

第五章　国际企业的营销管理 ……………………………………………………… 151
　　引导案例　TCL 的国际营销 …………………………………………………… 152
　　第一节　国际企业营销管理概述 ……………………………………………… 155
　　第二节　国际目标市场的选择与进入 ………………………………………… 162
　　第三节　国际产品策略 ………………………………………………………… 168
　　第四节　国际定价策略 ………………………………………………………… 176
　　第五节　国际分销策略 ………………………………………………………… 182
　　第六节　国际促销策略 ………………………………………………………… 189
　　本章小结 ………………………………………………………………………… 198
　　复习思考题 ……………………………………………………………………… 198
　　案例分析　高端攻略，一骑绝尘 ……………………………………………… 199

第六章　国际企业的跨文化管理 …………………………………………………… 202
　　引导案例　林肯电气公司国际扩张的惨痛教训 ……………………………… 203
　　第一节　文化与管理 …………………………………………………………… 204
　　第二节　人际环境与文化环境 ………………………………………………… 205
　　第三节　国际企业文化管理概述 ……………………………………………… 213
　　第四节　文化差异与跨国经营管理 …………………………………………… 219
　　第五节　国际企业的文化冲突与融合 ………………………………………… 225
　　本章小结 ………………………………………………………………………… 231
　　复习思考题 ……………………………………………………………………… 232

案例分析　中西能否合璧——西安杨森的跨文化管理 ……………………… 233

第七章　国际企业的人力资源管理 ……………………………………………… 235
　　引导案例　快车道上的全球管理者 ……………………………………………… 236
　　第一节　国际人力资源管理概述 ………………………………………………… 237
　　第二节　国际企业的人员配备 …………………………………………………… 243
　　第三节　国际企业人员的培训与开发 …………………………………………… 249
　　第四节　国际企业人员的绩效考核与薪酬 ……………………………………… 252
　　第五节　外派人员的归国管理 …………………………………………………… 260
　　第六节　国际劳资关系管理 ……………………………………………………… 261
　　本章小结 …………………………………………………………………………… 264
　　复习思考题 ………………………………………………………………………… 266
　　案例分析　可口可乐公司的国际化人力资源管理战略 ………………………… 266

第八章　国际企业的组织管理 …………………………………………………… 268
　　引导案例　战略与组织结构的跨国教训 ………………………………………… 269
　　第一节　国际企业组织管理概述 ………………………………………………… 270
　　第二节　国际企业组织结构的类型 ……………………………………………… 275
　　第三节　国际企业的生命周期与组织设计 ……………………………………… 288
　　第四节　国际企业的组织控制 …………………………………………………… 292
　　本章小结 …………………………………………………………………………… 300
　　复习思考题 ………………………………………………………………………… 301
　　案例分析　三九集团的组织设计与变革 ………………………………………… 302

第九章　国际企业的生产管理 …………………………………………………… 304
　　引导案例　雅戈尔并购案 ………………………………………………………… 305
　　第一节　国际生产系统 …………………………………………………………… 309
　　第二节　国际企业生产系统的营运与控制 ……………………………………… 315
　　第三节　国际采购 ………………………………………………………………… 324
　　第四节　国际技术转移 …………………………………………………………… 329
　　本章小结 …………………………………………………………………………… 336
　　复习思考题 ………………………………………………………………………… 338
　　案例分析　德国伍德公司的组织与管理 ………………………………………… 339

主要参考文献 ………………………………………………………………………… 343

21世纪经济与管理规划教材

工商管理系列

第一章

导　论

主要内容

- 国际企业的内涵与特征
- 国际企业经营的动机与方式
- 国际企业的产生与发展
- 经济全球化的兴起与发展
- 国际企业管理及其学科性质

核心概念

- 国际企业
- 国际商务
- 跨国公司
- 直接投资
- 间接投资
- 经济全球化
- 经济一体化

学习要求

- 掌握国际企业、国际商务、跨国公司等基本概念
- 掌握国际企业的类型、特征和国际经营的基本方式
- 理解国际企业经营的基本动机
- 了解国际企业的产生与发展过程
- 了解国际企业的发展趋势
- 了解经济全球化给发展中国家带来的影响
- 了解国际企业管理与一般企业管理的区别

引导案例 海尔国际化的五个阶段

海尔集团1984年创立于青岛,是中国首批公布的十大驰名商标中唯一的家电名牌。创业以来,海尔坚持以用户需求为中心的创新体系驱动企业持续健康发展,从一家资不抵债、濒临倒闭的集体小厂发展成为全球最大的家用电器制造商之一。2017年,海尔集团全球营业额2 419亿元,产品销往海外一百多个国家和地区,成功进入欧、美前十大家电连锁渠道。

海尔国际化的发展经历了五个战略阶段:

一、名牌发展战略阶段

名牌战略与国际化的关系——只有国内市场做大做强,才有资格谈国际化问题。

1984年到1991年,海尔引进当时世界上最先进的德国冰箱生产技术,在7年时间里精心打造海尔冰箱品牌。

1992年到1998年,海尔开始实行多元化战略,迅速完成规模扩张和资本积累,并铸造了独具特色的企业文化。从这时开始,海尔就将目光投向国际市场,实施国际化战略。这一阶段,海尔艰难起步并确立了冰箱行业的名牌地位,其代表事件就是"砸冰箱":通过砸掉76台有问题的冰箱"砸醒"职工的质量意识,树立名牌观念。

海尔1984年起步时管理混乱,无优势产品,人心涣散。要摆脱这种局面必须高起点切入,给企业注入生存的希望。当时的外部环境是冰箱厂蜂拥而起,但没有名牌,因此海尔决定引进世界上最先进的冰箱生产技术,生产世界一流的冰箱,创出冰箱行业的中国名牌。1998年,海尔获得中国冰箱行业历史上第一枚国际质量金牌,标志着其名牌战略初步成功。

自1990年以来,海尔采取"先难后易"的出口战略,即首先进入发达国家建立信誉,创出品牌,然后再以高屋建瓴之势占领发展中国家的市场。这一战略取得了显著成效。海尔以其产品的高质量树立国际市场信誉,并坚持在发展中对国际市场布局进行多元化战略调整,因此开创了在国内市场稳固发展的同时有力地开拓国际市场的大好局面。海尔在走向国际市场时由于坚持了创中国自己的国际品牌的战略,因此,出口产品都打海尔自己的品牌,并努力通过质量、售后服务等树立海尔品牌的国际形象。另外,海尔还建立了与国际接轨的星级一条龙服务体系,设立了售后服务电话,海外的海尔用户同样可以享受到海尔的星级服务。

经过艰苦努力,海尔通过了质保体系国际认证、产品国际认证、检测水平国际认可,各类产品保持与国际同步。

二、多元化发展阶段

多元化与国际化的关系——企业在竞争中取胜要靠国际化,而国际化必须要多元化。

1996年12月,海尔印尼电器有限公司成立,海尔首次实现跨国经营。1997年8月,海尔被国家经贸委确定为我国6家首批技术创新试点企业之一,并被重点扶持冲击世界500强。

1984年到1991年,海尔做了7年冰箱,然后进入冷柜、空调、洗衣机等白色家电领域;1997年,海尔从白色家电领域进入黑色家电领域;2000年,海尔又进入电脑行业。

关于多元化,外界议论很多:到底该不该多元化?应该多元化,还是专业化?

海尔认为,广义的多元化指企业在竞争中取胜要靠国际化,而国际化必须要多元化,多元化不仅是产业的多元化,更重要的是市场的多元化。如耐克,该公司只有1 000人,但全世界的耐克鞋不计其数,它本身并没有工厂,却有市场。它只抓两头:一头是鞋的设计、开发,另一头是销售。因此,海尔进一步认为,多元化的发展应该成为一种趋势,最关键的是在国际市场把品牌做好,即不一定拥有自己的工厂,却拥有全世界的市场。

三、国际化发展战略阶段

海尔的国际化与国际化的海尔——海尔的国际化战略是国际化海尔的基础,国际化的海尔是海尔国际化战略的目标。

2000年3月,美国海尔工业园竣工投产,第一台美国造冰箱下线。

2001年6月,海尔收购了一家意大利冰箱厂,首次实现白色家电跨国并购。

2002年1月,海尔与日本三洋结成竞合关系。

2003年5月,依据2002年企业营业收入排序,海尔集团以711亿元的营业收入首次荣登第17届中国电子百强企业首位。

2005年3月,约旦撒哈布的海尔中东工业园举行开业仪式。海尔中东工业园总占地面积14万平方米,建筑面积5万平方米,设计生产能力超过100万台,是中东地区规模最大的家电工业园,将成为海尔集团在中东运作的一个枢纽。

海尔的国际化是国际化海尔的一个基础,只有先做到了海尔的国际化才能去做国际化的海尔。做海尔的国际化,就是要让海尔的各项工作都能达到国际标准。主要是三个方面:一是质量;二是财务;三是营销。质量要达到国际标准;财务的运行指标、运行规则应该和西方财务制度一致起来;营销观念、营销网络应达到国际标准。海尔自身具备这种素质就可以进入国际市场,所以"出口"是针对海尔的国际化而言的。

但国际化的海尔就不同了,海尔已不再是青岛的海尔,中国的海尔也将成为整个国际化海尔的一个组成部分,还会有美国的海尔、欧洲的海尔、东南亚的海尔等。国际化的海尔是三位一体的海尔,即设计中心、营销中心、制造中心三位一体,最终成为一个非常有竞争力的、具备在当地融资和融智功能的本土化的海尔。

四、全球化品牌战略阶段

全球化与国际化的关系——国际化是全球化发展的必经之路,全球化是国际化发展的必然趋势。

2005年12月25日,海尔集团首席执行官张瑞敏宣布启动新的发展战略阶段、发展模式及新的企业精神和作风。至此,海尔进入第四个发展战略阶段——全球化品牌战略阶段。新的战略阶段,海尔取胜全球市场的发展模式是"人单合一"。全球化背景下,海尔的企业精神和工作作风从"敬业报国、追求卓越;迅速反应、马上行动"升级创新为"创造资源、美誉全球;人单合一、速决速胜"。

2006年5月,在印度首都新德里,海尔电信(印度)公司举行手机新品发布会,并正式宣布进入印度市场。

2006年10月,海尔集团首家澳大利亚专卖店在澳洲第一大城市悉尼隆重开业。

2006年10月,海尔与日本三洋株式会社在日本大阪签署合约,双方合作成立合资公司——海尔三洋株式会社。双方的合作将提高彼此在全球冰箱行业的竞争力。

2006年11月,海尔与英特尔联合成立的创新产品研发中心揭牌。这标志着海尔电脑在创新产品的研发上进入新阶段,也标志着海尔与英特尔的共赢发展。

2007年7月,美国《商业周刊》网站评出了14家最受尊敬的亚洲企业,并在美国《商业周刊》杂志上刊登。海尔集团被评为"亚洲最受尊敬企业",《商业周刊》的评价是:"海尔是中国市场公认的顶级品牌,是行业领先的白色家电制造商,并创建了售后服务的新标准。"

2007年8月,海尔集团在印度收购了一家产能35万台的冰箱厂,宣布启动其在印度的第一个制造基地。

2007年9月,"海尔-思科战略合作谅解备忘录签约仪式"在海尔集团举行。双方签署了《战略合作谅解备忘录》,并就战略合作进行了深入交流。

2007年11月,"同'芯'协力、共创未来 海尔·英特尔全方位战略合作签约仪式"在北京隆重举行。张瑞敏和英特尔公司总裁兼首席执行官保罗·欧德宁(Paul Otellini)签署了《全面战略合作谅解备忘录》,标志着双方全方位战略合作的开始。

2009年2月19日,海尔集团高级副总裁周云杰与委内瑞拉轻工业内贸部副部长卡利若·格拉纳迪诺(Karlino Granadillo)在委内瑞拉总统府签署了《白色家电技术、标准输出及建立生产基地合作协议》。中央书记处书记、国家副主席习近平与委内瑞拉总统查韦斯出席了签约仪式。本次签约标志着海尔将在委内瑞拉发展白色家电制造业及建立相关产业链的进程中扮演重要角色。

2010年5月27日,海尔集团与挪威领先的环保技术供应商FramTech在上海正式签署节能环保协议,全面引入全球领先的绿色科技。

2012年1月5日,海尔集团收购三洋电机株式会社家用电器业务交割仪式在东京顺利举行。海尔亚洲国际株式会社和海尔亚科雅销售公司成立,AQUA新品牌正式诞生。

2012年2月15日,海尔集团新品牌AQUA在东京召开新闻发布会,宣告海尔在日本正式进入主流市场;与此同时,海尔亚洲总部和研发中心正式落户日本,这是海尔集团在全球的第五个研发中心。

五、网络化战略阶段

网络化与国际化的关系——网络化有助于进一步加快国际化进程,国际化的发展需要网络化。

2012年12月26日,海尔集团董事局主席张瑞敏在集团创业28周年纪念会上发布"网络化战略"。互联网时代的到来颠覆了传统经济的发展模式,而新模式的基础和运行则体现在网络化上,这是海尔将第五个发展阶段确定为"网络化战略"的原因。在全球化品牌战略阶段,整合全球资源创造全球化品牌是海尔实现全球化发展的战略路径。海尔进入网络化战略阶段后,这一趋势更加明确,通过搭建由利益攸关方组成的平台型团队,根据用户的需求整合全球一流的设计资源、模块供应商资源等外部资源,以满足互联网时代用户个性化、碎片化的需求。

2015年9月19日,海尔召开"人单合一双赢模式探索十周年暨第二届海尔商业模式创新全球论坛",海尔集团董事局主席、首席执行官张瑞敏做了《人单合一2.0——为创建共创共赢生态圈模式进行的探索及实践》的主题演讲,标志着海尔人单合一双赢模式进入新阶段——共创共赢新模式阶段。随后,海尔论证并制定了共创共赢模式的具体实现路径和检验标准——共赢增值表。

2016年1月23日,海尔集团董事局主席、首席执行官张瑞敏在"海尔生态圈共创共赢模式创新交互大会"上发布互联网企业构想和理论框架,首次提出转型互联网企业的六要素,即战略、组织、员工、用户、薪酬和管理。

在网络化战略阶段,海尔颠覆传统企业自成体系的封闭系统,互联互通各种资源,打造共创共赢新平台,实现攸关各方的共赢增值。在物联网时代,海尔致力于创建物联网引领的生态品牌,以用户最佳体验为标准,迭代升级增值,整合社群用户、生态资源与生态收益,创全球引领生态品牌。

经过三十多年的发展,海尔集团现已成为世界第一大白色家电制造商,连续九年蝉联全球白色第一品牌。在海外市场,每10台中国品牌的家电,就有8台来自海尔。海尔在全球建立了十大研发中心、21个工业园、108个工厂、超过14万个销售网点。其中,设于中国之外的研发中心8个、工厂54个,形成2 000万台的海外产能,海外生产量占海外销售量的56%,完成了"三位一体"的战略布局。2017年,海尔集团实现全球营业额2 419亿元,刷新了全球用户对于"中国制造"的认知,通过品牌布局、研发布局、制造布局和用户布局的全球化,真正实现了中国企业全球化的理想。

资料来源:①石建勋,《战略规划中国跨国公司》,北京:机械工业出版社2004年版,第63—67页。②http://www.haier.cn,访问时间:2018-10-25,有删改。

20世纪90年代后期,中国企业的海外直接投资进入了一个蓬勃发展时期,形成了一批新的跨国公司,其中最有代表性的就是海尔集团。海尔集团从1998年开始重点实施国际化发展战略,目前,海尔在美国、欧洲、南亚、亚太、中非等地实行跨国经营,已成为全球颇具影响力的国际企业,国际化经营也为海尔带来了较高的利润。

20世纪以来,尤其是第二次世界大战之后,随着世界经济全球化进程的加快,国际企业作为跨国经营的国际性经济组织得到了迅猛发展。国际企业的形成和发展是国际经济全球化的必然结果,国际企业在全球范围内的生产经营活动又推动着世界经济的发展和全球化的进程。国际企业在当代世界经济中的重要地位和作用令人瞩目。系统、深入地考察和研究国际企业及其特征,分析研究国际企业的产生与发展、企业经营的国际化模式及其在世界经济中的地位和影响,对适应世界经济的发展趋势,推动我国企业的国际化经营,促使其积极参与国际市场竞争,具有十分重要的理论和实践意义。

在学习的初始阶段,读者们必然会提出这样一些问题:国际商务活动为什么会发生?企业进行跨国经营有什么好处?与我们所熟悉的国内经营相比,跨国经营有什么不同?本书在第一章中将解释和回答上述问题,并给出一些重要的定义,解释近几十年来国际商务活动迅猛发展的基本原因,并介绍国际企业经营活动的基本形式,阐述企业国际化的阶段性问题。

第一节　国际企业的内涵与特征

一、国际企业的内涵

国际企业(International Enterprise)是指从事涉及国际范围内的产品、技术、劳务、信息、资金等经营活动的企业。它是将各国经济联系在一起的重要力量,其国际生产流动过程的中心环节,就是对企业人力、物力、财力等要素进行有效的规划、组织协调、指挥和控制,形成有形和无形资产在国与国之间的移动,获取利润,并推动世界经济的发展。在过去的几十年中,世界上数以百万计的国际企业和数以万计的跨国公司参与国际竞争,形成了一股强劲的国际化潮流。

涉及国际企业经营管理的概念有很多,这里主要介绍国际企业的主体经营活动——国际商务,以及国际企业的主要代表类型——跨国公司。

(一)国际商务

国际商务(International Business)是指两国或多国卷入的全部商业交易活动的总称。也有人认为,国际商务包括跨越国界的任何形式的商业活动。这里所指的商业活动包括各种形式的商品、劳务和资本的国际转移。

一般来讲,参与上述商务活动的主体可能是企业,也可能是国家政府。企业卷入商务活动往往是为了获取利润,而政府卷入却不一定是为了利润。

(二)跨国公司

1. 广义的跨国公司的定义

广义的跨国公司的定义适用于普遍意义上的跨国公司。

1963年,美国《每周商务》杂志对跨国公司下了描述性定义:跨国公司是指符合下列两个条件的公司。第一,它至少要在一个或一个以上的国家设定生产点或是争取其他形态的直接投资;第二,具有名副其实的世界性预测能力,其经营者在市场开发、生产和研究等方面,能作出适用于世界各国的多种多样的基本决策。

著名英国跨国公司研究专家约翰·H.邓宁(John H. Dunning)曾指出:国际的或者多国的生产企业的概念……简单地说,就是一个在一个以上的国家拥有或控制生产设施(例如工厂、矿山、炼油厂、销售机构、办事处等)的企业。

2. 狭义的跨国公司的定义

狭义的跨国公司的定义着重突出在跨国公司的规模巨大上。

1968年,哈佛大学商学院知名教授雷蒙德·弗农(Raymond Vernon)把跨国公司定义为:一个跨国公司就是一个控制着一大群在不同国家设立的公司的母公司,不同国家的各个公司之间人力和财力实行统筹使用,并且有共同的经营战略;它们共同的特点是规模巨大。销售额在1亿美元以下的跨国公司,是不被人注意的。它们不是单纯的出口商,也不是单纯的技术提供者,它们具有广泛的地理分布,在本国以外的活动往往涉及两个以上的国家。他把跨国数限定在六个以上。

还有一种定义认为,跨国公司是在世界各地的适当地点布下许多工厂和销售据点,组成密网,并以其世界战略为基础,追求整个公司的最大利润和发展的企业。

3. 联合国对跨国公司的定义

对跨国公司的解释众说纷纭,1973年,联合国在题为"多国公司对发展和国际关系的影响"的报告中给跨国公司下了一个定义:跨国公司就是在其总部所在的国家之外拥有或控制着生产服务设施的企业。这种企业不一定是股份公司或私人公司,也可能是合营组织或国有企业。1984年,联合国在《跨国公司行为守则草案》中,给跨国公司下了一个新的定义:跨国公司是指由在两个或多个国家的实体所组成的公营、私营或混合所有制企业。不论此等实体的法律形式和活动领域如何,该企业都在整个决策体系下运营,通过一个或一个以上的决策中心得以具有吻合的政策和共同的战略;该企业中的各个实体通过所有权或其他方式结合在一起,从而使其中一个或更多的实体得以对其他实体的活动施加有效的影响,特别是与别的实体共享知识、资源和责任。

具体来说,一个跨国公司的基本条件是:①它由两个或两个以上国家的经济实体所组成;②在一个统一的决策体系下,拥有共同的战略和配套政策;③它的各个经济实体通过股权或其他方式相互联系,它的一个或多个经济实体能够对其他实体施加有效的影响,特别是各个经济实体之间能够共享知识、资源、信息,并且需要共同承担责任和风险。

从本质上说,联合国1973年和1984年关于跨国公司的定义,主要反映了企业战略(Enterprise Strategy)和组织一体化(Organizational Integration)对跨国公司的重要性。因此,对各个国别市场运营系统实施统一战略和组织一体化管理是跨国公司的一个显著特征。跨国公司与国内公司的真正区别在于:它建立了一个内部组织来经营各种跨国界业务,而且实行内部化交易,而不是通过公开市场完成交易。

虽然1984年的定义至今尚未由联合国大会通过,但其影响很大。《跨国公司行为守则草案》于1977年起草,之后数易其稿,2000年,经济合作与发展组织对其进行修订,将重点放在可持续发展上,并包含了国际劳工组织所有的核心劳工协议。新修订的准则更突出对企业在履行社会责任方面的指导。其定义充分吸收了其他国际机构(如亚太经济与合作组织、欧洲共同体等)有关文件中的说法,并以此为基础进行了整合、补充和完善。

由于跨国公司经营的形式多样,所有权的形式也有很大的差异,学者们往往从不同角度思考和判断问题,因此跨国公司不仅具有不同的定义,而且还有不同的称谓。例如,有人称跨国公司为多国企业(Multinational Enterprise,MNE)或多国公司(Multinational Corporation,MNC),也有人将跨国公司称为全球公司(Global Corporation),甚至还有人称其为宇宙公司(Cosmocorp)。后来,为了避免与安第斯条约组织创办的多国联营公司相混淆,1974年,联合国经济与社会理事会讨论由知名人士组成的小组提供的《多国公司对发展和国际关系的影响》的报告时,一位拉丁美洲的代表建议用"Transnational Corporation"替代"Multinational Corporation",此后,Transnational Corporation 成为联合国称呼跨国公司的正式用语。

4. 我国学者早期对跨国公司的定义

我国学者对跨国公司的研究是从 20 世纪 90 年代初开始的,著名跨国公司专家滕维藻先生指出,跨国公司研究的对象主要指发达资本主义国家的跨国公司,尤其是那些规模较大、分支机构较多、行为比较典型的制造业跨国公司。这种公司是为了对外进行经济扩张,携其资金、技术、管理与组织等方面的优势,通过对外直接投资,到海外国家和地区设立分支机构或控制子公司,形成生产、销售、研究与发展的网络组织,采取集中与分散相结合的全球战略,从事国际生产和其他业务经营的一种国际化产业组织。

陈同仇、薛荣久主编的《国际贸易(修订本)》中写道:跨国公司主要是指发达资本主义国家的垄断企业,以本国为基础,通过对外直接投资,在世界各地设立分支机构或子公司,从事国际化生产和经营活动。

这些定义只是针对发达资本主义国家而言的,过于强调国家制度的性质,难以涵盖发展中国家的跨国公司。

综上所述,不同的定义和称谓反映了跨国公司的复杂形态。实际上,跨国公司就是跨越国界进行商务活动的企业。由于从事国际商务活动的企业不一定都是跨国公司,而且在进行国际商务活动时,其规模的大小、跨国的程度都有很大的差异,因此用跨国公司一词难以概括所有从事国际商务活动的企业。在此,我们用国际企业一词进行概括,这不仅符合研究的内容,也符合我国各种文献中名称使用的惯例。

二、国际企业的类型

按不同的标准进行划分,国际企业可以有多种类型。

(一)从分工和组织结构进行划分

(1)水平型。母公司和子公司之间没有严格的专业分工,基本上生产同种产品,经营同类业务。这种国际企业主要利用各国的有利条件,通过内部转移技术、商标、专利等无形资产,加强母公司与子公司的合作,扩大经济规模。

(2)垂直型。母公司与子公司之间实行专业分工,制造不同的产品,经营不同的业务,但其生产过程是相互联系和衔接的。垂直型又可分为两种:一种是母公司与子公司属于同一行业,只是生产和经营不同加工程度或不同工序的产品;另一种是母公司与子公司生产和经营不同行业相互有关的产品,是一种跨行业的国际企业,主要涉及有关原材料及初级产品生产和加工的行业。

(3)混合型。母公司与子公司生产经营的产品不仅跨行业,而且相互之间毫不相关,范围很广。

(二)从经营的内容进行划分

(1)资源型。直接投资于资源所在国以获取本国所短缺的各种资源和原材料。

(2)制造型。主要从事加工制造业,开始是以加工装配为主,随着当地工业化程度的提高,投资转向资本货物部门和中间产品部门。

(3) 服务型。提供技术、管理、金融、保险、咨询等服务的国际企业。

(三) 从经营的价值取向进行划分

(1) 母国取向型(Ethnocentric,直译为"民族中心")。以母国为中心进行决策,经营中也优先考虑母国企业的利益,在东道国直接套用母国的经营方式。虽然也雇用当地员工,但当地企业的主管仍由母国企业派遣,对母国员工的评价和信任要高于当地员工。当然,以母国为导向的跨国经营在短期内对企业是有益的,因为它结构简单,母公司与国外子公司进行专门知识的交流比较便利,对国外子公司的高级管理人员外派也拥有控制权。但以母国为导向的跨国经营有两个明显的缺陷:一是对国外市场的商业机会可能缺乏足够的认识;二是对来自国外竞争对手的潜在竞争压力认识不够,许多企业因持有不在当地生产制造就不构成竞争的观点而深受其苦。

(2) 东道国取向型(Polycentric,直译为"多元中心")。决策权逐步分散和下放给东道国的子公司,不再集中于母国总部,经营中既考虑母国企业的利益,也兼顾国外当地企业的要求,考核国外企业的经营业绩时,已转向以当地的环境和条件为依据。东道国导向的主要代价包括重复建设,以及由于生产适合东道国市场需求的产品而可能使母国企业的特定优势得不到充分利用等。东道国导向的主要风险是因过于强调当地消费者的传统和市场增长水平而导致企业的全球扩张速度延缓;主要利益是可以充分开发当地市场而获得更多的当地市场份额,在新产品开发方面有更强的主动性,有助于充分调动当地管理人员的积极性。

(3) 世界取向型(Geocentric,直译为"全球中心")。从全球竞争环境出发进行决策。在经营中母国企业与国外企业的相互依存和配合协作大为加强,要求不论是母国企业还是国外企业均必须服从全球范围内的整体利益,故考核业绩的标准也面向全球,对母国职工或东道国当地职工同等重视,当地职工人数增多,地位也有所提高。通常,只有当企业的价值和战略是世界导向时,企业才可以说是真正的国际企业。当然,世界导向必然会导致企业的能力和资源过于分散,而且会产生许多人力资源管理与开发方面的问题。

(四) 从企业积极参与国际分工的地理导向进行划分

(1) 内向型。通过进口、作为许可证交易的受约人、购买技术专利、在国内与外国企业建立合资企业、成为国外跨国公司的分支机构、成立国外企业的全资子公司(或被国外企业并购)等方式,发展国际化经营。

(2) 外向型。通过出口、出让技术专利、向外国企业发放许可证、在外与外国企业建立合资企业、建立或收购国外企业、兼并国外企业、进行国际战略联盟等方式,发展国际化经营。

走向世界可以分为"外向型"和"内向型"两类,或者说,分为走向世界的"外向道路"和"内向道路"(如表1-1所示)。上海汽车厂和德国大众公司合营,在上海生产桑塔纳轿车,北京的首都钢铁公司投资3.12亿美元去秘鲁开采铁矿,就分别是"内向型"和"外向型"走向世界的例子。

表1-1 走向世界的"外向"角度和"内向"角度

	外 向	内 向
贸易形式	出口	进口
技术转让形式	技术出让	购买技术专利
合资合营	国外合营公司	国内合营公司
独立跨国投资	在国外建分公司或兼并国外企业	成为国外跨国公司的国内分公司

国际企业在经营国际化的进程中,内向国际化是其外向国际化的必要基础和条件。这是因为:①技术、设备进口及合资企业的建立是企业跨国经营的前期准备;②内向国际化的方式、速度、规模影响外向国际化的方式和发展速度;③企业内向国际化的经验积累直接影响企业跨国经营的成功率;④企业内向国际化对外向国际化的联系和影响并不限于企业跨国经营的初期,而是贯穿于企业国际化的全过程;⑤企业的外向国际化会在一定程度上影响其内向国际化的深度和广度。

三、国际企业的特征

尽管国际企业的实体名称不一,其分支机构也设在不同国家,但作为现代国际性企业,它们都具有以下共同特征:

(1)在众多国家从事生产经营活动,以共同的所有权为纽带而相互联结。国际企业至少在两个以上的国家或地区从事生产经营活动,大型的国际企业通常在20个以上的国家开展业务。在经营形式上,国际企业以对外直接投资为主,经营的范围十分广泛,涉及许多领域。国际企业的跨国生产经营活动是通过设在国外的众多分支机构或子公司进行的。这些子公司以股权为纽带互相联结,构成国际企业的网状组织。近十几年来,国际企业越来越多地采用非股权的形式进行经营,如采取专利权许可证形式,进行各种合同安排、经济合作,提供或出租工厂、承包加工等,国际企业不参加直接投资或不再保留股权,而是以承包商、代理商或经销商的身份获得产品或收益。

(2)企业的跨国程度是由跨国指数决定的。跨国指数是三个比率的平均数,即国外资产/总资产、国外销售额/总销售额、国外雇员/员工总数。世界上最大的100家跨国公司的平均跨国指数由1990年的51%上升到1997年的55%,1998年下降为54%(下降的主要原因在于将跨国公用事业公司和电信公司统计了进来,而这些公司的跨国指数平均仅为37%)。来自国内市场规模比较小的国家的国际企业,通常具有更大的动力进行国际扩张,因此,具有很高的跨国指数。道理很简单,企业规模扩张需要有一个基本的市场规模作为支持,而国内市场规模小的企业必然要把对外市场扩张作为自己的主要目标之一,如瑞士、瑞典、加拿大、荷兰等国家一些行业有着非常高的国际化程度,其中,食品和饮料行业具有更高的跨国程度。

（3）规模庞大，依赖于共同的资源组合。规模大有利于国际企业降低产品成本，获得规模经济效益。国际企业凭借雄厚的资金，从事研究和开发活动，并利用遍布全球的企业网络收集信息，作为决策参考。它们依赖于共同的资源组合，如货币的信用、信息系统，以及商标和专利等。国际企业往往依赖于专业化生产，使用第一个地方的廉价劳动力、第二个地方的廉价原材料、第三个地方的市场和第四个地方的资金等。它们以世界为工厂，以各国为车间，充分利用世界各地的技术、资源、劳动力和市场优势，以全球化发展的战略眼光，将企业的生产和经营活动建立在全球基础上，利用国际分工和资源的全球性配置，建立起庞大的全球生产网络体系，使经济全球化在深度和广度上都能得到拓展与加强。

（4）具有寡头独占性质。大型国际企业凭借先进的技术、多样化的产品、雄厚的资金和规模优势、较高的商业信誉和驰名品牌，以及遍布全球的广告宣传和机构网络，在其经营活动的市场中处于寡头竞争的地位。其他企业若要与国际企业展开竞争，进入其经营领域是很困难的。

（5）实行全球经营战略。所谓全球经营战略，是指国际企业在从事国际生产经营活动时，必须以世界市场为目标来制定经营战略，谋求在全球范围内最大限度地获取利润。国际企业有一个中央决策体系，制定共同的政策，这些政策反映了企业的全球战略目标，并在各子公司的日常经营活动中得以贯彻。国际企业在制定其经营战略时，往往从全局出发，考虑企业在全世界的总体利益，而不计较某一国外子公司的盈亏得失，不但要考虑企业的现在，而且要考虑整个企业未来的发展。

（6）实行高度的内部分工。国际企业设立在世界各地的子公司、分公司及其他经营单位，实行内部专业化生产和国际分工，并彼此进行内部交易，利用国与国之间比较成本上的差异获取比较利益。许多国际企业还通过转移价格来达到获取高额利润和转移风险的目的。科技成果国际转移的内部化在国际企业中也较为普遍，这样既可以避开外部市场的阻碍和高成本，占据科技制高点，也可以凭借先进技术的优势，迅速对市场作出反应，在企业内部合理安排产品的生产和分配。

第二节 国际企业经营的动机与方式

进行国际性商务活动的企业，为了适应更为复杂的经营环境、达到企业的既定目标，必须建立可能完全不同于在自己国家经营时所建立的经营体系，这种为适应新的经营环境而建立的经营体系，既会受到企业经营目标的制约，也会受到企业经营环境的影响。图1-1清楚地反映了企业实现国际化时，其经营目的、经营手段、外部环境、竞争环境之间相互影响和相互制约的关系。同时，它也清楚地表明了国际企业经营的基本动机和经营的种种方式。虽然在经营动机上，它与在自己国家开展经营活动的差异不大（不过其内涵必然会更加丰富），但在经营方式上却有明显的不同。

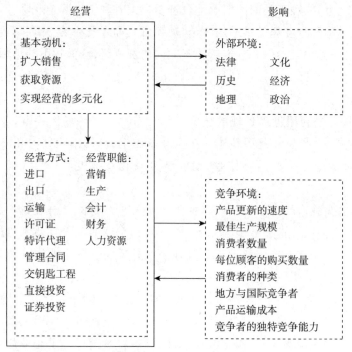

图 1-1　国际企业的经营和影响

一、国际企业经营的基本动机

对于一个企业来讲,其进行国际性经营的基本动机是:扩大销售、获取资源和实现经营的多元化。

(一)扩大销售

根据市场营销学的基本原理,一个企业的销售状况将受到对其产品或劳务感兴趣的消费者人数和消费者购买力水平的影响。当企业将其市场扩大到其他国家后,消费者的人数必然会增加,绝对的购买力水平也会提高,在一般情况下,销售额会有所增长。因而具有较强的经济实力,特别是具有过剩生产能力的企业都会有跻身于国际市场的强烈动机和愿望。例如,总部在国内、市场较为狭小的企业一般都有强烈的向外扩张的倾向,雀巢咖啡就明显具有这样的特征。改革开放后兴起并迅猛成长的我国家电企业,在国内市场相对饱和以后,纷纷出国投资建厂,如康佳集团、海尔集团,也可以认为是这一动机驱使的结果。

一般来说,较大的销售量意味着较高的利润。这是因为,在单个产品利润较为固定的时候,其利润的总量与销售的数量存在直接的关系,但从更深的层次讲,销售量的增长还会因产量的增加导致单位产品的固定成本减少,从而使企业在扩大销售量的同时,获得更为丰厚的利润。

(二)获取资源

提供商品和劳务的厂商或推销商往往喜欢在商品市场的所在国生产和推销产品,其根本原因是希望降低成本,以获取更高的利润。例如,利用原材料丰富的国家的原料就地生产,显然可以大大降低在产品成本中占有很高比例的原材料成本;生产基地接近市场可以减少运输成本,并可以更好地收集信息,了解市场,服务于市场,避免决策失误带来的损失,增强企业的竞争实力。比如,西方石油公司几乎都将大量的投资投向西亚地区;为开拓中国市场,众多的西方发达国家的企业纷纷到中国投资兴办企业;在北京获得2008年奥运会举办权后,许多国家的企业都开始制订应急计划,以准备在中国抓住2008年奥运会的无限商机。这些都可被认为是获取资源、降低成本、争取获得高额利润的跨国经营的做法。

成本的降低,一方面可以增加企业的利润,另一方面又可以使企业制定更为合适的市场战略,吸引顾客,扩大产品销售的数量,以利于企业与竞争对手展开竞争。

到具有市场潜力的国家投资兴办企业的另一个目的是绕过贸易壁垒,避免国际商务纷争,更好地挤占他国市场(本质上,这也可以看成是一种资源的获取)。比如,海尔集团到美国投资生产电冰箱,就是在海尔集团生产的中小型电冰箱已占领美国市场30%以上份额的情况下,为进一步打开美国市场、避免可能发生的贸易纷争而采取的跨国投资行为。

(三) 实现经营的多元化

经营的多元化是企业为避免生产、销售、利润的大幅波动而采取的经营策略。其主要做法是在关联度不大的产业进行投资,或在不同的市场开展经营,以确保"东方不亮西方亮,黑了北方有南方"的经营效果。具有一定实力的企业往往利用国际性经营活动实现经营的多元化,以保证企业收入的稳定,避免市场波动带来的风险。

经营方式的多元化主要是经营、产品和市场的多元化。经营的多元化是指企业在不同的行业开展经营活动。例如,在垂直多元化的经营中,钢铁企业可以向铁矿、煤矿经营方向发展,石油企业可以向化工生产方向发展。也就是说,企业可以将经营活动扩充到原材料生产、产品深度开发,甚至产品的销售市场中去。又如,在水平多元化的经营中,工业企业可以向金融、房地产等其他行业扩展,从而占领多个不同产业的市场。在产品多元化经营中,企业可以开发多种不同类型的产品以满足顾客的不同需求,也可以生产一种产品的系列品种以满足不同层次顾客的需求。市场的多元化可以根据国与国、地区与地区在发展、需求、民族文化等方面的差异以及所处商业周期的不同,而采取不同的市场开发策略。比如,1986年,美国的施乐公司在其主要的经营方向——办公室自动化设备销售不景气的情况下,却在金融业上取得了成功,该业务为公司提供了2.28亿美元的收入,填补了主业的亏空。日本电气公司曾在电子领域的计算机、通信设备、电子元件、家用电器四个方面开发出15 000多个品种的产品,在140多个国家销售,成为世界著名的电气公司。美国的福特汽车公司针对北美、南美、欧洲以及东南亚市场需求的差异,开发出不同档次的产品,全方位地开展市场争夺,在满足不同地区顾客需求的同时,保证了公司在各个市场的竞争实力。这些都是多元化经营取得成功的范例。

二、国际经营的基本方式

如前所述,国际企业的经营方式与仅在自己国家的经营方式相比,要多一些,也复杂一些。这些差异主要是由跨国经营本身引致的风险、差异带来的。国际企业在经营过程中可以选择的经营方式主要有商品的进出口、劳务的进出口和投资活动三大类型。国际企业可以根据其经营目标、可得资源和经营环境，选择恰当的经营方式开展商务活动。

（一）商品的进出口

商品的出口是指一个国家输出商品的活动，而商品的进口则是指一个国家输入商品的活动。由于进出口商品的可见性，往往又称之为有形商品的进出口。对于绝大多数国家来讲，商品的进出口都是其国际收支的主要来源，也是国际企业参加国际商务活动的主要方式。

一般来说，商品的进出口活动被认为是一个企业卷入国际商务活动的第一级台阶。这是因为，企业参加进出口活动可以通过商品的进出口商进行代理，企业只需承担较少的义务和较低的风险，付出较小的代价。例如，企业参与商品的进出口活动只需利用过剩的生产能力生产出口的产品，而不必另外扩大生产规模；企业没有必要花时间和精力去探索国际市场的情况；企业也可以通过进出口商安排进出口业务，而不必自己安排人员参与活动，也不需要设置有关的组织机构来经营。由于企业与国际市场之间存在隔离带——商品进出口代理商，企业不必自己承担市场的巨大风险，因此，商品进出口活动的参与必然成为希望参与国际竞争的企业首选的经营方式。

（二）劳务的进出口

世界性的劳务进出口已成为国际贸易活动中举足轻重的一类活动，也是近几十年来发展十分迅猛的一类国际商务活动。在我国，经常将劳务进出口称为国际劳务合作（二者之间的内涵存在一定差异），特指通过提供劳务以获取收益的商品活动。与商品的进出口活动相比，劳务活动具有无形的特点，因而往往又被称为无形的商务活动，并具有多种活动形式。

（1）交钥匙工程。交钥匙工程是工程技术劳务常采用的一种形式。在交钥匙工程中，承包人按技术输入方的要求拟订方案，承包全部工程，培训技术输入方所需的管理人员、技术人员和操作人员，直到工厂建成、验收合格后才交给技术输入方。由于在合同完成后，技术输入方可以获得随时启动和运行整个设施的"钥匙"（Key），交钥匙（Turn-key）工程的名称由此而来。

（2）特许经营。特许经营（Franchising）是一种专业化的许可协议。它是指经营成功的企业，将其商标、商号名称、服务标志、专利、诀窍和管理的方法或经验转让给另一家企业，后者（通常称为特许经营接受人）有权使用前者（通常称为特许经营授权人）的商标、商号名称、专利、诀窍及管理经验，但需支付一定的特许费。特许经营方式的特殊性在于，特许经营接受人往往在技术操作和经营方式上受到授权人的控制，但授权人并不确保接受人能获得利润，且对接受人的盈亏不负任何责任。一般来讲，特许经营的形式主要用于服务业，如世界著名的快餐连锁店麦当劳就是通过特许经营的方式发展起来的。人们也可以感觉到，在世界各个地方的麦当劳饮食店虽存在一定的差异，但店面的基本格局、供应的品种、服务的风格、汉堡包和薯条的味道却完全一样。其标准化的程度正如有人指出的那样，从各国汉堡包的价格中可以判断出各国币种之间的汇率比价。

麦当劳的特许经营

麦当劳最初是加州的一家小餐馆,这家由街边小店发展起来的连锁餐厅目前已扩展到全球200多个国家和地区,它不仅创造了巨额利润,而且成为美国文化和全球化趋势的代言人。在BrandZ全球最具价值品牌排行榜中,麦当劳连续十年排名前十位。2018年,麦当劳在该榜单上排名第八位,是全球排名最靠前的餐饮服务企业,品牌价值超过1 260亿美元。

20世纪50年代,雷·克罗克与麦克唐纳兄弟合伙,开始新的麦当劳式连锁经营。第一家麦当劳快餐店于1955年4月15日在芝加哥诞生。到了20世纪60年代,克罗克又买下麦克唐纳兄弟的股份,独自掌控这个迅速膨胀的快餐帝国。在第一家麦当劳快餐店开业那天,汉堡包的标价是15美分,全天营业额为366美元。截至2017年年底,全球有超过37 000家麦当劳餐厅,每天为100多个国家和地区的6 900万名顾客提供食品与服务。

麦当劳餐厅选址这一重要的资源要素,被塑造为麦当劳集体性的"选地能力"。在决定餐厅经营成败的因素中,餐厅开在什么地方是至关重要的。麦当劳不出售地区性连锁权,只卖个别连锁权,由其决定在什么地方开店。麦当劳会把最佳的地方一次性长期买断,然后建成统一标准的餐厅。这样,当一个人获得麦当劳的特许经营权时,他每年都要支付两笔费用:一笔是特许加盟费,另一笔是地租。从20世纪60年代初开始,麦当劳便雇用了一批专业的房地产人才专门买地,还雇用了一批高级金融人才去获得优质贷款,强化其餐厅选址、土地经营以及经营房屋贷款的能力。与此对应的是,麦当劳要求,当餐厅生意达到一定水准以后,各店必须缴纳一定的营业百分比,作为增值租金。

麦当劳是一家利用特许经营模式很有经验的企业,在全球37 000多家麦当劳门店中,特许经营店的比例占到90%。麦当劳决定在中国启动发展式特许经营模式,即在一个特定的地理范围内,授予被特许发展商运营现有餐厅和开设新餐厅的权利,而麦当劳则按照协议在总营业额中提取一定比例作为特许经营费用。从2004年起,麦当劳在中国天津开始进行特许经营试点,到2005年已经有1 000多家申请者。麦当劳制定了符合中国国情的特许经营方案,截至2015年年底,麦当劳中国共有30%的餐厅由被特许发展商持有和管理。

在中国,要成为麦当劳的特许经营商,申请者必须具备250万~320万元人民币的资金实力,必须居住在所开设餐厅的社区中,必须经过麦当劳16~18个月的专门培训和一系列面试。在经营过程中,麦当劳也会派出业务代表做顾问,进行适当的培训,并在品质、推销、管理上对特许经营店进行培训。至于麦当劳特许经营的品牌控制问题,其从扫地等最基本的工作开始培训。在特许经营体系里,麦当劳将在土地和建筑物方面投资400万元人民币左右,而业主、经营者或特许经营人则需在设备、招牌、桌椅和装饰方面进行投资。仅仅是在设备、店标、桌椅和装修上的投资,加盟麦当劳的费用就达300万~400万元人民币,麦当劳通过收取租金、服务费和专利权费获利,而特许经营人则拥有全部经营利润,同时支付员工薪水和餐厅经营费用。

麦当劳中国总部的负责人说:"我们是一家在本地开本地公司的公司。特许经营将使我们更加本土化,本土化的投资、本土化的管理、本土化的员工,我们将完全融入本地文化,与当地社区一起发展我们的事业。"

资料来源:①李秀平、韦海燕,《跨国公司经营与管理》,重庆:重庆大学出版社 2006 年版,第 70—71 页。②https://www.mcdonalds.com.cn/index/McD/about/company,访问时间:2018-10-25,有删改。

(3)管理合同。管理合同(Management Contract)是一个企业通过合同的形式在一些或全部管理职能的领域,向另一个企业提供管理诀窍,并按照销售额的一定比率(通常是 2%~5%)收取费用的劳务活动。这种活动的开展往往需要人员的参与,如提供服务的企业往往需要派出一定的人员到需要服务的企业中去,通过具体的管理工作,向需求方提供管理的经验和诀窍。

(4)许可协议。许可协议(Licensing Agreements)是许可人将无形资产的使用权授予被许可人,并允许被许可人根据协议使用特定的一段时间(5~7 年),作为回报,被许可人以经济上的使用效果(通常按销售额)作为提成基数,以一定的比例(通常为 2%~5%)按期连续向许可人支付特许权使用费。无形资产通常包括专利权、商标、配方、工艺、设计和版权等资产。

劳务输出通常是那些在出口活动中取得成功,并占有一定市场的国际企业开展的活动。相对于出口活动而言,劳务输出是更高层次的跨国经营活动,这是因为,在这类活动中,企业已更深地卷入国际商务活动之中。企业在这类活动中或多或少地使自己的资产(如商标、专利)、技术(专利、诀窍)和人员(管理合同、交钥匙工程)卷入商务活动之中,其获取回报的时间明显变长,风险自然也增加了。例如,若资产转移的所在国不注意对知识产权的保护,使制造技术、诀窍,甚至商标不正当地扩散,就可能造成竞争对手的增加和市场的混乱,最终失去潜在的市场。

(三)投资活动

投资包括直接投资(Direct Investment)和间接投资(Portfolio Investment)。直接投资主要是指为了达到控制企业的目的而进行的投资活动。虽然控股的理论值是 50% 以上,但随着企业股权的分散,在很多情况下,实际上只要获得某企业 10% 的股份就可以达到控股的目的。直接投资的核心不是单纯的货币资本流动,而是直接参与外国企业的管理。直接投资的主要方式有:在国外开办工厂,建立贸易公司,开采矿产资源和其他资源,购买当地原有企业,以及与当地私人团体、政府合资兴办和经营企业,等等。直接投资通常是为了增加获得资源或市场的机会。它不仅意味着获取更多的资产所有权和经营决策权,而且意味着承担输送更多的资本、技术、人员到经营所在国的义务,因此,企业也需要承担更多的责任(有人认为这是一种最高的责任)。其主要原因是企业不仅要担负大量投资于国外、回收期很长的资金的风险,而且要担负输送更多的专业人员和转移更多技术的风险。鉴于上述原因,直接投资往往被有国际商务经验的企业采用,也往往在国际企业商品、劳务进出口活动获得成功后采用。当两个或更多的经济实体分享直接投资的所有权时,这种经营形式被称为合资企业(Joint Venture)。

间接投资的最大特点是在进行投资时并不刻意追求对企业经营的控制权,它往往通过购买股票或债券的形式进行,如通过分红或利息收取投资的回报。比如,美国财政部2019年3月的数据显示,海外投资者所持美国国债的总价值增加至6.47万亿美元,第二大海外投资者日本所持美国国债的总价值增加了0.53%,至1.08万亿美元,最大海外投资者中国所持美国国债的总价值减少了0.92%,至1.12万亿美元。

第三节 国际企业的产生与发展

产业革命后,资本的国际化运动经历了商品资本国际化、货币资本国际化和生产资本国际化三个阶段,相应地,企业经营国际化也遵循着商品出口—劳务出口—直接投资这样的发展过程。这不仅是企业降低风险、获得稳定发展的需要,也是企业适应国际市场所必然经历的阶段。一个企业在进入国际市场时,将面临与本国不同的外部环境,需要花费大量的时间、精力去研究和分析外部环境的差异,以适应环境、降低经营风险。因此,企业经营国际化必然要经历一个渐进的、逐步参与和发展的过程。资本的国际化运动进入生产资本国际化阶段后,不仅使生产力要素实现了国际化,而且使生产过程及其组织形式实现了国际化。国际企业正是在这样的历史背景下产生和发展起来的。

一、国际企业的产生

企业跨国经营的萌芽最早可以追溯到16世纪末17世纪初英国的特许公司(Charted Company)。特许公司是由英国王室赋予某种特权的垄断性公司。当时的特许公司已经有相当的规模,业务拓展至海外殖民地。近代的跨国经营始于德国的拜尔化学公司。1865年,该公司投资购买了美国纽约州爱尔班尼的苯胺工厂的股票,不久后又把它吞并为自己的工厂,由此拉开了企业经营国际化的序幕。此后,阿佛列·诺贝尔公司、帝国化学公司、联合利华公司、爱迪生电气公司、雀巢公司、杜邦公司等先后开始跨国生产和跨国销售。

第一次世界大战前的资本主义自由竞争时期,是国际企业的产生和形成时期。这一时期许多企业纷纷开始跨国经营,进行海外投资,设立海外制造厂及销售机构,包括美国的美孚石油公司、福特汽车公司、通用电气公司、西屋公司以及欧洲的西门子公司、巴斯夫公司、英荷壳牌公司等。此后,跨国公司迅速发展,规模不断扩大,并因兼并其他公司而使得自身的资本越来越雄厚,开始大规模地进行国际投资。其中,最有代表性的便是美国的美孚石油公司,它是当时最典型的托拉斯。一些大托拉斯企业开始大量输出资本,从而进一步发展成跨国公司。这些公司采取直接参与管理国外被投资企业的方式,不仅拥有对国外企业的所有权,而且拥有对国外企业经营活动的实际控制权,即股权安排。直接投资通常以子公司或分公司的形式存在,直接投资在资本输出中所占的比重较小,资本输出大多是间接投资,生产资本还未实现国际化。

二、国际企业的发展

国际企业诞生于19世纪中期,成长于第二次世界大战之后。关税与贸易总协定(GATT)大大促进了世界范围内的贸易自由化和企业经营国际化。在20世纪60年代之前,跨国公司几乎全是西方发达国家的大型垄断性企业。20 世纪 60 年代以后,发展中国家的跨国公司开始出现并迅速发展。80 年代以来,随着新技术革命的出现、国际分工的深化和经济全球化趋势的增强,企业经营国际化的发展势头更为迅猛。

如上所述,由于国际商务经营环境中存在巨大的风险,国际性经营活动中也存在企业参与程度深浅不同、经营方式风险不一的情形,这就决定了一个企业在其国际化的过程中,会为了获得丰厚的利润,避免可能存在的经营风险,而利用风险不同的商务活动,采取逐步的、有层次的方法,分阶段地参与到跨国经营活动中去,这被称为国际企业发展的阶段性。国际企业的发展一般经过两个主要阶段(国际化和全球化)和四个环节(过程),如图 1-2 所示。

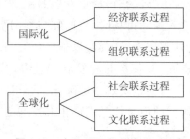

图 1-2 企业国际化的发展阶段

企业国际化和全球化并非同义词。国际化是指国与国之间的企业在经济、贸易等方面的联系和交往,有一定的政治含义。企业国际化在企业管理人员的观念中有着很强的民族意识。全球化则是将整个世界视为无国界的,货物、劳务、资金、人员、技术、信息等在其中自由流动。在当今资本必须有效、充分地加以利用的国际环境中,国别之间的界线相对于企业来说越来越不明显,人们很少关心资本的民族性。对于消费者来说,只要所购商品能满足他们的具体需要,原产地问题就变得无关紧要,即消费者不会太关心产品的国别。

(一)企业国际化经营

企业国际化是一个渐进的发展过程。一般认为,企业国际化的基本进程是:商品进出口—劳务进出口—投资活动。这一进程是企业规避风险、获得稳定收入的需要,也是企业适应国际市场进而参与国际市场竞争所必须经历的过程。

第一环节:经济联系过程。经济联系过程从 19 世纪开始,至今仍在继续。在这一环节,以传统的商品进出口贸易、对销贸易等为主的国际贸易成为各国之间经济交往的主要方式,企业的主要组织形式为外贸公司。在一个企业为谋求更大的销售额、追求新的资源和多元化经营开始进行跨国经营的时候,它的经营活动往往限于间接的进出口贸易,甚至依靠一些进出口公司来安排经营活动。

第二环节:组织联系过程。组织联系过程主要发生在 20 世纪 50 年代到 70 年代,现在仍在发展中。第二次世界大战后,世界进入直接国际化大生产的新阶段,许多企业在进出口贸易的基础上开始独立地安排一些国际商务活动,主动、直接地寻求贸易伙伴,到国外投资,建立生产型企业,形成本国母公司和国外诸多子公司的网络,大量交易在企业内部进行,从而使各国之间的经济交往通过企业这种组织上的渗透加以巩固,积极地扩大企业外向型的商务活动。

(二) 企业全球化经营

实行全球化经营的企业在国外进行投资时不仅会给本国返回利润,而且要对东道国或所在地区的利益有所贡献。在管理机制上,公司总部与国外子公司更加强调实行双轨沟通、协调管理。全球化是大势所趋,任何国家、企业和个人都不可能回避。

第三环节:社会联系过程。社会联系过程从20世纪70年代开始,至今仍在发展。在这一阶段,跨国公司成为国际经济生活的主体,发达资本主义国家的老牌跨国公司逐渐向全球公司发展,发展中国家的跨国公司也在数量和规模上不断发展、壮大,成为国际经济中一支不可低估的力量。企业经营更加多元化,贸易、生产、科研、运输、保险、金融、仓储等业务活动交织在一起,经营跨度趋于全球化。此阶段最明显的特点是:企业的经营活动已直接地参与到国外的商品、劳务、生产、销售环节中,并已在国外设立常设的代表或机构。例如,安排出口业务的企业已有常驻国外的代表或贸易代办处。从企业的组织形式来看,企业负责国际商务活动的部门已建立专门的机构,负责处理相应的国际商务事务。在这一阶段,跨国公司和众多的国际企业除了广泛进行合资和合作,还组成了新型的战略联盟公司。

第四环节:文化联系过程。国际企业在世界各地投资建厂,雇用当地和其他国家的人员,进行跨文化管理,这必然会给东道国的社会风俗、文化传统、价值观念等带来影响,促进各国在文化上的交流和联系。在此阶段,企业已将自己的战略目标从国内移向国外,国内经营活动的重要性也随着企业国际化的加深而减弱,企业已不再只是面向国内、附带进行一些国际商务活动的企业,而是成为以全球经济活动为出发点、在广阔的国际市场上寻求全球最佳经营效果的跨国公司。为了适应这些变化和复杂的经营环境,企业的商务活动也由比较单一的经营形式发展成多种形式,组织结构也相应地发生了巨大的变化,以便领导和控制已在全球许多国家和地区进行商务活动的子公司。

表1-2是对企业介入国际商务活动各个环节特征的小结。它简明扼要地介绍了企业在国际化进程中的各个环节在经营方式、经营目标、组织形式等方面的特点。

表1-2 企业国际化发展四个环节的基本特征

	第一环节	第二环节	第三环节	第四环节
与国外市场接触情况	间接地 被动地	直接地 主动地	直接地 主动地	直接地 主动地
国际性经营的地点	国内	国内	国内和国际	国内和国际
企业的经营方针	国内	国内	首先考虑国内	国际
国际性经营活动的种类	商品和劳务的贸易	商品和劳务的贸易	贸易、合同国外投资	贸易、合同国外投资
组织结构	传统的国内结构	国际	国际部门	全球性组织结构

参照以上标准不难发现,我国在跨国经营活动方面开展较早并取得成功的一些企业,如中国化工进出口公司、首都钢铁公司、海尔集团等,都可以被认为是我国跨国经营的先

锋,但如果按照企业国际化的环节细分来看,中国化工进出口公司处在企业国际化的第三环节,与第四环节的国际经营的特征相比,最大的差异就在于它未能从全球市场的角度进行战略性思考,未能从全球目标进行资源配置和经营安排。而首都钢铁公司只能被认为是处于第二环节的企业,因为它虽然已在一些国家建立自己的原料基地、生产厂家,甚至研发部门,但其内向性的特点十分突出,基本上还只是服务于国内市场。

三、国际企业的发展趋势

在国际化过程中,现代企业越来越显露出战略全球化、规模大型化和组织股份化等发展趋势。

(一)企业战略的全球化

全球战略是指国际企业在全球范围内实行资源的最优化配置,以期达到长期的总体效益最优化,即在变化的国际经营环境中,为求得长期生存和发展而作出的总体的、长远的谋略。全球战略是一种以变革为实质内容的概念,以全球化、长远性、纲领性、抗争性、风险性为特征。世界各地的国际企业越来越注意从全球的角度进行战略思考,抓住全球性机遇,合理安排有限的资源,制定全球战略目标,替代仅从一个国家或地区的目标出发而确定的局部型战略。决策者不受民族和国家的限制,考虑世界市场和世界资源的分配,不斤斤计较一个国家的市场和资源,以更广阔的视野看待企业的生产、贸易、投资的组织以及技术的开发和转移。各国企业越来越认识到实施经营战略全球化是社会分工国际化的必然要求,这样可以带动和促进产品在更广阔的国际市场上销售,有利于打破国与国之间的贸易壁垒,更迅速、更准确地掌握世界市场的动态。

(二)企业规模的大型化

国际竞争是经济实力的较量,国家经济实力的竞争分解到最后应是企业之间的国际竞争,这就必然要求企业大型化和国际化。美国的埃克森石油公司、通用汽车公司、IBM公司,日本的丰田汽车公司、松下电器公司,韩国的三星电子公司、大宇集团等,实际上代表着"国家队",对一国经济有举足轻重的作用。发达国家的一些著名跨国公司往往通过跨国垂直一体化、横向一体化和综合一体化的途径壮大实力,回避风险,取得规模经济,从而走向国际化,并在此基础上建立并逐步推行全球战略。这些巨型公司集资金优势、技术优势、产品优势、人才优势于一身,又得到本国政府的支持,在国际市场上具有很强的竞争优势,甚至在整个世界经济和特定经济技术领域也具有举足轻重的地位。值得一提的是,第二次世界大战后,在国际经济中发生了宏观(国家)和微观(企业)逆反的现象,有的跨国公司生产总值的发展,甚至超过以国家为单位的国民生产总值的发展,使其在世界经济体系中成为超越主权国家的权力主体。例如,沃尔玛公司是世界上最有影响力的企业之一,2017年,沃尔玛的营业额为4 858.73亿美元,利润额达136.43亿美元。如果把沃尔玛放入国家收入排名中的话,沃尔玛可以排在30位左右。从跨国经营的实践看,企业国际化和大型化之间客观上存在着某种必然的联系。有意思的是,一些后来居上的发展中国家和地区的著名跨国公司也深得规模经济的好处,从而有大型化的趋向。这些公司具有相当的规模,在国际上,随着其市场价值和竞争性的增强,其知名度也在逐步提高。

(三) 企业组织的股份化

与企业大规模经营相联系,国际企业通常都实行公司制,以股份制形式将分散的资金集中起来。在发达国家,所有者的出资方式呈现五个特征:①出资者股权一定程度的分散化,几乎没有单个出资者持有一半以上的股份,持有10%以上股份的也很少见;②出资者的人格化,即出资者以企业法人形式体现的人格化,特别是在日本,法人资产占企业资产的75%以上,法人资产占资产的绝大部分比重;③出资方式的契约性,即通过符合法制的规范方式出资,行使权力,获取收益,如通过母子、子孙公司持股,通过合同出租国有企业等;④最终所有者出资方式的间接性,即绝大多数投资者是通过几个或多层次的法人层层持股,从而"最终"拥有"末端"企业资产的,如美国的洛克菲勒集团有1 000多亿美元的实力,并不是说洛克菲勒家族有这么多钱,事实上,洛克菲勒家族只有几十亿美元的家产,但它通过子公司、孙公司层层控股,所支配的资金达到1 000多亿美元;⑤法人股份资产既具有流动性,又具有一定的长期稳定性。这些特征既是科技进步、国际分工、世界经济一体化发展的客观要求,也是各国企业进一步实现全球性多元化经营的必然趋势。

第四节 经济全球化的兴起与发展

一、经济全球化的兴起

全球化这个概念最早是由美国经济学家提奥多尔·拉维特于1985年提出的,但究竟什么是经济全球化,还是众说纷纭。一般认为,经济全球化是指世界各国和地区的经济相互融合、日益紧密,逐渐形成全球经济一体化的过程。经济全球化包括贸易全球化、生产全球化和金融全球化三个阶段,以及与此相适应的世界经济运行机制的建立与规范化过程。总的说来,经济全球化产生的原因如下:

(1) 以信息、通信技术为核心的现代科学技术的进步和发展,为经济全球化提供了技术基础条件。交通运输技术的发展使国际货运成本大大降低,时间大大缩短,直接推动了国际贸易、生产、投资等经济因素在世界范围内进行优化配置;信息、通信技术的发展使信息交流的成本大大降低。如今,信息网络技术已跨越地区、国家、制度等障碍,触及世界的各个角落;新的沟通技术使规模空前的资金流动成为可能,也使跨国公司真正在全球范围内的生产、销售成为可能,网络技术已经把世界经济联结成一体,推动了经济全球化的发展。

(2) 跨国公司的迅速发展和能力的日益增强,为经济全球化提供了发展载体。跨国公司的规模不断扩大、数量不断增加。全球价值链通常由跨国公司主导,跨国公司及其主导的全球价值链网络体系的贸易额占全球总量的80%。跨国公司以国际直接投资为主要活动,通过资本的跨国流动,带动了经济发展;通过引领技术创新,带动了技术和管理经验的跨国转移;通过促进企业组织创新,改变了资源在世界范围内的重新配置,从而对世界经济发展起到了重要的推动作用。跨国公司已成为当今世界的经济主宰力量,它们在全球范围内对全球的资源、劳动力进行配置,在全球市场组织生产和销售,这种跨越时空的国际分工模式有力地推动了经济全球化的发展。

（3）世界银行、世界贸易组织等国际组织制定的经济规则为全球化提供了制度保障。世界银行、国际货币基金组织、世界贸易组织等国际经济组织制定了国际经济秩序的基本规则，在全球经济运行中，这些组织的作用不断增强，使世界各国能在全球统一的市场内自由、公平地竞争，极大地促进和保障了经济全球化的发展。

国际货币基金组织

国际货币基金组织（International Monetary Fund，IMF）为政府间国际金融组织，是世界两大金融机构之一。国际货币基金组织于1945年12月27日正式成立，1947年3月1日开始工作，1947年11月15日成为联合国的专门机构。国际货币基金组织在经营上有其独立性，总部设在华盛顿。

一、宗旨

国际货币基金组织建立的宗旨：①通过一个常设机构来促进国际货币合作，为国际货币问题的磋商和协作提供方法；②通过国际贸易的扩大和平衡发展，把促进和保持成员的就业、生产资源的发展、实际收入的高水平，作为经济政策的首要目标；③稳定国际汇率，在成员之间保持有秩序的汇价安排，避免竞争性的汇价贬值；④协助成员建立经常性交易的多边支付制度，消除妨碍世界贸易的外汇管制；⑤在有适当保证的条件下，向成员临时提供普通资金，使其有信心利用此机会纠正国际收支的失调，而不采取危害本国或国际繁荣的措施；⑥按照以上目的，缩短成员国际收支不平衡的时间，减轻不平衡的程度等。

国际货币基金组织的资金来源于各成员认缴的份额。成员享有提款权，即按所缴份额的一定比例借用外汇。1969年，国际货币基金组织又创设"特别提款权"的货币（记账）单位，作为国际流通手段的一个补充，以缓解某些成员的国际收入逆差。成员有义务提供经济资料，并在外汇政策和管理方面接受该组织的监督。

二、组织结构

国际货币基金组织的最高权力机构为理事会，由各成员派正、副理事各一名组成，一般由各国的财政部长或中央银行行长担任。每年9月举行一次会议，各理事单独行使本国的投票权（各国投票权的大小由其所缴基金份额的多少决定）。

执行董事会负责日常工作，行使理事会委托的一切权力，由24名执行董事组成，其中8名由基金份额最大的5个国家（美、日、德、法、英）和另外3个国家（中、俄、沙）任命。其余16名执行董事由其他成员分别组成16个选区选举产生；中国为单独选区，亦有1席。执行董事每2年选举一次；总裁由执行董事会推选，负责基金组织的业务工作，任期5年，可连任，现任总裁是克里斯蒂娜·拉加德，另外还有4名副总裁。

国际货币基金组织临时委员会被看作国际货币基金组织的决策和指导机构。该委员会将在政策合作与协调，特别是在制定中期战略方面充分发挥作用。委员会由24名执行董事组成。

三、会员资格

加入国际货币基金组织的申请，首先由基金的董事局审议。之后，董事局向管治委员会提交"会员资格决议"的报告，报告中会建议该申请国可以在基金中分到多少配额。管治委员会接纳申请后,该国需要修改法律,确认签署的入会文件,并承诺遵守基金的规则。

成员的"配额"决定了一国的应付会费、投票力量、接受资金援助的份额,以及特别提款权的数量。

四、中国在国际货币基金组织中的地位

中国是国际货币基金组织的创始国之一。1980年4月17日,国际货币基金组织正式恢复中国的代表权。中国当时在该组织中的份额为80.901亿特别提款权,占总份额的4%(数据来源于2012年6月19日国际货币基金组织官网公布的数据)。

2010年11月6日,国际货币基金组织通过改革方案,中国投票权份额占比升至6.39%。中国自1980年恢复在国际货币基金组织的席位起,单独组成一个选区并指派一名执行董事。

2016年1月27日,国际货币基金组织宣布其2010年份额和治理改革方案已正式生效,这意味着中国正式成为国际货币基金组织的第三大股东。中国的份额占比排名从第六位跃居第三位,仅次于美国和日本。

2016年3月4日,国际货币基金组织表示,将从2016年10月1日起在其官方外汇储备数据库中单独列出人民币资产,以反映国际货币基金组织成员人民币计价储备的持有情况。

资料来源:根据百度百科信息整理,https://baike.baidu.com/item/%E5%9B%BD%E9%99%85%E8%B4%A7%E5%B8%81%E5%9F%BA%E9%87%91%E7%BB%84%E7%BB%87/386540?fr=aladdin,访问时间:2018-10-28,有删改。

(4)市场经济在全球的深入发展,为经济全球化奠定了体制基础。当今世界,虽然局部地区的战争从未间断过,但从世界发展的大趋势来看,和平与发展依然是时代的主题。发展经济,提升自己的综合国力已成为世界各国的共识。东欧剧变,特别是苏联解体后,从苏联分解出的俄罗斯等国以及东欧的原社会主义国家开始建立市场经济体制,中国等社会主义国家也实行社会主义的市场经济,原来的计划经济逐渐退出历史舞台。市场经济的发展使各国的经济日益以市场为纽带而紧密地结合在一起,为经济全球化的发展创造了良好的条件。

(5)世界局势总体上趋向缓和。各国政府都把发展经济放在首位,积极走向世界市场,不断加强相互间的协调与竞争,推动产业结构在全球范围内的大调整,并使世界经济从工业经济向知识经济过渡。

二、经济全球化和经济一体化

经济全球化和经济一体化是当今世界经济发展的重要特征,是世界经济发展中并行不悖的两股潮流,两者既密切相关,又并不相同。

(一)经济全球化的含义

对于经济全球化的含义,国内外学者从不同的角度进行过阐释。其实,对于经济全球化的发展趋势,马克思和恩格斯早在1848年发表的《共产党宣言》中就作出过论断。事实上,经济全球化就是指社会发展呈现出这样一种趋势:生产力的高度发展使所有生产要素和经济关系跨越国家及地区界限日益自由流动,使世界经济在全球融合为一个难以分割的整体。在经济全球化和国际分工深化的基础上,人类社会生活在全球范围内展现全方位的沟通、联系和相互影响。经济全球化要求在国际范围内实现资源的全球优化配置,强调国际合作与协调,它是经济国际化的进一步发展和更高级的表现。目前,经济全球化还处在不断深入发展的进程中,其本质是市场和资本的全球化。总之,经济全球化是生产力和生产关系发展的必然结果。

(二) 经济一体化的含义

经济一体化源于西欧,其本义在于以区域为基础,提高资源的利用效率。经济一体化的实现需要在一体化区域内消除阻碍贸易与生产要素流动的各种障碍,因此,有学者简单地将其表述为再生产过程各个阶段国际经济障碍的消除。此外,经济一体化还需要在区域范围内设立机构,形成共同的内在管理机制,制定共同的制度规范,为市场提供有效的制度保证和持续一体化的动力。所以,组织性和制度性是经济一体化的基本特征。

经济一体化有多种表现形式:关税同盟、自由贸易区、共同市场、货币联盟、经济与货币联盟以及完全的一体化。由于国际经济和政治问题互相影响、密不可分,经济一体化的过程不可避免地会掺杂对政治一体化的要求,所以,完全意义上的经济一体化要求政治、法律、安全防务等领域内的一体化,要求更多的主权让渡和主权共享,这意味着建立机制化的制度具有很大的难度。一般而言,参与的国家和地区越多,经济一体化的发展就越困难和曲折。

(三) 经济全球化与经济一体化之间的关系

经济全球化和经济一体化是两个不同的概念,但是,两者之间既存在逻辑上的联系,又有本质上的差别。经济全球化是经济一体化的客观基础,经济一体化是在经济全球化基础上的更高层次的经济融合。从目前的世界格局来看,经济全球化已是一个既成事实,经济一体化只是局部区域、局部领域内的状态和进程,全球经济一体化仍然只是经济全球化的一个理想目标。

三、发展中国家面临的挑战

关于经济全球化对各国的影响,不能简单地得出其对发达国家利大于弊、对发展中国家弊大于利的结论。事实上,经济全球化对世界各国都带来了一定的冲击,很难说对一些国家的冲击小,对另一些国家的冲击大。经济全球化带来的激烈竞争,既包括发达国家和发展中国家之间的竞争,也包括发达国家之间以及发展中国家之间的竞争。这种空前激烈的竞争,给世界各国都可能带来严重的冲击。对于某一具体国家而言,这种冲击的可能性能否变为现实,或者说受冲击程度的大小,并不取决于该国是发达国家还是发展中国家,关键在于该国所采取的应对措施是否得当。否则,即使是发达国家同样会受到严重冲击;相反,即便是发展中国家,只要应对得当,也同样会实现经济的快速发展。

发展中国家由于实行改革开放政策,对外经贸联系不断扩大,在国际贸易、国际金融和国际投资中所占的份额逐步提高,在世界经济中的地位逐渐上升,已成为世界经济发展最具潜力的一个中心所在。同时,发展中国家同发达国家之间经济上存在着较强的互补性,有利于多种资源、多种市场的有机结合,为发展中国家经济的进一步发展提供了有利的契机。但是,经济全球化在为发展中国家注入活力的同时,也危害到它们的可持续发展。不可否认,经济全球化也使发展中国家的经济面临一定的冲击和挑战,这主要表现为:

(1) 跨国公司的"双刃性"。20世纪80年代,发展中国家改变了对资本流入的态度,采取吸引外资的新政策,在引进知识、技术方面发展较快。跨国公司的投资和技术转让,使发展中国家有可能利用"后发效应",实现超常规发展,摆脱贫困。但是,跨国公司从自身国家利益出发,按照它们固有的理念及思路拟定国际贸易的标准和重建国际贸易的秩序。因此,资金引入产生明显的替代效应;大量外资渗透到发展中国家的经济命脉中,给其经济安全留下隐患;在技术方面,发展中国家形成对发达国家的技术依赖,不利于其高新技术的发展。

(2) 生态安全受到威胁。发达国家利用其技术和资本优势,在充分利用甚至掠夺发展中国家资源的同时,还把污染严重、耗能高的产业转移到发展中国家,从而导致资源从发展中国家向发达国家转移,污染源从发达国家向发展中国家转移。

(3) 南北矛盾更为突出。据联合国的一份报告,国际互联网名副其实地成为一张覆盖全球的大网,张开双臂欢迎上网的人,却无形之中排斥着穷人,使贫富差距拉大,可持续发展难以为继。由于发达国家拒不兑现在联合国环境与发展大会上关于对发展中国家的资金和技术援助的承诺,发展中国家实施可持续发展受到限制,一些发达国家以"环境标志"等为手段,筑起了国际经济贸易合作中的绿色壁垒。这些都在很大程度上影响了发展中国家的可持续发展。

(4) 可能诱发金融风险。金融全球化是经济全球化的重要方面,在金融全球化的浪潮中,国际资本的流动速度大大加快。在流动的国际资本中,"游资"占有很大的比例。这种资本的最大特点是投机性强,它以很快的速度出入各国的资本市场,在给各国带来巨大的资金供给的同时,也给各国的金融和经济带来了巨大的冲击。如果短期资本突然大规模撤出本国市场,本国将不可避免地发生货币和金融危机。2008年爆发的美国次贷危机就是明显的例证。

第五节 国际企业管理及其学科性质

国际企业管理是顺应企业国际化、经济全球化的需要而建立和发展起来的一个新专业。它借助于社会学、人类学、政治经济学、国际经济、国际贸易、国际商法及工商管理等学科的理论(如图1-3所示),在过去的数十年中逐渐形成了一个完整的体系,成为管理门类(一级学科)、工商管理(二级学科)下面的一个独立的分支。

每门学科都有自己的研究对象和研究方向。国际企业管理专业的研究重点侧重于国际企业经济活动过程中的各种管理关系及其发展和变化规律。这些规律相互影响,又相互制约,其关系变化直接或间接地决定着管理关系的发展变化,形成一定的规律性。研究和掌握这些客观规律,可以使国际企业以最少的耗费和投入,完成有形和无形商品的流通过程,获取最佳的社会效益和经济效益。

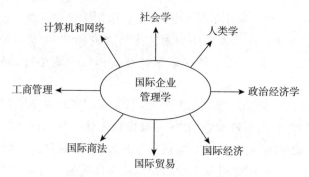

图 1-3　国际企业管理学科体系

国际企业管理专业的设置，经历了一个由管理学与经济学分设，再到由一般企业管理中独立出来的过程。20 世纪中叶以来，随着国际工商业的蓬勃发展，从事国际工商业活动的企业数量迅速增加、规模迅速扩大，大批企业在世界范围内开展跨国经营活动，成为国际经济舞台上的主角。国际化经营的实践要求企业管理的研究和培训有相应的发展，于是，一门新的专业——国际企业管理诞生了。

国际企业管理不同于一般的企业管理，也不只是一般企业管理专业的简单延伸和发展，它具有相对的独立性。第一，国际企业面临的环境不同。一般来说，国际环境比国内环境更为复杂，包含更多的不可控因素。第二，国际企业承担的风险不同。从事国际工商业活动的企业除了要承担国内企业应承担的风险，还要承担因跨国经营可能招致的其他风险，如汇率风险、政治风险、远途运输风险等。第三，国际企业采用的管理方式不同。由于国家间存在着政治、法律和文化等方面的差异，故在国内适用的管理方式在海外企业就不一定适用。因此，国际化经营的企业在人事、财务、营销和生产诸方面应根据各国的具体情况采取相应的管理方式、决策程序和策略手段。

国际企业管理专业的产生是世界经济发展的必然结果。该专业的设置以及培养的从事国际化经营和管理的专门人才，对中国企业走向国际经济舞台、开展国际化经营具有重要意义。目前，中国企业参与国际工商业活动的深度、广度和复杂程度都是改革开放前无法比拟的。随着改革开放的进一步深入和社会主义市场经济的建立，以及中国会计制度逐渐与国际惯例接轨，在今后一段时期内，中国将有一大批大中型企业走向国际经济舞台，实行国际化经营，为开拓国际市场、利用国外资源、加速社会主义现代化建设服务。

跨国管理者的素质

要想成为全球领导者，要想跟得上全球化快得令人眩晕的步伐，管理者必须有一些额外优势，才能更好地迎接挑战。一些专家认为，下一代成功的跨国管理者必须具备以下素质：

（1）全球思维。具有全球思维的人深知，商业世界瞬息万变，在商业往来中整个世界变得更为相互依存。全球思维要求管理者"思维全球化，行动当地化"。这就是说，管理者必须既能看到全球市场的相似之处，又能根据各国的不同条件灵活应变。如果一家公司决定支持并实施全球战略,则其所有员工,从总裁到基层,都必须具有全球思维。

(2) 与来自不同背景的人打交道的能力。在全球经济中,公司的客户、合伙人、供应商以及员工往往并不是来自公司母国。下一代跨国管理者必须充分了解文化差异,才能在此类跨文化交际中获得成功。一个成功的组织机构要求其所有员工都能与来自不同背景的人合作融洽。

(3) 远见卓识。在新兴全球经济中,目光短浅将很难成功。一家成功的公司必须有毅力去解决国际环境中遇到的各种复杂问题。

(4) 应变能力。虽然长远的眼光有助于我们在国际环境中生存,然而全球经济变幻莫测,这就要求领导者必须有效地进行组织变动。

(5) 创造一个学习型组织的能力。在全球经济中进行竞争的各商业组织,将面临十分复杂而多变的环境。这些组织需要所有员工发挥聪明才智,去了解世界以及组织内正在发生的事情。它们需要协调各种经营活动(如市场营销、产品制造等)之间复杂的相互依存关系。下一代跨国领导者所建立的组织必须能不断地改进策略,以适应全球竞争的需要。

(6) 有效地激励全体员工的能力。是否能有效地激励员工,一直以来都是衡量领导水平高低的标志。在下一代的组织机构中,领导者在激励方面将会遇到更多的挑战。因为雇员可能来自世界各国或生活在世界各国,管理者必须使他们对公司(而不是对各自的国家)产生认同感,这对于领导者来说是一个严峻的挑战。此外,领导者还需要建立一套超越文化的激励策略。

(7) 出色的谈判技巧。所有的商业交易都需要谈判协商,不过,全球经济中的领导者将会更多地进行跨文化谈判。因此,出色的谈判技巧不仅变得更为必要,而且更富有挑战性。

(8) 海外任职的意愿。下一代跨国领导者将具备大量的国际经验。他们将在多个文化环境中展示管理才能,取得成就。

(9) 对各国文化的理解。尽管全球化要求把世界看成一个统一的市场,但国家之间的文化差异仍然存在。没有对当地文化的深入了解,一个跨国管理者很难在商业活动中取得成功。跨国管理者不仅需要了解当地细微的文化差异,而且还需要掌握两门以上的外语。

资料来源:〔美〕John B.Cullen、K.Praveen Parboteeah,《国际企业管理:战略要径(第三版)》,孔雁译,北京:清华大学出版社 2007 年版,第 27—28 页。

本章小结

国际企业是指从事涉及国际范围内的产品、技术、劳务、信息、资金等经营活动的企业。

国际商务是指两国或多国卷入的全部商业交易活动的总称。

跨国公司的不同定义和称谓反映了跨国公司的复杂形态。实际上,跨国公司就是跨越国界进行商务活动的企业。由于从事国际商务活动的企业不一定都是跨国公司,因此本书用国际企业进行概括,这不仅符合研究的内容,也符合我国各种文献中名称使用的惯例。

按不同的标准划分,国际企业有多种类型。虽然国际企业的实体名称不一,其分支机构设在不同的国家,但作为现代国际性企业,它们都具有一些共同的特征。

企业进行国际性经营的基本动机是:扩大销售、获取资源和实现经营的多元化。

国际企业在经营过程中可以选择的经营方式主要有商品进出口、劳务进出口和投资活动三大类型,其中劳务进口包括交钥匙工程、特许经营、管理合同、许可协议等方式。

国际企业诞生于19世纪中期,成长于第二次世界大战之后。国际企业的发展一般经过两个主要阶段(国际化和全球化)和四个环节(过程)。在国际化过程中,现代企业越来越显露出战略全球化、规模大型化和组织股份化等发展趋势。

全球化和一体化是当今世界经济发展的重要特征,是世界经济发展中并行不悖的两股潮流,两者既密切相关,又各不相同。

经济全球化既为发展中国家经济的进一步发展提供了有利的契机,也使发展中国家的经济面临一定的冲击和挑战。

国际企业管理是顺应企业国际化、经济全球化的需要而建立和发展起来的一个新专业。在过去的数十年中逐渐形成了一个完整的体系,现已成为管理门类(一级学科)、工商管理(二级学科)下面的一个独立分支。

国际企业管理不同于一般的企业管理,也不只是一般企业管理专业的简单延伸和发展,它具有相对的独立性。

复习思考题

1. 什么是国际商务、国际企业及跨国公司?
2. 如何理解跨国公司的各种定义?
3. 国际企业与国内经营企业的区别是什么?
4. 国际企业经营的基本动机之一是获取国外资源,那么东道国可以获得什么样的好处?为什么有些国家并不欢迎国际企业的投资?
5. 国际企业从事的商务活动主要有哪些类型?
6. 企业国际化经历了哪几个发展阶段?
7. 经济全球化产生的原因是什么?经济全球化给发展中国家带来了怎样的挑战?
8. 为什么国际企业管理不同于一般的企业管理?

案例分析

松下电器的跨国经营

松下电器公司的创业者"电器大王"松下幸之助,16岁时开始在大阪电灯公司当内线工,赚日工资,身体又不太好,生活很贫困。1917年,即在他22岁时,他辞去电灯公司的工作,在猪饲野的一个小房间里开始制造插座。1918年,他搬至大开市并开办了一家工厂,并挂上松下电器器具制作的标牌,揭开了松下电器的历史。当时,只有两台小型压力机,人手除他本人外只有他的妻子和妻子的弟弟,生产的产品除两种插座外只有电风扇的绝缘盘。1922年,松下电器在原工厂附近建成了新工厂和总店;1933年,又在门真建成新的总店和工厂群,产品品种约为20个;1935年,松下电器改组为松下电器产业公司,由个人经营变为股份公司,总公司下设9个子公司。第二次世界大战期间,松下电器受军方命令转为以军需品为中心的生产体制,战争结束后改为民用生产。美国占领军司令部曾认为松下是财阀家族,因此冻结了公司的全部资产,1950年解除了这个指令,松下才得以正常营业。20世纪80年代末,松下电器产品已达1.4万种,年销售额数百亿美元,在1990年《财富》世界500强中排名第12位,被称为"电器王国"。

一、战后松下电器跨国经营的新发展

第二次世界大战后,因受占领军司令指令而脱离松下集团的松下电器贸易,1951年8月又重新置于松下电器产业公司之下,并开始积极开拓国际市场,向东南亚、中东和南美洲等地派遣人员以求拓展出口渠道。由于出口的恢复和发展,松下电器贸易的经营情况日益好转,并于1954年实现战后的第一次分红。同时,松下电器开始设立进入国外的据点,于1953年在纽约设立办事处,并在1959年将其改为设在当地的销售公司——美国松下电器。作为进入欧洲的据点,1962年在联邦德国设立汉堡松下电器。此后又在许多国家设立了销售公司或驻在员事务所①。另外,截至1963年,松下电器的国外代理店已超过100家,基本上是一个国家有一家代理店。为了通过代理店扩大松下电器产品在国外市场的地盘,松下电器保证每家代理店都能得到适当的利润。

松下电器20世纪50年代出口的产品大部分是收音机,1962年开始大幅度增加电视机和录音机的出口,后来电冰箱、录像机、摄像机、电子计算机等产品的出口也顺利增长。出口市场由原来的东南亚、美国逐步扩展到全世界。出口额1958年为32亿日元,1971年达到1 754亿日元,在日本电气机械界的出口额中名列榜首。进入20世纪70年代,松下电器的出口每年都以20%～30%的速度增长;80年代末期,国外销售额年均约为100亿美元。

战后,松下电器在国外建立的第一家生产公司是1961年在泰国成立的纳雄纳尔泰国公司。建设资金为1.4亿日元,由松下电器和当地的合资者共同承担。这位泰国合伙人十多年前做过松下电器代理店的老板,由他担任总经理,是因为他在泰国很有威望。但是,由于他初次经营制造业,做事又过于慎重,公司没有得到预期的迅速发展。后来,他突然去世,由他的女儿接任总经理,以此为契机,松下电器决定对该公司经营给予全面援助,其生产才得以迅速发展。

1962年,松下电器在中国台湾地区建立台湾松下电器。截至1988年,中国台湾地区的生产公司已达101个,职工约5万名,年生产额达30多亿美元。

为了适应商品出口和国外建立公司的需要,松下电器贸易于20世纪50年代末建立出口事业总部和国际总部。前者专门从事商品出口业务,后者则是推动包括技术、资本输出在内的国外活动的统辖部门。为了适应日本本国以外的北美、欧洲和亚洲三大市场的需要,根据其"全球局部化计划",1988年10月,松下电器在美国新泽西州和英国伦敦附

---

① 驻在员事务所是企业为了在外国开展正式的经营活动而实施准备性、辅助性工作所设立的基地。可以从事市场调查、信息收集、物品采购、广告宣传等活动,但是不得直接开展经营活动。

近建立了区域总部,1989年4月,又在新加坡建立了区域总部。同机构设置有密切关系的还有人员派出,尽管松下电器在国外的经营活动主要委托当地人进行,但派出少量人员是必不可少的。由于国外活动的扩展,派出人数也相当可观,20世纪80年代初已超过500人。

另外,松下电器于1969年12月将其股票在美国纽约证券交易所上市。上市以来,其股票交易日趋活跃。纽约证券交易所是世界上最大的证券交易所,上市标准严格,只限于世界上的超一流公司,当时日本在该证券交易所上市的公司只有包括松下电器在内的两家公司,因而这对提高松下电器在世界上的知名度和跨国经营活动极为有利。

二、松下电器跨国经营的基本指导方针

1. 出口不能牺牲血本

松下电器接到国外订货时,首先进行产品成本核算,必须保证自己能得到适当的利润,决不做牺牲血本的出口。这种思路不论在什么样的竞争下都会遵守。在订户因商品价格高而不愿订货时,松下电器会细致地分析产品成本为什么高,尽量找出降低成本的途径。这样,不仅可以与对方达成订货协议,而且能够促进自己改善经营管理,推动进步。如果经过努力,产品成本仍然居高,松下电器决不迁就订户,以免接受订货而牺牲利润做亏本生意。松下电器为拓展产品销路和扩大出口,除接受国外订货外,更重要的是积极发展国外的代理店和销售公司。国外的销售多数是以当地的代理店为中心实现的,这些销售公司和代理店也必须遵循上述原则。松下电器对消费者的售后服务也是极为认真和完善的,这项任务主要是通过代理店完成的。

2. 繁荣所在国经济与谋取利润、扩大市场相结合

战后,松下电器以全球为对象,在努力增加出口的同时,积极在国外建立生产公司。70年代,它建立的国外生产公司主要在发展中国家或地区,而且按建立时间顺序来看,前11家生产公司都是在发展中国家或地区,只有1968年建立澳大利亚松下电器之后才在发达国家建立了少数公司。松下电器反复强调,在发展中国家或地区建立生产公司是为了繁荣所在国家或地区经济,只有发展中国家或地区的经济得到发展,购买力有所提高,它们才能购买更多和更高级的电器产品,松下电器才能得到更多的利润。因此,他们认为,松下电器在发展中国家或地区投资设厂,不仅对发展中国家或地区的经济有利,而且对自己也有好处。从80年代起,日本的出口迅速发展,引起与其他发达国家的贸易不平衡,美国、欧洲等开始采取保护主义措施,限制日本商品的进入。其中,电器商品是很重要的内容。松下商品回避欧美摩擦,绕开保护主义堡垒,开始在欧美大量投资建厂。他们还认为,在这些发达国家建立生产公司,有利于缓和矛盾,巩固市场占有率,同时增加当地就业机会,发展当地经济,增加与当地人民的友好往来。当某个国家要求在其国内建立生产公司或松下电器想进入哪个国家时,松下电器便会对哪个国家的国情、民性、市场情况和外资政策等进行周密的调查研究,并且寻找理想的合伙人。只有认为这些情况都合适时,才下决心在那个国家建立生产公司。如果条件不充分,松下电器认为经营是不会取得成功的,它自己和所在国都要蒙受损失,因而不会在这样的国家建立生产公司。

3. 国外生产公司的经营必须以当地人为主

松下电器在发展中国家或地区建立的生产公司,不论自己的出资比例有多大,都将其

视为所在国企业,建立当地的经营部门,经营主体由当地人担任,使得其在当地能独立经营。当然,建厂初期松下电器要派遣人员,但他们的任务是以经营指导和培养人员作为重点,积极培训当地的干部和职工。在培养当地干部后,只留下少数日本人。中国台湾地区的松下电器20世纪70年代末已发展成有3 400名职工的企业,经营很出色,能够大量出口产品,300多个管理岗位都是由当地人担任,松下电器的派遣人员仅留下10名,除常务董事和常务理事各1名为日本人外,其余的日本人都是担任顾问性的职务。

三、国外生产公司产品的选择

(1) 生产力所能及的产品。松下电器在同菲律宾合资重建精密电子设备公司时,原拟同时生产收音机、立体声音响和电视机。但是,考虑到职工人数少、技术力量薄弱和资金不足等因素,决定放弃生产收音机,只限定于生产立体声音响和电视机。

(2) 生产容易制造的产品。在同泰国合资兴建纳雄纳尔泰国公司时,由于公司完全是新建的,职工都是新招的,因此松下电器决定开始时只生产干电池。其干部在谈到为什么从干电池着手时说,这是因为:干电池这种产品,不论在哪个国家都是必需品,容易销售,尤其是干电池和质量的关系,只要有非常先进的自动化机器,即使是非熟练工,也能保证一定的质量;在短期内就能完成职工培训,使公司迅速投入生产;随着职工素质的提高,可以逐步生产所需的高技术产品。事实正是这样,后来该公司生产出收音机、电视机和电风扇等。

(3) 生产国际市场上畅销的产品。松下电器在发展中国家或地区兴办公司时,其产品除供应当地消费外,还注意国际上的需要,生产国际市场上的抢手货。中国台湾地区的松下电器选择生产电视机等产品,不仅在当地销售额急剧扩大,而且还大量向美国出口。新加坡松下电器选择生产电冰箱用的压缩机,除供应当地市场外,还向国际市场出口。

(4) 生产冲破国际上贸易保护主义的产品。进入70年代,国际上贸易保护主义抬头,尤其是阻止日本产品进入的势头很强,日本直接出口产品日益困难。于是,松下电器利用国外生产公司制造的产品,冲破关税和非关税壁垒的限制,进入奉行贸易保护主义国家的市场。波多黎各松下电器生产收音机、彩色电视机和立体声音响等,就是为了毫无障碍地向美国市场供货。

四、广泛开展技术革新

松下电器(包括其前身)始终重视通过开展技术革新来开发新产品、提高产品质量和制造先进设备装备自己。这是其能够生存和发展壮大的基本原因,也是在跨国经营中不断取得成功的重要因素。松下电器在战后恢复正常营业不久就意识到,要想在电器领域站住脚,必须向国外学习大量技术,引进新技术。松下电器更为强调的是,必须在消化吸收这些技术的基础上,积极发展自己的技术。因此从1952年开始,在引进国外技术的同时,松下电器强化正规的技术部门,并于1953年在大阪门真建立中央研究所。该所是一个综合性研究所,不仅进行研究和指导各子公司新产品的开发,为满足用户的需求还有专门的机器制造工厂。以建立这个中央研究所为契机,松下电器开始正规化技术革新,成为新的电气化时代的推动者。松下电器自1962年起着手建设新中央研究所,该研究所1963年5月完成第一期工程,1968年1月全部建成。它同不断充实的技术人员队伍相结合,成为"技术的松下电器"的原动力。这样,1963年以后,松下电器不断出现具有世界水平的研究开发成果。在电子以外的领域里,也相继取得划时代的研究开发成果。如在新的电池领域里,有比过去使用寿命高2倍的高峰干电池和高7倍的强碱干电池,有相当于过去成本1/10的陶瓷新太阳电池、银电池、燃料电池等。在新照明领域里,有继水银灯之后的钠灯、多卤素灯等。松下电器在坚持技术开发中枢设在日本的同时,还为适应国外不同的具体情况,在国外建立技术开发机构。如在中国台湾地区设立的松下电器技术开发公司,着重研究认识模式,开发汉字处理机,并从1987年起开始设计逻辑集成电路。

五、跨国营销

实现国际化不是轻而易举的事情,这对电子行业来说尤其艰苦。在文化、语言、货币、地区、时区以及政治和经济制度迥然不同的环境里做生意,显然会遇到种种庞杂情形。如果说哪家公司应著书立说介绍自己是如何胜利地向外移植高等制作技巧的,那一定是松下电器。归结起来,松下电器的跨国经营秘诀主要有以下几点:

(1) 具有集研究开发、生产和销售于一体的完全经营体制。

(2) 向各地主国提供其所爱好及需要的产品,一直是松下电器企业国际化的方针。

(3) 不吝于向海外子公司投入及传授最先进的制作技巧。

(4) 入境问俗,尊重各国和地域的文化、风气和语言,创造良好的合作环境。松下电器海外生产公司的特点是秉承松下电器的经营观运行,尽量贴近当地居民的生活习俗和文化等,真正做到入境随俗。

松下电器奇特的国际化营销策略使其在海外取得了辉煌的成就,已成为当今名副其实的"日不落帝国"。

资料来源:陈立成,《日本松下电器的跨国经营活动》,《世界经济》,1994(2)。

讨论问题

1. 试分析松下电器跨国经营成功的原因。
2. 松下电器的跨国经营对中国企业的跨国经营有何借鉴意义?

21世纪经济与管理规划教材
工商管理系列

第二章

与国际企业管理相关的基本理论

主要内容
- 国际贸易的基本理论
- 对外直接投资的基本理论
- 发展中国家对外直接投资的基本理论

核心概念
- 国家竞争优势
- 产品生命周期
- 所有权优势
- 内部化优势
- 区位优势

学习要求
- 掌握国家竞争优势理论的主要内容
- 掌握垄断优势理论、内部化理论、产品生命周期理论和国际生产折中理论的主要内容
- 理解绝对优势理论、比较优势理论和要素禀赋理论
- 了解列昂惕夫之谜和贸易理论的发展
- 了解小岛理论的主要观点
- 了解发展中国家对外投资理论的主要内容

引导案例 美国对外直接投资结构的变化及影响因素分析

一、引言

自 20 世纪 60 年代以来,跨国公司投资问题一直是学术界关注的焦点之一,研究内容主要集中在投资驱动力、投资对母国和东道国的影响等方面。60 年代初期,学者们认为资本流动与国际贸易遵循同样的原理,跨国界的投资流向低成本区域。海默等人从产业组织的角度来解释对外直接投资,认为跨国公司是一种国际生产组织,能够弥补在国外经营的额外成本,实现在全球范围内的生产经营。鲁格曼等人提出了跨国投资的内部化理论,认为跨国公司创建自己的内部市场,通过交易成本的内部化来提高其经营效率。邓宁则提出了对外直接投资的折中理论,即各地生产要素的区位优势差异、经营内部化以及跨国公司的所有权优势,是资本跨国流动的原因。迪肯认为随着通信和运输技术的进步,跨国公司可以在全球范围内组织和控制其价值活动,形成全球生产分工体系。本文采用美国商务部经济分析局对 1982—1999 年间美国对外直接投资存量的统计数据,分析了美国对外直接投资地区结构和行业结构的变化,并进一步剖析了相关影响因素。

二、美国对外直接投资的地区结构

从投资总存量来讲,美国对外直接投资在空间分布上相对比较稳定,即以对欧洲的投资为主,其次是对加拿大、拉美和亚太地区的投资,而对非洲和中东地区的投资所占比重很小。统计结果表明,欧洲约占美国对外直接投资总额的 50%,主要是因为欧洲企业的生产技术与管理水平较高,有助于跨国投资企业的生产运营。拉美和加拿大是美国直接投资最多、最集中的地区,充分体现了跨国投资的地缘经济战略。空间位置的邻近性、历史联系基础以及美国资金、技术和管理优势及东道国的区位优势,都是形成这一投资格局的原因。

美国对亚太地区的投资在总投资中所占的比重不大,投资主要集中在日本、澳大利亚等发达国家和亚洲"四小龙"地区。但自 90 年代以来,美国加大了对亚太地区投资的力度,特别是对发展中国家和地区的投资有明显的增长。亚太地区有着广阔的市场容量和市场潜力,同时很多国家正值产业结构调整和转换的关键时期,对美国部分中高层次的生产技术有相当大的需求,这些都是拉动美国投资的主要力量。

三、美国对外投资的行业结构特征

(一)对外投资的行业结构变化

对美国对外直接投资累计总额的分析表明,美国对外投资的行业结构发生了较大的变化,投资结构轻型化、高级化的趋势非常明显。1982 年,对外投资中制造业投资占总投资的40%；其次是石油业，占总投资的28%；到1999年，对外投资中金融、保险和房地产业的投资迅速上升，由1982年的8.6%上升至38.5%，增长了近30个百分点；石油业投资份额下降最多，1999年占总投资的8.8%，比1982年下降了近20个百分点；制造业投资所占比重也下降了12个百分点。美国对外投资结构变化是与国内经济结构调整紧密联系的，对外投资是国内经济发展的拓展和补充。

（二）制造业投资结构的变化

制造业是美国对外投资的稳定投资目标，虽然近年来比重有所下降，但仍占1/4以上。1982—1999年，制造业总投资增长了281%，其中1990年以后投资的增长幅度（177%）远高于20世纪80年代投资的增长（104%）。制造业内部投资结构的变化显示，高技术、高附加值的行业投资增长最为迅速，如电子精密仪器、通信设备等；而传统行业部门，如钢铁、普通机械等行业的投资增长比较缓慢，在总投资中所占的比重也不断下降。

制造业投资的行业结构变化表明，美国对外直接投资行业可分为三类：第一类是传统行业部门，如钢铁工业、机械工业等。企业在具有比较优势的地区进行生产，以延长产品的生命周期，因此以向发展中国家和地区，如东亚、东南亚、非洲和拉美地区的投资为主。第二类是以轻工为主的行业，如食品工业、洗涤化妆品行业。近年来，这些行业增长迅速，一是由于投资少，收益快；二是具有明显的地方化特征，对外直接投资比出口更能满足不同地区的多样化需求。第三类是电子、制药等高科技行业。这些行业具有较高的技术门槛，美国拥有行业比较优势，对外投资增长较快。

四、美国对外直接投资行业结构的地区差异

不同地区的资源禀赋状况与不同时期企业的经营战略相结合，形成美国对外直接投资行业结构的地区差异。80年代初期，在资源寻求型目标的驱动下，美国对各地区的投资中，石油开采业都占有较大的比重，而区位优势明显的中东地区的投资更为集中。效益和利润寻求型投资以行业平均利润率高的地区为重点，这是当今金融、保险和房地产业成为跨国公司在各地区投资重点的主要原因。

由于各国和各地区区位优势不同、经济发展阶段不同，吸引投资的行业结构也有较大差异。以亚太地区为例，自80年代初期以来，美国在亚太地区的投资逐年增长。1982年，亚太地区吸纳美国投资占美国全球对外直接投资的13.61%，90年代中期增加到17%以上，东南亚金融危机后略有减少。从投资的国家（地区）分布来讲，美国在亚太地区投资的70%左右集中在澳大利亚、日本、新加坡和中国香港地区。美国在亚太地区的投资格局，一则受美国跨国公司对外投资战略的驱动，二则受亚太地区各个国家或地区经济发展状况的影响。比如，80年代中后期，日美贸易摩擦升级，为了绕过各种贸易壁垒，美国跨国公司加大了对日直接投资的力度；澳大利亚资源富集是美国对澳投资的主要原因，但澳大利亚国内自然资源状况的变化及市场的狭小，使得投资的增长潜力不大，故其投资比重逐年下降；而中美产业结构之间存在的梯度差异及中国广阔的市场，是吸引跨国公司对华投资的主要因素。

五、结语

本文着重分析了美国对外直接投资的行业结构和地区结构的特征及变化。研究表明，对外直接投资的行业结构和地区结构是相互联系及相互制约的，不同行业的比较优势与特定地区的区位优势相结合,才能产生投资效益。就跨国公司投资的行业和区位选择来讲,这种组合类型可以用表2-1来概括,即区位禀赋优势和转移成本决定企业投资的空间分布,而企业所有权优势影响投资的行业分布。

表2-1 跨国公司对外投资的行业与区位组合类型

投资目标	企业优势	投资地区位优势	选择投资的行业	典型行业
资源寻求型	资金	自然资源丰富,便于开采、运输	母国没有东道国区位优势条件好的行业	石油业、木材加工等行业投资
利润寻求型	资金和管理	经营体制和制度环境	平均利润率高的行业	银行业、金融、保险、房地产业投资
市场占有型	资金、技术	市场容量大、潜力广阔	母国没有比较优势而东道国有比较优势的行业	钢铁、食品、日化、机械等
战略寻求型	资金、管理和技术	人力资源、市场等	可实现全球垂直一体化和水平一体化生产的行业	机械(汽车、办公设备)、批发商业和零售商业等
技术寻求型	资金	技术、人才	母国和东道国都有具比较优势的高技术行业,处于产品生命周期的初期	电子、精密仪器仪表、高新技术研究与开发

跨国公司对投资区位的选择,是根据其投资目的,结合自身竞争优势和东道国区位优势而确定的。一个国家对外投资的产业结构是国内产业结构的补充和拓展,不同的国家可根据自身经济发展战略的需要,采取吸引外资和对外投资并重的策略来实现本国产业结构的更新换代。现实表明,美国跨国公司在我国的投资以市场占有型和利润寻求型为主。我国正处于产业结构调整和转换的关键时期。因此,在吸引跨国公司投资时,不仅要吸引资金,更应关注高新技术的引进和消化吸收。跨国公司入驻以后,应注意培植地方化的协作网络和企业的学习与创新能力,以增强地方的竞争能力。

资料来源:张晓平、陆大道,《近20年美国对外直接投资结构的变化及影响因素分析》,《经济地理》,2002,22(5),有删改。

看完引导案例后,我们不禁要问:美国企业为什么要进行跨国经营?为什么能进行跨国经营?为什么选择那些区域、那些行业进行跨国经营?为什么在20年的跨国经营过程中,对外直接投资的地区结构和行业结构要进行调整?美国近20年的对外直接投资结构的变化对中国有什么借鉴意义?

亚当·斯密(Adam Smith)和大卫·李嘉图(David Ricardo)等经济学家的自由贸易理论为跨国公司行为奠定了理论基础。20世纪60年代,随着跨国公司成为世界重要的经济力量,对跨国公司行为的理论研究发展迅速。目前,理论界大致已经形成了两大类跨国经营的基础理论,即基于贸易视角的跨国经营理论和基于对外直接投资视角的跨国经营理论。同时,针对发展中国家和地区的跨国经营理论也在形成与发展。这些理论不仅对跨国经营现象做了合理的解释,也对企业的跨国经营活动起了指导作用。

第一节 国际贸易的基本理论

国际贸易理论是国际企业管理的基础理论,影响着国际企业管理的思路,尤其对政府的政策制定有很大的影响。国际贸易理论可以帮助我们理解企业在什么地方生产并销售某种产品具有竞争力,也可以帮助我们理解并预测政府会制定什么样的贸易政策,以及这些政策会对企业竞争力产生怎样的影响。

一、绝对优势理论

亚当·斯密是古典经济学派的重要代表人物之一,也是国际分工-国际贸易理论的创始人之一。他生活在以工场手工业向大机器工业的过渡时期,在《国民财富的性质与原因的研究》(简称《国富论》)一书中,他提出了国际分工与自由贸易的理论,并以此作为反对重商主义的"贸易差额论"和贸易保护主义的政策主张,对国际分工-国际贸易理论作出了重要贡献。

斯密认为,提高劳动生产率是增加国民财富的重要条件之一。分工能大大提高劳动生产率,理由有三:第一,分工能使劳动者的熟练程度提高;第二,分工使每人专门从事某项作业,可以节省与生产没有直接关系的时间;第三,分工使专门从事某项作业的劳动者比较容易改良工具和发明机械。

斯密推断出:分工既然可以极大地提高劳动生产率,那么,每个人专门从事一种物品的生产,然后彼此进行交换,对每个人都是有利的。他指出,如果人们以较少的花费就能买到某些物品,那么谁也不会亲自制造它们。裁缝不为自己做靴子,鞋匠也不为自己缝衣服,农民既不打算为自己做靴子也不打算为自己缝衣服。他们都知道,如果把自己的全部劳动时间用于生产一种产品,并且用这种产品来交换自己所需要的其他产品,那是有利的。从每一个人看来是合算的事情,对整个国家来说也是合理的。斯密认为,适用于一国内部不同职业、不同工种之间的分工原则,也适用于各国之间。他主张如果外国的产品比自己国内生产的便宜,那么最好是输出本国在有利生产条件下生产的产品去交换外国的产品,而不要自己去生产。斯密认为,每个国家都有其适宜于生产某些特定产品的绝对有利的条件。如果每个国家都按照其绝对有利的生产条件进行专业化生产,然后彼此进行交换,则对所有交换国家都是有利的。各国都按照各自的有利条件进行分工和交换,将会使各国的资源、劳动力和资本得到最有效的利用,将会大大提高劳动生产率和增加物质财富。

斯密的绝对优势理论按各国绝对有利的生产条件进行国际分工,实际是按照绝对成本的高低进行分工,因此,又被称为绝对成本理论。

斯密的绝对成本理论以一国的市场成本绝对低廉为贸易发生的先决条件,它无法解释现实经济生活中常见的现象,即一个国家虽然不具有生产成本绝对低的商品的条件,但仍然可以发展国际贸易。

二、比较优势理论

大卫·李嘉图是英国产业革命深入发展时期的经济学家,1817年出版了《政治经济学及其赋税原理》一书。他的比较优势理论是在亚当·斯密绝对优势理论的基础上发展起来的。根据斯密的观点,国际分工应按地域、自然条件及绝对的成本差异进行,即一个国家输出的商品一定是生产上具有绝对优势、生产成本绝对低于他国的商品。李嘉图进一步发展了这一观点,他认为,即使一个国家各个行业的生产都缺乏效率,没有成本绝对低廉的产品,但只要集中力量生产那些利益较大或不利较小的商品,然后进行国际贸易,在资本和劳动力不变的情况下,生产总量也会增加。如此形成的国际分工对进行贸易的各国都有利。

李嘉图以两个国家、两种商品为例,说明了比较利益形成的过程。如表2-2所示,假定英国生产酒和呢绒的单位劳动成本都比葡萄牙高,但两国不同产品的成本比例不同。两国生产呢绒的成本比例是100:90,即1.1;两国生产酒的成本比例是120:80,即1.5。将这两个成本相比较,从英国方面来看,显然生产呢绒的成本相对低一些,效率相对高一点。所以,英国生产呢绒具有相对优势,其通过交换换取葡萄酒就可以得到比较利益。从葡萄牙方面来看,虽然其生产酒和呢绒都有绝对优势,但相对而言,葡萄牙生产酒的成本较低,优势较大。因此,葡萄牙应该选择生产葡萄酒以换取呢绒,取得比较利益。这就是说,国与国之间的生产要素禀赋不一,但各国只要发挥其所长,充分利用其所拥有的生产要素,生产和销售各自具有比较优势的产品,并与其他国家具有比较优势的产品相交换,结果就可以做到双方利益均沾。李嘉图借此说明,当时英国虽然在纺织品和粮食生产上都优于其他国家,但相对而言,纺织品生产的优势更大。因此,李嘉图认为,英国应该生产并出口纺织品,进口粮食,以获取更大的经济利益。

表2-2 李嘉图的比较利益

成本 \ 产品 国家	呢绒	葡萄酒
英国	100	120
葡萄牙	90	80
英国/葡萄牙=比较成本	100/90=1.1	120/80=1.5

李嘉图认为,在资本与劳动力在国际间不能自由流动的情况下,按照比较优势理论的原则进行国际分工,可使劳动配置更合理,生产总额增加,对进行贸易的各国均有利。但其前提必须是完全的自由贸易。李嘉图比较优势理论的核心是"两权相遇择其厚,两害相遇择其轻"。

比较优势理论建立在劳动价值论的学说之上,具有"合理的内容",为国际贸易奠定了基础。但是,李嘉图的比较优势理论与斯密的绝对优势理论一样,只以劳动作为成本大小的依据,而没有考虑其他稀缺资源对成本的影响。古典经济学家们相信劳动和其他生产要素在一个国家内是流动的,但在国家之间是不流动的,在他们眼中,市场本身可以实现纯粹自由竞争、资源有效配置,从而使劳动者充分就业,同时,他们还否定了生产关系在国际分工中的作用。这些是他们共同的缺点。

比较优势理论对一个国家或地区发展对外贸易、进行合理的专业化分工有积极的指导意义。但是,在实际运用中,一定要做到"扬长补短",而不是"扬长避短"。在努力发挥本国、本地区、本企业竞争优势和比较优势的同时,要意识到自身的不足,努力克服竞争劣势,不断增强自身的竞争力。

三、要素禀赋理论

埃利·F. 赫克歇尔(Eli F. Heckscher)、伯尔蒂尔·G. 俄林(Bertil G. Ohlin)均是瑞典的经济学家。1919 年,赫克歇尔在纪念经济学家戴维的文集中发表了一篇文章——《对外贸易与收入分配的影响》,他在该文中指出,如果两个国家生产要素(土地、资本、劳动)的拥有和分布量相同,各生产部门和技术水平一样,不存在运输成本,则国际贸易既不会给其中一个国家带来利益,也不会给另一个国家造成损失。因此,李嘉图比较利益差异存在的前提条件是:①两个国家存在不同生产要素的拥有量和分布量;②两个国家生产的不同商品所使用的生产要素比例不一样。

俄林是赫克歇尔在瑞典斯德哥尔摩大学的研究生,他在 1933 年出版的代表作《地区间贸易和国际贸易》中系统阐述了生产要素比例的理论,但承袭了赫克歇尔的主要观点,故人们一般称该理论为赫克歇尔-俄林要素比例理论。俄林认为:

(1) 各国所生产的同一产品的价格的绝对差异是国际贸易产生的直接原因,当两国间同一产品的价格差异大于产品的各项运输费用时,则从价格较低的国家输出商品到价格较高的国家是有利的。

(2) 产品价格的国际绝对差异是由产品生产成本的国际差异造成的。

(3) 国际贸易发生的原因还在于两国国内各种商品的成本比例不同。如果两国的成本比例是相同的,一国的两种商品的成本都按同一比例低于另一国,则两国间只能发生暂时的贸易关系。因此,成本的差异是国际贸易产生的重要条件。

(4) 生产要素的价格比例不同是造成生产成本比例不同的原因。因为不同的商品是由不同的生产要素组合生产出来的。在每一个国家,商品的成本比例都反映了其生产诸要素的价格比例关系。由于各种生产要素彼此是不能完全替代的,所以,在生产不同的货物时必须使用不同的要素组合。两国间不同的要素价格比例将在这两国产生不同的成本比例。

(5) 各国所具有的各种生产要素的数量、种类、质量是不同的,生产要素的相对供给不同是要素的相对价格不同的基础,即各种生产要素的丰富与短缺是决定要素相对价格不同的原因。

通过上述分析,俄林认为:

(1) 每个国家或地区都应该利用其相对丰富的生产要素从事商品的生产,这样就会处于比较有利的地位,而利用其相对稀缺的生产要素从事商品生产,则会处于比较不利的地位。因此,每个国家或地区在国际分工中,都应该专业化生产并且出口的是本国或地区相对丰富的生产要素生产的产品,相反,应该进口的是本国或地区相对稀缺的要素生产的产品。

(2) 国际分工——国际贸易的结果会消除贸易国间生产要素收入的国际差异,并且会使商品价格趋于均等化。

(3) 商品贸易的结果可以实现生产要素在两国间的间接移动,从而弥补生产要素在国际间不能移动的缺陷。

与古典贸易理论相似,俄林的国际贸易学说也有若干假定,即:①在国际流动中没有运输成本;②完全竞争;③充分利用所有生产要素;④固定供应同种生产要素;⑤没有技术创新;⑥生产要素在国家之间完全不流动。俄林的这些假定常常受到批评。

四、列昂惕夫之谜和贸易理论的发展

20 世纪 50 年代,美国学者列昂惕夫利用投入产出法对美国 800 种产业以及对外贸易的产品结构进行了分析,发现美国倾向于出口劳动密集型的商品。表 2-3 是列昂惕夫对 1947 年美国每生产 100 万美元的出口商品和进口替代商品所需的资本与劳动的分析。从表中可以看到,美国出口商品单位劳动力所需的资本,只有进口替代商品的 77%。换言之,美国出口商品的资本密集程度低于进口替代商品的资本密集程度。据此,列昂惕夫的结论是:美国参加国际分工是建立在劳动密集型生产专业化基础上,而不是建立在资本密集型生产专业化基础上的。换言之,这个国家是利用对外贸易来节约资本和安排剩余劳动力,而不是相反。显而易见,相对于劳动来说,美国的资本比较充裕,根据俄林模式,美国出口的应该是资本密集型商品。但是,列昂惕夫却得出了与俄林完全不同的结论,这个列昂惕夫之谜(Leontief Paradox),成为现代国际贸易理论领域的一个难题。

表 2-3 1947 年美国出口商品和进口替代商品比较

生产要素	出口商品	进口替代商品
资本(美元)	2 550 780	3 091 339
劳动力(每年人数)	182 313	170 004
资本/劳动力	13.991	18.184
出口商品与进口替代商品的资本/劳动力之比	13.991/18.184 = 0.77	

对于列昂惕夫之谜,人们做了很多推测和解释。国际贸易实践活动的发展,推动着理论在原有的基础上不断创新,以正确应对实践中提出的挑战。

(一) 贸易要素分析

它否定了传统贸易理论的某些假定,对贸易要素进行了新的分析和理解。主要表现在:①否定了传统贸易理论暗含的所谓土地、劳动和资本本身无差异的假定。认为每一种生产要素都具有非同一性。这就是说,各国生产要素禀赋不仅有量的区别,而且有质的区别。同样是劳动、资本或土地,由于在质上存在差异,因此其发挥的效能可能大相径庭。这种分析在一定程度上对俄林模式起到了补充作用。②否定了传统贸易理论有关一国要素禀赋固定不变的简单假定,认为一个国家所拥有的资源或生产要素具有可变性。这就是说,随着技术的进步、人口的增加和资本的积累,任何国家的资源或生产要素在质和量上都是一个变数,从而使一个国家的比较优势也随之发生变化,并进一步影响国际贸易的

流向和种类。雷布钦斯基指出,一种生产要素增加,将增加密集地使用该种生产要素的生产,同时,将减少密集地使用另一种生产要素的生产。随着经济的增长,一般来说资本存量的增长总是快于劳动力的增长。因此,根据雷布钦斯基的理论,这类国家的劳动密集型生产将会减少,资本密集型生产将会增加,从而资本密集型商品的出口增长速度将超过劳动密集型商品的出口增长速度。③否定了传统贸易理论同种商品在各国生产要素配置的密集型特征具有同一性的假定,认为各国生产同种商品的生产函数存在差异,同种商品可以有不同的要素配置比例和生产方法。从横向看,各国由于技术水平存在很大的差异,因此,以实物表示的生产同一种商品所需的要素配置比例就会不同。此外,各国生产要素的价格不同,以价格表示的生产同一种商品的要素配置比例也不尽相同。这就是说,一种商品在美国生产,表现的是资本密集型特征,但在发展中国家生产,表现的却是劳动密集型特征。从纵向看,技术进步和技术创新,为节约劳动或资本提供了可能性,从而使一个国家在不同时期生产的同种商品,其要素密集型特征也会发生转移或变化。18 世纪末,在欧洲由于机器生产代替了手工制造,结果相对降低了纺织品的劳动密集程度。

(二) 新要素学说

这种学说认为,在考虑国际贸易比较优势时,像传统的生产要素禀赋理论那样,仅仅分析劳动力、资本和土地三种生产要素是远远不够的。有关学者认为,传统理论强调自然条件决定比较优势,但在现代经济快速发展的时代,许多国家完全可以通过自己的努力,取得后天的比较优势,一个国家的禀赋不仅仅局限于其所在的地理位置或自然资源。从自然资源上看,日本是一个资源小国,但从贸易上看,日本却是一个国际贸易大国。究其原因,是因为日本取得了后天的比较优势,而不是先天的比较优势。一个国家通过对教育的投资,发展那些需要技术的生产,从而取得生产这种产品的比较优势。这种经过教育投资形成的有技术的劳动力,不是一般的劳动力,而是一种人力资本。人力资本与实物资本一样,其被密集使用而形成的商品,也是资本密集型商品。人力资本是一种新的生产要素。除此之外,新的生产要素还包括研究与发展、规模经济、管理等。

(三) 生产要素的国际移动

传统贸易理论都假定生产要素在国际之间没有移动,俄林模式最初用商品移动代替生产要素移动,但后来,他也开始讨论要素移动对贸易的影响。他认为,尽管国内要素供应变动较小,要素移动对贸易的短期效应较小,但对各国工业的发展以及相互之间的长期效应则可能较大。要素移动与商品贸易存在相互替代的关系。传统理论强调商品贸易使要素价格均等化,从而替代了生产要素的移动;生产要素移动理论则正好反过来,强调要素移动有替代贸易的作用。商品和要素移动都是由要素相对稀缺性的悬殊而造成的,而且都能减轻要素相对稀缺性的程度,所以,要素在国际间的移动数量越多,国际贸易的动机与所取得的利益将越小,国际贸易的需求量就会越少,因此,生产要素的国际移动具有"反贸易的倾向"。

五、国家竞争优势理论

(一) 主要内容

传统理论在讨论一国的国际竞争优势时,多从一国的生产因素状况入手,分析其特有的国际比较优势,如丰富的天然资源、劳动人口、资本或技术水平等。1990年,美国哈佛大学工商管理学院的迈克尔·波特(Michael Porter)在《国家的竞争优势》一书中提出了决定国家竞争优势的钻石模型。波特将国家竞争优势定义为:在参与国际竞争的过程中,从全局的高度,根据一国范围内可以调度的资源,并以最终在国际市场上确立本国产品市场占有率为目的的竞争能力。

波特认为,应该从行业的角度来考察国家竞争优势的问题,国家的经济实力不可笼统而论。一个国家在某些行业可能遥遥领先,占有很大优势,但同时在另一些行业却可能很落后。在一个国家内部,各个行业的发展是不均衡的,其原因主要在于,各行业对其经营环境有不同的要求,相同的国内环境对有些行业可能会特别有利,但对另一些行业的发展却可能比较不利,甚至有所阻碍。因此,国家的竞争优势归根到底是若干行业的竞争优势问题,分析国家竞争优势应从行业着手。如果一个国家能在那些劳动生产率高、新发明和新技术发展最快的行业领先,则国家经济的整体发展速度就会快于其他国家,就有了竞争优势;反之,则没有。

波特认为,决定一国国际竞争优势的不是某一个比较优势的因素,而是一组因素,即"钻石"因素及其附加因素。他把决定一个国家某一产业集群具有竞争优势的条件归结为四个方面因素的相互作用,并把这些因素描绘为一个"钻石"模型(如图2-1所示)。这些因素在一国的国际竞争体系中作用不同,因而形成各国不同的竞争优势。

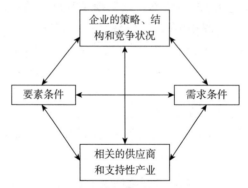

图2-1 波特的"钻石"模型

1. 要素条件

要素条件是指针对特定行业竞争所必需的生产要素。要素条件分为一般要素和高级要素。一般要素是指自然资源、劳动力的数量、地理位置等。当一国在这些要素中拥有优势,如拥有大量的廉价劳动力时,就可以通过对这个要素的利用降低产品成本,获得竞争优势。高级要素是指高科技和具有高技术能力的劳动力。高级要素,如完备的教育系统依赖于良好的基础和连续的投资,依靠高级要素和专业化要素建立的竞争优势不易被模仿。

2. 需求条件

波特特别强调国内需求状况在提高竞争优势方面所发挥的作用。企业往往对与它们最接近的顾客的需求最为敏感,因此,国内需求的特点对于国内产品特征的形成、创新的促进以及质量的提高尤为重要。如果一个国家的消费者精明而挑剔,就会给国内企业带来压力,迫使它们提高产品质量标准,并生产出创新产品,这可以促使企业提高竞争能力,从而增强国家的竞争优势。

3. 相关的供应商和支持性产业

相关的供应商和支持性产业的状况对一个国家某一行业的竞争优势具有重要影响。波特研究发现,一个国家内部的成功行业往往是由很多相关行业组成的一个行业群。相关产业和辅助产业对高级生产要素的投入所产生的效益可以波及另一个行业,具有国际竞争力的供货行业和相关产业,能帮助国内的某一行业在国际市场上确立竞争地位。

4. 企业的策略、结构和竞争状况

企业的策略、结构和竞争状况是波特模型中决定国家竞争优势的又一个重要因素。波特认为,不同的国家有不同的管理理念,这些理念产生了不同的企业策略和行为模式。从长期看,企业行为的特点会影响国家竞争的类型和持久性。在某些行业,国内竞争的激烈程度与国家竞争优势的创立密切相关。激烈的国内竞争会促使企业想方设法地提高生产效率,加大创新力度,强化品质意识,降低生产成本,并为提高高级要素的档次而进行大量投资,所有这一切都有助于创建世界级的竞争者。

除了上述四个关键的要素,在影响国家竞争优势的要素中,还有两个要素同样具有战略影响作用,即机会和政府的作用(如图 2-2 所示)。

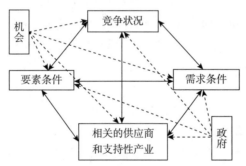

图 2-2　波特的国家创新系统"钻石"结构

机会因素通过改变"钻石"结构中的条件而发挥作用,主要包括新发明的出现、主要技术的中断、成本的突然提高(如石油危机)、国际金融市场的突然变化、世界或地区需求的改变、外国的政治影响、战争等。

政府政策对国家竞争优势有相当重要的影响,通过四个关键因素发挥作用。例如,对资本市场的政策、对教育的政策直接影响要素条件。政府通过制定标准形成买方的需要,而且,政府在很多领域(如武器、电器设备、航天器等)也是最大的买主。政府的政策同样也可以通过对资本市场进行不一样的管理、调整税率、制定或修改反垄断法等方式影响企业的战略、结构和竞争。当然,政府的作用也受四大关键要素的影响,如当地竞争者的数量会影响政府教育投资的选择,市场需求的增加将促使政府尽快建立安全标准等。

波特认为,创立一个有竞争力的产业集群并非易事,即使许多方面共同努力也不一定能成功。只有拥有足够的资源来弥补最初进入所带来的损失,新进入者才能克服已存在的其他企业集群的先发优势和其他不利因素。单个企业的战略行动可能会得到政府的支持,政府决策可以对"钻石"结构的四个组成要素施加正面或负面的影响。政府补贴、资本市场政策和教育政策等均可以影响要素禀赋;政府可以通过制定国家产品标准或影响消费者需求的法规来塑造国家需求,也可以通过制定各种法规来影响相关的供应商和支持性产业,还可以通过资本市场规则、税收政策和反垄断法等影响公司之间的竞争。政府为企业提供的支持可以弥补最初的损失。政府干预在一定程度上保护了国内企业免受外来冲击,同时,还能帮助国内企业开拓市场,提高某些产品的国际竞争能力。

(二) 简要评述

1. 理论贡献

波特的国家竞争优势理论弥补了其他国际贸易理论的不足,较圆满地回答了理论界长期未能解答的一些问题,对国际经济理论的发展作出了贡献。同其他贸易理论(特别是比较利益理论)相比,波特理论的贡献可以归纳为以下几点:

(1) 提出了一个重要的分析工具。波特提出的国家竞争优势的决定因素系统,为我们分析各国竞争优势的基础、预测其竞争优势的发展方向以及长远发展潜力提供了一个非常有用的分析工具。由于四种决定因素(以及两种辅助因素)的范围、品质和交互作用的方式决定着企业生产的产品和服务的种类以及生产效率,而产品和服务的种类以及生产效率又决定着一国进入国际市场的产品和服务的价值,决定着这些产品和服务相对于其主要竞争对手的产品和服务的增长率,因此,它们最终决定着一国竞争优势的大小、构成和持久性。分析这些因素的范围、品质和交互作用的方式,将它们同其他国家的决定因素系统相比较,就能发现一国的竞争优势在(或可能在)哪些领域、有多大、是否能够持久,就能比较容易地回答过去的理论长期不能回答的问题:为什么各国的竞争优势不同? 哪些国家能获得某种竞争优势?

(2) 强调动态的竞争优势。传统的比较利益理论强调的是静态的比较利益,注重的是各国现有的要素禀赋,比如丰富的自然资源、廉价的劳动力等初级要素,因此,它不能解释为什么像日本、韩国这类资源稀缺的国家在众多领域获得了竞争优势,而许多资源丰富的国家却长期落后。波特从动态的竞争优势角度比较圆满地解决了这一问题:日本、韩国这类国家的竞争优势来自不断创造的要素优势。不断创造的要素比静态的要素更能持久,其优势会随着时间的推移、知识的积累而增加;而靠静态的要素禀赋获得的竞争优势则会随着要素禀赋的消耗而减少。随着科学技术的迅猛发展,新能源、新材料的大量问世,自动化日益进入工厂、办公室,初级要素的相对重要性进一步降低,动态竞争优势的重要性进一步提高。

(3) 强调国内需求的重要性。国内需求对企业竞争优势的影响是被传统的贸易理论忽视了的。在传统的贸易理论中,国内需求对竞争优势的影响很小:富国比较讲究的消费者有对高质量产品的需求,富国也有生产高质量产品的竞争优势,故更可能生产高质量的产品。因此,虽然在高质量产品的生产和消费之间存在正相关关系,但消费和生产之间不存在因果关系。波特的理论则毫不含糊地指出了国内需求同国家竞争优势之间的因果关系。国内买主的结构、买主的性质、需求的增长、需求结构的变化都对一国的竞争优势有决定性作用。波特的理论弥补了传统贸易理论对需求的忽略。

(4) 强调国家在决定企业竞争力方面的关键作用。随着生产的全球化,许多学者认为国家在决定企业竞争优势方面的作用越来越小,企业可以摆脱国家的束缚,在全球范围内组织经营,在成本最低的地方生产,在利润最高的地方销售,国际环境可以代替国内环境。有些学者甚至宣称无国界时代已经到来。波特提出的国家竞争优势理论无疑是对上述观点的反驳。国内的决定因素(国内需求、相关的供应商和支持性产业、国内竞争等)绝大部分是国外同样的因素所取代不了的。在全球化时代,国家的作用实际上是加强了而不是削弱了。波特的理论强调加强国家对企业竞争优势的培育和促进,对企业竞争优势的发展无疑是有积极意义的。

2. 理论缺陷

尽管国家竞争优势理论突破了传统国际贸易理论、国际直接投资理论的框架,但这并不能掩饰它的一些缺陷:

(1)忽视了规模收益的作用。国家竞争优势理论秉承了哈佛学派有效竞争理论的传统,主张政府应当对市场进行积极干预,着力防止企业的集中、兼并以及其他阻碍竞争的行为。但一些行业存在规模收益递增的生产函数。如果政府对行业进行过多干涉和限制,会造成经济效率和社会福利的损失。况且,达不到最优规模的企业同国外企业相争,具有生产成本劣势,难以获得竞争优势。国家竞争优势理论无法解决哈佛学派的老问题:如何在不影响经济效率的情况下,对市场结构进行有效干预。

(2)竞争优势理论的隐含前提是资本是充裕的,企业可以轻易获得先进的技术和管理经验。这与现实条件并不完全符合。国际范围内的资本流动仍然受到诸多限制,一些穷国自身的积累能力也有限。因此,在扶持自己的幼稚产业时,一定程度的垄断和贸易保护是必需的,自由竞争只会造成打击民族工业的后果。在对日本的经验进行分析时,大多数经济学家都把日本通产省实行的产业扶持政策作为日本经济成功的一个重要原因,而竞争优势理论对这一点的忽视显然构成了它的一个缺陷。

(3)忽视了政治体制、宏观经济环境、社会文化等外部因素对企业竞争环境的影响。波特在研究企业竞争环境时,仅仅从企业所处的行业角度来分析企业所面临的环境因素,而忽视了其他外部因素。比如,一个国家或地区的政治制度、体制、方针政策、法律法规都会制约、影响企业的行为;一国宏观经济环境因素如国民生产总值、利率、货币供应量、居民实际收入、经济周期阶段等因素的变化将会给企业带来市场机会或威胁;社会的道德风尚、文化传统、价值观念、社会结构等会潜移默化地影响消费者的态度、偏好乃至生产。波特忽视这些因素是欠妥的,这是国家竞争优势理论的主要缺陷。

比较优势与竞争优势之间的关系

自从迈克尔·波特出版《国家竞争优势》以来,竞争优势理论在全球范围内广泛传播,但人们对竞争优势的理解仍存在一些缺陷。一个主要缺陷是,竞争优势理论的追随者往往将竞争优势与比较优势看作两个相互对立的范畴,或者认为竞争优势理论力争取代比较优势理论。这种将比较优势与竞争优势完全割裂、相互对立的观点是错误的。这种错误认识对国家(或地区)经济发展路径的选择具有潜在的危害,会引导国家(或地区)在制定经济发展战略时选择违背自己比较优势的发展战略。

为了澄清认识误区,我们必须对比较优势与竞争优势之间的关系进行深入探讨,进而揭示这种关系对发展中国家经济发展路径选择的意义。比较优势与竞争优势并不存在相互对立的替代关系;相反,只有充分地发挥经济的比较优势,国家(或地区)才有可能创造和维持自己的产业竞争优势。

首先,我们讨论竞争优势理论与比较优势理论之间的关系。

竞争优势理论所要解释的是企业或行业国际竞争力的来源。因此,竞争优势理论直接构成一种国际贸易理论。这样,我们就可以将比较优势与竞争优势两种理论的对比放在整个国际贸易理论的总体框架之下。

按照波特的阐述,竞争优势理论虽然也讨论"低成本竞争优势",但是,该理论的重心在于解释企业、行业和国家如何形成"产品差异型竞争优势"。进一步讲,竞争优势理论认为,产品差异型竞争优势主要来源于企业持续的"创新"活动。从这个角度看,作为一种贸易理论,竞争优势主要用来解释要素禀赋结构相似条件下的国际贸易和行业内的贸易现象,因而属于"新贸易理论"的范畴。

比较优势理论(或者传统贸易理论)与新贸易理论之间并不存在一种对立的或者相互替代的关系。实际上,二者之间的关系更接近于一种相互补充的关系。由于国际贸易产生的多因性,我们很难期望仅仅通过一种理论来解释所有的贸易现象。因此,理论界通常用比较优势理论来解释两个要素禀赋结构差别很大的国家之间的贸易现象,而用"新贸易理论"来解释要素禀赋结构差别不大的国家之间的贸易以及行业内的贸易现象。这正如我们简单地用运输成本而不用更为复杂的规模收益递增理论或者分工与技术复杂性理论来解释一个大国在其相距很远的两个地方同时分别进口和出口几乎完全相同的高运输成本产品一样。

此外,贸易理论的各种实证检验也证明了不同的贸易理论都有其存在的理由。因此,我们不能因为比较优势理论难以用来解释要素禀赋结构相似国家之间的贸易和行业内贸易现象就简单地拒绝该理论。这一点也是在许多"新"的贸易理论已经发展出来的情况下比较优势理论仍然在流行的贸易理论教科书中牢固地占有主导地位的原因。

其次,我们按照波特的"钻石"模型来分析比较优势与竞争优势之间的关系。

我们认为,充分地发挥经济的比较优势是波特的"钻石"模型中的四种主要因素存在和发挥作用的必要条件,或者说,充分地发挥经济的比较优势是国家创造和维持产业竞争优势的基础。其原因主要包括如下几个方面:

第一,生产要素方面。比较优势和竞争优势理论都强调生产要素在企业和产业创造竞争力过程中所发挥的作用。比较优势理论强调一个企业在其产品、技术和产业选择中,必须充分利用该经济相对丰富的生产要素,才能降低成本,提高竞争力。所不同的是,围绕"创新"活动这一核心,竞争优势理论更加强调所谓"高级"生产要素(比如高人力资本、大学和研究机构等方面)的重要性。波特正确地指出,"高级生产要素是创造出来的生产要素",其创造的途径则是政府、企业和个人在创造高级生产要素方面进行持续的投资。但是,创造高级生产要素必然需要大量的投资。投资的来源只能是企业和整个经济通过过去的生产活动所创造的经济剩余。林毅夫、蔡昉、李周①和林毅夫②指出,只有按照经济的比较优势来组织生产活动,企业和整个经济才能最大限度地创造经济剩余;相反,如果企业的生产组织方式违背经济的比较优势,该企业就不可能创造足够的利润,甚至经营亏损或者失败。此时,整个经济积累经济剩余的能力就会受到损害,其用于创造高级生产要素的投资数量也必然会减少。而且,人力资本的作用和物质资本的作用是互补的,单方面提高人力资本,而没有一定的物质资本与其配合,高人力资本也无法发挥其作用,结果,将使拥有高人力资本的劳动力大量往有高物质资本的国家流动,许多发展中国家出现"脑力外流"的原因就在于此;反之,只有物质资本的投入,而没有人力资本的相应提高与其配合,新投资的机器设备也将无法发挥其最大的生产力,这是许多发展中国家在引进最新的机器设备时,无法充分发挥这些机器设备的能力的原因之一。因此,遵循比较优势,充分利用现有要素禀赋所决定的比较优势来选择产业、技术、生产活动,是企业和国家具有竞争力的前提,而且,也是不断积累更为"高级"的生产要素的必要条件。

第二,同业竞争方面。波特认为,激烈的同业竞争能够给企业足够的压力来使其增加对高级生产要素和研究开发活动的投资,从而有利于推进企业的创新活动。但是,对一个特定的行业来说,只有在该行业符合经济的比较优势时,同业间的良性市场竞争才有可能实现。一旦政府决定推动该行业违背经济的比较优势进行"赶超",良性的市场竞争就不可能实现。这是因为:①赶超企业很难在短期内取得技术方面的优势;②这些企业不能利用经济的比较优势来形成成本方面的优势。在两种优势都不存在的条件下,在竞争的市场中,该行业中的企业不具有自生能力,能够继续生存下来的唯一理由就是政府保护措施的实施。③ 在存在保护措施的前提下,该行业不可能出现波特所指的激烈竞争。相反,发展中国家经济发展的历史已经表明,赶超的结果必然是行业的垄断。很明显,与通过创新来增加竞争力、改进经营绩效相比,垄断使得企业更容易获得利润。因此,在垄断的条件下,行业中的企业所热衷的是通过寻租活动来保护垄断,而不是积极创新。所以,一个国家只有按照比较优势来发展经济,同业之间才会有最大的市场竞争压力。

第三,需求条件方面。需求条件包括多种内容。一些内容更多地属于外生性条件,因此不必进行深入的讨论。比如,对于国家来说,市场规模在短期内是一个难以改变的外生变量。企业只能根据自己所处国家的具体条件来选择能够利用这些外生变量的竞争战略。需求条件中的另一些内容则是有可能通过政府政策进行调整的。在《国家竞争优势》一书中,波特将"内行而挑剔的客户"列为需求条件中最为重要的一个内容。波特认为,这些客户的存在能够推动企业进行持续的创新活动。但是,波特没有解释为什么有些国家的客户会"内行而挑剔",而有些国家的客户则不会。实际上,他似乎更多地将该因素看作一个纯属外生性的条件。不过,我们可以根据发展中国家的经验来否定该因素的外生性。设想一个行业属于"赶超"型行业,那么,客户就很难去挑剔该行业的产品。这

---

① 林毅夫、蔡昉、李周,《比较优势与发展战略:对"东亚奇迹"的再解释》,《中国经济研究》,北京大学出版社1999年版,第195—215页。
② 林毅夫、蔡昉、李周,《中国的奇迹:发展战略与经济改革》(增订版),上海三联书店、上海人民出版社1999年版,第82—85页。
③ 林毅夫,《发展战略、自主能力和经济收敛》,《经济学季刊》,2002,1(2)。

是因为,赶超通常意味着政府的保护。在保护政策存在的条件下,政府的政策总会或多或少地偏向于保护生产厂商而不是客户,这就使客户"挑剔"企业产品的成本提高。此外,赶超又总是与垄断纠缠在一起。在垄断的条件下,客户进行选择的余地会明显地缩小。两种因素综合在一起就难以出现"内行而挑剔"的客户了。

第四,相关的供应商和支持性产业。竞争优势理论非常强调相关的供应商和支持性产业(或者产业集群)对于企业及产业创造竞争优势的重要性。必须指出的是,产业集群的出现以及产业集群内部的企业之间发生相互联系的性质都与国家的经济发展战略有关。在违背比较优势的经济发展战略下,一个具有良好发展前景的产业集群是很难出现的。首先,如果一个产业不符合经济的比较优势,完全的民间投资就难以持续赢利,进而也就不会出现足够的民间投资进入该产业。这样,如果政府选择某个违背自己比较优势的产业或者某个产业选择违背经济比较优势的生产技术,它就需要利用财政资金直接在该行业建立国有企业或者通过向民间资本提供足够的补贴来吸引民间资本进入该行业。由于国家能够建立的企业或是能够得到国家补贴的企业总是有限的,因此,赶超企业就不可能有足够的相关供应商和支持性企业来支持。此外,政府的直接进入或者扶持又必然涉及相关企业的计划协调问题。在信息不对称的条件下,计划协调的成本可能会相当高。其结果是,政府宁可将主要的生产过程都包括在同一个或者为数很少的几个企业之内。这也正是我国传统计划经济时期的赶超企业经常是一些"大而全"或者"小而全"企业的直接原因。在这种情况下,相关供应商和支持性产业(或者产业集群)是很难出现的。相反,那些符合经济比较优势的产业,获利的可能性大,投资的企业会很多,分工也就可以比较细,新的相关供应商或者支持性产业将不断出现。产业集群的出现就是一件非常自然的事情。事实上,目前在我国的江苏、浙江、广东等地所出现的产业集群都属于一些劳动密集型产业集群,其原因也正在于此。

上述四种因素都说明,只有充分地发挥经济的比较优势,企业和产业的竞争优势才有可能形成。或者说,比较优势是竞争优势的基础与必要条件。波特在"钻石"模型的第一项中特别强调高级人力资本和研发的重要性,这是与其研究的对象主要是发达国家有关的。发达国家拥有相对丰富的物质资本,在国际产业分工中,具有比较优势的是处于新技术前沿的资本密集型产业,或各个产业中的新产品研发区段。在这些产业和产业区段中的生产与研发活动,需要有高人力资本的人才,这样才能较好地克服新技术开发和新产品市场的不确定性。所以,具有高物质资本水平国家的企业,必须雇用具有高人力资本的人才,强调研发和新产品开发的重要性,这是这些企业利用本国的比较优势,在国际市场上取得竞争优势的必然要求和表现。

资料来源:林毅夫、李永军,《比较优势、竞争优势与发展中国家的经济发展》,《管理世界》,2003(7)。

第二节 对外直接投资的基本理论

对外直接投资或国际直接投资(Foreign Direct Investment,FDI),是国际企业产生和发展的前提。国际资本来源和流向的日趋多元化,使跨国直接投资活动迅猛发展。从20世纪60年代开始,西方经济学家围绕对外直接投资的动因、投资流向和投资决策等问题提出了一系列的对外直接投资理论。

一、垄断优势理论

垄断优势理论(Specific Advantages Theory)是西方最早研究对外直接投资的独立理论,是美国学者史蒂芬·H. 海默(Stephen H. Hymer)于1960年在其博士论文《民族厂商的国际性经营:一种对外直接投资的研究》中首先提出的。海默根据美国商务部关于直接投资与间接投资的区分准则,对美国1914—1956年对外投资的有关资料进行了实证分析,发现对外直接投资与对外证券投资有不同的行为表现,而传统理论中解释国际资本运动的要素禀赋论又难以对此作出科学的解释。于是,海默开创性地将传统产业组织理论的垄断理论用于分析跨国公司对外直接投资,提出了企业特定优势理论。企业特定优势实际上是企业只有进行对外直接投资才具有的一种垄断优势,所以,特定优势理论又被称为垄断优势理论。这一理论的提出,标志着跨国公司理论的诞生,因此,海默也被一些西方学者誉为"跨国公司理论之父"。

(一)垄断优势理论的基本内容

传统的国际资本流动理论认为,各国的产品和生产要素市场是完全竞争的,资本从"资本过剩"的国家流向"资本短缺"的国家的根本原因在于各国之间利润率的差异,即对外投资的主要动机是追求较高的利润率。海默对传统理论进行了突破:第一,把跨国公司的形成与对外直接投资联系起来进行研究,认为利润率的差异根本无法区分对外直接投资与证券投资,不能解释对外直接投资的真正原因。这是因为:①如果说美国企业对外直接投资的原因是海外的利润率高于美国,那么,这与美国企业从海外大量借款来投资建厂自相矛盾;②当时海外有大量资金涌入纽约金融市场,购买美国的各种证券,而美国企业却大量进行对外直接投资,这说明,对外直接投资与证券投资的流向是相反的,如果用利润率来解释这种现象,则难以自圆其说;③当时美国的对外直接投资明显集中于汽车、石油、电子、化工等制造业,这说明对外直接投资还有别的动机,并非仅为了追求高利润率。第二,对外直接投资与跨国公司的经营活动有关,而跨国公司的经营活动又比较集中在知识密集型产业上。所以,知识密集型产业最容易产生国际直接投资。第三,摒弃了传统理论关于完全竞争的假设,主张从不完全竞争即市场不完善的角度出发来研究对外直接投资,认为任何关于企业国际化经营和对外直接投资的讨论都要涉及垄断问题。

海默认为,垄断优势是企业对外直接投资的根本原因。一个企业之所以要对外直接投资,是因为它拥有比东道国同类企业更有利的垄断优势。对外直接投资可期望的长期收益,不仅要高于国内的最佳投资机会,同时也要高于东道国同类企业的最佳投资机会。企业的垄断优势可以分为两类:一类是包括生产技术、管理技能、营销能力等所有无形资产在内的知识资产优势;另一类是企业凭借巨大规模而产生的规模经济优势。海默的导师查尔斯·P. 金德尔伯格(Charles P. Kindleberger)根据垄断优势理论,把对外投资企业所具有的垄断优势按其来源分为四类:一是在不完全竞争的产品市场上形成的优势,包括产品差异、营销技术和定价策略等;二是在不完全竞争的生产要素市场上形成的优势,包括获得专利的机会、融资条件的优势以及管理技能上的特色等;三是由于企业垂直合并等因素所产生的内部或外部的规模生产效益优势;四是由政府干预特别是对市场进入以及产量的限制所造成的企业优势。金德尔伯格用收入流量资本化来说明垄断优势理论的精髓,其表达式为:

$$C = I/R$$

式中:C 为对外投资的资产额,I 为该项资产获得的利润,R 为利润率。

企业之所以选择对外直接投资,而不采用产品出口,是由于贸易关税和运输成本的限制,产品出口在许多情况下不理想。跨国公司以特许转让形式出售其知识资产也不可取,因为缺乏一个完善的市场来交易此类专门知识。导致市场不完善的因素主要有两个:一是卖者需要保密;二是买者不确知,即买者只有在了解卖者的知识资产后,才知道它的真实价值。

(二) 垄断优势理论的发展

在企业的各种优势中,究竟什么较为重要或最重要?海默的支持者们围绕这一问题展开了研究。较有代表性的说法如下:

(1) 核心资产论(Core Asset Theories)。企业资产中最核心的部分是技术和知识。企业通过对核心资产的独占形成垄断优势,并凭借这种优势到海外去投资建厂,攫取高额利润。这一理论有两种代表性论点:一是以理查德·E. 凯夫斯(Richard E. Caves)为代表的"产品差异能力论",强调产品的差异性,即企业创造差异产品的能力;二是以哈里·G. 约翰逊(Harry G. Johnson)和史蒂芬·梅吉(Stephen Magee)为代表的"占有能力论",强调信息、技术、知识等的专有性,即企业对信息所产生的成果的占有能力。

(2) 风险分散论(Risk Diversification Hypothesis)。为了分散风险、巩固地位,企业不仅要使自己的产品多样化,也要使自己的投资布局多样化,这就是跨国经营的动机。

(3) 寡占反应论(Oligopolistic Reaction Theory)。20世纪70年代初,弗雷德里克·T. 尼克博克(Frederick T. Knickerbocker)在《寡占反应与多国企业》一书中,主张从寡占市场结构中的企业行为来解释对外直接投资的动机,提出了寡占反应论。尼克博克认为,只有少数几个大厂商,它们互相警惕地注视着对方的行为,如果一个厂商率先到海外去投资建厂,其他几个对手就会相继效仿,采取跟进策略,追随带头的厂商也到海外去投资,这固然是由于海外投资的利益诱人,但更重要的还是为了保持竞争关系的平衡,巩固竞争地位,故这种观点又可称为"追随领袖论",有的人还称其为"交互威胁论"。这种说法表面上符合美国一些由寡头统治的产业(如汽车、石油、电子等)在一定时期内突发性地大量对外直接投资的情况,但它并未深入分析带头到海外去投资的厂商的动机。

(三) 对垄断优势理论的评价

海默的研究突破了国际资本流动导致对外直接投资的传统理论框架,将跨国公司理论从传统的国际贸易和国际投资理论中独立出来,把跨国公司研究从流通领域转到生产领域,奠定了研究对外直接投资的理论基础,后来的学者基本上都是在"对外直接投资"与"市场不完善"这两块基石上来构筑其理论体系的。但是,垄断优势理论也有其局限性:①海默沿用静态分析方法,没有阐明跨国公司垄断优势的发展,也没有论述各种市不完全竞争状态的变动性;②海默将主要精力用在对结构市场缺陷的分析上,没有明确界定因交易成本而引起的各种缺陷,因而不能全面把握市场失效的含义;③垄断优势理论是美国对外直接投资实践的产物,它所研究的对象是技术经济实力雄厚、急剧对外扩张的美国跨国公司。

根据垄断优势理论可以得出这样的结论:没有垄断优势的中小企业是无法进行对外直接投资的。然而,自20世纪60年代以来,发达国家的许多并无垄断优势的企业也进行对外直接投资,特别是广大发展中国家的一些企业也加入了对外直接投资的行列。

二、内部化理论

特定的技术和知识所形成的垄断优势,促使企业进行对外直接投资,导致企业的跨国化。但是,为什么企业不把这些技术和知识当作商品在国际市场上出售,而要转让给自己的海外附属企业呢?换言之,为什么企业不在外部市场上转让,而要在内部进行交易呢?内部化理论正是要回答这个问题。20世纪70年代,英国雷丁大学学者皮尔·J.巴克利(Peer J. Buckley)和马克·C.卡森(Mark C. Casson)合著出版了《多国企业的未来》和《国际经营论》等书,对传统的对外直接投资理论进行了批评,并从企业形成的角度出发,系统地提出了跨国企业的内部化理论,也称为市场内部化理论(Internalization Theory)。

(一)内部化理论的思想渊源

内部化理论的思想渊源可以追溯到20世纪30年代的科斯定理。1937年,罗纳德·H.科斯(Ronald H. Coase)在《厂商的性质》一文中提出了市场交易内部化的设想,西方学者称其为科斯定理或新厂商理论。传统的厂商理论只是简单地把企业视为提供单一的、不可分割的产品或劳务的机构,其作用仅限于把"投入"转变为"产出"。科斯则强调企业是一个多功能的复合体,与市场运行密切相关。但利用市场要付出代价,这就是交易成本。比如,物色交易对象、达成合适的价格、拟定合同并付诸实施等,均须支付费用。由于市场不完善,往往缺乏效率,因此,与其付出更高的代价,不如将各项交易纳入企业内部进行,即以统一的行政管辖取代市场机制,节省交易成本。因此,只要企业能在内部组织交易,并且其费用低于在市场上交易的成本,企业自然就会将各项交易纳入企业内进行,即以统一的行政管理取代市场机制。借用这一理论,巴克利和卡森提出了内部化理论。科斯定理适用于当地或国内的多工厂企业,而内部化理论则是这一定理在国际范围内的应用。科斯定理针对的是所有产品,用来说明国内企业组织形式的变化,即为了节约交易成本,企业日益成为内部协作、规模巨大的复合体;而内部化理论则主要针对中间产品,用来说明国际企业组织形式的变化,即出于内部化的动机,为了发挥内部化的优势,企业日益成为适应国际分工新模式的复合的生产体系。跨国公司是内部化经营超越国界的产物。

(二)内部化理论的基本内容

内部化理论的核心内容是:由于市场的不完全,企业如果要寻求经营利润的最大化,就必须跨越外部市场的交易障碍,将国际企业外部市场交易转化为在内部各所属企业间进行贸易的形式,这样就构建了企业的内部市场。当这种内部化超越国家时即产生了国际企业。大量的中间产品尤其是技术、专利等"知识中间产品"的存在,奠定了企业对外直接投资的经济基础。中间产品不只是实物形态的原材料、半成品,也包括体现在技术、专利权、人力资本中的各种知识。特别是一些与知识有关的中间产品市场的不完全,使得其定价困难,市场交易成本增加,不能保证公司赢利,当企业的中间产品市场交易成本较高时,企业就有必要统一管理整个经营活动,以内部市场取代外部市场。

内部化理论的假定前提是:在不完全竞争的市场条件下,追求利润最大化的厂商经营目标不变;当中间产品市场不完全时,厂商投资建立企业间的内部市场,以替代外部市场;企业内部化行为超越国界,就形成了跨国经营。

内部化理论把市场的不完善归结为市场机制内在的缺陷,并从中间品的特性与市场机制的矛盾来论证内部化的必要性,认为内部化(跨国化)就是企业内部化过程超越国界的表现,而跨国公司就是在将其资源在国际范围内进行内部转让的基础上建立的。内部化的目的是克服市场不完善所造成的困难,内部化理论强调的是企业管理的重要性,要求不断提高企业的协调和管理能力,使交易成本最小化和保持跨国经营的优势。

内部化理论认为国际企业实行"内部化"的动机源于以下三个方面:

(1) 减少交易成本。对于任何一家企业来说,进行某种类型的市场交易,都需要花费一定的成本。正是这种交易成本的存在,形成了一种"内部化"的动机,即交易在企业内部市场开展,而不是通过外部市场,从而减少了交易成本。

(2) 避免中间产品市场不完全。企业在跨国经营的过程中,面临各种市场障碍,如关税、配额、税收、资本汇出限制、汇率政策和政府干预等。由于存在这些"市场不完全",交易中无法保证企业获益,使其产生了创造内部市场的强烈动机。

(3) 运用转移价格手段。国际企业运用转移价格是实行内部化的重要动机之一,通过转移价格可以达到多方面的目的,比如:减少企业纳税;调控企业利润,使其整体利润最大;转移资金,降低和避免各种风险。

正是由于存在内部化的动机,国际企业在跨国经营活动中才进行对外直接投资。从某种意义上说,内部化理论实际上是寡占理论的进一步发展。但是,国际企业内部化过程是否产生,最终取决于内部化的净收益是否能达到决策者对预期收益水平的要求。内部化因使企业的优势增值从而能带来利益,但同时也要付出代价,特别是实行跨国生产时交通、通信、控制成本等都会增加,另外,还涉及为政治风险和歧视等付出的代价。从增量分析角度看,卡森曾证明不论内部化的收益与成本孰大孰小,只要内部化成本小于市场交易成本,内部化即可实施。

(三) 对内部化理论的评价

(1) 内部化理论的出现是西方对外直接投资理论研究的重要转折。海默等人的理论从寡占市场结构的角度论述了发达国家对外直接投资的动机和决定因素,内部化理论则转向研究各国企业之间的产品交换形式与国际分工、国际生产的组织形式。通过对中间产品市场缺陷的论述,内部化理论进一步延伸了海默的理论,在市场缺陷的讨论中加入了与交易成本相联系的一面(或称自然性市场缺陷)。

(2) 内部化理论论证了只要内部化的利益超过外部市场的交易成本和为实现内部化而付出的成本,企业就拥有内部化的优势,就可以实现跨国经营。内部化理论从利益和成本的角度解释了国际直接投资的动因,比较适用于分析企业跨国投资和经营,对发展中国家企业的跨国经营也能作出一定的解释。

（3）内部化理论用动态分析取代静态分析，强调企业优势的内部转移和应用，比较接近实际情况。

（4）内部化理论较有力地解释了跨国公司选择对外直接投资、出口贸易或许可证安排等参与国际经济方式的依据。内部化理论还有助于解释战后跨国公司增长速度、发展阶段和赢利变动等。

内部化理论说明了企业为什么要将技术、知识等中间产品在内部转让，而不通过外部市场转让给其他企业。然而，它未能充分说明企业为什么不在国内进行生产，然后将产品出口，而要到国外去投资生产，对复杂多变的国际投资和跨国公司经营也缺乏具体的分析。此外，内部化理论未能科学地解释跨国公司对外直接投资的区域分布，从而经常遭到那些重视区位因素的西方学者的批评。

三、产品生命周期理论

产品生命周期理论形成于20世纪60年代末至70年代中期，是由美国哈佛大学教授雷蒙德·弗农（Raymond Vernon）首先提出的。1966年，弗农在《产品周期中的国际投资和国际贸易》一文中，分析了美国企业产品出口和对外投资的发展过程，提出美国企业的对外直接投资是与产品生命周期密切相关的，在大量实证分析和理论研究的基础上，提出了国际投资的产品生命周期理论（简称PLC理论），并把产品的生命周期分为创新、成熟和标准化三个阶段，如图2-3所示。

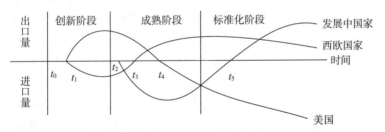

注：t_0为美国开始生产的时间，t_1为美国开始出口和西欧开始进口的时间，t_2为发展中国家开始进口的时间，t_3为西欧国家开始出口的时间，t_4为美国开始进口的时间，t_5为发展中国家开始出口的时间。

图2-3 产品生命周期的三个阶段

所谓产品生命不是指产品使用价值的使用和磨损过程，而是指产品在市场上的营销寿命。产品生命周期则是指产品在不同国家市场上竞争地位的变化过程。弗农认为，产品和人的生命一样，要经历形成、成长、成熟、衰退这样的生命周期。而这个周期在技术水平不同的国家，其发生的时间和过程是不一样的，其间存在着一个较大的时差。正是这个时差，表现为不同国家在技术上的差距，决定同一产品在不同国家市场上竞争地位的差异，从而决定国际贸易和国际投资的变化。

产品生命周期的各个阶段在不同的国家有不同的特征，国际企业的对外直接投资与产品生命周期有关。为了叙述方便，我们把所涉及的国家划分为创新国、其他发达国家和发展中国家三类，通过对产品生命周期各个阶段在不同国家的特点的考察，分析国际贸易和国际投资的变化情况。

对创新国而言，在第一阶段产品由主要在国内销售发展到逐渐有少量出口；在第二阶段产品大量出口，成为净出口国；在第三阶段则逐渐由净出口国变为净进口国。对其他发达国家而言，直到第二阶段都是净进口国，到第三阶段才开始由进口国变为净出口国。对发展中国家而言，直到第三阶段后期才由净进口国逐渐发展成净出口国。

（一）新产品阶段

在新产品阶段，创新国利用其拥有的技术垄断优势，开发新的产品。由于产品尚未定型，技术上也不十分完善，因此，在本国生产和销售这些产品是企业的最佳选择。此时，由于产品的质量不稳定，创新企业的工作重点会放在产品设计和功能完善上，产品质量、成本、价格等尚未受到重视。同时，企业需要同原料供应商保持密切的联系，以便迅速适应市场需求的变化。所以，在这个阶段，企业所生产的新产品大部分在国内销售，当生产发展到一定水平后，有少量产品出口到其他发达国家。

之所以会出现这种技术上的差距使各国企业创新机会不均等，是由于各国经济实力存在差距。经济实力强大的国家在产品开发上拥有相对和绝对的优势，能够不断地开发新产品。在这方面，美国、英国、日本等发达国家具有明显的垄断优势。所以，新产品往往在这些国家形成，这些国家就成为创新国，在这个阶段就是产品净出口国。

（二）成熟产品阶段

在这个阶段，产品基本定型，对产品的需求量急剧扩大，需求的价格弹性逐渐增大，市场上开始出现产品的仿制者和竞争者。由于市场竞争日益加剧，参与竞争者增加，替代产品增多，创新国的创新企业的技术垄断和市场寡占地位削弱，企业开始注重产品成本的节约，较低的成本成为处于有利竞争地位的重要因素。其他发达国家竞争者的出现和国内面临的生产成本上升以及国内市场日趋饱和的挑战，迫使企业作出进行对外直接投资、开拓海外市场的决策。于是，企业开始在发展中国家投资建厂，以便降低生产成本，提高经济效益，从而弥补出口的减少和抑制国内外仿制者的竞争。至此，其他发达国家纷纷效仿，在发展中国家投资设厂。随着国外竞争的加剧，创新国为了巩固海外市场，会放弃国内生产，其他发达国家和后来的发展中国家会向创新国出口产品。创新国开始逐步由净出口国转变为净进口国。接下来，发展中国家也开始向其他发达国家出口一些产品，其他发达国家的出口下降。

（三）标准化产品阶段

在标准化产品阶段，产品的生产技术、生产规模及产品本身已完全成熟，且趋向标准化，这时对生产者的劳动技能要求不高，原先的新产品生产企业的垄断优势已完全消失，成本、价格因素在市场竞争中起了决定性作用。这时，发展中国家已经具有明显的优势。创新国和其他发达国家为了进一步降低成本，开始在发展中国家大量投资生产，再将其生产的产品返销到母国或第三国市场。创新国和其他发达国家成为净进口国。这样就完成了一个产品生命周期。

弗农所创立的国际直接投资的产品生命周期理论反映了20世纪50年代至60年代美国制造业对外直接投资的情况，较好地解释了美国对西欧和发展中国家的直接投资。

作为一种投资理论,弗农从企业垄断优势和特定区位优势相结合的角度深刻揭示了出口企业转向直接投资的动因、条件和转换过程。创新国的企业在产品达到成熟期以后,向国外直接投资,把垄断优势和区位优势结合起来,通过国际企业这种载体扩大了投资国的比较优势,提高了国际竞争能力。对外直接投资还可以确保原先产品出口业已占有的市场份额,有效地抑制当地厂商的仿制活动,压制潜在的竞争对手,延长创新国的垄断优势存在的时间。同时,通过国家间的成本差异和跨国经营的优势,国际企业还可以获得对本国企业有利的比较优势。

当然,作为一种理论,产品生命周期理论也有其局限性:第一,它不能解释非标准化产业,如石油生产部门的对外投资;第二,它无法解释不具备技术产品垄断优势的企业对外投资的现象;第三,它所构造的发达国家→一般发达国家→发展中国家的投资流向的梯度模式,不能解释一般发达国家向最发达国家投资,以及发展中国家也对外投资的现象;第四,它的母国垄断优势消失导致对外直接投资的假设,无法解释现实中许多跨国公司在保持母国技术优势的同时,又进行大规模国外直接投资的现象。

四、国际生产折中理论

从20世纪50年代起,西方经济学者从各个侧面为企业投资决策提供了各种理论依据。英国里丁大学教授约翰·J.邓宁(John J. Dunning)采取折中主义的方法,克服了传统投资理论只注重资本流动而忽视其他方面的不足,将所有权、区位和内部化等因素综合起来考虑,提出了一种能系统解释企业国际经营活动主要形式的理论体系,即国际生产折中理论。邓宁在1976年发表的代表作《贸易、经济活动的区位与多国企业:折中理论探索》中,提出在对国际企业的国际经营活动的研究中,要把与国际投资有关的各种理论,包括区位理论、要素禀赋理论和内部化理论等综合起来研究,他本人通过这种综合研究初步形成了国际生产折中理论。1981年,邓宁出版了《国际生产与跨国企业》一书及一系列专著,并发表了诸多论文,将其理论系统化、理论化、动态化,形成了完整的国际生产折中理论。

国际生产折中理论有三个主要特点:第一,它吸收了以往各种国际生产理论的精华,形成了一种综合理论。折中理论继承了海默的垄断优势理论、巴克利和卡森的内部化优势理论及区位优势理论,成为分析国际生产的综合理论。第二,它可以解释各种不同形式的国际直接投资。第三,它能够解释跨国公司国际经营的三种主要方式,即出口贸易、国际技术转让和国际直接投资。

国际生产折中理论认为,国际企业开展对外直接投资是由三种因素决定的。这三种因素是所有权优势、内部化优势和区位优势。

(一)所有权优势

所有权优势也叫竞争优势或垄断优势,是指一国企业拥有或能够得到别国企业没有或难以得到的生产要素禀赋、技术创新能力、无形资产以及规模经济等方面的优势。之所以称为所有权优势,是因为这些优势要在对外投资、国际企业经营中发挥作用,必须为企业所特有和独占。

所有权优势主要表现在以下几个方面:

(1) 技术优势。企业要打开国际市场，开展对外直接投资，必须拥有一定的技术方面的优势。技术优势包括专利权、专有技术、信息资源、生产诀窍、新产品开发能力等。

(2) 管理优势。管理优势同样是企业开展对外直接投资所必须具有的优势。管理优势包括企业合理的组织结构、科学的管理技能和灵活的营销技巧等。

(3) 规模经济优势。开展对外直接投资，要求企业有强大的研究开发能力和国外市场扩张能力。国际企业规模巨大，在国际市场开拓、生产费用节约、生产区域转型等方面具有相当的优势，这种优势可以使国际企业绕开贸易障碍，克服其他不利因素，开展对外直接投资。

(4) 金融和货币优势。国际企业实力雄厚，商业信誉较高，往往能以较低的利率获得资金，并且具有广泛的融资渠道，因此具有明显的融资优势。

(二) 内部化优势

内部化优势是指拥有所有权优势的企业为避免市场的不完全性，而把企业的优势保持在企业内部所获得的优势。由于外部市场的不完全性和市场失灵，企业只有通过内部化将其所拥有的优势保持在企业内部，按企业的长期战略目标配置资源，才能使企业的垄断优势得到最大限度的发挥。

内部化使企业的各种所有权优势能够在企业内部自由转移，并且能够跨越一定距离进行配置，这显然是开展对外直接投资的必要条件。内部化优势决定着国际企业如何选择对外投资的形式和规模。内部化优势越大，企业越容易开展对外直接投资。

(三) 区位优势

区位优势是指东道国所特有的、不可移动的要素禀赋优势以及社会经济环境等方面的有利条件，包括优势的地理位置、丰富的自然资源、巨大的潜在市场、良好的社会经济和投资环境以及相应的法规制度等。区位优势直接影响着国际企业投资项目的选址和跨国经营的战略部署。区位因素主要包括：

(1) 劳动力成本。劳动力成本是影响企业国际竞争力的一个重要因素。由于各国社会经济发展水平不同，而许多国家都实行严格的移民政策，使劳动力成本在国际间的差距非常大，形成了一个不完全竞争的国际劳动力市场，从而使劳动力成本成为国际企业对外直接投资区位选择的一个重要因素。尤其当产品生产技术标准化以后，成本成为决定企业市场竞争能力的重要因素时，劳动力成本的重要作用便更加明显了。

(2) 市场潜力。生产要素的投入和市场潜力的大小密切相关。对外直接投资的一个重要目的是开拓国外市场，提高企业产品的国际市场占有率。因此，在许多情况下，只有当企业的产品能够进入东道国市场时，国际企业才会作出对外直接投资的决策。

(3) 投资环境。投资环境是决定国际企业对外投资的一个重要因素。投资环境包括东道国的社会、经济、文化等宏观环境，也包括特定区位的地理位置、交通通信条件等微观环境。

(4) 东道国政策。东道国的外资、外贸、金融和税收等项政策，对国际投资的区位选择也有重要影响。

国际生产折中理论认为，所有权优势、内部化优势和区位优势是决定国际企业对外直接投资的必备条件,三者缺一不可。所有权优势是进行对外直接投资的必要条件,但不是充分条件。拥有所有权优势的企业可以通过出口或技术转让来发挥这些优势,而不一定进行对外直接投资。所有权优势只是说明企业拥有对外直接投资的能力,能否对外投资,还要取决于其他因素。内部化优势是企业对外直接投资的现实依据,它决定了企业对外直接投资的目的和形式。但是,内部化优势只考虑了对外投资的可能性,而缺乏明确的区位指向。区位优势才是企业对外直接投资的充分条件,它决定了对外投资的区位选择和战略部署。可见,三种优势的充分组合是对外直接投资的充分必要条件。这种关系可以概括为:

$$所有权优势 + 内部化优势 + 区位优势 = 对外直接投资$$

这种三位一体的表述被称为"三优势模式"。

国际生产折中理论说明了国际企业经营方式和优势组合之间的关系,同时,也说明了国际生产类型的决策因素,如表 2-4 所示。

表 2-4 企业经营方式选择与优势组合

经营方式	所有权优势	内部化优势	区位优势
技术转移	√	×	×
出口贸易	√	√(×)	×
对外直接投资	√	√	√

注:"√"表示具有某种优势,"×"表示不具有某种优势。

邓宁的折中理论虽然在西方受到好评并引起高度重视,但仍有许多不足之处。例如,威尔斯认为发展中国家之所以能对外直接投资,显然不是由于发展中国家在资金、技术、市场和经济水平方面具有绝对优势,而是由于它们在一些方面具有相对优势,如小规模制造、当地采购和特殊商品、接近市场等。邓宁的同事巴克利就指出:这个理论仍有若干未解决的问题。第一,对这三类优势(要素)的相互关系及其在实践过程中的发展未交代清楚,要素分类体系缺乏动态的内容;第二,把所有权优势单纯分离出来是否恰当令人怀疑,而且在逻辑上也是多余的,因为内部化理论已提出了产业、国别、企业三类特定因素,足以解答一切问题。

五、小岛理论

这个理论是日本的小岛清教授在其 1987 年出版的专著《对外贸易论》中提出来的,其核心是,对外直接投资应该从本国(投资国)已经处于或将陷入比较劣势的产业(这也是对方国家具有显在或潜在比较优势的产业)——可以称为边际产业——依次进行。这里的边际产业是指已经或即将丧失比较优势,陷入比较劣势的产业。日本企业首先将排在最后已居于比较劣势的产业转移到国外进行生产,随后依次将居于比较劣势的企业转移出去。这样既可以降低东道国的生产成本,同时,通过进口也可以降低日本的成本,使双方实现最大的利益。小岛清将此概括为"边际产业扩张论"。

小岛清认为,根据美国跨国公司的活动资料而归纳出来的理论无法解释日本跨国公司的投资行为。他指出,美国母公司通过在海外设立大量子公司而把生产基地转到国外,减少了本国的出口,不仅对本国经济产生了不利影响,而且违反了比较优势理论。他把这种典型的美国对外直接投资模式叫作"反贸易导向型"投资,这种直接投资的结果是用国外的生产替代本国的出口贸易,非但没有节约成本,反而会造成资源的浪费;而日本的传统工业部门的企业到海外寻找生产要素、技术水平相适应的地区进行投资,取得了比在国内投资更大的优势,属于"顺贸易导向型"投资,这种直接投资的作用是使贸易得到互补和扩大。

小岛清进一步分析了日本模式与美国模式对外直接投资的差异。第一,日本对外直接投资是从不具有比较优势的"边际产业"开始的,有利于东道国建立具有比较优势的产业,对东道国的经济发展起了正面推动作用,而美国的对外直接投资都是从具有比较优势的产业开始的,其目的是压制竞争对手,垄断当地市场,不仅对东道国不利,对本国经济也产生了许多有害影响。第二,日本的中小企业在对外直接投资中非常活跃,它们虽然不具备美国大企业的垄断技术优势,但通过对外直接投资转移给东道国的却是易于吸收的适宜技术和具有比较优势的产业,有利于东道国增加就业和出口,对东道国的经济发展产生了很大的正面影响。第三,与美国企业建立海外独资经营企业的强烈倾向不同,日本的海外直接投资多数采用合资与合作或其他非股权安排方式,有利于融入东道国社会文化环境,减轻当地民族主义思潮的反弹与冲击。

对外直接投资的主流理论是从企业发展论或产业组织论角度进行研究的,它是一套肯定并鼓励垄断或寡头垄断的美国式巨大跨国公司世界战略的理论。小岛清的日本式的对外直接投资理论则从国际分工的角度研究对外直接投资问题,这对主流学派是一个重大冲击。因此,小岛理论曾在欧美经济界引起了巨大的轰动和争议,许多西方学者对它持怀疑和反对态度,认为把对外直接投资区分为"顺贸易导向"和"反贸易导向",在理论和实务两方面都难以令人信服,而且该理论还过分美化了日本企业对外直接投资对东道国产生的正面作用。但是,小岛理论在一定时期(例如 20 世纪 60—70 年代)、一定产业范围内(例如劳动密集型产业以及高技术产业中劳动相对密集部分),仍有其存在价值和实用意义。事实上,20 世纪 80 年代中后期,许多日本企业的投资行为已经更加美国化,而新兴工业化国家的企业的某些对外直接投资行为,仍在不同程度上带有"小岛模式"的痕迹。所以,对于欧美理论界全盘否定小岛模式的做法,我们应持保留态度。

小岛理论的应用性主张

小岛清教授将其理论用于实际的对外直接投资,提出了以下应用性主张,主要包括:

第一,关于确保资源产品的政策,与欧美国家垂直型"跨国公司方式"不同,日本没有必要取得上游企业(开发生产)的所有权,而只要采取产品分享方式,或贷款买矿的"开发进口、长期合同方式",即"非股权安排方式"就可以。这也是资源较为丰富的国家容易接受的好方式。

第二,关于对发展中国家工业的投资,应考虑:①按照比较成本及其变动次序依次进行,并从技术差距最小、容易转移的技术开始,按次序进行转移;②适应发展中国家的特点,依次移植新工业、转移新技术,从而分阶段地促进其经济的发展,也就是起"教师的作用";③企业应该结合当地企业带来积极的波及效果,如提高劳动生产率、普及技术和经营技能等;④分阶段转让所有权。

第三,关于日本向发达国家如美国投资的问题,与其由日本向美国出口小轿车,还不如由美国企业向日本的小型汽车生产进行投资、日本企业向美国的大型汽车生产进行投资,即互相向对方国家具有比较优势的生产进行投资,这是一种"协议性的产业内部交互投资"。

第四,关于跨国公司的功过,小岛清认为:①巨大的跨国公司获取利润的来源分为"生产方面的规模经济"和"商业性的规模经济"两种。在多数情况下,后者是一种"虚假的规模经济",对社会的贡献很小。②日本式的跨国公司,通过综合商社的机能将各自分散的对外直接投资加以组织化,进行集团的、跨国公司性质的海外企业活动。日本式的跨国公司接近于以市场为基础的机能性一体化,这是能同美国式的巨大跨国公司相抗衡的唯一方法。

资料来源:金润圭,《国际企业管理》,北京:中国人民大学出版社2005年版,第56页。

第三节 发展中国家对外直接投资的基本理论

以上跨国公司的理论主要以发达国家作为研究对象,认为跨国公司的竞争优势主要来自其对市场的垄断、产品差异、高科技和大规模投资以及高超的企业管理技术,而发展中国家的跨国公司并不具备上述优势。从20世纪70年代中期开始,学者们逐渐关注发展中国家和地区跨国公司理论的研究,这些研究成果对现在研究发展中国家和地区跨国公司的产生、发展仍有参考价值及借鉴意义。发展中国家对外直接投资理论所要回答的核心问题是:发展中国家的企业为什么要向海外投资?为什么这种跨国公司在与发达国家跨国公司的竞争中能够生存并日益发展?

一、投资发展周期理论

邓宁在1981年提出"投资发展周期理论",从动态的角度解释发展中国家的对外投资行为,进一步发展和完善了其国际生产折中理论。邓宁实证分析了67个国家在1967—1978年间直接投资流量与人均国民生产总值的关系,结果发现:一个国家的对外直接投资与该国的经济发展水平密切相关。换言之,一个国家对外直接投资的动力和能力大小,直接取决于人均国民生产总值的高低。因为处于不同经济发展阶段的国家,企业的所有权优势、内部化优势和区位优势都有较大差别,从而对直接投资流量会产生重大影响。

邓宁根据人均国民生产总值的高低划分了四个经济发展阶段,处于不同阶段的国家对外直接投资的地位也不同。

处于第一阶段的是人均国民生产总值低于400美元的最穷的发展中国家,这些国家的企业缺乏所有权优势,且内部化能力很弱,几乎没有对外直接投资。同时,这些国家缺少区位优势,投资环境差,引进外资的规模也很小,其对外直接投资净额为负值。

处于第二阶段的是人均国民生产总值为 400～2 000 美元的发展中国家,这些国家的企业所有权优势和内部化能力虽有所提高,但仍很有限,对外直接投资只能维持在一个较低的水平上。随着本国投资环境的改善,开始出现较强的区位优势,进而逐步吸引越来越多的外商直接投资。这一阶段对外直接投资净额仍为负值,且负值有增加的趋势。

处于第三阶段的是人均国民生产总值为 2 000～4 750 美元的国家,这时本国企业的所有权优势和内部化能力明显提高,对外直接投资也相应增加,其发展速度可能超过引进国外直接投资的发展速度,但对外直接投资净额仍为负值。

处于第四阶段的是人均国民生产总值为 4 750 美元以上的国家,其拥有强大的所有权优势和内部化能力,同时善于利用国外的区位优势,对外直接投资额明显大于引进外资额,且差额不断扩大,因此对外直接投资数额为正值,并呈现逐步增加的趋势。

邓宁认为,一国吸引外资和对外投资的数量不能仅仅用经济指标衡量,它还取决于一国的政治经济制度、法律体系、市场机制、教育水平、科研水平以及政府的经济政策等因素。一国的所有权优势、内部化优势和区位优势可以从国家、产业和企业三个层面进行分析。国家层面的所有权优势包括自然资源禀赋、劳动力素质、市场规模及其特征、政府的创新、知识产权保护、竞争与产业结构政策;产业层面的所有权优势包括产品和加工技术深度、产品差异程度、规模经济、市场结构等;企业层面的所有权优势包括生产规模、产品加工深度、生产技术水平、企业创新能力、企业的组织结构、管理技术、企业获得低成本要素供给的能力等。

邓宁的经济发展阶段论的启示是:在一定的经济发展条件下,一国吸纳的外国直接投资及其对外投资是紧密相连的两个发展过程,如何有效利用外资并使其作为提高本国国际竞争力的基础,是每一个发展中国家所面临的课题。

但是,投资发展周期理论在分析方法上仍存在严重的不足。邓宁用人均国民收入水平来区分经济发展阶段,从而说明一国的国际投资地位。按照这一分析逻辑,经济越发展,人均净对外投资量就越大,但是这一结论难以经得住实践检验。比如,人均净对外投资值低,可由两种情况所致:一种是那些低收入国家,它们既没有外资投入,更谈不上对外投资,其人均净对外投资表现出一种均衡状态;另一种是经济发达国家,其对外投资存量和外国直接投资存量都有相当规模,但人均净对外投资值仍然是低的。而这两类国家在经济发展水平上不可比拟。例如,根据邓宁的计算,1967—1975 年间,埃塞俄比亚的人均净对外投资为 -50 美元,德国和法国的同类指标分别为 -130 美元、-380 美元。即使是经济发展水平相同的国家,人均净对外投资也表现出很大的差异。例如,根据邓宁的计算,人均国民收入为 2 500～4 000 美元的国家中,英国和荷兰人均净对外投资分别为 17.2 美元和 11.4 美元,比利时、卢森堡均为 -51.4 美元,挪威为 -32.1 美元。可见,人均净对外投资并不是真正反映一国国际投资地位的代表性指标。

二、小规模技术理论

1983 年,美国哈佛大学商学院教授刘易斯·T. 威尔斯(Louis T. Wells)在《第三世界跨国企业》中,系统分析了发展中国家对外直接投资竞争优势的来源,并对发展中国家对外直接投资的动因和前景进行了深入分析。主要观点体现在以下三个方面:

(一)发展中国家的企业对外直接投资竞争优势的来源

威尔斯认为,发展中国家的技术优势具有十分特殊的性质,这些技术是投资企业本国市场环境的反映,因而使得发展中国家的跨国公司具有在更穷国家的发展过程中发挥作用的巨大潜力。

发展中国家大多数制成品的市场规模很小,使得跨国公司在国外占据优势。如果发展中国家的企业仅仅进口发达国家通常使用的制造技术,那么,它们的工厂就很可能办得过大,从而与其市场不相称。在许多产品的销售市场较小的情况下,发展中国家的企业只有使技术适合于小规模制造,才能增加利润。这些企业一般在开始时使用从工业国引进的技术,然后,逐渐对其进行改造,使之适合于当地市场,这种为适应小规模市场而发展的技术有一个显著的特征,那就是劳动密集型。

发展中国家在国外投资的企业有两类主要的竞争对手:一类是其投资所在国的本地企业,另一类是发达国家的跨国公司。如果发展中国家跨国公司的优势在于小规模制造,那么,潜在的当地竞争对手很可能会发展类似的技术,或者作出某种安排,从外国企业那里获得类似的技术。为了在国内发展这些技术,这种潜在的竞争对手必须承担类似于外国企业已经花费的那种成本,如果当地企业自行设计和制造机器设备,则开发成本可能很高;如果通过购买和汇集许多国家的机器来获得技术,那么寻找这些机器来源的费用也十分可观;如果打算收购旧机器,则它们就必须设法找到可靠的供应来源,即使潜在的竞争对手对供应者了如指掌,购买这类机器设备的风险还是很大的。倘若寻找一位中间商来帮忙,难免也会犯代价很大的错误。况且,在大多数情况下,对小规模使用技术已经取得经验的企业,由于长期使用这些技术,生产成本往往较低,而潜在的竞争对手必须首先付出代价以获得经验,才能达到与外国企业同等的水平。不管潜在的当地竞争对手需要承担哪一种成本费用,其代价几乎总是比从外国企业那里引进技术要大。

美国、欧洲和日本的跨国公司,看来有能力将它们惊人的高超技术应用于相对较低的产品标准,并且开发非常适合于发展中国家的技术。发达国家的跨国公司似乎还会通过庞大的子公司网,将其开发成本分摊到许多工厂身上。但事实上,这类跨国公司通常不愿意在小规模生产和较低的技术水平上利用它们的各种资源,相反,它们一贯赞成将力量集中于先进技术或市场销售技能,凭借这些东西,它们就无须担心生产成本。大多数发达国家的跨国公司认为,它们在小规模制造以外的其他方面拥有相对优势。此外,即使它们打算开发适合发展中国家的专门知识和经验,它们也会陷入管理费用增长的困境。这些成本如此之高,往往是发展中国家的投资者所无力承担的。

尽管第三世界的企业普遍推行适合于发展中国家需要的小规模技术,但它们的革新活动绝非仅限于此,其他技术的发展也使发展中国家的企业具备了能在国外利用的若干优势,那些优势同样是这类企业本国特殊条件的产物。其他方面的优势包括:

1. 利用当地资源

发展中国家的长期国际收支逆差,是促使它们利用当地资源的特殊条件之一。为了解决国际收支赤字,许多国家的政府采用控制进口的办法,鼓励本地企业制造过去来自国外的许多产品,促进了发展中国家跨国公司母公司(工厂)的诞生。

在发达国家(制造业的许多技术通常是从那里发端的),最终产品的设计往往反映出人们在工业国市场普遍能够得到高质量的原料和特殊物质的条件。特种钢、客户定制的特殊零部件和一系列的特殊原料和部件,在那里是容易得到的,而且,这些原料和零部件的质量也是有保障的。

在发展中国家,需要特殊投入的本地制造商常会碰到困难。生产者可能需要各种钢材,但是,如果当地只有一家钢厂而且很可能只生产最普通、常用的钢材、螺帽和螺栓,那么,特种钢、特殊螺纹及形状的螺帽和螺栓就必须从国外进口。而且,由于缺少竞争,本地供应商常常制造一些质量低劣或不合预期要求的原料和零部件。虽然进口品是可用的,但是,政府限制外汇流动、鼓励本国工业化的政策,将使进口品的价格相当昂贵,而且,向国外订货(或在当地定制)的交货时间可能也比较长。

为了减少因从工业国进口技术而产生的特殊投入需要,发展中国家的企业便寻求用本地供应的投入来替代,一旦发展中国家的跨国公司学会用本地提供的原料和零部件替代特殊的投入,那么,它们就可以把这些专门知识推广到面临同样问题的其他发展中国家,而其他发展中国家是极其渴望得到那些着眼于使用当地原料的革新成果的。

当地的竞争对手虽然也会面临类似于其他发展中国家母公司的下属工厂过去所遇到的那种革新的压力,但是,较富裕的发展中国家的企业,可以从以往面临并已处理过那些问题的有利条件中获益。那些企业虽然付出了寻求解决办法的代价,但是,由于这些办法可直接用于更穷的国家,所以,它可以从中得到补偿或获利。即使受当地原料的特性或者某个工业化程度较高的发展中国家还没有掌握有关国家的专门知识的影响,这个国家的企业仍然会具有压倒当地企业的优势,因为它可能已在类似的革新中取得足够的经验,能够不断地从事新的革新。

2. 种族产品

在某些情况下,发展中国家的对外直接投资,是建立在一种相当特殊的优势的基础上的。这些国外子公司基本上是为当地那些与投资来源国民族有血缘关系的种族社区服务的。这种投资项目虽然在发展中国家企业的对外投资总额中只占很小的比重,但在以发达国家为目的的"上游领域"投资中,却占有相当大的比重。

与发达国家投资者拥有的工厂相比,制造种族产品的企业的优势并不在于规模小或生产劳动密集型产品,而主要在于制造当地同一种族居民社区所需要的产品。在国外,制造种族产品的企业的成绩一目了然。它反映了这种企业有能力制造和销售它们熟悉的居民所需要的产品,有时候,这些企业不仅带来了当地社区业已熟悉的产品,也带来了它们熟悉的商标。与大多数外国投资者的情况相比,制造种族产品的企业的竞争优势不在于工艺技术,而在于其产品的特殊性。

3. 其他革新

发展中国家的企业有其丰富多彩的革新史,它们的革新并不仅限于那些由小规模市场和短缺昂贵的投入所产生的项目,但是,一般来说,革新都是企业本国市场特殊条件的产物。在许多情况下,发展中国家的革新是为了适应那种被称为与工业国完全不同的客观环境。不管是哪类革新,发展中国家的企业特有的优势已导致它们将其国外子公司集中于与发达国家投资者所在行业不同的行业。发展中国家投资者的立足点,并不在"技术水平高"的行业。发展中国家的企业往往采用与发达国家企业不同的方法,并且常常在与发达国家企业不同的行业中从事革新活动。不同特征的技术,不同程度的进口倾向,有时还有不同的产品,是衡量发展中国家对外投资者同发达国家对外投资者各自相关利益的重要因素。

（二）发展中国家的企业对外直接投资的动因

发展中国家的许多企业都具有特定的竞争优势,尽管它们通过对外投资可以获得大笔收入,但它们中的大多数还没有决定到国外去投资。它们或者从未考虑过这种可能性,或者认为对外投资的风险太大。那么,发展中国家的一部分企业又为何决定到国外投资、开设子公司呢?

对发达国家企业的研究表明,想在国外市场上发挥本企业竞争优势的那些管理者很可能首先采取产品出口的方式。这些企业往往不是在世界上仔细寻求能够发挥其竞争优势的最佳途径,而是抓住只需要对现有经营活动进行最小的改变便能带来令人满意的收益的机会。因此,管理者优先考虑的是出口,而不是在国外市场上建立一家可以利用母公司技术的子公司,直到继续出口受到威胁,大多数企业才开始到国外制造业中进行投资。

发展中国家的企业管理者的所作所为与发达国家的企业管理者的所作所为几乎完全一致。发展中国家的企业,大多数在去国外制造产品之前都致力于出口,只是当已有的出口市场受到威胁时,它们才到国外去制造产品。不过,除此之外,它们的对外投资还有其他一些动因。

1. 保护出口市场

大量证据表明,大多数发展中国家的企业在从事国际经营的过程中,出口往往充当了对外投资的"先行官"。但是,由于贸易壁垒重重,出口并不是长久的充满活力的经营方式,发展中国家的企业的海外投资业务,大多数是在本国的出口受到配额的威胁时才开展起来的。

2. 谋求低成本

贸易限制并非是对发展中国家向发达国家出口的唯一威胁。如同已经建立外向型工厂以便提供商品的发达国家的企业一样,发展中国家的出口厂商也在寻求工资水平比其本国水平更低的劳动力,以应对成本更低的其他各国供应商的出口竞争。

从原则上讲,当竞争使得现有的成本水平难以维持企业赢利时,不管哪个国家的企业管理者都会设法降低成本,但是,当别的地方存在的因生产成本比较低而可能获得更多利润的机会,还不足以吸引大多数管理者花钱去寻找国外落脚点和应付在国外投资的风险时,管理者们仍然不会远涉重洋到海外去投资。只有当出口减少且威胁到自己产品的成本竞争能力时,它们才去建立外向型工厂。大多数发展中国家的企业是出于防御理由而到国外建立外向型工厂,以保护自己的出口免受配额的影响,或借助低廉的成本对付攻势凌厉的竞争对手,使自己生存下去。

3. 寻求廉价原材料

发展中国家的有些企业到国外去为本国建立可靠的原料供给地,它们的动机与美国和欧洲的企业类似,如钢铁企业到国外去,为的是寻求铁矿砂或其他原料。

在发展中国家国有企业的对外投资中有很大一部分是用于原料开发的。如果需要取得至关重要的原料,由国有企业进行对外投资,就能够克服与对外投资相关的一些政治问题。

大多数生产原料的跨国公司与制造业中的跨国公司有所不同,因为前者在国外经营不一定涉及专门技术或知识的转让。对某些行业来说,原料的开采和加工若在同一个企业内完成,则这个行业就会拥有优势;如果原料开采在一个国家,有效的加工地点在另一个国家,那么,这个企业只有国际化才能利用其垂直结合结构的好处。如果这个企业最初是从事制造业的,那么,难以获得可靠的原料投入也许成了促使它国际化的原因;如果这个企业是从原料生产起步的,那么,希望正常地或以优越的交易条件销售其产品,也许正是它国际化的促进因素。

(三)发展中国家跨国公司的前景

从早期对外投资者的历史可以推测出,发展中国家跨国公司未来的道路可能坎坷不平。一些企业失败的主要原因在于,它们在没有任何独特优势的情况下就到国外投资,结果发现在国外经营企业的净成本太高而无法承担,甚至连许多拥有优势而到国外投资的企业也会遭受失败。

发展中国家的对外投资者在较小规模的制造活动中的长处表明,如果这些对外投资者原先的优势被别人夺取了,那么,它们就极少能对各国的制造活动进行跨越国界的结合,以谋取规模经济的巨大好处。假如它们这样做了,那么,就等于自己放弃了原先有利的优势。

一旦这类企业原有的优势被别人复制,那么,就只有少数几家企业有能力延续其子公司的寿命,因此,许多发展中国家的国外制造业子公司的生命周期都十分短暂。随着时间的推移,这些子公司的利润和市场销售份额会逐渐被当地的竞争对手侵占,其与母公司的联系也会日益遭到削弱,某些子公司出于东道国政府的压力而不得不出让。

许多发展中国家企业的子公司生命周期较短,这种情况并不意味着发展中国家跨国公司的总投资会减少。实际上,发展中国家跨国公司的对外投资是在不断增长的,而且,促成这种增长的条件还将长期存在。

(1)只要较富裕的发展中国家的企业从实践中取得对发展程度比其低一级的国家具有借鉴意义的经验,那么,具有竞争优势的新企业就有可能出现并取代那些原有优势已丧失殆尽的老企业。因此,较先进的发展中国家对发展程度较低的国家起着技术过滤器的作用,这种作用几乎肯定会继续,甚至还会扩大。

(2)发展中国家的企业对外投资的最一般起因——出口市场受到威胁——可能继续存在。第三世界国家对外开放发展战略的近期利益,就是要确保发展中国家之间制成品贸易的持续增长。可是,如果发展中国家不设置进口障碍,它们之间的投资就不会得到很快的发展,因为拥有优势的企业仍可以通过出口向外国市场供应商品。但是,不管开放政策多么风行,只要大多数较穷国家的本国市场扩大到足以按合理成本就地制造产品,它们就会限制进口。因此,似乎没有理由认为,未来投资的推动力会比过去小。

(3)驱使企业进行投资但并非单纯转让其技术优势的因素也仍然存在。对外投资只不过是企业在其出口市场受到威胁时可能作出的一种反应。企业选择在国外建立子公司并使其优势转让过程内部化的办法,主要是因为合同安排常常会带来一些问题,其中包括:很难保障销售技术、知识等财产的安全,技术优势的潜在卖方和买方之间的信息不对称,以及许多可能发生的意外情况。这些都必须事先考虑到,并写入长期合同。

正如过去那样,这种投资的主要形式将仍是从工业化程度较高的国家流向工业化程度较低的国家。发展中国家的跨国公司所拥有的可利用的优势很少适用于发达国家。小规模制造、以当地原料作为替代和其他类似技术,对发展程度较低的国家很有用,因为那里的市场条件同这些母公司本国当前普遍存在的条件很接近。

三、技术地方化理论

英国经济学家 S. 拉奥(S. Lall)在其著作《新跨国公司——第三世界企业的发展》中指出,发展中国家的企业不仅能简单地模仿先进技术,同时也能对外国技术的局部环节进行大幅度的调整,这种技术地方化的过程使发展中国家的跨国公司具有竞争优势。拉奥认为,即使第三世界国家跨国公司的技术特征表现为规模小、使用标准技术和劳动密集型,这种技术的形成却包含着企业内在的创新活动。拉奥列举了发达国家跨国公司与发展中国家跨国公司竞争优势来源的不同方面,如表2-5所示。

表2-5 发展中国家跨国公司竞争优势的来源

发达国家的跨国公司	发展中国家的跨国公司
(1) 企业/集团规模大	(1) 企业集团
(2) 靠近资本市场	(2) 技术适合于第三世界的供求条件
(3) 拥有专利或非专利技术	(3) 产品差异
(4) 产品差异	(4) 营销技术
(5) 营销技巧	(5) 适合当地条件的管理技术
(6) 管理技术和组织优势	(6) 低成本投入(特别是管理和技术人员)
(7) 低成本投入	(7) "血缘"关系
(8) 对生产要素和产品市场的纵向控制	(8) 东道国政府的支持
(9) 东道国政府的支持	

拉奥认为,以下几个方面的条件使发展中国家的跨国公司形成了自己的特定优势:

第一,在发展中国家,技术、知识当地化是在不同于发达国家的环境下进行的。这种新的环境往往与一国的要素价格及其质量相联系。

第二,发展中国家生产的产品适合于它们自身的经济条件和需求。发展中国家的企业通过对进口技术和产品进行一定的改造,使它们的产品能够更好地满足当地或邻国市场的需要,这种创新活动能够形成竞争优势。

第三,第三世界国家企业的竞争优势不仅来自生产过程和产品与当地的供给条件及需求条件的紧密结合,而且来自在创新活动中所产生的技术在小规模生产条件下具有更高的经济效益。

第四,在产品特征上,第三世界国家的企业仍然能够开发出与名牌产品不同的消费品,特别是当国内市场较大、消费者的品位和购买能力有很大差别时,来自第三世界国家的产品仍有一定的竞争能力。

第五,上述几种优势还会因民族或语言的因素而得到加强。

拉奥强调,企业的技术吸收过程是一种不可逆的创新活动,这种创新往往受当地的生产供给、需求条件和企业特有的学习活动的直接影响。发展中国家的企业在技术引进的过程中,对外国技术的改进、消化和吸收不是一种被动的模仿和复制,而是对技术的消化、改进和创新,正是这种创新活动给企业带来了新的竞争优势。

技术地方化理论以发展中国家的跨国公司为研究对象,为发展中国家进行对外直接投资提供了新的理论支持。该理论的重要意义在于,它不仅指出了发展中国家技术及其产品对当地市场的适应性,而且强调了技术创新对增强企业国际竞争能力的重要作用,尽管其对企业技术创新活动的描述仍然是粗线条的。此外,该理论还强调要根据东道国市场特征的不同开发出不同的产品,以便形成独特的竞争优势,这对我们发展对外直接投资是有启迪意义的。

四、技术创新产业升级理论

20世纪80年代中期以后,发展中国家对外直接投资出现了加速增长的趋势,特别是一些新兴工业国家和地区的对外直接投资把触角直接伸向工业发达国家,并成为当地企业有力的竞争对手。如何解释发展中国家跨国公司的新趋势,是跨国公司理论界面临的重要挑战。约翰·坎特威尔(John Cantwell)是英国里丁大学研究技术创新与经济发展问题的著名专家,他作为帕斯·E.托兰惕诺(Paz E. Tolentino)的博士生导师,与托兰惕诺一起对发展中国家的对外直接投资问题进行了系统的考察,提出了发展中国家技术创新产业升级理论。该理论提出后,受到经济理论界的高度评价,托兰惕诺本人的博士论文《技术创新与第三世界跨国公司》也因此获得了1989年度理查德·法默国际商务学会最佳博士论文奖。

发展中国家跨国公司技术创新产业升级理论提出了两个基本命题:第一,发展中国家产业结构的升级,说明了发展中国家企业技术能力的稳步提高,这种技术能力的提高是一个不断积累的结果。第二,发展中国家企业技术能力的提高是与对外直接投资的增长直接相关的。现有的技术能力水平是影响其国际生产活动的因素,同时也影响着发展中国家跨国公司对外直接投资的形式和增长速度。

在以上两个命题的基础上,该理论的基本结论是:发展中国家对外直接投资的产业分布和地理分布是随着时间的推移而逐渐变化的,并且是可以预测的。

坎特威尔和托兰惕诺认为,从历史上看,技术积累对一国经济发展的促进作用,在发达国家和发展中国家没有什么本质上的区别,技术创新仍然是一国产业、企业发展的根本动力。与发达国家相比,发展中国家的技术创新表现出不同的特征。发达国家企业的技术创新表现为大量的研究与开发投入,掌握和开发尖端的高科技,引导技术发展的潮流。而发展中国家企业的技术创新并没有很强的研究与开发能力,主要是掌握和开发现有的生产技术。

新兴工业化经济体的竞争优势表现在工业产品、轻工业消费品(如纺织、服装、鞋帽、玩具及电子产品)上。这些企业的技术最初来自外国技术的进口,生产经验的积累使技术适合当地的需求,并且能够进行技术创新,这种创新优势又随着管理水平、市场营销水平的提高而得到加强。因此,发展中国家跨国公司的技术积累过程是建立在"特有的学习经验基础上的"。

坎特威尔和托兰惕诺还分析了发展中国家跨国公司对外直接投资的产业特征和地理特征。他们认为,发展中国家跨国公司的对外直接投资受其国内产业结构和内生技术创新能力的影响,在产业分布上,首先是以自然资源开发为主的纵向一体化生产活动,然后是以进口替代和出口导向为主的横向一体化生产活动。从海外经营的地理扩张看,发展中国家在很大程度上受"心理距离"的影响,遵循周边国家→发展中国家→发达国家的渐进发展轨道。随着工业化程度的提高,一些新兴工业化经济体的产业结构发生了明显变化,技术能力也得到迅速提高。在对外投资方面,它们已经不再局限于传统产业的传统产品,开始从事高科技领域的生产和开发活动。比如,新加坡的跨国公司在计算机、生物技术、基因工程、电子技术领域,韩国、中国香港地区的企业在半导体、软件开发、电信技术等领域都占有一席之地。这些国家和地区对发达国家的投资也表现出良好的竞争力。

五、产业集群理论

从20世纪80年代中期开始,一些具有较强国际竞争力并且以中小企业为主体的产业集群引起了人们的关注,如"第三意大利"的传统产业集群、美国硅谷的信息产业集群、中国台湾地区的计算机产业集群以及印度班加罗尔的软件产业集群等。从产业集群的发展来看,每一个产业集群都具有相当程度的国际化水准,而且,聚集了大量具有创新技术的中小企业。从产业集群与跨国公司的联系来看,许多跨国公司在产业集群里寻求技术来源,发展新生业务。因此,可以说,重视产业集群,有助于加快国内企业国际化经营的进程。

与此同时,技术创新理论与竞争力理论的发展为重新审视中小企业政策提供了新的思路。如迈克尔·波特在分析国家竞争力时采用了集群分析法,认为一国在某些产业上的竞争力与该国在这些产业中的产业集群优势有关;而由克里斯托夫·弗里曼(Christopher Freeman)、本特-雅克·伦德瓦尔(Bengt-Aake Lundvall)等人所倡导的国家创新体系理论,则强调创新过程中交互式学习的作用,以用来解释为什么集群化有利于创新绩效的提高。

20世纪90年代中期,一些国际组织和一些国家的政府开始有意识地推动产业集群的实践,并以此作为促进中小企业发展的新途径。比如,联合国贸易和发展会议在拉丁美洲的一些国家进行了实践,并将所获得的经验向发展中国家和地区推广;丹麦、荷兰等欧洲国家由政府启动若干集群化项目,随后亚太经济合作组织也组织其主要成员国对集群化的效果以及基于集群化的政策进行研究。

六、投资诱发要素组合理论

近年来,国际经济学者为了克服以往对外直接投资理论的片面性和局限性,提出了"投资诱发要素组合理论"。该理论的核心观点是:任何形式的对外直接投资都是在投资直接诱发要素和间接诱发要素的组合作用下发生的。

所谓直接诱发要素,主要是指各类生产要素,包括劳动力、资本、资源、管理及信息知识等。直接诱发要素既可存在于投资国,也可存在于东道国。如果投资国具有技术上的相对优势,可以诱发其对外直接投资,将该要素转移出去。反之,如果投资国没有直接诱发要素的优势,而东道国却有这种要素的优势,那么投资国可以通过对外直接投资的方式利用东道国的这种要素。比如,一些发展中国家通过向技术先进的国家投资,在当地建立高新技术分公司或研究开发机构,将其作为科研开发和引进新技术、新工艺和新产品设计的前沿阵地;或者与东道国联合投资创办企业,在实际生产经营过程中直接学习别国先进技术和管理经验,从而获得一般的技术贸易和技术转让方式得不到的高新技术。由此可见,东道国的直接诱发要素同样也能诱发和刺激投资国的对外直接投资。

所谓间接诱发要素,是指除直接诱发要素以外的诱发对外直接投资的其他因素,主要包括三个方面:一是投资国政府诱发和影响对外直接投资的因素。比如,鼓励性投资政策和法规、政府与东道国的协议和合作关系等。二是东道国诱发和影响对外直接投资的因素。比如,东道国政局稳定,吸引外资政策优惠,基础设施完善,涉外法规健全等。三是全球性诱发和影响对外直接投资的因素。比如,经济生活国际化以及经济一体化、区域化、集团化的发展,科技革命的发展及影响,国际金融市场利率的波动等。

投资诱发要素组合理论试图从新的角度阐释发展中国家企业对外直接投资的动因和条件。直接诱发要素的提出,较好地解释了发展中国家企业到发达国家投资以获取先进技术的动机;间接诱发要素则拓展了区位理论,全面总结了企业对外投资的环境要素。发展中国家企业的对外直接投资在很大程度上是间接诱发要素作用的结果。

商务部、国家统计局、国家外汇管理局联合发布《2017年度中国对外直接投资统计公报》

商务部、国家统计局、国家外汇管理局联合发布《2017年度中国对外直接投资统计公报》,正式公布2017年中国对外直接投资的年度数据。

公报分为中国对外直接投资综述、中国对外直接投资流量存量、中国对世界主要经济体的直接投资、中国对外直接投资者的构成、中国对外直接投资企业的构成和附表六个部分,对中国对外直接投资进行阐述。

2017年,中国对外直接投资净额(以下简称流量)为1 582.9亿美元,同比下降19.3%。截至2017年年底,中国2.55万家境内投资者在国(境)外共设立对外直接投资企业(以下简称境外企业)3.92万家,分布在全球189个国家(地区),年末境外企业资产总额6万亿美元。

联合国贸易和发展会议《2018世界投资报告》显示,2017年全球外国直接投资流出流量1.43万亿美元,年末存量30.84万亿美元。以此为基数计算,2017年中国对外直接投资分别占全球当年流量、存量的11.1%和5.9%,流量位列按全球国家(地区)排名的第3位,占比较上年下降2.4个百分点,存量由2016年的第6位跃升至第2位,占比提升0.7个百分点。

2017年,对外金融类直接投资流量187.9亿美元,同比增长25.9%,其中对外货币金融服务类(原银行业)直接投资135亿美元,占71.8%。2017年年末,中国国有商业银行共在美国、日本、英国等46个国家(地区)开设88家分行、57家附属机构,员工总人数达5.1万人,其中雇用外方员工4.7万人,占92.2%。

2017年,对外非金融类直接投资1 395亿美元,同比下降23%;境外企业实现销售收入20 185亿美元,同比增长30.7%。2017年年末,对外非金融类直接投资存量16 062.5亿美元,境外企业资产总额3.54万亿美元。

2017年,境外企业向投资所在国家(地区)缴纳各种税金总额376亿美元,同比增长35.5%;年末境外企业员工总数339.3万人,其中雇用外方员工171万人,占50.4%,较上年年末增加36.7万人。

2017年中国对外直接投资流量主要有以下特点:流量首次负增长,对外投资回归理性;对外投资并购领域广泛,境外融资规模创历史之最;人民币对外投资活跃,收益再投资占比首超四成;八成投资流向商务服务、制造、批发零售、金融四大领域,采矿业首呈负流量;对欧洲、非洲的投资快速增长,对美洲的投资降幅较大;流向"一带一路"沿线国家投资增长三成,涉及领域广泛;地方对外投资降幅高于全国,中央企业和单位则增幅较大;公有经济控股主体对外投资规模略高于非公经济。

2017年中国对外直接投资存量的主要特点有:全球排名上升至第2位,仅次于美国;对外投资存量的八成分布在发展中经济体;行业覆盖了国民经济所有行业类别,存量规模上千亿美元的行业有租赁和商务服务业、批发和零售业、信息传输/软件和信息技术服务业、金融业、采矿业和制造业;对外直接投资存量的79.8%分布在第三产业;国有企业和有限责任公司占比超过七成;地方企业对外非金融类直接投资存量达7 274.6亿美元,占全国非金融类存量的45.3%,广东、上海、浙江和北京位列前四。

资料来源:商务部新闻办公室,《商务部、国家统计局、国家外汇管理局共同发布2017年度中国全行业对外直接投资统计数据》,http://www.mofcom.gov.cn/article/i/jyjl/l/201810/20181002792460.shtml,访问时间:2019-1-20,有删改。

本章小结

亚当·斯密的绝对优势理论以一国的成本绝对低廉为贸易发生的先决条件。大卫·李嘉图发展了亚当·斯密的理论,提出了比较优势理论,认为即使一个国家各个行业的生产都缺乏效率,没有成本绝对低廉的产品,但是只要集中力量生产成本相对比较低廉或不利程度相对比较小从而效率相对比较高的产品,通过国际贸易,也能获得经济利益即比较利益。

赫克歇尔和俄林指出天赋资源即要素禀赋是贸易的基础,一个区域或国家如果利用其相对丰富的生产要素去生产某种商品,通过交换就能得到比较利益。

美国学者列昂惕夫利用投入产出法对美国200种产业以及对外贸易的产品结构进行分析后指出:美国参加国际分工是建立在劳动密集型生产专业化基础上的,而不是建立在资本密集型生产专业化基础上的。换言之,这个国家是利用对外贸易来节约资本和安排剩余劳动力,而不是相反。因此,相对于劳动力来说,美国的资本比较充裕,根据俄林模式,美国出口的应该是资本密集型商品。但是,列昂惕夫却得出了与俄林完全不同的结论,这个"列昂惕夫之谜",成为现代国际贸易理论领域的一个难题。

迈克尔·波特的国家竞争优势理论指出,一个国家的产业是否能在国际上具有竞争力,取决于该国的国家竞争优势,而国家竞争优势是由要素条件、需求条件、相关的供应商和支持性产业、竞争状况、机会以及政府六种因素的相互作用决定的。

对外直接投资理论是从理论上解释国际企业对外直接投资的动机、条件和流向,比较有影响的对外直接投资理论有:海默的垄断优势理论、巴克利和卡森的内部化理论、弗农的产品生命周期理论、邓宁的国际生产折中理论以及日本学者小岛清的小岛理论。

海默的垄断优势理论指出,一个企业之所以进行对外直接投资,是因为其拥有比东道国同类企业更有利的垄断优势。

巴克利和卡森的内部化理论把市场的不完善归结为市场机制内在的缺陷,并从中间品的特性与市场机制的矛盾来论证内部化的必要性,认为跨国化就是企业内部化过程超越国界的表现,而跨国公司就是在将其资源在国际范围内进行内部转让的基础上建立的。

弗农的产品生命周期理论指出,产品的生命周期可分成创新、成熟和标准化三个阶段,产品生命周期的各个阶段在不同的国家有不同的特征,国际企业的对外直接投资与产品生命周期有关。

邓宁的国际生产折中理论可以归结为一个简单的公式,即所有权优势+区位优势+内部化优势=对外直接投资,该理论说明了国际企业经营方式和优势组合之间的关系,同时,也说明了国际生产类型的决策因素。

日本的小岛清教授提出的小岛理论的核心是,对外直接投资应该从本国(投资国)已经处于或将陷入比较劣势的产业(这也是对方国家具有显在或潜在比较优势的产业)——可以称为边际产业——依次进行。

为解释发展中国家对外投资的原因,英国经济学家邓宁、美国哈佛大学教授威尔斯、英国经济学家拉奥、英国里丁大学教授坎特威尔分别从不同的角度提出了自己的理论。邓宁从动态角度解释发展中国家的对外投资行为,提出了投资发展周期理论,并指出:一个国家的对外直接投资与该国的经济发展水平密切相关。威尔斯系统地分析了发展中国家对外直接投资竞争优势的来源,并对发展中国家对外直接投资的动因和前景进行了深入的分析,提出了小规模技术理论。拉奥提出了技术地方化理论,坎特威尔提出了技术创新产业升级理论。这些理论从另外一个角度解释了对外投资的动因。

近年来,国际经济学者为了克服以往对外直接投资理论的片面性和局限性,提出了投资诱发要素组合理论。该理论的核心观点是,任何形式的对外直接投资都是在投资直接诱发要素和间接诱发要素的组合作用下发生的。

复习思考题

1. 简述亚当·斯密的绝对优势理论的要点。
2. 运用比较优势理论阐述自由贸易的合理性。
3. 试述波特的国家竞争优势理论的主要内容。
4. 试述海默的垄断优势理论的主要内容。
5. 试述巴克利和卡森的内部化理论的主要内容。

6. 试述弗农的产品生命周期理论的主要观点,并解释该理论对我国企业对外直接投资有何借鉴意义。

7. 试用邓宁的国际生产折中理论分析跨国公司如何选择不同的国际化方式。

8. 分析发展中国家的企业对外直接投资竞争优势的来源。

案例分析

印度软件业崛起探因

印度被称为"世界第一大软件外包供应国",早在20世纪末,印度就提出了"要用电子革命把印度带入21世纪"的治国方略,并认识到一个国家软件产业的兴衰将决定其在21世纪国家竞争中的地位。

印度软件业的发展主要经历了以下四个阶段:第一阶段是20世纪90年代初到1998年,服务外包业务主要集中在为大型金融、保险等公司提供数据录入、呼叫中心等后台服务;第二阶段为1998—2000年,后台服务范围延伸,部分前台业务也陆续转移到印度;第三阶段为21世纪的前四年,在此期间,外包业务领域扩张,从简单录入转到高端研发、分析功能,服务外包内容呈复杂化和高端化;第四阶段即从2005年至今,印度外包承接商开始并购某些欧美公司,业务渠道趋于成熟。印度软件业迅速崛起和国际化的原因主要有以下几个方面:

一、大力兴建软件科技园区

自1991年在班加罗尔建立全国第一个计算机软件技术园区开始,印度先后在海德拉巴、马德拉斯、孟买、普那、新德里、加尔各答等地建立了20多个软件科技园区,形成了全国的软件技术网络,区内企业超过5 500家。在软件园区注册的企业,可享受包括免除国内地方税、一定的产品内销比例以及进口设备免关税等优惠待遇。印度软件科技园区通过更为优惠的政策和良好的设施及服务,帮助印度软件出口企业开辟国际市场,大大促进了软件的开发和出口,从而带动了全国软件产业的发展和软件出口。此后,印度的软件技术园区发展迅速,已成为其软件产业开发和出口的主要基地。

二、高等教育的国际化

印度政府注重高等教育,高等教育相当发达。20世纪50年代初,尼赫鲁政府效仿美国麻省理工学院(MIT)的模式,建立了6所被视为印度科学"皇冠"上瑰宝的"印度MIT",拉开了印度振兴本国软件业的序幕。印度还在全国所有地区设立印度信息技术学院,以印度理工学院为鉴,专门培养高水平的信息技术人才。经过历届政府几十年的不懈努力,如今的印度已有国立大学250多所,各种公立学院1万多所,私立理工学院1 100多所。德里大学、贝拿勒斯印度教大学、贾瓦哈拉尔·尼赫鲁大学、国际大学、孟买大学、亚格拉大学更是享誉世界。

三、高水平的英语与国际化人才

由于印度曾是英国的殖民地,英语至今仍是印度的官方语言,因此印度人的英语水平较其他非英语国家来说往往高出一筹。英语是全球软件、因特网的语言,这就使英语成为印度发展信息产业特有的一种资源优势。印度高度重视人才的培养，形成各种金字塔式的人才培养机构，其课程设置围绕企业需求，紧跟最新技术发展动向。与此同时，在政府政策的扶持下，行业中介组织在产业发展中发挥了至关重要的作用。印度全国软件和服务公司协会（NASSCOM）是印度软件和服务外包行业的贸易组织及商会，其通过促使成员国采用世界一流的管理手段，建构、维持最高的质量标准，进而拥有全球竞争力。

四、质量管理的国际化和出口导向战略

软件企业的质量标准就是竞争优势。印度大力鼓励企业按照国际标准制造软件产品，是世界上软件企业获得ISO9000认证最多的国家。为了进一步提高软件业的国际竞争力，印度电子和信息技术部率先从美国引进了软件能力成熟度模型（CMM），对项目过程中几乎所有的数据都会进行记录，最后把收集起来的数据提交质量保证部门进行分析，以改进流程。通过严格的软件开发过程管理，印度软件公司率先建立了"软件工厂"，不仅软件品质可靠，而且工期和成本均可控，从而使软件外包由"手工作坊"阶段进入"大工业"阶段，树立了印度软件外包高质量、低成本、按时间、守协议的形象。在此基础上，印度几大软件公司大力拓展与国际多个领域著名企业的业务合作。印度软件产业属于出口导向型产业，以定制软件开发和服务出口为主，在软件模块设计开发方面具有较强的优势。

五、政府支持

1984年，拉吉夫·甘地执政伊始，就把计算机软件的开发当成一件大事，提出要通过发展计算机软件"把印度带入21世纪"，并制定了《计算机软件出口、开发和培训政策》。20世纪80年代后期，印度政府提出了国家信息技术政策，确定了优先发展软件产业的目标。拉奥总理执政后，印度又采取了许多优惠政策支持信息产业特别是软件业的发展。1998年5月，瓦杰帕伊总理明确提出"要把印度建成一个名副其实的信息技术超级大国"，并成立"国家信息技术特别工作组"，制订《印度信息技术行动计划》，在税收、贷款、投资等方面全方位采取措施，为信息技术产业提供政策支持。印度政府为信息技术产业，尤其是软件出口企业制定了一系列的优惠政策，并相继修改了《公司法》《所得税法》和《关税法》等法律。印度政府还允许软件园享受出口加工区的所有优惠政策，如额外允许入园企业10年免征所得税。由于拥有良好的区域环境和优惠政策，班加罗尔平均每两周就能吸引到三家外资企业。

资料来源：魏晓燕，《印度软件业崛起探因》，《广东工业大学学报》，2006(4)。

讨论问题

1. 赫克歇尔-俄林理论在多大程度上解释了印度软件产业的兴起？
2. 运用迈克尔·波特的"钻石"模型分析印度软件业兴起的原因。

第三章

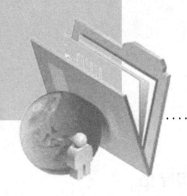

国际企业的经营环境

主要内容

- 国际企业的经营环境及其特征
- 国际政治环境
- 国际经济环境
- 国际法律环境
- 国际文化环境
- 国际技术环境

核心概念

- 国际企业的经营环境
- 国际政治环境
- 政治风险
- 政府干预
- 国际经济环境
- 国家经济环境
- 世界经济环境

学习要求

- 掌握国际经济环境和国际政治环境的构成要素及其与国际企业经营之间的关系
- 理解国际法律环境、国际文化环境和国际技术环境的构成要素及其与国际企业经营之间的关系
- 了解国际企业经营环境的基本内容和特征

引导案例 三星集团国际化

三星集团是一家韩国跨国公司,成立于1938年。三星集团旗下子公司有:三星电子、三星物产、三星航空、三星人寿保险、雷诺三星汽车等。三星集团的跨国经营经历了出口贸易、低价扩张和高端品牌三个发展阶段。在出口贸易阶段(20世纪30年代至70年代末),三星集团采取了零星出口、独立代理出口和建立海外销售机构三种模式,并通过为日本企业生产,学习国际化经营和管理经验。尤其是三星电子通过代工方式贴牌使用三洋电器的商标生产黑白电视机,使得早在1978年,其生产的黑白电视机的数量就已超过日本松下,成为世界第一。为了打进美国市场,三星集团选择低档产品市场,依靠由大的零售商建立起来的营销网络实现规模销售。在低价扩张阶段(即80年代至90年代中期),三星集团定位于生产和销售低价、低技术含量的产品参与国际竞争。为了加快海外投资设厂的步伐,三星集团先后在美国、欧洲和亚洲设立了自己的生产基地。韩国政府通过财政、金融等手段鼓励本国企业向外扩张,在信贷税收和保险制度等方面给予优惠。据有关资料显示,80年代韩国企业对外直接投资的40%是靠政府支持筹措资金发展起来的。到1995年,三星集团拥有6个海外生产基地,包括墨西哥、匈牙利、英国、土耳其、泰国和中国。三星集团在墨西哥的产品主要销往美国。在高端品牌阶段(即指1997年以后),三星集团实现了从单纯模仿他人技术的低端产品制造商逐步向拥有自己核心技术的创新领导者的转变。尤其是1997年的亚洲金融危机,促成三星集团的根本转变。这次转变主要体现在营销、技术和竞争理念等几个层面上。

首先,在美国市场上,三星集团决定摒弃以往三星电子的低价策略,采用高价位政策。三星集团认识到,由于美国在全球市场的领导地位,美国市场对于品牌塑造具有强大的示范效应,只有在美国获得成功,三星才能成为世界顶级品牌。为此,三星集团走了三步棋:第一,与55家广告代理商合作,发起统一的广告战;第二,为了和品牌形象一致,把DVD、电视机等产品从沃尔玛等超市撤出,摆到有品牌特色商店的货架上;第三,加入奥运会行动计划,成为奥运会全球合作伙伴,与其他知名企业同台表演。2002年,三星品牌价值增长度居全球第一,增长了30%。

其次,大力投入数字技术研发,创造了包括液晶显示屏、超薄笔记本电脑在内的一系列高精尖技术产品。2001年三星电子的专利数在全球排名第五,仅次于IBM、NEC、佳能等公司,领先于索尼、日立等公司。而且,三星集团总是力争将最先进的产品在竞争爆发之前就摆上零售架。三星集团推出了第一个珍珠白色的手机、第一个挂在脖子上的手机、第一个增加人体节能概率的手机。与其他公司不同的是,三星集团一直自主化生产,没有采用外包,这使得它可以及时调整产品线,满足消费者需要。三星集团逐渐从标准化产品的规模制造商转向以研发和自主化生产为基础的潮流制造者。

随着全球竞争局势的改变,三星集团国际化的战略重点也发生了转移。三星集团注意到,在新一轮经济全球化的过程中,整个东亚地区正在形成一个超国家的经济体。三星集团对中国这一特殊市场尤其关注。进入21世纪以来,由于中国加入世界贸易组织和市场开放孕育的巨大商机,三星集团开始在中国加大投资和市场开拓力度。三星电子推出完整的生产线,仔细选择商品,然后通过强大的营销体系来推动市场。2001年,三星电子在中国实现了2.28亿美元的利润。而到2003年,三星集团中国总部下属生产企业近30家,总投资额近24亿美元,三星电子在中国的销售额达到97亿美元,占其在全球约370亿美元销售额的18%,其中,在中国市场上内销的部分占到65亿美元,达到中国销售额的67%。从2013年开始,三星电子在中国市场的销售额在全球的占比逐年提升,从2013年到2018年上半年,中国市场的销售额占比从18.5%提升至32.7%。以往作为主力市场的美洲的销售额占比在2017年下降至30.2%后,2018年上半年仅存26%。目前,三星集团旗下30多家公司中已有23家在中国投资,包括三星电子、三星SDI、三星SDS、三星电机、三星康宁、三星生命、三星火灾、三星证券、三星物产等。三星集团在华设立的机构有155个,雇用员工数量达10.2万余名,业务涉及电子、金融、贸易、重工业、建筑、化工、服装、毛纺织、广告等诸多领域。

资料来源:根据三星集团网站的信息整理,http://baike.baidu.com/view/9536,访问时间:2018-11-28,有删改。

从引导案例可以看出,三星集团的成功主要源于其经营者能正确认识和应对政治、经济、法律、社会文化等经营环境。国际企业进行跨国经营,面临的是和母国环境差异较大的国际经营环境,因此,企业要想在跨国经营中取得成功,就必须充分研究相关的经营环境。

在当今世界经济一体化、企业经营全球化的竞争条件下,无论规模大小、市场分布如何,国际企业都处于国内、国外和国际三种变化莫测、错综复杂的环境之中。现代企业国际化经营活动是对不断变化的国际经营环境作出积极反应的动态过程,企业能否及时、准确地分析、预测经营环境的变化趋势,调整经营活动,直接影响到企业的生存和发展。

第一节 国际企业的经营环境及其特征

一、国际企业的经营环境

进行国际企业的经营决策首先需要了解和熟悉国际商务环境。国际企业的经营环境,是指存在于国际企业经营过程中的不可控制的因素和力量,这些因素和力量是影响企业国际商务活动及其目标实现的外部条件。企业管理理论告诉我们,企业经营决策的根本目的是谋求企业外部环境、企业内部条件、企业经营目标三者之间的动态平衡。这三个综合性因素互相促进、互相制约、互为因果,又经常独自变化。在这三个因素中,企业外部环境是最为重要、最为活跃的因素,也是企业最难驾驭的因素。企业的经营决策归根到底是要适应和服从外部环境的变化,要根据外部环境的变化调整企业内部条件,必要时,还要顺应环境的变化调整企业经营目标,以实现三者之间的动态平衡。因此,企业经营决策所要解决的根本问题就是这三者之间的不平衡问题,特别是因外部环境变化造成的不平衡问题。

与在自己国家的经营决策相比,国际企业的经营决策也面临相似的外部环境,如图 3-1 所示。但与国内经营活动中仅有一种语言、一种货币,基本相同的文化背景、政治经济制度和法律环境相比,国际企业将会遇到复杂得多的情况:语言障碍、文化差异、法律差别、政治和经济制度等的不同。这些独特的外部环境不仅决定了国际企业的经营管理与仅在自己国家经营企业的明显差别,还决定了国际企业经营管理人员工作的重点必然是解决外部环境变化所带来的问题。

图 3-1　企业管理环境

如图 3-1 所示,企业环境总体上可分为两大类:内部环境和外部环境。内部环境由组织结构、资源状况和企业文化因素构成。外部环境也就是通常所说的企业经营环境,根据各种环境因素对企业业绩影响程度的不同,企业的经营环境可分为两大类:社会环境(Social Environment)和任务环境(Task Environment)。社会环境又称为一般环境或宏观环境,是指可能对企业的活动产生影响但其影响的相关性却不清楚的各种要素,一般包括经济、政治、法律、文化和技术等因素。任务环境是指对企业目标的实现有直接影响的那些外部环境因素,包括消费者、供应商、债权人和股东等。

从环境的特性看,企业的经营环境一般具有较强的刚性①,这意味着,企业的经营管理人员改变外部环境的能力是极其有限的。一般来说,其主要的应对措施应是顺应环境的变化,在变化中寻找机遇。在经营环境中,刚性最强的是社会环境,这是因为,面对政治、法律、经济、技术、文化力量的变化,企业的经营管理人员一般是难以把握和控制的;而面对任务环境的变化,企业的经营管理人员往往存在把握和控制的空间,但把握和控制它,特别是改变其要素的状况需要时间。

从地域空间来看,国际经营环境由母国环境、东道国环境和国际环境三个部分组成。①母国环境。母国环境由本国的社会环境和任务环境因素所构成,这些因素不仅影响国内经营,也影响海外业务。母国的经济、政治和社会状况促使本国政府制定鼓励或限制对外投资或出口的措施。对国际企业而言,母国环境的研究主要集中在母国对国际企业的鼓励与限制政策上。②东道国环境。东道国环境(目标国环境)是指企业在国外市场经

---

①　刚性为一技术名词,是对材料在外力作用下变形状况的描述,变形越小意味着材料的刚性越强。

营时在当地所面临的各种环境因素的总和。东道国环境除与母国环境差异很大之外,另一个特点就是难以评价和预测。这就要求国际企业的经营者们认真研究东道国环境,以避免或降低经营风险。③国际环境。研究国际环境,不能简单局限于一国(母国或东道国)的环境,而必须考虑比一国环境更大的国际经营环境。国际企业面临的国际环境涉及多方面的因素。

在跨国经营过程中,诸多相互影响与关联的宏观环境因素直接影响跨国公司国际经营绩效及管理方式的选择。为制定在国外进行经营活动的有效战略规划,企业管理者必须首先充分了解国外的因素及其与本国因素的不同之处,然后进行必要的调整,否则,失败几乎是不可避免的。

从内容来看,国际经营环境可被分为五个类别,分别为政治环境、经济环境、法律环境、文化环境和技术环境,具体内容如表 3-1 所示。

表 3-1　国际企业经营的环境因素

类别	具体内容
政治环境	□ 政治体制与政府形式 □ 政治意识形态 □ 政治与政府的稳定性 □ 政府对贸易和外国投资的政策 □ 对外政策与关系
经济环境	□ 经济发展水平 □ 人口 □ 人均收入 □ 国内生产总值 □ 货币金融政策 □ 竞争的特点 □ 汇率 □ 利率 □ 产业结构 □ 工资水平 □ 通货膨胀率 □ 气候 □ 自然资源 □ 社会基础设施 □ 人口教育水平 □ 种族构成
法律环境	□ 法律传统 □ 法律系统的有效性 □ 影响企业经营的法律系统——外贸、金融、税收、知识产权、雇佣关系、环境保护等 □ 与国外政府及国际组织之间的条约

(续表)

类别	具体内容
文化环境	□ 习俗、规范、价值观和信念 □ 语言与方言 □ 态度与动机 □ 宗教信仰
技术环境	□ 研发投入与能力 □ 产业的技术装备水平 □ 新技术的应用能力 □ 世界级专利数量 □ 专业技术人员在人口中的比重

正如前面所讲到的,虽然任何企业只要开展经营活动就会遇到诸如前述的各类环境和构成环境的各类要素,但国际企业在跨国经营过程中所遇到的环境会更复杂。

从政治、法律力量来看,各国最大的差别可能就在于此。各国历史渊源不同,文化上的差别和经济状况的差异,决定了各国政治制度的不同、立法基础的差别。比如,当今世界有发达国家与发展中国家的划分,也有第一世界、第二世界和第三世界的区别,还有所谓的民主国家和独裁国家的不同,这些划分本身就是依据各国对当今世界认识的不同,采用不同的标准划分得到的结果,其本身就是不同的政治立场和态度的产物。政治是经济的集中反映,政治制度的不同也就必然会对如何选择合作伙伴、如何解决经济纠纷、如何选择竞争手段产生影响。比如,中美之间政治制度的巨大差异造成了多次的贸易纠纷,就是一个很好的实例。法律主要体现了一个国家希望规范人们行为的意志,它的最大特征就是具有强制性,也强烈地体现了国家利益和统治阶级的意志,由此,人们在进行国际经营活动时就会体会到法律的力量及其对国际商务的影响。简单地讲,法律制度会影响国际商务活动的开展,进而会影响开展商务活动双方的权利和义务。

从经济力量来看,各国发展水平的差异、各经济政策的不同就基本决定了经济活动开展的空间和形式。比如,在发达国家或经济较为发达的国家和地区,市场的作用会大一些,政府的干预少一些;而在经济发展较差的国家和地区,市场的作用会小一些,政府的干预会多一些。市场的作用往往体现了一种规律,即"看不见的手"的作用,而政府的干预往往是统治阶级意志的一种反映。所以,在不同的经济制度下,企业的经营方式会受到不同的影响,在跨国经营形式的选择上也会有明显的不同。

从文化力量来看,文化是人们的价值观念,是人们待人接物的规范,或是人们判断事物的标准。由此可见,在跨国经营过程中,各国、各民族之间的文化差异必然会对国际商务活动产生巨大的影响。

从技术力量来看,技术已成为当今世界各国、各企业核心竞争力最为重要的因素,也是企业跨国经营能够超越国与国之间重大差异的主要竞争力量。从目前的情况来看,拥有现代技术的主要是发达国家,因此,在国际商务活动中,能够赚取高附加值的高科技产品主要来自发达国家的企业。比如,曾经有这样的报道,为换取1架空中客车,中国需要出口 100 000 000 双鞋。这 1∶100 000 000 的比例关系就充分说明了技术在当今国际商务中具有巨大的和不可替代的作用。

综上所述,与仅在一个国家开展经营活动相比,从事国际商务活动的企业会遇到差异更大、情况更为复杂的经营环境(如图 3-2 所示),这也就决定了从事国际商务活动的企业在制定经营决策时所面临的风险更大,需要更为高超的经营管理水平。

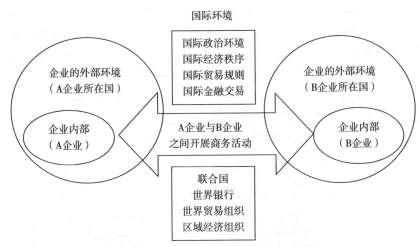

图 3-2　国际企业(A 与 B)开展商务活动的经营环境

二、国际企业经营环境的特征

与国内企业所依存的环境相比,国际企业的经营环境更为特殊、更为复杂,呈现出如下特征:

(一) 客观性

环境作为企业外在的、不以管理者意志为转移的因素,对企业经营活动的影响具有强制性和不可控性。一般说来,企业无法摆脱和控制外部经营环境,特别是宏观环境,难以按自身的意愿随意改变它,如人口因素、政治法律因素、社会文化因素等。但是,企业可以主动适应环境的变化和要求,制定并不断调整市场营销策略。在社会发展与环境变化的过程中,适者生存,不适者淘汰。同样,在企业与环境的关系中这个规律也完全适用。企业善于适应环境就能生存和发展;否则,就难免会被淘汰。

(二) 差异性

不同的国家或地区之间宏观环境存在着广泛的差异。不同的企业,其微观环境也千差万别。正是由于存在跨国经营环境的差异性,企业为适应不同的环境及其变化,必须采取有针对性的经营策略。环境的差异性也表现为同一环境的变化对不同企业有不同的影响。

(三) 相关性

外部环境诸因素之间相互影响、相互制约。某一因素的变化会带动其他因素的相互变化,形成新的营销环境。例如,宏观环境中的政治、法律因素或经济政策的变动,会影响一个行业竞争者加入的多少,从而形成不同的竞争格局。又如,市场需求不仅受消费者收入水平、消费者偏好以及社会文化等的影响,而且政治法律的变化往往也会成为决定性的因素。再如,各个环境因素之间有时存在矛盾,像某些地方的消费者有购买家电的需求,但当地电力如果供应不正常,就会成为家电市场扩张的制约因素。

(四)不确定性

国际企业的外部环境是企业赖以生存和发展的社会基础,其生产经营活动不是孤立进行的,而是与外部环境发生着各种各样错综复杂的关系。政府的政策与计划控制强度制约着企业的行为取向,市场环境影响着企业行为的变化。随着世界经济一体化进程的不断加快以及全球范围内产业结构的调整和升级,企业所处的环境越来越呈现出不确定性。这种不确定性体现在环境的不稳定性和环境的复杂性两个方面,如图3-3所示。

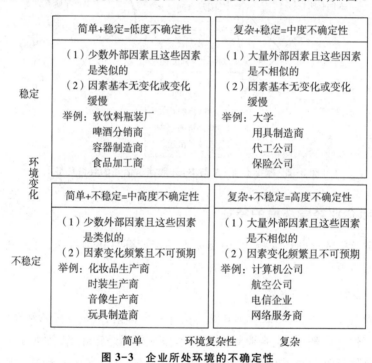

图3-3　企业所处环境的不确定性

第二节　国际政治环境

不同国家、不同地区的政治环境各不相同,国际企业母国的政治环境有可能与其他国家和地区的政治环境存在很大的差别。政治环境因素的变化历来被认为是对国际商务活动影响最大、破坏性最强的变化。比如,1971年在伊朗爆发的推翻前巴列维国王的"白色革命"曾使美国企业遭受巨大损失;20世纪90年代初出现的东欧前社会主义国家的政治动荡曾给这些国家的经济发展带来巨大损失。仅以南斯拉夫为例,1991年上半年,受该国内战的影响,与1990年相比,该国出口减少8.1%;外贸赤字增加2倍多,达到11.7亿美元;外汇减少73%;外汇储备由100亿美元减少到46亿美元;亏损企业占全部企业的1/4;外国企业纷纷撤离;国民经济处于崩溃的边缘。又如,2001年9月11日在美国出现的恐怖袭击事件不仅给美国的经济活动造成巨大困难,也对全球的经济发展产生重大影响。

因此,国际政治环境会对大多数国际企业的活动产生影响和制约作用。例如,中国的企业如果在美国开展业务活动,就必须了解和熟悉美国的政治制度及经济制度,按照美国市场经济的规则和方法开展经营。

21世纪国际政治、法律环境的影响

国际环境对一个国家的安全产生着重大的影响。国际环境是一种动态的过程,是国际关系结构体系对一个国家的影响和一个国家对此所作出的反应的一种互动的过程。21世纪初,经济全球化在世界大部分地区正以更大的发展势头推进,国际间政治、经济和文化的联系更为密切。与此同时,世界各地区反全球化的运动也在蓬勃发展,各种力量间的竞争和对抗加剧,国际形势不断发生变化。其中最具震撼力的莫过于"9·11"事件对世界政治、经济和国际关系产生的重大影响。全球经济持续低迷、恐怖主义威胁上升、战争造成世界局势动荡、美国的单边主义重新抬头等一系列变化加剧了21世纪初世界形势发展的不确定性,使国际环境更趋纷繁复杂。21世纪国际环境的调整必将对世界各国产生重大的影响。

各国政府对环境的影响,是通过政府政策、法令规定以及其他限制性措施而起作用的。各国政府对外商的政策和态度,反映出其改善国家利益的根本想法。因此,国际企业在进入一个国家之前必须尽可能准确评估该国的政治、法律和制度环境。然而,由于各个国家主权与国际企业的经营活动之间会发生冲突,引发种种纠纷,再加上无数法律纠纷和制度上的差异,在给21世纪的国际环境带来巨大影响的同时也给国际企业造成了莫大的困难。

资料来源:〔美〕沃伦·基坎、马克·C.格林,《全球营销学》,傅慧芬等译,北京:中国人民大学出版社2009年版,第158—166页。

一、国际政治环境的内涵

国际政治环境是国际企业在不同国家开展经营活动所面临的社会制度、政治体制、经济政策等方面影响因素的总和。目前,世界上有190多个主权国家,这些国家实行不同的社会制度,由不同的政党领导,在不同的时期执行不同的经济政策。即使社会制度相同的国家,其政治环境也存在巨大的差异。在一定程度上可以说,政治环境是国际企业面临的最重要的环境。如果说经济环境是影响国际企业经营过程能否赢利的环境,那么政治环境则是决定是否允许企业开展经营活动的环境。

政治环境的构成因素很多,就一个国家大的政治环境而言,主要有社会制度、执政党的性质、政治的稳定性和国民的政治民族倾向四个因素,对国际企业的经营有较大的政治影响。

(一) 社会制度

实行不同社会制度的国家对国际企业的根本态度是不完全相同的,如对国际企业自

由经营的态度,对国外企业的经营范围,对合资企业、合作企业的控股程度等,都有不同的鼓励或限制措施。根据社会意识形态的不同,现代社会制度主要分为社会主义和资本主义两种形式。目前,一些西方学者根据社会主义国家市场经济导向改革的进行和资本主义国家对经济干预的加强,一直在强调这两种社会制度的融合,但应该说社会主义国家经济体制改革和资本主义国家采取更多的措施干预经济过程,并没有从根本上改变两种社会制度的性质。不同社会制度对国际企业的影响仍有很大差别,而且这种影响的不同仍然广泛存在。

(二)执政党的性质

在社会制度不变的情况下,国家对国际企业的态度取决于执政党的性质。在社会制度相同的各个国家,由于其执政党的性质不同,对社会、经济发展过程的认识存在较大差别,因此,对国际企业的政策也会有很大的不同。比如,有些政党实行贸易自由化政策,而有些政党则倾向于实行贸易保护主义。在多党轮流执政的国家,执政党的性质经常发生变化,各种党派的政治主张不同,利益追求不同,导致其在执政期间实行的政策会发生较大的变化,从而对国际企业形成不同的政治环境,并产生不同的影响。从同是实行资本主义制度的发达国家英国、美国和法国来看,政治环境同执政党性质的关系非常明显。在英国,工党和保守党轮流执政,工党政府倾向于限制外资企业在英国的发展,对进口实行关税限制措施;而保守党则在一定程度上鼓励外国资本进入英国。在美国,民主党、共和党轮流执政,民主党强调最惠国待遇和"人权"问题不可分离,而共和党则倾向于把政治问题和经济问题分开考虑。法国的社会党及保卫共和联盟在对国有化和民营化方面的经济政策也存在很大分歧。可见,执政党的性质对国际企业的经营环境有着重大影响。

(三)政治的稳定性

政治的稳定性直接影响企业经营战略的长期性。在考察一国的政治稳定性时,应特别注意政权的更迭、政府政策的稳定性和政治冲突三个方面。

(1)政权的更迭。执政党的变换通常引起商业政治环境的变化,如果这种变化并不过激,那么国际企业只需调整其经营方针即可。但是,如果变化剧烈,那就无法进行有效的调整。例如,缅甸政府对外来投资的限制十分严格,但是其法规含义明确且相对稳定,因此,许多企业都来申请投资;相反,秘鲁政府对外来投资持欢迎态度,但是有关政策却变化无常,所以,许多外国企业不愿去该国投资。

(2)政府政策的稳定性。东道国政府政策的稳定性和连续性,也是决定企业跨国经营状况的重要因素。如果所在国政府的政策变化是渐进且可以预见的,企业就有足够的时间进行调整和适应;如果政策经常发生剧烈的变化,就会导致企业跨国经营困难。

(3)政治冲突。政权更迭、政党对立、民族对立、宗教对立、文化分裂等,造成东道国发生战争、政变、动乱、恐怖活动和罢工等政治冲突。各种政治冲突都会给国际企业的经营带来不利影响,这需要引起国际企业的足够重视。

(四)国民的政治民族倾向

国民的政治民族倾向作为国家存在的基础,必然影响国家各种政策的制定,从而对国际企业产生影响。这一点在发达国家和发展中国家以及存在历史隔阂的国家之间表现得尤为突出。发展中国家的国民出于对自身利益的考虑和保护民族工业的愿望,往往倾向于对发达国家的国际企业采取各种限制措施,甚至采取国有化的极端措施;而存在历史隔阂的国家的国民则倾向于限制对方的资本流入本国,或对已在本国建立的对方企业采取冷漠的态度。这种国民情绪是国际企业必须考虑的一个环境因素。

二、国际企业与政府的关系

一般而言,政治环境的各种因素是通过影响政府政策而对国际企业的经营过程产生影响作用的。因此,国际企业在各种政治环境下有效开展经营的一个重要方面就是要处理好企业与东道国政府之间的关系,其中,最重要的是要处理好企业与东道国政府的目标冲突问题。

各国政府在一定时期有其各自的社会经济发展目标,国际企业也有自身的经营目标。在一般情况下,国际企业的经营目标会影响政府的社会经济发展目标。各国政府与国际企业的目标在一般情况下是相互适应的,但在有些情况下会发生冲突,有时甚至是严重冲突。这种目标冲突在某些情况下,可以通过协商加以解决或缓和,在有些情况下则是不可调和的。当目标冲突达到一定程度时,东道国政府就会采取各种措施对国际企业的经营过程进行干预。

作为政府,其促进社会经济发展的目标主要有促进经济增长、实现充分就业、保持物价稳定、实现国际收支平衡、合理分配国民收入、引进先进技术等。此外,还有发展民族经济、保障国家安全等。国际企业在东道国开展投资和经营活动的目标主要有:获得令人满意的投资回报、利用东道国的资源、开发东道国市场等。东道国政府与国际企业产生目标冲突的根本原因在于二者制定目标的依据存在差异。各国政府是根据其社会经济发展的需要制定经济发展目标的,而国际企业的这些目标是根据其全球化经营战略制定的,因此,国际企业的目标和它为实现目标所采取的一些经营措施就可能与东道国政府的目标相冲突。比如,国际企业为了实现其全球经营目标,会在全球范围内对其投资进行重新配置,减少或撤出在一些国家的投资;或者为了保持竞争优势而采取一些不利于增加就业的技术措施。这些都会影响东道国政府的目标。当目标矛盾无法调和时,冲突就不可避免。

国际企业与各国政府之间的冲突由来已久,但20世纪70年代以来这种冲突有加剧的趋势。据分析,美国国际企业与各国政府的冲突事件几乎有一半是在70年代后期发生的。冲突主要集中在与石油相关的工业、采矿和加工业、制造业和银行保险业,四项合计占美国国际企业全部冲突的78%。冲突主要发生在美国国际企业与拉丁美洲国家之间,占总数的45%。这与美国国际企业在拉丁美洲投资的规模比较大有关。

国际企业冲突的另一个特点是,冲突大部分发生在发达国家,而不是发生在发展中国家。表3-2是托马斯·N.格拉德温和英戈·沃尔特在1969—1978年间针对650个社会冲突事件所整理的资料,从表中可以看出,国际企业冲突的原因主要有人权、争议支付、劳动关系、环境污染、经济财务情况等。据他们统计,在1969—1978年间发生的650个冲突事件中,大部分发生在发达国家或地区,如美国和欧洲。比如在北美洲,因人权问题发生冲突的有81%,因劳动关系发生冲突的有79%,因经济财务情况发生冲突的有78%,因有争议的支付发生冲突的有76%,因环境污染发生冲突的有70%;在欧洲,因上述原因发生冲突所占的比例分别为19%、19%、6%、3%、23%。

表3-2 国际企业冲突问题

冲突问题	北美	欧洲	拉丁美洲	亚洲和大洋洲	非洲	中东
恐怖行动	28	40	24	4	0	4
人权	81	19	0	0	0	0
政治	40	8	28	8	8	8
有争议的支付	76	3	13	2	0	0
买卖	61	33	2	2	2	0
劳动关系	79	19	0	2	0	0
环境污染	70	23	1	5	1	0
技术	41	36	9	14	0	0
经济财务情况	78	6	7	4	1	4

资料来源：Thomas N. Gladwin and Ingo Walter, *Multinationals Under Fire: Lessons in the Management of Conflict*, New York: John and Sons, 1979, p. 29。

国际企业与政府关系的一个新的特点是，越来越多的发达国家对国际企业在本国的经营活动加以控制。比如，加拿大设立外国投资审查机构，要求外国投资必须符合加拿大的工业和经济政策；必须能提高生产率和工业效率；必须能增加就业；加拿大人必须参与董事会并担任重要职务；必须能够增加出口等。

三、政治风险和政府干预

政治环境直接作用于国际企业的有两个方面：一是政治风险，二是政府干预。政治风险是指由于东道国政治形势发生变化而对国际企业生产经营活动产生消极影响的可能性，政府干预则是东道国政府采取直接措施干预国际企业的经营活动。政治风险和政府干预对国际企业有着重要影响。国际企业在进入国际市场前，必须对东道国的政治情况和政策进行深入的了解，并据此采取有效措施，尽量减少政治风险，适应政府的干预措施。

（一）政治风险

对国际企业而言，构成政治风险的因素包括：东道国发生政治独立事件、政治体制改变、社会稳定状况改变、发生战争或武装冲突，以及形成新的国际政治经济同盟等。这些因素中的任何一个出现，都会对国际企业产生直接的重大影响。而且，对国际企业来说，政治风险具有突发性和不可抗拒性的特点。国际企业不能影响这种风险发生的可能性，只能采取措施降低这种风险对企业的影响程度。企业对政治风险的防范，大致可以采取以下几个措施：

（1）对政治风险进行管理。对政治风险进行管理可以分为三个时期：①投资前期，偏重投资的可行性研究，即根据调查材料，分析各种影响因素，评估投资前的政治风险，作出投资决策。②投资中期，根据经营过程中产生的种种影响投资安全和收益的事件及因素，随时进行调整，以达到预期目标。这种调整包括投资分散化、共同投资、投资方式调整、当地化、经营政策调整等。③投资后期,根据生产经营中威胁自身安全的风险因素,主动撤回投资,尽可能多地收回资本。

(2) 保险。国有化风险、战争风险、转移风险等政治风险往往可以保险。国际企业按规定投保后,一旦发生风险并给投资人造成损失,保险机构就按合同支付保险金。这样的保险机构包括美国的海外私人投资公司(OPIC)、英国的出口信贷保证部(ECGD)、中国的中国人民保险公司(PICC)等。一些私人保险机构,如英国的劳埃德保险集团(Lloyd's)、美国的北美保险公司(ICNA)和纽约保险交易所(NYIE)也涉足这方面的业务。

(3) 国际金融机构的支持和外国政府的参与。利用某些国际金融机构的支持和外国政府的参与,求得企业自身的安全。比如,来自国际金融公司的贷款提供了一定程度的保险,有利于防范连续性的政治风险。

(4) 技术垄断。国际企业垄断着技术,当产品处于衰退期时,企业可将技术和产品转让给当地生产者,从而放弃它们在当地市场的统治地位;但同时,企业又可引进新技术、新产品,继续保持或提升其地位。

(5) 投资协定。有些国际企业在一开始即与合伙人在投资协定中规定双方地位有秩序变化的程序。比如,安第斯条约国家的投资规定用粗略的方式考虑了投资者和东道国之间可能变化的关系,要求在规定年限内有计划地减少外国人的所有权。这种投资协定有利于企业事先对政治风险进行评估,并采取相应的防范措施。

2003年政治风险暴涨致使全球经济损失8 000多亿美元

美国一家保险公司的一项调查显示,由于对恐怖主义和其他政治风险的担忧,众多企业削减了对外支出和投资,这使得2003年全球经济损失了8 000多亿美元。这类风险担忧在"9·11"事件之前给全球经济造成的损失估计为2 000亿美元左右。该保险公司的经济学家米歇尔·雷奥纳德说,除了恐怖主义威胁,2003年还经历了如尼日利亚大罢工、委内瑞拉政治动荡及伊拉克战争等传统的政治风险,这些大大地降低了投资者、出口商及银行家们的风险承受能力,从而阻碍了全球的贸易和投资。在一些新兴市场,特别是拉美和加勒比地区等,这种负面影响尤为严重。

资料来源:孙忠群,《国际营销精要》,北京:中国经济出版社2007年版,第55页。

(二) 政府干预

东道国政府采取一些政策措施对国际企业进行干预,是国际企业经常面临的一种客观情况。按照对国际企业影响的范围和程度,政府干预一般可以分为以下几种类型:

(1) 价格控制。当东道国面临发生或已经发生严重的通货膨胀时,政府往往会对一些重要的产品和物资实行价格控制,如采取最高限价措施。这种措施会直接影响国际企业的产品销售和赢利状况。

(2) 关税壁垒。东道国政府为了减少商品进口或调整商品进口结构,会对进口商品采取关税控制,如对某些限制进口的商品征收较高的关税。关税提高,会增加国际企业商品的成本,从而影响企业的经营。

（3）外汇管制。外汇管制就是东道国政府对所有贸易和非贸易外汇收入及支出进行控制,这种情况经常发生在东道国出现国际收支赤字或外汇短缺的时候。外汇管制的措施主要包括两个方面:一是所有贸易和非贸易外汇收入必须以官方价格出售给东道国中央银行,二是所有贸易和非贸易外汇支出必须经过东道国外汇管制机构的批准。外汇管制不仅影响国际企业投资利润的汇出,而且直接影响国际企业的经营活动。

（4）国有化政策。国有化政策是国际企业在国际经营中可能遇到的最大的政治风险。国有化政策可以分为没收和征用两种情况。没收就是东道国将外国投资企业的资产或外国企业在合资企业中的股份收归国有,征用就是东道国在接管外国企业时给予一定程度的补偿。无论哪一种形式,国有化政策都会对国际企业产生重大影响。作为一种最激烈的管制措施,东道国政府一般不会轻易采取国有化政策。只有当东道国政府感到国际企业的经营范围和规模严重控制本国经济或对本国经济主权构成威胁,或者东道国与母国发生严重的政治分歧或武装冲突时,才会采取国有化政策。历史上比较典型的国有化事件有:1962年巴西政府接收美国国际电信公司在本国的投资事业,1969年秘鲁政府没收美国标准石油公司等。为了避免国有化的不利影响,国际企业通常会采取一些防范措施,如对涉外投资进行保险;在投资前就经营过程的有关方面与东道国政府达成协议,有时包括允诺在若干年后将企业有偿或无偿地交给东道国,增加产品技术构成和提升生产工艺水平,充分考虑当地就业的需要,充分利用当地的资本。当国有化已经发生时,国际企业还可以通过母国政府寻求保护。

第三节 国际经济环境

国际经济环境对国际企业具有重要意义。一方面,国际企业经营活动的各种条件要在国际经济环境中得到满足;另一方面,国际企业生产的产品的价值要在国际经济环境中得到实现。可以说,没有国际经济环境,就不可能有国际企业。

简单地说,国际经济环境就是国际上各种经济要素和变量的总和。它可以从两个方面进行分析:一是从单个国家角度看待的国际经济环境,可以简称为国家经济环境;二是从世界经济整体来说的国际经济环境,简称世界经济环境。

一、国家经济环境

国家经济环境是指东道国的经济发展水平和当前的经济形势、市场容量、生产要素的质量和供应状况、各种服务体系的完善程度等经济因素。国家经济环境是投资国在投资接受国所面临的经济影响和制约因素,它是投资国选择东道国时首先要考虑的因素。国家经济环境的构成因素众多、内容复杂,这里主要讨论东道国的经济发展水平、自然资源状况、金融环境三个方面,至于人口及就业情况、基础设施、居民收入和消费水平等几个方面,应该包括在经济发展水平之中。

（一）经济发展水平

东道国的经济发展水平,对投资国的投资决策有重要影响。国家的经济发展水平不同,对原材料的供应、机械设备的选择和消费品的需求也就不同,对直接投资项目的选择就有所差别。例如,发展中国家处于工业化发展时期,一般对机械设备等资产性投资有较大的需求,而对一般消费品则往往采取限制的政策。而发达国家工业化水平高,高技术、资本密集型产业优势明显,发展中国家在这些方面同发达国家的竞争往往处于不利地位。可见,经济发展水平对投资决策是非常重要的。

衡量一个国家的经济发展水平,可以看这个国家所处的经济发展阶段。根据著名发展经济学家沃尔特·罗斯托在《经济成长阶段》一书中的分析,一个国家的经济发展过程一般要经历五个不同的阶段:第一阶段为传统社会阶段。这一阶段经济发展水平很低,主要表现在国民经济以农业为主,国家经济活动以资源开发为主;生产方式以手工为主,缺乏对提高生产力有重大作用的现代科学技术;国民教育落后,劳动者素质较低,劳动生产率、国民收入不高,购买力不强,消费需求以基本生活需要为主;基本建设投资不足,实现工业化所需要的基础设施不完善。第二阶段为起飞前夕阶段。这一阶段是起飞前的过渡阶段,现代科学技术和方法开始使用,农业和工业生产、交通、通信、能源等基础设施开始建立;教育和健康保健事业开始发展,劳动者素质不断提高。第三阶段为起飞阶段。在这一阶段,国民经济以较快的速度增长,生产手段现代化推动工业化进程加快,从而对机械设备等投资品有较大的需求;随着教育水平的提高,劳动者素质不断提高,人力资源得到充分的开发和利用;大规模的经济建设,使基础设施得到完善;劳动生产率的提高,增加了居民的收入,促进了消费水平的迅速提高。第四阶段为成熟阶段。这是国民经济快速、稳定增长的阶段。经济活动的各个方面全面持续增长,先进的科学技术在生产过程中得到广泛应用;尤其重要的是,在这一阶段,企业及其经济活动全面进入世界经济舞台,开始全方位地参与国际竞争。第五阶段为高消费阶段。在这一阶段,改善和提高居民的生活质量成为社会关注的首要目标。第三产业迅速发展,社会服务十分发达,公共设施和社会福利日益完善。随着人均收入的提高,人们开始大量消费,特别是耐用品和社会服务成为消费热点。

罗斯托认为,在上述五个阶段中,处于前三个阶段的国家是不发达国家或发展中国家,人均收入大约为300～500美元,处于后两个阶段的国家为发达国家。显然,国际企业在处于不同阶段的国家中所面临的经济环境是很不相同的,其投资决策也会有很大的变化。

(二) 自然资源状况

企业跨国经营,需要考虑自然资源的影响。自然资源状况包括不同国家的地理位置、面积、气候条件以及资源状况等。

1. 地理位置

地理位置对跨国经营环境产生的影响,首先表现在运输成本和通信费用上。东道国如果与母公司距离较远,不但控制和协调子公司的生产经营活动较难,而且运输成本和通信费用也会大幅度增加。其次,地理位置还会影响国际企业的资源配置和战略布局。许多大型跨国公司把世界各国按地理位置划分为不同的战略性区域,如亚太地区、欧洲地区、北美洲地区等,确定不同地区直接投资的地点、规模和所要经营的产品,从而提高跨国经营的效率。例如,在我国南部地区投资建立子公司,市场覆盖面可以扩大到东南亚地区。

2. 气候条件

气候条件包括气温、湿度、雨量等。不同类型的跨国经营活动会对气候条件提出不同的要求。例如,巧克力食品在较高温度下容易熔化,因此,在气温较高地区生产这种产品,必须采用冷藏设备储存和运输。此外,在进行跨国经营时,国际企业还应根据东道国的气候条件,设计和开发适宜产品,否则就可能造成经营的失败。

为什么美国通用汽车公司的汽车在伊拉克及埃及开不动

美国在加拿大的通用汽车公司向伊拉克出售了 25 000 部雪佛兰·马里汽车,但当汽车驶入巴格达的道路和街道时,其空气滤清器被堵塞,变速器失灵。通用汽车公司派出 36 位专职工程师、机械师到巴格达去装置附加滤清器,并更换离合器,在此过程中发现伊拉克属高温、尘土气候,因而所采取的临时措施并不能排除汽车运输的困难。

同样,销售到埃及的通用汽车公司的公共汽车,因柴油引擎噪声太大,被起了个绰号:"美国之音"。所有 600 辆公共汽车都必须更换消声器才能在市区内使用。而且人们发现,还不到一年,汽车的性能就变得非常糟糕,在埃及的美国官员都为之焦头烂额。这种状况的出现,既是因为汽车设计不适应埃及气温及多尘土气候的要求,以及埃及的行驶条件很差,同时也是因为由缺乏训练而又鲁莽的司机驾驶,不注意汽车的保养,因而使车辆提前报废。

资料来源:甘碧群,《国际市场营销学(第二版)》,北京:高等教育出版社 2006 年版,第 144—145 页。

---

3. 资源状况

开发和利用东道国的自然资源,是国际企业对外直接投资的主要目的之一。据统计,在美国和日本等西方发达国家的对外直接投资中,属于自然资源开发的项目占总数的1/4以上。对于企业而言,拥有一定品种和数量的自然资源是其开展生产经营活动的基本前提,所以,东道国的自然资源状况就成为影响国际企业对外直接投资决策的一个重要因素。

对于国际企业而言,东道国的自然资源状况主要包括以下三个方面:一是自然资源的拥有情况,包括已探明的自然资源的蕴藏情况和分布情况;二是自然资源的可开采性,包括自然资源开采的技术可行性和经济合理性;三是自然资源的已开发利用程度,其中,要重点考虑其他国家参与东道国自然资源开发利用的情况。

(三)金融环境

东道国的金融环境是影响国际企业对外直接投资的又一重要因素。东道国的金融环境对国际企业对外直接投资决策的影响,除了资金配套能力,最重要的是考虑东道国的通货膨胀情况,因为通货膨胀直接影响国际企业海外生产经营活动的正常进行。

一般来说,东道国的通货膨胀对国际企业的影响主要表现在两个方面:一是对东道国市场需求的影响,二是对国际企业生产经营活动的影响,而且这种影响是双重的。从市场需求方面看,通货膨胀一方面会导致东道国某些居民的实际购买力下降,从而降低对企业产品的需求;另一方面可能会刺激东道国的需求,促进东道国居民提前消费,使东道国进入消费早熟期,从而增加对企业产品的需求。国际企业适应由此引起的市场需求变化的关键,一是要顺应市场需求,开发适销对路的产品;二是要积极引导市场需求,创造市场需求。从生产经营过程看,通货膨胀一方面会导致原材料价格大幅度上升,提高企业的生产成本;另一方面会使企业销售收入的实际价值大幅度降低。对此,国际企业可以从两个方面采取措施克服其影响:一是随着成本的上升而提高产品的销售价格,以补偿通货膨胀造成的损失,但这又会反过来影响其产品的市场需求;二是将收入及时兑换成稳定的货币,避免或减少通货膨胀造成的损失。这些措施可以在一定程度上避免或减少通货膨胀对国际企业的影响。但是,如果东道国的通货膨胀达到非常高的程度,国际企业就应避免进入该国市场。

二、世界经济环境

世界经济环境是指在世界范围内发生影响作用的经济因素,如世界货币制度、外汇市场、国际金融市场、欧洲市场、国际经济组织等。这是国际企业在任何国家开展对外直接投资活动时都必须考虑的经济因素。

(一) 世界货币制度

世界货币制度是国际社会制定的关于各个国家货币兑换标准的制度安排。世界货币制度的形成经历了一个相当长的历史过程,先后经历了金本位制、布雷顿森林体系和浮动汇率制几个阶段。以下对这几种货币制度作简要介绍。

1. 金本位制

世界货币制度首先是从金本位制开始的,金本位制形成于19世纪70年代末期,当时资本主义国家普遍采用金本位制。金本位制(Gold Standard)是以黄金为本位货币的一种制度。金本位制规定,各国应以黄金表示其货币价值,并以此确定各国货币的交换比率;各国不能限制黄金的自由流入和流出;各国发行的纸币应受黄金准备数量的限制。第一次世界大战后,金本位制在各国发生了变化。除美国继续实行金本位制以外,英国和法国都改变了纸币与黄金之间可以自由兑换的原则,规定纸币不能随意兑换黄金。如果用纸币兑换黄金,每次最少要兑换净重400盎司的金块,于是形成了金块本位制(Gold Bullion Standard)。而西方许多国家则严格限制黄金兑换,以外汇作为主要兑换工具,形成金汇兑本位制(Gold Exchange Standard),又叫虚金本位制。随着20世纪30年代因经济危机而引发的金融危机波及全世界,一些国家先后放弃了金本位制。到1936年,金本位制彻底崩溃。

2. 布雷顿森林体系

为了恢复由于金本位制崩溃而遭到破坏的国际货币秩序以及调整战后国际金融和贸易关系,维护世界经济的稳定和发展,1944年7月,在美国新罕布什尔州的布雷顿森林召开了由44个国家参加的"联合和联盟国家国际货币金融会议"(简称"布雷顿森林会议"),签订了《布雷顿森林协定》。根据协定建立了一个永久性的国际货币机构——国际货币基金组织,在该组织内部确立了一个以美元为中心的国际货币体系,即布雷顿森林体系。

根据《布雷顿森林协定》，稳定汇率是国际货币基金组织的主要宗旨，布雷顿森林体系通过国际货币基金组织来进行正常运转，美元兑换黄金和各国实行固定汇率制是这个体系的基础。协定规定，第一，国际货币基金组织的成员国必须认缴份额，其中，黄金占25%，本国货币占75%。份额大小根据各个成员国的相对经济实力及其在世界贸易和金融中的重要性来确定。第二，美元与黄金直接挂钩，其他国家的通货直接或间接地用美元来表示，即以美元的含金量作为规定各国货币平价的标准。第三，以1934年美国规定的35美元折合1盎司黄金的比价作为黄金的国际官价。第四，各国货币平价与美元的汇率只能在1%的范围内波动，如果汇率波动超过1%但小于10%，则要在国际货币基金组织备案，超过10%则必须经过国际货币基金组织的同意。第五，各个成员国必须与国际货币基金组织达成协议，规定该国的货币平价。通过这种制度安排，形成了一个以美元为中心的国际货币平价体系，这样就可以相应地决定任何两种货币的交换比率。可见，这种货币体系克服了金本位缺乏弹性的汇率制度的缺陷，而把固定汇率和弹性汇率结合了起来。

然而，正是这种弹性汇率在实际执行中出现了许多问题。美国持续巨额的国际收支逆差使得美元汇率下跌，造成美元危机。同时，一些国家内部出现了外汇黑市买卖，扰乱了国内金融市场。这些情况使国际货币平价体系受到了严重干扰。1971年8月，由于出现了严重的国际收支逆差，美国政府用美元兑换黄金，并对进口商品征收10%的附加税，这实际上是允许美元对其他货币的比价向下浮动。美国的这一举动，使国际货币市场陷入一片混乱之中。其他国家纷纷效仿，实行本国货币对美元的大幅浮动，于是，国际货币平价体系瓦解了。

3. 浮动汇率制

鉴于各主要资本主义国家都实行了货币对美元的浮动，1978年4月1日，国际货币基金组织通过了《国际货币基金协定第二次修正案》，把浮动汇率合法化，形成了浮动汇率制。

浮动汇率制在一定程度上可以说是一种没有货币制度的货币制度。因为所有国家都可以自由调整货币汇率，也就失去了统一的货币体系。浮动汇率分为自由浮动和管理浮动。自由浮动也叫清洁浮动，是指在没有政府干预情况下的浮动。管理浮动也叫肮脏浮动，是指政府公开或隐蔽地干预金融市场，使汇率向有利于本国的方向发生浮动。实际上，自由浮动是不存在的，各国政府都会直接或间接地对金融市场实行一定的干预，以减轻汇率波动对本国贸易和国际收支的影响。

从世界货币制度发展的过程可以看出，不论是实行固定汇率制，还是实行浮动汇率制，都会给国际企业的经营带来一定的影响。浮动汇率制使国际企业面临的是一个动荡的外汇市场环境。

(二) 外汇市场

如果说世界货币制度是国际货币关系的宏观方面，那么，外汇市场就是国际货币关系的微观方面。外汇是指几种外币之间的交换。外汇市场是指外币交换的金融体系。外汇市场的核心是外汇牌价。

外汇牌价是一种货币用另一种货币表示的价格，也叫外汇行市或汇率。外汇牌价有多种表示方法:第一,一种货币可以用多种货币表示其价格,如人民币可以用美元、英镑或法郎等不同货币表示其价格。第二,外汇牌价有直接和间接两种标价法。直接标价法是以单位外币为标准折算一定数额的本国货币,间接标价法是以单位本国货币为标准折算一定数额的外币。判断汇率变化的方向,首先要明确外汇标价方法。采用直接标价法,折合本国货币数额增加,就叫作本国货币外汇汇率降低,说明外币升值、本币贬值;反之,就是本国货币外汇汇率上涨。间接标价法的含义则相反。第三,外汇牌价有外汇买入价和外汇卖出价两种。外汇买入价是银行买进外汇的价格,外汇卖出价是银行卖出外汇的价格。此外,外汇牌价还有即期外汇牌价和远期外汇牌价之分。

从另一个角度看,外汇市场也是一个由公司、银行和外汇经纪人构成的系统。银行是外汇买卖的中心。外汇经纪人则是接洽外汇买卖、在银行和客户之间充当中间人的汇兑商人。公司参与外汇市场有两个目的:一是利用外汇市场的货币交易避免或减少由汇率变动造成的债权、债务的损失,二是利用汇率变动进行投机。由于国际企业的生产经营活动至少涉及两个以上国家的货币,故外汇市场汇率的变化会直接影响国际企业的生产经营活动和经济利益。因此,外汇市场是国际企业不能回避的一个经济环境。

(三) 国际金融市场

国际金融市场是企业和银行之间开展资金融通的场所以及资金融通关系的总和。金融市场有广义和狭义之分。狭义的金融市场是指短期的货币市场,主要包括短期信贷市场、短期证券市场、贴现市场,又称货币市场或短期资金市场;广义的金融市场是指长期资金的供给和需求所形成的市场,如证券市场,又称资本市场或长期资金市场。

金融市场按银行业务主客体的不同,可以分为国内金融市场、在岸金融市场和离岸(或境外)金融市场。国内金融市场主要办理本国贷款者、投资者和本国筹资者之间的国内业务。在岸金融市场主要办理本国贷款者、投资者和外国筹资者之间的业务以及外国贷款者、投资者和本国筹资者之间的业务。离岸金融市场主要办理外国贷款者、投资者和外国筹资者之间的业务。离岸金融市场是一种由市场所在国的非居民使用外国货币从事境外交易,并且其交易活动既不受所使用货币发行国的管制,也不受市场所在国国内金融体系有关规章法律管辖的金融市场,是一种真正意义上的国际金融市场。

国际金融市场对国际企业的对外直接投资活动具有重要意义。能否充分、有效地利用国际金融市场筹措企业发展所需的资金,对国际企业是十分重要的,也是国际企业适应性的一种表现。目前,一些世界大型国际企业都在国际金融市场上积极开展融资业务,扩大资金来源,增强经济实力。所以,国际金融市场是国际企业谋求自身发展的一个极好的国际经济环境。

(四) 欧洲市场

欧洲市场不是一种普通意义上的商品市场,而是一种具有全球影响的地区性金融市场。欧洲市场是在某种货币发行国以外进行该货币储存和贷放业务而不受政府管制的金融市场。欧洲市场包括欧洲债券市场和欧洲货币市场两个部分。

1. 欧洲债券市场

欧洲债券市场是不在任何国家登记的国际债券市场,也是一种境外债券市场。它有以下几个特点:第一,不受任何政府管制。在欧洲债券市场发行债券不受政府管制,无须登记,没有存款保证金和存款保险,也无须向所在国税务当局申报收入。第二,债券不在面值货币国家的债券市场发行。一般来说,在欧洲债券市场发行债券要涉及三个国家:债券发行人属于一个国家,债券面值货币所属国为另一个国家,债券发行市场则是第三国的金融市场,如我国在伦敦金融市场发行面值为美元的债券。第三,以债券发行人的信誉为担保。欧洲债券是由借款人直接发行、可以流通的长期债务证券,债券通常没有担保,完全以借款人的信誉为保证。所以,它一般要求借款人有较高的信用地位和较高的投资回报率。第四,债券为不记名债券。债券持有人不需要登记,凭息票取得利息。

可见,欧洲债券市场对于那些急需扩大资金来源而又不愿受国内债券市场管制的借款人来说是一个较好的融资市场。

2. 欧洲货币市场

欧洲货币市场是欧洲市场的核心,它于1957年产生于英国伦敦,后来不断向世界各地扩展。目前,亚洲、非洲、拉丁美洲以及独联体各国及东欧一些国家和地区都有欧洲货币交易中心。欧洲货币市场的经营主体是欧洲银行。欧洲银行就是从事欧洲货币经营的银行,它可以是任何国籍的银行。欧洲货币市场就是欧洲银行接受非居民存入的除其本国货币以外的其他国家的货币存款,并对非居民提供外币贷款的市场。银行在发行国以外进行存贷的货币称为欧洲货币,欧洲美元是最重要的欧洲货币。欧洲货币最显著的特点是这些货币在货币发行国境外存入银行,所以不受该国的货币管制。

与欧洲债券市场不同,在欧洲货币市场上,投资者只持有对欧洲银行的债权,银行则把投资者的存款借给最后借款人,投资者与最后借款人之间没有直接的债权、债务关系。欧洲货币市场的主要业务是通过银行存款和贷款调剂资金供求。国际企业可以在欧洲货币市场上筹集大型工程项目所需的资金。

(五)国际经济组织

目前,世界上有许多国际组织,这些国际组织在解决不同主权国家之间的矛盾、避免冲突、寻求国际合作方面起到了重要作用。国际组织一般有三种类型:第一类是论坛型国际组织。这类国际组织一般是成员国之间讨论其共同关心的问题的机构,不具有执行决议的权威性,如联合国的一般会议和安全委员会、关税与贸易总协定、石油输出国组织、国际清算银行、经济合作与发展组织等。第二类是独立权威型国际组织。这类国际组织一般是由多个国家组成的独立的、具有权威性的管理机构,主要履行单个国家无法完成的职能,如国际货币基金组织、世界银行、泛美开发银行、亚洲开发银行、非洲开发银行等。第三类是多国联合型国际组织。这类国际组织是把成员国的部分政治经济活动联合起来进行的组织,如欧洲经济共同体、欧洲货币体系、经济互助委员会等。

在众多国际组织中,与经济活动有关的国际经济组织占绝大部分,这些国际经济组织对国际企业的经营环境有着重要影响。以关税与贸易总协定为例,它是一个多边国际协定,宗旨是降低关税,减少贸易壁垒。虽然经过几个回合的谈判,其具体条款有了一些变化,但其基本内容没有发生大的变化。主要是:第一,在缔约国之间进行的贸易要实行无条件的最惠国待遇;第二,对缔约国在本国的企业要实行无差别的国民待遇;第三,基本取消数量限制,而以关税作为贸易保护的手段;第四,在缔约国之间实行互惠制,即如果给予某一缔约国优惠待遇,则必须同时给予所有缔约国相同的待遇。再比如世界上的各类开发银行,包括世界银行集团(由国际复兴开发银行、国际开发协会和国际金融公司构成)、泛美开发银行、亚洲开发银行、非洲开发银行等,它们向成员国的各类企业发放贷款和证券投资。有些金融机构如国际金融公司专门向发展中国家的私人企业投资或发放贷款,鼓励国际私人资本流向发展中国家。这些国际经济组织对国际企业开展对外直接投资和国际经营活动有着重要影响,构成了国际企业重要的经济环境。

康涅狄格公司在日本市场的营销环境

康涅狄格公司是一家跨国公司,总部设在美国马萨诸塞州的斯布林福林(Springfiele)。康涅狄格公司在世界范围内销售酒类产品。康涅狄格公司国际饮料分公司的市场部主管面临着决定用什么行动来提高 Bleinheau 伏特加酒在日本的市场份额问题。他必须对公司是离开日本市场还是加大日本 Bleinheau 的促销力度作出决策。日本康涅狄格的营销研究部经理史蒂文·扬(Steven Yong)完成了一项研究,列出了公司在日本市场的营销环境:

从总体上看,日本的酒类市场很吸引人。尽管日本国民生产总值的增长速度已经比过去 30 年慢了很多,但是,它还是会超过美国和其他一些主要的工业国家,这就意味着会有大量的额外收入。国民收入的提高和都市化的逐渐发展都会对优质酒类产品销售量的增长作出贡献。另外,第二次世界大战之后出生的人口中像西方流行的那样喝酒的人大大增加,这暗示着伏特加酒能够俘获人心。

因为经济在紧缩,日本的失业率处于 1946 年以来的最高水平。

日本国内企业竞争加剧,来自国内企业的竞争尤其明显。

日本市场中高收入和中高收入阶层占人口数量的比重有所提高。

日本的消费经济在健康发展。日本的可支配收入和个人消费支出加强了其他国家对日本市场的吸引力。同时,在日本家庭消费趋势中,消费服务和非耐用品相对于消费耐用品的比例提高的趋势在加强。

日本酒类产品消费的总量随着可支配收入的增长仍在持续增加,尽管在饱和度方面和其他发达国家或者欠发达国家相比还有很大的差距。

日本传媒消费是世界上最高的,并且还在增长。尽管美国法律禁止烈酒类产品在电视上做广告,但在日本却不是这样。

日本国内的竞争者,如莱森斯森特里企业(日本国内最大的酒类产品生产商和进口商,也是康涅狄格公司的主要竞争对手)朝着为赢得市场份额而忽视获利能力的方向发展。这种态度鼓励了倾销。一个典型的例子就是苏格兰酒市场,苏格兰酒在市场上拥有"高质量、高价格"产品的声誉。但莱森斯森特里企业却开始倾销苏格兰酒。现在,苏格兰酒已经不再是高质量礼品中的一部分了,并且在传统产品中苏格兰酒一直保持的高质量、高价格的形象已经不存在了。不过,苏格兰酒在日本非常受欢迎,而伏特加酒在日本还没有成为大众喜好的饮品。

总的来说,因为日本的人口数量、稳定性及其历史传统,即使存在挑战,具有长期经济前景的日本市场仍会向世人展现出其具有吸引力的一面。随着日本经济的增长和美国的惯例,有理由相信,酒类产品市场,特别是优质酒类产品市场,会在可预计的未来经历持续的增长,尽管这个增长的速度也许会有点儿慢。

资料来源:改编自〔美〕萨布哈什·C.杰恩,《国际营销案例(第6版)》,宋晓丹等译,北京:中国人民大学出版社2006年版,第221—224页。

第四节 国际法律环境

国际法律环境是制约和影响国际企业经营管理活动的又一重要因素。国际企业的经营管理活动不仅要受国际通行的法律和法规的制约,还要受各国不同的法律和法规的影响,有时,还要受本国法律和法规对在海外投资和国际化经营的限制。国际法律环境包括诸多因素。中国加入世界贸易组织后,面临着世界贸易组织在国际货物贸易、国际服务贸易和知识产权几方面的法律和法规的约束;而各国特有的法律和法规也可以包含在这几个大的类别中。

一、国际货物贸易

关税和配额是国际企业进入他国最主要的贸易障碍。多数国家为了保护本国的经济利益,会对他国的产品征收不同程度的关税或实行配额制。例如,在中国加入世界贸易组织之前,欧盟、匈牙利、阿根廷、墨西哥、捷克、土耳其等国就对中国出口的工业品实行配额限制。

世界贸易组织致力于消除和减少关税及配额。中国加入世界贸易组织后承诺5年内消除和削减关税,其他与中国有贸易关系的世界贸易组织成员也将最晚在5年内取消对中国工业品的进口配额限制。然而,世界贸易组织并不能完全避免成员利用关税和配额限制他国企业的国际经营活动。例如,正是竭力主张在全球推行自由贸易的美国,在其国内钢铁业陷入经营困境时,2002年3月5日,决定对10种进口钢铁产品实施为期3年的关税配额限制或征收高达8%~30%的关税。美国的这一决定自然遭到了欧盟以及韩国、中国、俄罗斯、日本和巴西等受害国的一致谴责和强烈反对。

除了关税和配额,对在一定经济领域的海外投资及国际经营采用法律和法规形式进行限制也是各国普遍采用的一种方式。有些国家会完全禁止外商进入某些特定的领域,或者只允许采用合资经营的方式进入某些经济领域。各国制定的相关法律和法规,如对外贸易法、海关法、进出口商品检验法、外资企业法、商标法、广告法、专利法、产品质量法、环保法等能够有效地约束和影响国际企业的经营管理活动。例如,法国规定外国企业出口到法国的所有产品必须有法文标签、说明书和质量保证书等;欧盟对食品和药品进口有严格的规定,中国出口到欧洲的茶叶正是因为受欧盟法律和法规的限制,即因其农药残存量不符合欧盟标准而被禁止出口到欧盟国家的。

这里应当特别注意的是,许多国家,特别是发达的工业国越来越多地采用提高产品质量标准等手段,来限制来自其他国家企业的经营活动,以防止它们可能对本国经济带来的消极影响。例如,中国出口到欧盟的酱油1998年为1.6万吨,产值800万美元。到1999年,欧洲则以中国酱油中含有的可能致癌的"三氯丙醇"的量超过欧盟的标准为由全面禁止从中国进口酱油。2001年,美国加利福尼亚州法院引用食用水的重金属含量标准,判定中国117种中草药有毒,强令在这些中草药销售时贴上有毒标签作为警示,否则将课以高额罚款。美国和欧共体在肉类的健康标准上出现了长期的贸易争端。1988年,欧共体禁止使用荷尔蒙刺激生长的肉类进口,然而,美国4/5的牛肉是使用荷尔蒙刺激生长的,美国认为,这种健康标准的规定是没有根据的,科学上并没有证据证明使用荷尔蒙刺激生长的肉类对人体有害,事实上欧共体的科学机构的检验也得出了同样的结论。政府对进口产品提出健康和安全方面最低标准的要求,并制定保护环境的标准等,这些都是合理的和必要的。但是越来越多的国家将这些标准作为限制进口的措施和手段,使其变成贸易保护主义的工具。中国在与其他国家打交道的过程中,也应该合理运用这种手段以保护本国经济和人民生活不受损害。

欧盟新规对中国汽车出口欧盟带来的挑战

2000年,欧盟发布了代号为2000/53/EC的报废汽车回收指令。该指令于2007年1月1日起在欧盟各成员国内全面执行。该指令规定,欧盟各成员国要自行采取必要的措施,到2006年,每一辆报废汽车平均至少有85%的重量能够被再利用,其中,材料回收率至少为80%。到2015年,这两项指标分别提升至95%和85%。这样,汽车制造厂在欧盟国家上市新车时必须出具证明,证明其投入市场的新款汽车,其材料回收率至少要占重量的85%,可利用率至少为95%,才能获得市场准入证。

资料来源:孙忠群,《国际营销精要》,北京:中国经济出版社2007年版,第69页。

在当代国际商务活动中,倾销与反倾销也成为国家间限制和制约国际经营活动的重要手段之一。一国为了迅速占领他国市场会以低于成本的价格进入他国市场,这种倾销式的国际经营方式理应受到反倾销制裁。但是国际上实施贸易保护主义,滥用反倾销工具限制他国国际企业经营的事件有增无减,这必须引起国际企业及母国政府的高度重视。中国是世界上滥用反倾销的严重受害者之一。2017年,中国共遭遇21个国家(地区)发起的贸易救济调查75起,涉案金额达110亿美元。中国已连续23年成为全球遭遇反倾销调查最多的国家。一些发达国家不承认中国是市场经济体系,它们以第三国生产产品的成本来衡量中国产品的生产成本,以达到运用反倾销工具制裁中国的目的。中国的企业应该按照世界贸易组织的规则积极进行反倾销应诉,最大限度地保护自己的利益;放弃应诉,只能使自己陷入困境,遭受巨大损失。例如,作为中国浓缩苹果汁最大的出口市场的美国,曾对包括中国在内的几个国家的浓缩苹果汁提出反倾销诉讼,计划对中国浓缩苹果汁征收91.84%的反倾销税。中国山东烟台北方安德利果汁股份有限公司联合了国内10家企业,聘请了有丰富反倾销办案经验的美国律师积极应诉,结果使应诉的11家中国企业的最高税率降到54.55%,平均税率为28.71%,安德利公司为零税率;而放弃应诉的另外30余家中国企业,只得忍痛退出了美国市场。

二、国际服务贸易

跨国公司依靠资金、技术和信息上的巨大优势以及在全球范围内配置资源的能力,在服务贸易领域占据主导地位。目前,跨国公司垄断了全球90%的国际技术贸易,与跨国公司经营有关的知识产权交易额和国际性经营服务(包括教育、培训、金融、保险、通信、法律、数据处理、经营咨询、信息服务等)的出口额已占世界服务出口额的一半左右。

《服务贸易总协定》(GATS)是世界贸易组织除《关税与贸易总协定》(GATT)外的又一个重要的法规文件。世界贸易组织的最惠国待遇原则和透明度原则反对成员国之间的歧视及差别对待政策,要求各成员国政府公开其服务贸易的法律和法规,逐步开放服务贸易业。服务贸易包括法律、会计、税收、电信、保险、银行与金融、零售、旅游、运输、医疗、教育、房地产、管理咨询、维修、租赁、视听、环境、设计和计算机服务等众多领域。

近几年,在全球经济不景气的大背景下,跨国公司开始了新一轮全球产业布局的调整。伴随着制造业的国际转移,服务业向新兴市场国家转移的趋势渐趋明显,成为新的发展热潮。这一热潮涉及软件、电信、金融服务、管理咨询等多个行业,转移的工作岗位动辄成千上万,业务金额数以亿美元计。微软、英特尔、思科、IBM、通用电气等跨国公司都是这一国际服务业转移潮流的发起者和主体。从具体的表现形式看,服务业国际转移主要有以下三种方式:

(一) 项目外包

项目外包的核心理念是"做你做得最好的,其余的让别人去做"。为进一步提高效率、降低成本,跨国公司或是将一些原属于企业内部的职能部门转移出去成为独立的经营单位,或是不再使用原来由企业内部提供的资源或服务,转而使用由企业外部更专业化的单位提供的资源或服务,在国际服务贸易领域表现为企业把非核心辅助型业务委托给国外其他公司。目前项目外包已经广泛应用于产品制造、信息技术服务、人力资源管理、金融、保险、会计服务、法律服务等多个领域。近年来,伴随着经济全球化的深入发展,国际项目外包市场迅速扩张,已由单个项目发展为一个规模巨大的市场。

(二) 跨国公司业务离岸化

近年来,跨国公司相继把一部分服务业务,如电话客户服务、金融保险、人力资源管理、后勤保障、信息技术服务等,转移到成本相对低廉、人员素质相对较高的国家和地区。2003年,美国在线裁掉了加州的450名雇员,转而在印度班加罗尔招聘软件编程人员。据《华尔街日报》报道,IBM在2003年将美国本土4 730个编程工作岗位转移到印度、中国等国家。

(三) 服务业外商直接投资

外商直接投资成为拓展服务贸易最理想的形式。由于服务产品的无形性和不可储存性,将国际间的消费者定位服务转为消费国内部的生产者定位服务,有利于服务提供者批量生产,降低成本和价格,取得规模效益。一些与跨国公司有战略合作关系的服务企业,为给跨国公司在新兴市场国家开展业务提供配套服务而将服务业进行国际转移,或者是服务企业为了开拓东道国市场和开展国际服务贸易而进行服务业国际转移。世界银行的统计数据表明,在多数工业化国家,服务业的外商直接投资占这些国家外商直接投资存量的一半以上。20世纪70年代初,服务业只占全球外商直接投资总量的1/4,1990年,这一比重达到50.1%,此后一直保持在一半以上的份额。

然而,各国对服务贸易领域的国际经营通常都有很多限制,特别是对于一国经济和国家安全有重要意义的服务行业。即使是发达的工业国,在一些服务领域目前也只是做到了有限的开放。例如,在教育服务方面,截至2009年,144个世界贸易组织成员中只有40个国家(地区)同意开放教育市场,而且其中30多个国家(地区)如西欧、加拿大、日本、美国等只是在成人教育与技术培训等领域开放了它们的教育市场。中国在加入世界贸易组织前对外资进入银行、保险、电信、医疗等服务行业有严格的限制;加入世界贸易组织后这些行业虽然已逐步开放,但在一些重要的服务贸易领域采取的也是有限的开放政策。国际企业在进入他国服务行业时,必须弄清相关的法律法规以及该领域的开放程度。

三、知识产权

知识产权是世界贸易组织的三大法律文件之一,在乌拉圭回合谈判中首次被加入关税与贸易协定-世界贸易组织(GATT-WTO)体系中。这表明知识产权已经成为制约和影响国际商务活动的重要法律环境因素之一。

知识产权包括版权、商标权和专利等。它对国际企业的经营主要有两方面的影响:一方面,它会对国际企业到缺乏知识产权法律保护的国家或行业投资和设厂产生影响;另一方面,违反知识产权法律规定的国际企业会受到相关国家或企业的制裁。例如,2002年春节过后,中国出口到欧盟成员国的DVD(数字视频光盘)机被当地海关大规模扣押,原因是这些出口产品是未经合法授权、未缴纳专利费就生产的产品。这次扣押事件是由飞利浦等DVD核心技术厂商发起的,飞利浦公司根据欧盟的相关法案向数个欧盟成员国海关请求对未经授权的DVD播放机、光碟机及光碟片履行边境扣货程序。中国共有上百家厂商拥有向欧盟出口DVD产品的经营权,如果这些企业不了解或者无视相关的知识产权法规,生产和出口未经合法授权的产品,就会受到制裁,从而使自己遭受重大损失。

保护知识产权已成为各国政府的普遍共识。作为无形资产,知识产权是企业经营活动的主要资源,是企业市场竞争力的表现。保护企业的知识产权就是保护企业的经营资源和竞争力,但在不同的国家,知识产权保护法的内容有很大的不同。在实施判例法的国家,知识产权所有者是通过"使用"界定的;而在实施成文法的国家,知识产权所有者则是通过"注册"确定的。例如,麦当劳的商标就曾经被日本一家公司抢先在日本注册,虽然麦当劳公司认为这是一种"侵权"行为,但根据日本的法律,这却属于合法行为。为此,麦当劳为重新夺回其商标在日本的使用权,花费了大量金钱用于打官司,最后经日本最高法院判决,麦当劳用钱从日本公司那里"买"回了自己的商标。表3-3罗列了一些国家专利法的主要特征。

表3-3 一些国家专利法的主要特征

国家	专利法的主要特征
日本	提倡技术共享,专利申请公开,专利申请人以"注册者"界定,专利4~6年内正式批准,专利有效期20年
美国	保护个体发明者,专利申请人以"发明者"界定,专利申请保密,专利申请最长24个月批准,实用专利有效期17年,设计专利有效期14年
德国	专利申请人以"注册者"界定,专利有效期10年
沙特阿拉伯	只有本国公民才被接受专利注册,专利所有人以"注册者"界定
印度	专利有效期14年,禁止申请食品和药品专利,专利申请人以"注册者"界定
澳大利亚	专利所有人以"发明者"界定
巴西	专利所有人以"注册者"界定,发明专利有效期15年,工业设计专利有效期10年

泰国对于盗版的打击

泰国是购物者的天堂,这里有几乎所有设计产品的廉价复制品。街市上叫卖着各种产品,从手表、衣服、服饰到音乐光盘、数字电影和电脑软件。盗版软件的市场成长得非常迅速。DVD和电脑游戏在街边货摊和主要的综合市场里出售,其中比较有名的有Pantip Plaza、Fortune Towers和Seacon Square,在这些市场里,被授权的电脑代理商和盗版者共同争抢着顾客。盗版数字电影和电视的售价大约为正版价格的60%,盗版电脑游戏和软件的售价约为正版价格的50%,其中折价幅度最大的大概是微软的软件,售价大约在其正版价格的10%以下,这样的低价形成了非常大的购买市场。

在曼谷,在主要的电脑中心购买盗版产品的不仅仅是外国游客,Pantip Plaza购物广场的一个盗版DVD贩卖者说:"在10个外国人中只有1个是顾客。"并且,顾客的年龄从十几岁到70岁的都有。另一个出售盗版电脑游戏产品的女售货员说:"甚至僧人到这儿来都是因为他们需要盗版软件。"

在曼谷注册的销售电脑软件和DVD的销售商们估计盗版夺走了他们约50%的潜在利润。根据曼谷商业软件联盟的调查,2000年,仅商业应用软件的盗版就使其损失了超过5 300万美元的潜在收入,但是政府当局、生产者和消费者都无法作出更准确的价值估计。一位不愿意透露姓名的商务部政府官员说:"我们不知道具体的数额。"电脑商家也说无法估计整个产业或某一项的损失是多少。

政府官员们说DVD和电脑游戏必须被当作奢侈品,尤其是在人均收入低的泰国。一位泰国官员说:"假如这些产品只能通过正式的零售价购买,那么就只有非常有限的销售额。"这也许就是泰国的代理商对于打击盗版看上去并不怎么积极的原因。

当地的一个摊主说:"警察定期对市场上销售的假货进行搜查,但大多是针对衣服和皮包之类。"

泰国政府公开了盗版商品销售的一个底线。泰国总理他信·西那瓦(Thaksin Shinawatra)在2001年7月视察了曼谷的许多夜市,在一个夜店,他告诉货摊主们必须停止出售盗版电影和电视光盘。销售停止了,但只是暂时的——一个星期以后,盗版电影和电视光盘又开始销售了。

泰国知识产权部门的一位高级官员说:"政府正在尽可能地做更多的事,但是并不能完全清除盗版,最好的方法就是确定盗版销售的底限。"

很多商人私下认为政府并不是真的要清除盗版的生产和销售。政府当局讨论认为真正清除盗版的唯一途径只有打击它的源头,许多光盘、DVD和电脑游戏盗版并不是在泰国生产的,它们当中有许多都是通过马来西亚、缅甸、柬埔寨、老挝的边境到达泰国境内的。

东南亚分析家认为,生产者自己必须通过有效的价格政策来帮助制止盗版,这正是泰国的电脑游戏生产者和发行商所忽视的。在过去的几个月里,由于盗版销售量的增长,它们开始降低正版的售价,许多电脑游戏现在的售价只有最初的一半,这使得它们现在仅仅比盗版贵一点儿。

资料来源:〔英〕拉里·贾根(Larry Jagan),《假冒的劳力士手表在泰国——软件和DVD碟已经加入了手表行列进入市场》,BBC新闻在线,2001年12月13日,有删减。

第五节　国际文化环境

文化这一概念的内涵十分丰富,在这里它是指一定区域内人们共同的思想、情感与行为的总和,包括语言、受教育程度、价值取向、宗教信仰、审美观念、风俗习惯等基本因素。在特定的社会中总是包含着较小的群体,它们因共有的生活经验和环境而拥有相似的信仰与价值观念,这被称为次文化。次文化可分为四种类型:民族次文化、宗教次文化、种族次文化和地理次文化。了解文化环境的基本方面,对国际企业的生产经营活动具有重要的影响。国际企业在不同国家的活动应当与每个社会的文化特质保持一致,产品分销渠道也应根据当地的条件进行不同的规划。在促销方面,尤其要注意广告内容与各国文化背景的协调,以及广告色彩与各国偏好的一致。在价格策略方面,应注意其价格往往取决于被感受的价值而不是实际价值。在产品品牌的选择上,应注意各国消费者对品牌的不同偏好,选择产品所使用的品牌名称、厂商名称和产地名称。

国际文化环境研究被看作国际管理和企业国际化经营最重要的内容之一,因为管理在不同国家的差异和企业国际化经营的差异很大程度上是由不同国家的文化差异造成的。国际文化环境的差异常常引起国际企业经营管理活动中的跨文化冲突,而东道国及其企业也常常对外来文化侵蚀本国文化的现象非常反感。因此,国际企业如果看不到国际文化环境的极端重要性,不能使其经营管理活动与当地的文化环境相适应,就无法取得成功。有关内容将在本书的后续部分作详细的介绍。

将文化置于国际领域

　　文化领域虽然并非国家综合实力的直接表现,也并不直接是物质利益和权力纷争的焦点,但它关系到一个民族的道德理想、价值观念以及意识形态,构成一个国家的"信仰体系",并为人们的社会行动提供合法性依据。文化对于融合人们的思想观念,形成群体的统一意志,确立集体目标和达到目标起着重要的建构作用。诚然,在人们的社会行动中,价值合理性与工具合理性相比,其影响力较小。但是,这并不能成为忽视价值因素的理由,因为价值因素的减退是与前现代社会中文化具有决定作用相比较而言的。在前现代社会,文化还是高居社会生活之上、起到统合作用、包罗万象、尚未分化、统管真善美各个领域的一种总体性象征;而现代社会已使这种文化总体性分化成相对自主的不同领域,每个领域根据自己的特定价值追求自己的目标,因而不同目标之间的较量也就是不同价值追求之间的斗争。当代国际关系领域中的各种摩擦和纠纷,说到底也就是不同国家之间围绕着利益和价值的冲突与斗争。因此,从国家利益和长远发展之计考虑,我们必须像积极参与国际经济竞争一样置身于国际文化领域,坚持自身的文化立场,加强国际间的文化交流与合作,互相取长补短,促进一切阻碍社会前进的传统价值观念的更新,使中华民族的优秀文化进一步发扬光大。

　　全球化企业在制定营销战略时,必须考虑到战略执行时的灵活性以及对东道国文化的敏感性。尽管在制定战略时会出现种种错误和失败,但成功往往多于失败。那些成功的战略都有一个共同点,即成功的营销战略及策略都反映了地方文化。

　　在美国,达美乐比萨公司强调送货系统的作用,并将它作为不同于其他馅饼公司的特色;但到了其他国家,事情远非如此简单。在英国,顾客并不赞成送货员的"敲门"送货方式,认为这种做法太粗鲁。在日本,由于门牌号码并不是有序编排的,因此上门送货意味着要在一幢幢编号无序的楼房内寻找客户。在科威特,人们更乐意将比萨送到等货的轿车旁,而不愿意将它送到顾客的家门口。在冰岛,许多家庭不装电话,达美乐公司与一家路边汽车电影院组建连锁店,从而开辟了将比萨销售给消费者的新渠道。那些渴望买到最大众化口味的驯鹿香肠比萨的消费者只需采取最普通的方式——打汽车转向信号灯,影院老板就会奉上电话以供消费者电话订购比萨。

　　彼尔勃瑞公司开发其"绿巨人"牌蔬菜的国外市场,就是从推销甜玉米罐头开始起步的。彼尔勃瑞公司原以为玉米产品在国际市场上不必作任何口味上的改变,但令其大吃一惊的是,要调整的不是口味而是营销方式。法国人喜欢伴着沙拉吃冷玉米;英国人则将玉米当作三明治的馅;在日本,学生放学后喜欢食用罐装玉米;韩国人吃甜玉米时则喜欢抹上冰激凌。即使是同样的玉米罐头,各国的食用方法也不尽相同。显而易见,在美国市场适用的广告在其他国家并不适用。所以彼尔勃瑞公司根据不同的市场特点设计了不同的广告,有的广告画面是玉米仁从玉米棒上掉入沙拉中,有的广告画面是冰激凌的顶部加上了玉米仁。

　　以上事例表明,不同文化背景下人们的需求往往是相异的。人们都吃玉米,都在给汽车打蜡,都要穿衣,但每种文化各有自己的特定行为方式。营销者的任务就是根据文化间的相似性和差异性,制定出适合各个市场需求的不同营销战略和策略。简而言之,营销者必须将文化置于国际领域进行比较、分析,在此基础上设计出具体的营销方案。为此,国际市场营销者必须具有对文化差异的敏感性。

资料来源:〔美〕菲利普·R. 凯特奥拉、约翰·L. 格雷厄姆,《国际市场营销学(原书第17版)》,赵银德等译,北京:机械工业出版社2017年版,第145—148页。

第六节　国际技术环境

人类自从进入蒸汽机时代以来,就无时无刻不感受到技术革命带来的冲击,尤其是当代技术革命给人们的思想观念、生存条件、工作方式等带来了难以预料的变化。在当代纷繁复杂的技术革命中,技术发展呈现出如下几个特点:

一、技术思想科学化

首先,技术思想是以科学为先导的,现代科学构成了现代技术的知识基础,现代技术的发展过程是以基础科学发展的自然规律为指导,经过技术科学探索得到某种类别的技术规律和技术理论,进而在工程科学指导下创造出全新的、特定的技术实体。可见,现代技术是知识密集型技术,不再由经验寻找途径。其次,技术与科学相互渗透、同化,现代技术的发展在很大程度上以科学发展为前提,科学走在技术的前面,成为起先导作用的力量。最后,科学方法向技术化发展,科学研究形成了一套系统方法、控制论方法及信息论等科学方法,它们指导、规范着技术革命及其发展。

二、技术构成复合化

现代技术是对多种科学知识的综合利用,是多种技术渗透、交叉、综合的多元复合体。科技的发展决定了社会需求的多元化,反过来社会需求的多元化、复杂化又推动着技术的多元发展。当今任何一门独立的科学和技术都难以满足社会需求的多元化,从而需由多种科学知识和技术相互依存、相互交叉联系而组合成一个技术体系,才能满足社会需求。20世纪40年代以来出现的高度综合性的技术,如计算机技术、加速器技术、原子能技术、空间技术、遗传工程等技术都是横跨多种学科和综合多种不同类型技术的高技术。比如,复印机上的静电复印技术,就应用了半导体光电技术、电磁感应技术、光学技术、传感器技术、微电子技术、自动控制技术、塑料加工技术、机械加工技术、计算机技术等多种技术知识。

三、技术变革加速化

技术变革加速化是现代技术发展的量的特征。它表现为重大技术变革的频率大大加快,技术从发明到应用的周期大大缩短,同类技术更新换代的速度大大加快,技术的生命周期不断缩短。比如,1946年研制出的第一台计算机,到现在已经更新到第四代,速度提高了上万倍,同时价格却下降了上千倍,特别是微机中的核心芯片CPU(中央处理器)基本上每隔18个月就更新一次,使得同类微机产品从20世纪80年代初的8088发展到现在的酷睿i系列,中间升级换代了二十余次。

技术日新月异的变化是当代国际环境发展的重要特征之一。技术的变化不仅影响着企业的决策与经营,也改变着企业的管理观念与方法。新技术的出现能够使一个行业或一个企业的传统优势地位发生变化;技术的变化能够改变企业的生产方式、企业的组织形式以及沟通方式,从而使企业必须更新管理观念,采用新的管理方法。在国际竞争中,许多国家与企业把技术作为获得和保持竞争优势的最重要的途径。它们凭借技术优势,一方面加快对国内市场的开拓,另一方面努力将这种技术优势国际化,以保持自己在国际竞争中的优势地位。为了尽可能地保持和延长这种优势竞争地位,它们往往会采取技术垄断或其他技术保护性措施。

四、技术革新的竞争日趋激烈

美国在科技方面居于世界领先地位,美国最早发展PC(个人计算机)网络系统及互联网技术,从而促进了美国新经济的发展。欧洲、日本不甘落后,如日本将力量集中于发展数字化家用电器及多媒体PC以开拓家庭市场,欧洲国家也投入巨额资金发展信息产业及新技术,从而使技术革新形成激烈竞争的格局。

国际技术环境是指企业所面临的对国际化经营产生影响和制约作用的各种技术因素的总和。技术与企业的产品设计、生产制造、销售密切相关,技术的发展对国际企业来说,既是机遇又是挑战。技术环境包括一个国家或地区的基础技术环境和应用技术环境。前者涉及技术的开发和研究环境,后者为技术的应用环境。国际企业在重视新技术的研究与开发的同时,在国际化经营中特别强调应用技术的开发或获取,重视技术的商业化问题。

国际企业获取应用技术的主要方式,一是通过本土开发。国际企业充分利用本国现有的人力资源、实验设备和资金,以及成熟的市场等方面的优势开发应用技术;在掌握新的应用技术后,把其推广到国外的分支机构,实现技术优势的国际化。二是在国外建立研究所和实验室,以便利用当地的资源优势,降低开发成本,更好地把技术开发与满足国际化需求相结合。三是引进技术和实行技术转让,以便能够较快地提高产品性能、劳动生产率以及产品的竞争力,在更大程度上发挥所拥有的技术的作用,回收技术开发费用。

国际企业在评估国际技术环境时,一是要评估自己的技术,二是要评估竞争对手的技术,三是要预测技术发展的趋势。对国际技术环境的预测通常可以采用定性预测法(如专家预测法、德尔菲法)和定量预测法(如时序预测法和因果预测法等)。

本章小结

国际企业的经营环境,是指存在于国际企业经营过程中的不可控的因素和力量,这些因素和力量是影响企业国际商务活动及其目标实现的外部条件。从地域空间来看,国际经营环境由母国环境、东道国环境和国际环境三个部分组成。从内容构成来看,国际经营环境可分为五个类别,即政治环境、经济环境、法律环境、文化环境和技术环境。

国际企业的经营环境具有客观性、差异性、相关性和不确定性四个特征。

国际企业的经营环境比仅在一个国家经营要复杂得多,如何科学地进行分析、如何科学地进行决策、如何通过科学的决策取得经营的成功是从事国际性经营的管理人员必须随时考虑的问题。

国际政治环境是国际企业在不同国家开展经营活动所面临的社会制度、政治体制、经济政策等方面影响因素的总和。在一定程度上说,政治环境是国际企业面临的最重要的环境。政治环境主要有社会制度、执政党的性质和整个社会的民族政治倾向三个因素,对国际企业的经营有较大的政治影响。

政治环境直接作用于国际环境的方面有两个:一是政治风险,二是政府干预。因此,国际企业在进入国际市场前,必须对东道国的政治情况和政策进行深入的了解,并采取相应的措施,尽量减少政治风险,适应东道国政府的干预措施。

国际经济环境可以从国家经济环境和世界经济环境两个方面进行分析。国家经济环境的构成因素众多、内容复杂,如东道国的经济发展水平、资源状况和金融环境等;世界经济环境包括世界货币制度、外汇市场、国际金融市场、欧洲市场、国际组织等,这是国际企业在任何国家开展对外直接投资活动时都必须考虑的经济因素。

国际法律环境主要包括国际货物贸易、国际服务贸易和知识产权三方面的法律法规。

国际文化环境包括语言、受教育程度、价值取向、宗教信仰、审美观念、风俗习惯等基本因素。国际文化环境的差异常常引起国际企业经营管理活动中的跨文化冲突,因此,国际企业必须重视国际文化环境的分析。

国际技术环境包括一个国家或地区的基础技术环境和应用技术环境。国际企业在重视新技术的研究与开发的同时,在国际化经营中特别强调应用技术的开发或获取,重视技术的商业化问题。

复习思考题

1. 简述国际经营环境的基本内容和特征。
2. 为什么在国际化经营过程中,对企业经营环境的分析是一项十分重要的管理工作?
3. 什么是政治风险和政府干预?东道国政府干预的类型有哪些?
4. 试分析国家经济环境对国际企业经营的影响。
5. 试分析国际货物贸易法律法规对国际企业经营的影响。
6. 企业管理人员在国际化经营过程中为什么要重视企业文化环境分析?
7. 国际技术环境的构成因素有哪些?如何评估国际技术环境?

案例分析

政府做靠山,前路仍艰险

受经济危机的影响,通用汽车和克莱斯勒正在接受前所未有的考验。奥巴马政府正在挽救通用汽车和克莱斯勒,但同时也承诺这两家受到沉重打击的汽车制造商将"自力更生,而不是处于国家的监护之下"。奥巴马团队深信,克莱斯勒和通用汽车能够利用加速破产的过程把自己重新塑造为规模较小、行动敏捷、能够在全球市场上搏杀的公司,并最终偿还280多亿美元的联邦政府贷款。假设这两家汽车公司可以按照政府希望的那样去做，那么它们将变得比以往更加强大。

不过，要想实现这个愿望，美国政府必须向它们贷款几十亿美元，甚至可能还要在公司中参股。但问题是，它们何时才能摆脱国家这座靠山。毕竟，浴火重生的通用汽车和克莱斯勒将出现在一个严酷程度前所未有的市场上。一个简单的现实是，汽车公司多如牛毛，而它们争夺的购车者却少之又少。从中国到德国，世界各国的政府都一直在不遗余力地支持本国的汽车工业。不仅如此，越来越多的外国厂商开始抢占美国市场，而这里通常是通用汽车和克莱斯勒的主要收入来源。市场竞争将会异常惨烈，通用汽车和克莱斯勒无法实现快速反弹，此外，外国公司还在想方设法从它们身上谋取利益。

在全球经济不景气的情况下，实力不济的公司要么被淘汰，要么被更强大的竞争对手吞并。这正是零售业目前的状况。在消费者开支缩减到历史最低点的时候，因公司破产而关闭店面的现象在美国比比皆是。汽车业正在经受有史以来最严重的衰退，所以人们会认为优胜劣汰的情形也会出现在这个行业中。然而事实是，迄今为止没有一家大型汽车厂商被淘汰出局。正如通用汽车公司首席执行官弗里茨·亨德森所说的那样，汽车工业鲜有遭遇消亡命运的，汽车企业的数量仍将保持不变，通用汽车将努力保留其能够维持的品牌。正如亨德森所说，通用汽车正在努力变革以在危机中寻求生存。沃尔沃、悍马和土星等品牌正待价而沽，庞蒂克已经被砍掉，而萨博等其他品牌也可能会被放弃。

就全球范围而言，许多二流的汽车公司仍然会生存下去，因为政府担心任其消亡会带来严重后果，或者决意要保留国内汽车产业。日本政府已经在帮助三菱渡过难关。法国和德国也采取了同样的措施。俄罗斯为AutoVAZ公司提供了资金，这家处境艰难的公司在俄罗斯国内销售汽车。中国正积极扶持国内汽车生产商，而这些汽车生产商已逐渐成为通用汽车和其他外国汽车生产商的强劲对手。

现在，世界各地有近30家著名公司在争夺这块市场，可是在过去的一年里这块蛋糕却缩小了30%以上。全球汽车业一年可生产近9 000万辆汽车，但销售量只有5 500万辆左右。对于两家元气大伤的汽车公司来说，这绝不是个宽松的环境。这正是有些人认为克莱斯勒的拯救计划被误导的原因之一。

这些竞争对手中有许多都已嗅到了机遇，它们迫切希望抢夺底特律的顾客。据J. D. Power & Associates预测，未来五年里全世界的汽车生产商每年将在美国推出近60款车型。起亚和大众正在美国修建新工厂。丰田汽车已指示密西西比的一家工厂生产更多的普锐斯混合动力汽车，一旦市场回暖，它还会生产其他车型。此外，如果有人收购了通用汽车的土星零售网络（已经有两家连锁经销商提出了报价），它就会为中国的汽车生产商或印度的塔塔汽车公司提供跳板。与此同时，印度的Mahindra & Mahindra公司计划从2010年开始在美国市场销售汽车。

名声一落千丈的通用汽车和克莱斯勒即使在破产后重新崛起，也几乎于事无补。许多美国人一直认为通用汽车和克莱斯勒的汽车款式陈旧、质量粗糙。现在，由于这些公司接连遭受打击，因此即使有政府的担保也不一定能对其销售产生明显的拉动作用。此外，许多美国人都认为，奥巴马政府把老百姓的钱浪费在了那些在过去几年中犯下大量错误的公司身上。人们对通用汽车和克莱斯勒非常不满，因为它们是经济系统的负担。

美国信誉协会最近对世界各地的7万名受访者进行了调查,询问他们对世界上最大的600家公司的印象。2008年,通用汽车击败了马自达、起亚、福特、菲亚特以及一些长期发展滞后的对手。而2009年,通用汽车估计只能压倒为摆脱倒闭困境而努力多年的三菱和AutoVAZ公司了。几乎没有哪家著名汽车生产商的销售额能以如此快的速度出现这么大的降幅。

人口统计学方面的数据也对通用汽车和克莱斯勒不利。未来若干年里,汽车生产商将展开对美国下一代驾车者的争夺战,美国这一总数达7 300万的人群年龄在21岁至33岁之间,他们对购买通用汽车和克莱斯勒的产品没有太大兴趣。专门研究人们对汽车品牌态度的AutoStrategem公司的总裁丹·戈瑞尔表示,截至目前(底特律的)品牌对年轻一代似乎没有太大的吸引力,许多人没有看到他们的朋友使用这些品牌,因此他们自己也不会买这些品牌的汽车。

通用汽车负责北美地区销售和市场营销的副总裁马克·拉内维承认,通用汽车公司的灾难给其汽车产品形象带来了负面影响。正是出于这个原因,他计划在破产的第一周前后,或者至少在破产申请所造成的轰动效应褪去之前,大幅削减公司的广告。对通用汽车来说,唯一的好消息是现在它只要投资四个品牌,而不是八个。这意味着公司最重要的两个品牌——雪佛兰和凯迪拉克——每年获得的市场营销经费接近13亿美元,比现有预算翻了一番,而这个数字几乎接近于丰田拨给旗下同名品牌汽车及雷克萨斯的宣传费用。拉内维没有排除放弃通用汽车这个名字的可能性,不过他说现在还不是讨论这个问题的时候。投资额增加、投资的目标品牌数量减少是件好事,但几乎没有人相信通用汽车可以迅速再现昔日雄风。

克莱斯勒面临的挑战更为严峻。这个吉普车品牌依然保持着强大的实力,但它销售的为郊区通勤人士设计的汽车使公司狂野不羁的形象大受影响。购买道奇汽车的往往是收入低、信用得分不太高的人,在当下的危险时期,这是个充满风险的细分市场。而克莱斯勒未来的合作伙伴——意大利的菲亚特还在考虑是否保留克莱斯勒品牌。

当然,除非企业拥有正确的产品组合,否则市场营销的意义将微不足道。随着成本的降低,从理论上说通用汽车在别克和商用车品牌上的投资额会增加,而这两个品牌已经很久没有推出新车型了。通用汽车公司新上任的产品负责人托马斯·史蒂芬斯说,别克将首次拥有全系列车型,目的是吸引更富有的客户并且帮助通用汽车保住市场份额。这对于生存而言至关重要,因为公司需要出售足够多的汽车来偿还债务(债务额仍有可能达到100亿~200亿美元),并为新车型的开发提供资金。

与此同时,克莱斯勒对与菲亚特结盟寄予了厚望,菲亚特公司首席执行官塞尔吉奥·马尔乔内已经承诺为美国供应市场急需的小型汽车。但是,破产后的克莱斯勒将背负近210亿美元的债务。除非政府以债转股的形式为克莱斯勒减轻一些压力,否则这将是一个极其沉重的负担。

通用汽车和克莱斯勒均表示,它们可以保住美国的市场份额。但是,从品牌所受到的猛烈抨击和竞争对手的相对实力来看,通用汽车和克莱斯勒几乎肯定要丢城失地。今后五年里,美国的汽车市场将与今天的欧洲市场越来越接近,它将分为两个层次:一些中等规模的公司占据高端,而大批小公司将在下游展开争夺。通用汽车的市场份额可能从现在的19.1%下降至14%~17%,公司也将因此被归入福特和本田所在的梯队,而丰田最终将获得近20%的市场份额。克莱斯勒的情况更糟糕,其市场份额将萎缩至6%,甚至还比不上日产。

在通用汽车和克莱斯勒努力重塑自我的时候,需要牢记的一点是:奥巴马政府有自己的施政安排且这个安排并非总与商界需求保持一致。美国财政部已经清楚地为通用汽车和克莱斯勒指明了道路,要求其成为有生存能力的企业,但是刺激燃料经济的新法规很可能会让汽车变得更昂贵,而且也根本无法保证消费者会购买新的节油汽车。因此,虽然政府的政策是要保护底特律,但是它的规定却增加了汽车生产商尤其是实力薄弱的生产商赚钱的难度。

美国政府这一冒险的行业政策实验的代价相当高。它的失败不仅会让奥巴马政府成员在政治和经济上遭受灭顶之灾,而且还会影响美国的长期繁荣,并且大幅削弱美国的工业能力。但是,奥巴马团队清楚地认识到,这次冒险是值得的,因为没有属于自己的21世纪汽车工业的美国将实力大减。美国政府已经给了通用汽车和克莱斯勒战斗的机会。问题是,它们能否赢得购车者,在不失败、不被外国列强瓜分或取代的情况下挨过未来几年的艰难时光?

资料来源:〔美〕戴维·韦尔奇、戴维·基利,《政府做靠山,前路仍艰险》,《商业周刊》,2009(7)。

讨论问题

1. 通用汽车和克莱斯勒目前所面临的外部环境是怎样的?
2. 美国通用汽车公司已经破产而通用汽车中国公司的销售业绩却稳步上升,请解释原因。

21世纪经济与管理规划教材
工商管理系列

第四章

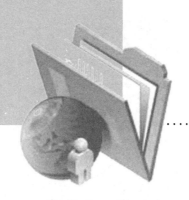

国际企业的战略管理

主要内容

- 国际企业战略管理概述
- 国际企业的战略模式选择与经营业务定位
- 国际企业战略分析工具
- 国际企业战略联盟

核心概念

- 国际企业跨国经营战略
- 国际企业战略管理
- 横向一体化
- 纵向一体化
- 相关多元化
- 不相关多元化
- 差异化战略
- 成本领先战略
- 专一化战略
- 战略联盟

学习要求

- 掌握销售额增长率-市场占有率矩阵、波特的通用战略模型、国际战略模型及企业价值链模型的主要内容
- 理解国际企业跨国经营战略的含义及构成
- 理解国际企业战略管理的概念、内容及意义
- 理解安索夫的战略模型的主要内容
- 理解麦肯锡矩阵、豪夫矩阵和战略集群模型的主要内容

- 理解四种跨国经营战略模式的异同
- 了解国际企业战略管理的特征

引导案例 通用汽车的"全球经营"战略

通用汽车的前身是1907年由戴维·别克创办的别克汽车公司。通用汽车经历了一百多年的创新和发展,2017年《财富》美国500强排行榜中,通用汽车排名第18位。2018年《财富》世界500强排行榜中,通用汽车排名第21位。

1. 风雨沧桑110年

通用汽车成立于1908年9月1日,到1909年9月30日,通用汽车在第一财政年度内共售出25 000辆轿车和卡车,占全美销售量的19%,净销售额为2 903万美元。

通用汽车艰难创业,改革整顿,经过战时生产与战后发展,在20世纪50年代和60年代曾遭到非议;70年代又面临美国通货膨胀、劳动力费用上升、石油危机、销售额和利润锐减等严重挑战;80年代实施开拓现代化的技术革新战略;90年代寻求更快地将产品打入市场的新办法,全球性竞争已成为运营的核心……

21世纪是通用汽车的创新突飞猛进的时期,但也面临巨大挑战。通用汽车在中国、巴西等新兴市场占据了市场主动权,基本完成向全球性公司的转变,而2008年的经济衰退和全球信用危机又将汽车销售推向衰退的边缘。2009年,通用汽车破产重组,2010年重返华尔街,经历破产重组后的通用汽车焕发出了新的活力。2012年,通用汽车营业收入达到1 523亿美元,净利润达到49亿美元,在全球市场上的表现非常抢眼。2016年,通用汽车营业收入达到1 663.8亿美元,较上年增长9.2%,利润高达94.27亿美元。

2. 反败为胜与"全球经营"战略

英雄也有落难时。20世纪90年代初期,受美国汽车市场陷入空前不景气、领导班子"政变"、人事"大地震"以及公司庞大、机构复杂等种种原因的影响,通用汽车连续三年经营亏损,累计达260亿美元。

为重振昔日雄风,通用汽车先后三易舵手,1992年10月约翰·史密斯荣登坛主。这位搞财务出身,"力挽狂澜的企业奇才",组成了新的管理班子,对公司进行了大刀阔斧的整顿与改革。终于,通用汽车恢复了元气,一举扭亏为盈,1993年实现赢利26亿美元,全美国的汽车产量也在10年中首次超过日本,夺回第一的宝座。1994年,通用汽车净利润创下49亿美元的新纪录;1995年,通用汽车共生产830万辆轿车和卡车,销售额高达1 688.3亿美元,纯利润创纪录地达到69亿美元。

1993年,通用汽车提出了"全球经营"的新战略方针,努力培植海外新的增长点,推动自身成为一家真正的全球化公司。通用汽车在北美以外的41个国家建有生产厂,每年

800多万辆汽车产量中,1/3以上来自北美以外,产品也销往170多个国家,独占汽车市场的17%,多年雄居第一。对这样的业绩,史密斯先生依然认为:"直到目前,通用公司的跨国经营还是一国一国地独立进行,因而导致重复劳动和缺乏协调。"他所谓的"全球化战略",就是要"综合运用公司全部的工程资源,减少重复劳动以及世界每一个制造中心的关键技术""扩大业务和降低成本",即把公司"世界第一的全球规模和经营范围,作为一种战略优势"。

统一业务流程是企业全球化的重要基石。因此,通用汽车的战略重点是将公司各个水平上的生产经营联系起来,首先是将汽车底盘和业务程序统一化。通用汽车决定将统一设计、统一工程和生产工艺作为市场战略,共享知识和技术专长,合理分配专业资源,在全球范围内广泛开展业务,"利用巨大的规模效益来获利"。通用汽车把先进技术的管理作为一项事业,并使之成为创造领先产品和领先机会的战略工具。

深究通用汽车的全球化战略,其精髓实质上就是两点:扩大业务与降低成本。

在通用汽车的战略沙盘上,亚洲地区被摆在最重要的地位上,因为北美与欧洲市场已接近饱和。1994年,通用汽车采取了以下重大措施进军亚洲:

(1)1994年9月,在新加坡建立了亚太地区总部,并派遣托马斯·麦克丹尼尔出任总部总裁,指挥通用汽车在亚洲的经营活动。

(2)投资1亿美元与印度斯坦公司合资兴建一家年产2万辆欧宝牌轿车的工厂,可望于1996年投产,以后视情况进一步扩产。

(3)在中国台湾地区组装欧宝牌轿车,并力争每年向中国台湾地区出口2万辆美国产的汽车。

(4)在中国沈阳建立合资企业,年产3万辆轻型汽车,10年内把产量提高到5万辆。

(5)除了在亚洲生产整车,还鼓励其零部件公司扩大在亚洲地区的业务。

1995年以来,通用汽车已开始在波兰、匈牙利、俄罗斯、阿根廷、印度尼西亚、泰国和中国建设新厂,特别是在中国,包括其子系统德尔福,通用汽车已建立了12家合资企业,取得4项许可证生产协议,其中1997年与中国上海合资生产别克轿车的协议,更是通用汽车一项来之不易的成果,这个总投资16亿美元的项目曾令许多汽车商垂涎欲滴。

3. 面对兼并大潮

1998年是国际汽车很不寻常的一年,兼并浪潮不断涌动。先是大众收购劳斯莱斯,继而是奔驰与克莱斯勒合作。1999年年初又传来福特收购沃尔沃轿车业务的消息。美国汽车工业百年竞争硕果仅存的三大汽车公司——通用、福特、克莱斯勒中,其他两家发生了如此大的变化,对通用汽车而言无疑是一个巨大的冲击。

1998年下半年,年届花甲的史密斯宣布不再担任公司总裁,起用比他年轻得多的瓦格纳继任。通用汽车首先将其国际业务部与北美业务部合并,使之成为一个统一的全球机构,充分发挥规模优势,满足世界各地的需要。同时,通用汽车还完成了对市场营销部门大范围的重组工作,将不同销售和市场营销单位合并,以便向分销商提供品牌和产品方面的方便。

为了向全球拓展业务,1998年9月,通用汽车和与之合作了17年的日本铃木公司达成协议,将通用汽车拥有的股权从3.3%增加到10%。此外,通用汽车还扩大与五十铃的合作,将拥有的股权从37.5%增加到49%。此前,两家还宣布将在美国成立新的合资企业,开发高科技的柴油发动机,并在美国生产。

4. 加大在中国的投资力度

1997年5月,由上汽集团与通用汽车各出资50%,建成具有世界级生产和管理水平的合资企业——上海通用汽车有限公司。1998年12月17日,上海通用汽车公司生产出第一辆别克型轿车,成为中国第一家用同一条生产线制造两种不同产品的汽车制造商。此后,通用汽车加快了在华投资步伐,先后与沈阳金杯汽车和柳州汽车等合资。

史密斯接受记者的采访时说:"我在8年前就看好中国市场,今天依然坚信中国是极具发展潜力的汽车市场。"史密斯开门见山地表示了对中国市场的判断,"通用汽车在中国的发展令我非常满意,这更加证明了我们原先预测的正确性"。

通用汽车的原则是,在哪里卖车,就在哪里造车,并且是根据当地客户的需求来造车。因此,通用汽车将在中国强化制造和研发两方面的能力。他认为,在中国建厂,设立研发机构,就是要降低生产成本,在激烈的汽车价格竞争中,最终让消费者受益。

史密斯还透露了通用汽车进一步深入中国市场的计划。通用汽车下属的通用汽车金融服务公司已在中国设立办事处,目标就是在入世后建立第一家中外合资汽车信贷公司。他认为这标志着通用汽车在向中国输出生产技术以后,进入了第二个阶段——将先进的汽车服务引入中国。

他还表示,通用汽车将全面发展与中国汽车工业的战略合作伙伴关系,为中国市场提供高质量的产品、技术服务,帮助中国汽车工业增强全球竞争力。

通用汽车公司在中国进口、生产和销售别克、凯迪拉克、雪佛兰、欧宝、宝骏、五菱及解放品牌的系列产品,所提供的产品系列之丰富位居所有在华跨国汽车企业之首。2012年,通用汽车及其合资企业在华销量超过283万辆,同比增长11.3%。2017年,通用汽车及合资企业全年在华零售销量首次突破400万辆,共计4 040 789辆,同比增长4.4%,再度刷新年度销量纪录。中国连续第六年蝉联通用汽车的全球最大市场。

通用汽车的全球经营战略,是要综合运用其全部资源,减少重复劳动以及利用世界每一个制造中心的关键技术,扩大业务,降低成本,把其世界第一的全球规模和经营范围,作为一种战略优势。

资料来源:①金戈,《通用的"全球经营"战略》,《汽车与驾驶维修》,1995(6)。②http://baike.baidu.com/view/29696.htm?fromId=34457,访问时间:2018-10-28。③http://www.fortunechina.com/america500/5/2017,访问时间:2018-10-28。④https://www.gmchina.com/company/cn/zh/gm/company/about-gm-china.html,访问时间:2018-10-28。

从引导案例可以看出,在通用汽车百年发展历史中,它审时度势,根据环境适时调整其经营战略,获得赢利和长期成功。特别是进入20世纪90年代后,在全球竞争,环境预测困难,技术变化快速,市场竞争非常激烈,以及以消费者对价格和质量越来越重视、要求越来越高为特征的新的竞争环境下,通用汽车的管理者精心制定跨国经营战略,并根据环境变化快速调整战略,取得了海外经营的成功。

国际企业的组织机构、生产过程、产品销售、技术转移、资源配置有相当一部分是在国际范围内展开的,要受到各国政治经济、社会文化、产业结构、行业特征、竞争对手以及公司本身条件的种种制约,因而,跨国经营与本国经营在战略格局的深度及广度上都具有极大的差异。国际企业不仅要有足够的前瞻性来制定企业的长远战略规划,也要有充分的灵活性与适应性,在动态的国际经营环境中求取生存、发展和壮大。

第一节 国际企业战略管理概述

一、国际企业跨国经营战略的含义

(一) 企业战略的含义

法国管理学家威特尔在《企业的生存战略》一书中指出,工业化分为三个时代:第一个时代以实业家为特征;第二个时代以企业家为特征;第三个时代便是我们今天所面临的战略家的时代。战略在英语中为"Strategy",源于希腊语"Stratgos",被认为是在地图上对整个战场的形势运筹帷幄的一门艺术。它的原意尽管与军事活动密切相关,但目前已被广泛运用在政治、经济、社会、文化、科技、教育等各个领域中。将"战略"一词导入企业经营管理的理论领域并进行系统的研究是 20 世纪 60 年代的事情。

企业战略的定义有多种表述,一些学者将企业战略的概念用传统概念(或广义定义)和现代概念(或狭义定义)来分类。美国哈佛大学的迈克尔·波特教授是企业战略传统定义的典型代表,他认为"战略是公司为之奋斗的一些终点与公司为达到它们而寻求的途径的结合物",波特的定义概括了 20 世纪 60、70 年代对企业战略的普遍认识。它强调了企业战略一方面的属性——计划性、全民性和整体性。H. 明茨伯格(H. Mintzberg)的观点是战略现代概念的代表,他将战略定义为"一系列或整套的决策或行为方式",这套方式包括刻意安排的(计划性)战略和临时出现的(非计划性)战略,由此可见,相对于传统概念,现代概念更强调企业战略另一方面的属性——应变性、竞争性和风险性。事实上,企业大部分战略是事先的计划和突发应变的结合。"战略既是预先性的(预谋战略),又是反应性的(适应性战略)",换言之,"战略制定的任务包括制订一个策略计划,即预谋战略,然后随着事情的进展不断对它进行调整。一个实际的战略是管理者在公司内外各种情况不断暴露的过程中不断规划和再规划的结果"。

(二) 国际企业跨国经营战略的含义及构成

国际企业跨国经营战略是一种特殊的企业战略,是指国际企业在分析全球经营环境和内部条件的现状及其变化趋势的基础上,为了求得企业的长期生存与发展所作出的整体性、全局性、长远性的谋划及其相应的对策。换言之,国际企业的跨国经营战略,就是从机遇和风险的角度评价现在及未来的环境,从优势和劣势的角度评价企业的现状,进而选择和确定企业的全球、长远目标,制订和选择实现目标的行动方案。

同样,面对经济全球化的强烈冲击和错综复杂的外部竞争环境,国际企业不仅需要事先制定预谋战略,也需要适时调整其全球战略。国际企业只有在变化中不断调整发展战略,保持健康的发展活力,并将这种活力转变成惯性,再通过有效的战略不断表达出来,才能获得并持续强化竞争优势,构筑企业的成功。

按照企业的管理层次,国际企业跨国经营战略大致可分为三个层次:公司战略、业务战略和职能战略,其战略层次的构成要素与企业战略各层次的构成要素在大体框架上是一致的。但是,国际企业在规模、跨越国界的程度、企业所有权以及全球战略等诸方面,具有区别于一国企业的显著特征,所以,国际企业跨国经营战略各层次的构成要素有其自身特点:

(1)公司战略的构成要素。公司战略层次的构成要素主要从经营范围和资源配置两个方面展开。对于国际企业而言,东道国市场的进入与开发(如东道国市场的选择、进入东道国市场的方式等)、国际化战略定位(多国本土化还是全球化)、经营业务定位(公司的业务布局、归核化与多元化的选择等)、全球资源寻求(价值链的整合:研究开发、生产制造与市场营销的协调,供应链管理:生产筹供的选择等),等等,都是公司战略的重要内容。

(2)业务战略(竞争战略)的构成要素。业务战略层次的构成要素主要考虑竞争优势的定位和业务单位的资源配置。国际企业子公司、事业部、战略经营单位的业务战略包括基本竞争战略的定位、定价战略(价格歧视、转移价格等),等等。

(3)职能战略的构成要素。职能战略层次的构成要素着重于资源配置与协同作用两个方面,包括技术创新与技术转让、财务与融资、人力资源管理、市场营销、生产运作、组织结构等。

三个层次的战略之间是相互渗透的,它们的界限也很难简单地割裂开来。例如,定价战略是竞争战略的主要手段,但它又是营销战略的重要组成部分。又如,生产运作战略可以看作职能战略,而它又与价值链的整合密不可分。再如,组织结构是企业职能战略的一部分,而国际化战略的不同定位又涉及不同组织形式的选择等。

事实上,严格划分三个层次战略的边界既没有可能,也没有必要。三个层次的战略本身就是相互依存、相互制约的。

二、国际企业战略管理的含义和特征

(一)国际企业战略管理的含义

1965年,I. H. 安索夫(I. H. Ansoff)所著的《公司战略》的问世,是现代企业管理战略理论的开始。20世纪70年代,安索夫的著作《从战略到战略管理》正式提出战略管理(Strategic Management)的概念,标志着现代管理理论体系的形成。

国际企业战略管理可以定义为:国际企业面对错综复杂、竞争激烈的国际经营环境,以企业自身经营条件为出发点所制定的具有全局性、长远性、导向性和灵活性的关于生产、营销、采购、财务及人才培训等活动的跨越国界的总体性谋划,包括跨国经营总体目标的制定及其实现途径的选择。换句话说,国际企业战略管理就是在全球竞争分析(包括外部环境与内部条件分析)的基础上,确立国际企业的战略模式、战略目标与经营方向,进行战略规划,并组织实施与控制的全过程。

国际企业跨国经营战略是企业经营战略的一个分支,其制定和实施的步骤及方法服从于企业经营战略的总原则。

(二) 国际企业战略管理的特征

1. 集权与分权的均衡点运动更加灵活和频繁

跨国公司规模巨大,跨越国界程度宽广,分支机构地域分散,公司内部层次、部门众多,控制幅度大,组织结构相当复杂。如何既能保证公司战略成为公司各项工作贯穿如一的中心线索,又能使公司在全球日趋激烈的竞争中保持足够的灵活性,成为近年来跨国公司战略管理的重点课题。过度集权管理,可能导致跨国公司的本土化战略受到削弱,使公司对各地区的具体情况与问题的反应能力下降,丧失灵活性,患上"大企业病";但过度分权管理,又会导致公司战略无法有效实施。近年来跨国公司广泛流行"在思想上集权,在行动上分权"的做法,即总公司强化用战略思想与战略目标"教育"公司各机构、各部门的人员,同时又赋予这些机构和人员相当大的自主权以决定如何在公司战略框架内解决自己所面临的问题。这种做法较好地将集权与分权在战略框架内结合起来,也使得集权与分权均衡点的上下浮动更为频繁。

2. 战略控制手段由资本、人事过渡到信息

在传统的跨国公司中,对一个组织的控制是通过人事或资本控制来完成的,在有些企业中还可能是关键性的技术。在现代信息技术时代,这一情况发生了变化,在相当多的跨国公司中,首席执行官是通过手中握有的信息来实施战略控制的。

战略控制手段的变迁同时也反映出信息技术在现代社会的扩散。最显著的例子是互联网技术的运用使地理上的距离被无限压缩,代之以虚拟的或称数字的距离。互联网的发展为地域宽广的跨国公司带来了前所未有的机遇。各大跨国公司纷纷"触电上网",制定并实施网络战略。

3. 战略绩效评价标准的范围大大拓宽

跨国公司各业务单位分散在不同的国家和地区,经营业务千差万别,各分支机构的功能、水平可能相差甚远。这就要求跨国公司战略控制的重要手段——战略绩效评价标准的范围大大拓宽。传统的绩效评价指标大多局限于财务指标,其绩效评价也主要由财务会计人员完成。现在跨国公司认识到,过分强调销售额和利润等财务指标的重要性只会增加公司的短视行为,因此,更多的非财务指标如公司成长、商业信誉、战略优势的建立与维持等被开发出来并付诸应用。跨国公司对评价指标的选择也有时间性,其绩效评价标准是与各时期的战略目标相联系的。跨国公司设置多层次、多时期的战略目标,这既是灵活性的体现,又起到了很好的激励作用。

4. 冲突管理、利益协调、跨文化管理是战略实施中的重要保障

跨国公司在多种经济、社会、政治、文化环境下运行,各国相异的社会形态、发展模式、价值观等都使跨国公司所面临的外部约束明显不同于国内企业。跨国公司往往被视为东道国本体之外的一种异质,从而可能遭遇的冲突的数量和程度也远非国内企业所能比拟。再者,与国内企业相比,跨国公司内外部的利益相关者也复杂得多,多方的股东、经理、员工在同一企业中共事,加上形形色色的外部利益相关者,如果不能很好地协调各利益相关者的利益关系,公司战略也难以付诸实施。此外,文化的多元性不仅影响跨国公司的内部管理,也同样制约着公司在东道国的经营。对文化的敏感性可以穿越文化边界将产品营销到特定的市场。冲突管理、利益协调、跨文化管理等职能在跨国公司战略实施中发挥着重要的作用。

5. 灵活的组织设计和运作

全球经济日趋复杂,对跨国公司的组织设计与运作提出了相应的要求。任何单一的组织形式都无法适应战略实施的要求。跨国公司的组织设计应能够大大提高公司整体的创造力,使大多数人都能够在计划的公开交流、战略任务的分散化、机遇的优先发展,以及多方面衡量工作绩效的控制系统的帮助下展示自己的战略思想与行动能力。

三、国际企业对战略管理认识的发展阶段

国际企业对战略管理的认识大体经历了三个发展阶段:

第一阶段,计划与长期计划阶段。美国20世纪50年代后期和60年代早期开始关注企业战略问题。当时美国经济的繁荣为企业提供了发展机会,也给管理者提出了如何管理复杂的大型企业的问题。这类企业的主要问题是怎样协调个人的决策和保持高层管理人员对全局的控制。在这种情况下,作为协调与控制工具的年度财务预算在企业中得到了广泛的应用。但是,要想协调资本投资决策,管理者就需要具有长期发展的观念。这使得长期计划开始为管理者所重视。这一发展反映了经济扩张时期企业对协调和共同目标的关心。随着企业通过规模生产、批量销售、垂直一体化、在技术上的大量长期投资等方式来提高效率和控制风险,基于中期经济和市场预测的长期计划更为流行。那时,大多数美国大企业都设立了计划部。长期计划强调从企业内部进行观察,使人员、设备、技术、产品和财务等各种要素得到长期均衡发展。计划的重点主要放在自我诊断、扩张和兼并上。所以,20世纪60、70年代,多元化经营在许多企业的计划中成为关键的部分。

第二阶段,战略计划阶段。20世纪70年代,美国经济处于停滞状态,众多多元化企业的失败不仅减慢了企业向混合公司发展的速度,更重要的是它增加了经济的不稳定性。20世纪70年代后期,世界进入一个相当动荡的时期,日益增加的国际竞争已进一步威胁到企业的生存和稳定。同时,美国企业在广泛的全球性行业(从钢铁到银行业务)中的领先地位面临严峻的挑战,这迫使企业放弃其中长期计划,转而求助于更灵活的战略计划方法。此时,企业计划的重点转向行业,企业要在严峻的竞争环境下,研究自身所处的行业,认真对待潜在的进入者、供应者、顾客、替代产品以及本行业内的竞争者。

第三阶段,战略管理阶段。20世纪80年代以后,美国企业进入全球性竞争,战略思维进一步拓宽。对竞争优势的分析又日益转向企业内部。竞争优势被认为更多地依赖于独特的内部资源和能力而不是依赖于企业的市场定位。在这一阶段,人们开始更多地研究企业的内部资源和核心能力,将战略管理的注意力集中到如何建立动态竞争优势、革新和内部管理合理化的关键作用上。如今,战略管理出现了鼎盛时期,不仅涌现了大量的研究成果,而且有了大量的企业实践活动,使企业进入了战略制胜时代。

四、国际企业战略管理的过程

从图4-1可以看出,国际企业战略管理包括以下主要过程与内容。

第一,竞争分析。竞争分析包括企业外部环境与内部条件分析两个部分。企业外部环境分析涉及国际及国内的政治、经济、科技、文化、社会的变化规律和发展趋势,重点分析行业与市场结构、竞争对手与潜在进入者、供方(卖方)、买方(客户)、替代产品等对企

业提供的机会与造成的威胁。企业内部条件分析的重点是从企业的有形资源(包括人、财、物、设备等)与无形资源(包括专利、专有技术、商标与商誉、企业文化等)入手,对企业的优势、劣势及潜力作出全面评估。

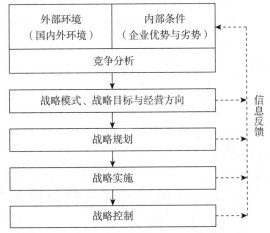

图 4-1 国际企业战略管理的主要内容与过程

第二,战略模式、战略目标与经营方向的确立。企业战略模式、战略目标与经营方向是在系统的外部环境与内部条件分析的基础上形成的,是战略规划的主要依据与指导思想。

第三,战略规划。战略规划就是运用各种定性与定量相结合的规划理论、方法进行评价、论证及选择的过程。

第四,战略实施。战略实施是指企业通过一系列行政与经济手段,组织、调配企业内外一切可以利用的资源和条件,把各种战略规划方案从理论构想转化为具体行动的过程。企业战略的实践表明,战略制定(包括第二、第三阶段战略管理的内容)固然重要,战略实施同样不可低估。一方面,一个良好的战略仅仅是战略成功的一部分,只有保证有效地实施这一战略,企业的战略目标才能顺利实现;另一方面,如果企业没能制定出完善、合适的战略,但是在战略实施中,能够克服原有战略的不足之处,也有可能最终导致该战略的完善与成功。事实上,战略制定与实施之间的界限正在逐渐模糊。

第五,战略控制。战略控制是战略管理过程中不可忽视的环节。战略控制贯穿于战略实施的全过程之中,首先必须制定切实可行的控制标准,建立完整的控制与评价系统,以便及时发现偏差,并采取相应的纠偏与调整对策。

五、国际企业战略管理的意义

制定国际企业经营战略意味着企业放眼世界市场和世界资源分布。跨国经营战略是为了以多国为基础来优化运作,而不是将跨国运作只看作多个相互独立的国家经营活动的简单组合。一个科学合理的战略计划对国际企业的生存和发展有着积极的推动作用。它的意义大致有:

(1) 为将各子公司在全球范围内联系在一起提供手段,把各分支机构和子公司联结起来,加强企业的统一性、合作性和协调性,强化企业在世界市场上的整体功能,使各子公司围绕总体目标相互配合,步调一致地在全球范围内开展生产经营活动,达到既定的经济目标。

（2）为预计和应付环境变化提供途径，使企业接受变化、适应变化。具有长期性、预期性的经营战略使企业在不断变化的企业环境格局中看到机会，并通过采取各种创新手段适应和利用这些变化。

（3）为企业协调和整合各种各样的分散在各国的业务提供工具。通过对资源利用和产品销售的全球统一调配，提高资金、技术、人力和物力的使用效率，使资源得到合理配置，获得来自全球的最大效益。

（4）经营战略为企业提供新的中枢管理，它提出未来结果的现实模型，使企业朝既定目标前进。

总之，国际企业的经营战略是国际企业在生产经营活动中必不可少的一个环节，它的积极指导作用是十分明显的。一个成功的国际企业，必须有一套科学、合理同时又适合客观环境和经营特色的公司战略。

第二节　国际企业的战略模式选择与经营业务定位

一、国际企业的战略模式

企业国际化战略方案的制订在很大程度上受国际企业战略取向的影响。企业的战略取向涉及企业的高层管理人员对待国际化的基本态度，它通常反映在企业的战略方案中。H. V. 帕尔马特（H. V. Perlmutter）把企业的国际战略取向分为母国中心（Ethnocentric）、东道国中心（Polycentric）和全球中心（Geocentric）三类，这三种战略取向被称为 EPG 模型。之后，他和 D. A. 希南（D. A. Heenan）合作又提出了第四种战略取向，即区域中心（Regioncentric）。四种战略取向合称为 EPGR 模型（如图 4-2 所示）。

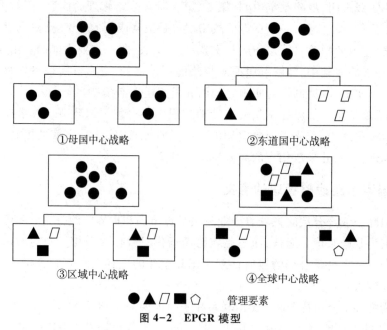

图 4-2　EPGR 模型

由于国际企业的成长历史、领导者的素质与风格、企业的行业与经济环境有很大的不同,因此逐步形成了不同的经营战略模式。如果我们以经营管理的基本战略思想作为基准线,大致可以把现有的国际企业战略模式区分为四种主要类型(如表4-1所示)。

表4-1 四种跨国经营战略模式比较

战略模式 管理层次	母国中心	东道国中心	区域中心	全球中心
(1) 战略重心	全球一体化	东道国国民反应	区域一体化及东道国国民反应	全球一体化及东道国国民反应的折中与混合
(2) 组织结构	产品分部为主	地区分部及有很大自主权的子公司	产品分部与地区分部相结合	网络结构、矩阵或多维结构
(3) 决策方式	集中、自下而上	区域内子公司间磋商决定	公司各级互相磋商决定	系统决策
(4) 信息沟通	总部下达大量命令、指示	来自总部的信息较少,子公司间不大沟通	区域内纵向、横向沟通	全球性纵向、横向沟通
(5) 文化特征	母国文化	东道国文化	区域文化	全球性文化
(6) 生产方式	大量生产	批量生产	灵活制造	灵活制造
(7) 产品开发	以母国需要为主	以东道国需要为主	以本区域需要为主	全球性产品
(8) 利润调配	以调回母国为主	以保留于东道国为主	区域性调配	全球调配
(9) 人事政策	母国人员	东道国人员	区域内人员	利用各国优秀人才
(10) 价值链优势环节	不典型	多数以下游环节为主	多数以下游环节为主	以上游环节为主或上、中、下游兼有
公司实例	中国石化集团	联合利华在印度的子公司 克莱斯勒在英国的子公司	怡和集团 太古集团	IBM 中国台湾地区的宏碁电脑公司

(一) 母国中心模式

这种模式的企业战略,以母国和母公司的利益与文化价值标准作为决策的根本指导思想。决策方式以集中式为特点,总部下达大量的命令与指示,组织结构以产品分部为主,其他如产品开发、利润调配、人事政策,无不反映了这种"母国中心"的特色。但与全球中心模式相比,母国中心模式企业的价值链结构优势环节并不典型和突出。

在2018年《财富》世界500强排行榜中,中国石化集团公司以3 269.53亿美元的营业收入排名第3位。中国石化工业是从20世纪70年代真正发展起来的,通过技术引进、自身研究开发和消化吸收,已经建立起比较完善的工业体系和经营规模。近年来,中国石化集团不断完善成品油贮运设施,建立了较完善的油品批发、零售、服务体系,组建了产品网上交易平台,提高了营销服务水平和市场开拓能力。中国石化集团是由几个大型国营石化公司合并组建而成的,其组织结构、人事政策、决策方式具有母国中心战略模式的特点。

(二) 东道国中心模式

这种模式可以说是对应于母国中心模式的另一个极端。采用这种模式的跨国公司,主要的战略重心在于更好地适应东道国的环境,更为注重东道国的反应。其决策方式是分散的,组织较松散,子公司的东道国文化色彩浓厚,以雇用、训练东道国人员为主,甚至由东道国人员担任子公司的高级职务。其价值链优势以下游环节居多。这一战略模式的跨国公司我们选取两个实例。其一是联合利华公司在印度的子公司。由于印度在很长一段时间对跨国公司采取比较严厉的政策,在20世纪70年代甚至迫使美国可口可乐公司撤出投资,只有少数西方公司如联合利华印度子公司当时被迫采取了强烈东道国色彩的东道国中心模式,才得以在印度存活下来。其二是克莱斯勒在英国的子公司。如果说联合利华印度子公司采用东道国中心模式是"不得已而为之"的话,那么,克莱斯勒英国子公司则是积极主动地以英国东道国文化及"英国国民反应"为战略定位,利用英国宽松良好的投资环境、训练有素的技术人力、相当规模的国内市场,将业务拓展到整个西欧大陆。

(三) 区域中心模式

区域中心的战略模式是母国中心与东道国中心这两种极端模式的折中。它所考虑的战略重心是兼顾区域内子公司形成的一体化以及各个东道国的反应,尽可能在区域内各子公司的利益与各东道国的利益之间取得妥协及平衡,在各个管理层次上也反映了这种区域中心及区域文化的特征。在此,我们以中国香港地区的两家英资企业——怡和集团和太古集团为例。怡和集团和太古集团都是1840年英国殖民香港后开始发迹的,1949年它们的经营重心是中国长江下游的沪宁一带及华南地区,1949年后两家公司退出中国内地,其经营基地仍在中国香港地区,但20世纪60—70年代两家公司积极在东南亚及亚太地区扩张,1978年改革开放以后重回中国内地,并在中国台湾地区积极拓展业务,因此,在战略模式定位上带有浓厚的"中华经济圈"和"亚太经济圈"色彩,是典型的区域中心模式的样板。

(四) 全球中心模式

这种战略模式的本质是全球性的系统决策模式,其组织也呈网络系统结构,可以看作前面三种模式的综合与提升,在各个管理层次上体现了全球文化的深刻内涵。我们在此选择美国IBM公司和中国台湾地区的宏碁电脑公司作为全球中心模式的样板。IBM公司被公认为世界电脑硬件之王和"蓝色巨人",它之所以在价值链上拥有战略优势环节,确切地说,并不完全是因为"大"的缘故。IBM的竞争优势在于它实施全球中心模式所建构的遍布全球的销售、维修、售后服务系统,它正是在这个价值链环节上占有巨大的垄断优势。由中国台湾地区的著名企业家施振荣领导的宏碁电脑,尽管在组织、资金、技术及声誉上难以与IBM相提并论,但其经营理念和战略定位与IBM何其相似,如果把宏碁电脑形容为发展中国家和地区高科技产业的"蓝色小巨人",一点儿也不为过。

二、国际企业的经营业务定位

(一) 国际企业的业务开发方向

国际企业的业务开发方向可以从两个角度考虑：一是产品、市场的扩张，二是企业横向、纵向、多样化边界的扩张。

1. 产品、市场的扩张

研究企业的产品、市场扩张方向的基本框架，是安索夫的"产品-市场战略组合"矩阵。安索夫大学期间的专业为工程和数学，毕业后进入工业部门工作，后出任美国洛克希德公司副总裁。他45岁时离开商界转而从事教学和研究工作，最终成为世界著名的战略管理学家。作为战略管理理论最重要的创始人之一，安索夫1965年在他的《公司战略》一书中根据产品和市场的不同组合情况提出了四种基本战略：市场渗透战略、市场扩张战略、产品差异化战略和产品多样化战略，如表4-2所示。

表4-2 安索夫矩阵

产品＼市场	现有市场	新市场
现有产品	市场渗透战略	市场扩张战略
新产品	产品差异化战略	产品多样化战略

企业的现有产品在现有市场上可以通过市场渗透战略实现企业的增长。市场渗透战略主要依赖于通过扩大市场份额或提高消费者对产品的使用频率及使用量等措施来实施。市场扩张战略是企业通过为现有产品寻找新市场来实现企业增长的一种战略。为了开拓新市场，企业必须开发现有产品的新用途或者定位于新的细分市场、新的消费群体。当企业通过为现有市场提供新产品的方式实现企业的增长时，可以采用产品差异化战略。实施多样化战略要求企业为新市场提供新产品，其可以达到增加赢利和降低风险的目的。

安索夫的战略模型本身并没有把市场区分为国内市场和国际市场。如果把安索夫的研究扩展到国际市场，国内企业也向国际市场提供产品，从事国际化经营的话，企业能否从中受益呢？

情况一：现有产品与现有市场。企业的现有产品要在现有市场上扩大市场占有份额，靠的主要是成本优势和服务优势。如果企业已经具备了特定的国际市场(即现有国际市场)，就可以通过增加向该国际市场的产品出口，来实现规模经济效益。此外，企业也可以在生产资源低廉的其他国家设立分厂生产现有产品，以降低产品的生产成本，提升产品的竞争力，从而使产品在国内和国际现有市场的销售额进一步提高。企业产品在现有国际市场上的成功也会提高企业在国内市场的知名度及信誉度，从而促进产品在国内市场的增长。

情况二：现有产品与新市场。企业通过国际化的经营活动，为企业的现有产品寻找国外新市场会有助于企业市场扩张战略的实现。市场扩张战略在国内的实施主要靠开发现有产品的新用途或者新的细分市场定位，而该战略在国际范围内的应用，使企业可以不依赖于开发新产品、新用途，只需要为现有产品寻找合适的国外客户。此外，企业还可以通过与国外厂商签署特许生产和经营协议、技术合作协议以及在海外直接投资生产该类产品等国际化经营方式实现市场扩张战略。

情况三：新产品与现有市场。安索夫的产品差异化战略主要用于企业在国内现有市场上推行新产品。一方面，企业的国际化可以使企业从国外获得先进产品的生产技术和新鲜的产品设计与生产思路，从而提高产品质量和高新技术含量，促进企业新产品在国内市场的销售。国内外许多厂商利用这种方法取得了很好的效果。中国市场上也常见到如"本产品采用德国先进生产工艺生产""本产品的款式由法国设计师设计"等宣传，以强调产品的质量和特征。另一方面，企业的国际化也可以表现为企业在国内生产的新产品出口到国外的现有市场，或者由企业的海外子公司生产新产品，并在海外的现有市场上销售和返销到国内的现有市场，这些都有利于企业实现规模经济，提高企业的产品竞争力。

情况四：新产品与新市场。为了增加赢利和降低风险，许多企业采用产品多样化战略。它们由单一产品生产向多元产品生产转变，不断开发新产品，开拓新市场。企业的国际化可以使企业引进新技术和新产品，开拓国内外新市场；国内生产的有竞争力的新产品也同样可以开拓国际新市场。这些无疑都有助于企业的进一步发展。

上述分析表明，安索夫的战略发展方案与企业的国际化相结合能使企业有更大的发展空间；国内和国际新老市场的充分利用，能提高企业的国内和国际竞争力，促进企业的发展。

当然，安索夫的战略模型还主要局限于从市场营销的角度研究企业发展的方案，并没有涉及企业通过采购、生产和管理等领域的改进，降低生产成本，获取和保持竞争优势的问题。他的研究与20世纪中期企业采用的发展战略以及企业国际化发展初期的状况相适应。

2. 企业边界的延展方向

产品-市场组合矩阵从产品和市场扩张的角度描述了发展战略的四个方向，从企业的横向、纵向、多样化边界扩张角度也可将企业的发展方向归纳为以下四个：

（1）横向一体化，是指企业与在同一经营领域的企业或经营单位进行联合。企业实行横向一体化以后，会扩大资源，提高市场占有率，但它也存在整个经营业务限制在原行业范围内，不得自由发展的问题。例如，2000年8月，青岛啤酒股份有限公司收购美国亚洲战略投资公司持有的北京亚洲双合盛五星啤酒有限公司及北京三环亚太啤酒有限公司股权，从而进入北京市场，实现横向一体化。

（2）纵向一体化，即沿着产业价值链的方向连续扩张，可分为前向一体化和后向一体化。前向一体化是指企业与生产链的下游进行联合，占有销售渠道和最终顾客；后向一体化是指企业与生产链的上游进行联合，获取原材料供应的渠道和资源。企业通过纵向联合，可以降低生产成本，改善自己在市场上的竞争地位。但是，企业仍会受到原有的市场和行业波动的影响。例如，美国铝锭生产企业阿尔科向其下游产业——轧铝板生产实行纵向一体化（前向一体化）；又如，美国通用汽车公司向其上游产业——汽车零部件生产实行纵向一体化（后向一体化）。

（3）相关多元化，即向具有相关技术或相关市场的领域扩张。比如，青岛海信集团公司将其产品——电视扩展为空调、计算机、超级VCD、DVD、电话、家庭影院等七大门类，实现了相关多元化的扩张。

（4）不相关多元化，即向与本企业原有的产业完全不相关的产业扩张。例如，中国远洋运输总公司发展金融、房地产、旅游等业务，三九药业集团进入金融领域等都是不相关多元化。

后两种方向与前面的安索夫矩阵得出了相同的结果。

（二）国际企业"归核化"的战略趋势

1. 企业核心能力

核心能力（Core Competence）是20世纪90年代欧美企业管理理论界兴起的一种企业战略新理论，被认为是企业战略理论在20世纪90年代的最新发展。

1990年，美国学者C. K. 普拉哈拉德（C. K. Prahalad）和英国学者G. 哈默尔（G. Hamel）在《哈佛商业评论》上合作发表了《公司核心能力》一文，1994年哈默尔与普拉哈拉德又出版专著《竞争未来》，由此在西方管理学界掀起了关于核心竞争能力的研究与讨论的高潮，对企业界也造成很大的影响，现在"核心能力""核心业务"已成为流行的术语。

企业核心能力，用创始者的话来说就是一个组织中的积累性学识，特别是关于协调不同的生产技能和有机结合多种技术的学识。它是一个企业所具有的在本行业独树一帜的、难以复制和模仿的能力，可实现用户重要的、高于竞争对手的价值，可提供进入广阔多样市场的潜能，是长期利润的源泉。

2. 国际企业"归核化"的战略趋势

世界著名的管理大师彼得·德鲁克（Peter Drucker）在20世纪80年代初曾指出，今天典型的大企业是多样产品、多种技术和多种市场的多元化经营的企业。美国大企业20世纪50年代起施行的多元化战略在70年代达到高峰，80年代进入战略转换期，90年代多数企业则实施归核化（Refocusing）战略；欧洲大企业的这种战略转换比美国晚5～8年，90年代中期才陆续实施归核化战略；在亚洲，韩国大企业在金融危机中才开始实施归核化战略；而日本的大企业至今只有少数实施归核化战略。

归核化战略的要旨是：①把企业的业务归拢到最具竞争优势的行业上；②把经营重点放在核心行业价值链中自己优势最大的环节上；③强调核心能力的培育、维护和发展；④重视战略性外包这种新兴的战略手段。

实施归核化战略的主要措施有以下几种：

（1）出售和撤销。这一措施将出售非核心业务或撤销相关部门和机构，重组人员和资产，这在通用电气等公司的战略实施中被大量采用。

（2）收购及剥离。为加强核心业务而收购相关企业，有些情况下再把收购企业中与核心业务无关者剥离出来出售。

（3）分拆。分拆是指为强化经营力度而将一个企业分拆为两个或更多个企业。例如，1995年ITT公司和AT&T公司都一分为三，惠普公司在1999年一分为二。

（4）战略性外包。这是指将非核心业务分包给其他企业去做。这是一种历史久远的经济活动，但自20世纪90年代以来，它上升为最具特征的公司战略活动。今天全球经济中的成功者已经学会把精力集中在经过仔细挑选的少数核心业务上，而通过外包把一些重要的但非核心的业务交给外面的"专家"去做。战略外包大大提高了本企业的运营效率,而所需的费用却可能比以前还少。战略性外包在美国大企业已成趋势,约占全球外包额的60%;欧洲大企业其次;日本大企业则较少。

归核化战略并不等于专业化战略,多数大企业归核化以后仍有多项核心业务,例如通用电气公司的业务仍多达十几个。即使分拆后的那些企业所经营的行业仍然很多,它们的多元化程度也比原来有所降低。大型跨国公司真正实行专业化战略的,如果有也是极少数。归核化战略可以称为"围绕核心能力的适度多元化战略"。

第三节 国际企业战略分析工具

国际企业在制定战略的过程中要使用各种定性和定量的方法,本节简要介绍其中的几种战略分析工具。

一、迈克尔·波特的战略模型

迈克尔·波特毕业于美国普林斯顿大学航天和机械工程专业,1971年获得哈佛大学工商管理硕士(MBA)学位,1973年获得经济学博士学位。波特致力于竞争优势和竞争战略的研究,是美国许多著名企业和跨国公司的竞争战略顾问。他不仅影响过美国相关经济政策的制定,还兼任一些外国政府的顾问,如葡萄牙和印度等国。

20世纪80年代,波特在对企业竞争优势研究的基础上提出了通用战略模型,之后又提出了国际战略模型。

(一)通用战略模型

波特在分析企业的竞争优势时提出,企业可以通过五种力量来评价竞争环境。这五种力量是:客户议价力量(Bargaining Power of Buyers)、供货商议价力量(Bargaining Power of Suppliers)、新竞争者的威胁(Threat of New Entrants)、替代品的威胁(Threat of Substitutes)和竞争(Rivalry)(如图4-3所示)。

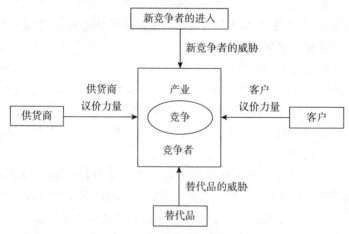

图4-3 产业竞争的五种力量

客户在市场上可选择的余地越大,其议价力量就越强。企业为了保持竞争优势,避免客户转向其他竞争者,就必须采取如降价或提供更多、更好的服务等措施。

同一行业的供货商数量越多,供货商的议价力量就越弱,企业就可以利用其竞争优势地位得到低价供货。

市场上的替代品或替代服务越多,对企业的威胁就越大。企业必须对替代品作出正确的预测和分析,采取抵消替代品影响的各种措施,改变自己不利的竞争地位。

新竞争者的进入会威胁到企业的竞争优势地位。企业需要通过降低成本、提高客户对产品的忠诚度以及依靠政府采取关税等经济政策阻止或减少新竞争者的进入威胁,以保持竞争优势地位。

为了保持自身的竞争优势,企业还必须分析现有竞争者之间的竞争状况,预测其发展趋势,以便采取相应的战略。

总之,一个企业要想在特定市场上赢得和保持竞争优势,就必须分析上述五种力量,并面对它们的挑战。

企业如何利用自己的竞争优势?波特认为,企业的竞争战略优势可以分为两大类:一是成本优势,二是服务优势。这两种战略优势可以定位于两类不同的市场,即整体市场和局部市场。依此波特提出了他的"对付竞争力量的可行方法",即三种通用战略和四种组合(如图4-4所示)。

	战略优势	
	差异化	低成本
整体市场	差异化战略	总成本领先战略
局部市场	专一化战略 (差异化)	专一化战略 (成本领先)

战略目标

图4-4 波特的通用战略矩阵

差异化战略(Differentiation):面对整个市场,企业依靠服务优势为客户提供更多的产品附加价值,如更高的质量、更好的服务、更有特色的产品等;而客户需要为此付出较高的价格,这可以弥补企业在成本方面的劣势。

总成本领先战略(Cost Leadership):面对整个市场,企业充分利用其成本优势,以尽可能低的价格提供产品和服务。降低成本,保持成本领先的优势地位是企业实行成本领先战略的关键。

专一化战略(Focus):又称集中化战略或重点战略。如果企业只在局部市场上具有成本优势或服务优势,那么,企业就应该专攻某一细分市场,采用局部市场的差异化战略或局部市场的成本领先战略。

波特认为,一个企业必须把注意力集中在上述通用战略的任何一种组合上,否则就会遇到麻烦。当一个企业处于缺乏市场份额和资本投入的情况时,它就必须采用成本领先战略,而行业范围的差异化不可能容纳低成本定位,也不可能在较小范围内采取既差异化又低成本的方法。介于二者之间的战略成功的可能性很小,因为它既会失去大量的追求低价位产品的客户,又会失去差异化产品的市场(因为这一市场已为实行差异化战略的企业所占有)。

波特提出的通用战略模型和上述观点被当时的企业看作解决企业战略问题的合理方法。但是,实践的发展却使企业不得不在所有方面与对手展开竞争。企业必须在实现产品差异化的同时,成为总成本的领先者。而且,企业不仅要面对国内的竞争,还要面对国际的竞争。为此,波特不得不对他的通用模型进行修改和补充。

(二)国际战略模型

波特在20世纪80年代末期提出了适应国际企业需要的国际战略模型(如图4-5所示)。

	战略优势	
	全球战略	以国家为中心的战略
整体市场	全球成本领先　全球差异化	受保护市场
局部市场	全球细分	当地响应

图4-5　波特的国际战略模型

在这一模型中,企业的战略优势被划分为全球战略优势和国家战略优势,企业的战略目标市场仍然被划分为整体市场和局部市场。依此企业有四种战略可以选择:

全球成本领先战略或全球差异化战略:企业在总成本或产品的差异化上具有全球优势,应采取全球战略,定位于整个市场,尽量发挥自己特有的战略优势,以争取全球客户。

全球细分战略:企业在全球范围的某一特定细分市场具有优势,就应努力为这一特定领域提供产品或服务,采取专攻某一特定细分市场的战略。

受保护市场战略:不同国家的市场可能会有各种不同程度的保护本国市场的规定与措施。针对这种情况,企业在进入某一国家的市场前,需要对各国的市场进行分析和鉴别,选择能够得到东道国政府保护的国家进行投资。

当地响应战略:企业的优势如果只表现在某一国家的特定领域方面,企业就应采取当地响应战略,尽量满足当地对产品、销售、市场习惯等方面的特殊要求。

当波特把他的价值链概念与通用战略结合起来用于战略分析时,就形成了下述四种国际战略类型(如图4-6所示)。

	活动配置类型	
协调程度 高	高投资高协调战略	纯全球战略
协调程度 低	以国家为中心的战略	以出口为基础的战略
	地域分散	地域集中

图4-6　波特的四种国际战略类型

以出口为基础的战略:是一种最简单的战略,多为刚实行国际化的企业所广泛采用。

以国家为中心的战略:国际企业的各个子公司之间很少或无须协调,每个国家的子公司完成自己的一套价值链活动。

高投资高协调战略:企业通过协调各个子公司的分散活动,以求降低成本,并实现资源共享。

纯全球战略:要求企业对地域集中程度高的活动进行高度协调。

二、普拉哈拉德-多兹的战略模型

美国密歇根大学教授普拉哈拉德先后与哈默尔和多兹合作,著文对流行的战略模式和相关战略概念,如"战略匹配""通用战略"和"战略经营单位"(SBU)等提出质疑。其指出,由于新的竞争者以完全不同的方式对待国际战略问题,因此国际企业也不应固守战略定式。战略应定位于允许企业去实现那些超越规划能力的目标。企业不应依据战略经营单位,而应依据企业的核心能力来建立自己的竞争优势。核心能力能够为企业提供进入各类市场的潜力,使企业明察消费者的利益,并使企业具有竞争对手难以仿效的能力。

普拉哈拉德-多兹的战略模型可以用他们二人提出的一体化-响应方格图来说明(如图4-7所示)。

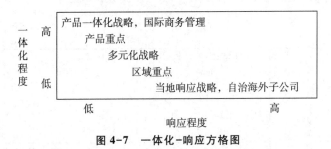

图 4-7 一体化-响应方格图

该战略模型的纵坐标表示产品一体化程度的高低,横坐标表示对市场需求作出响应的速度的快慢,即响应程度的高低。存在不同的因素能够促使国际企业提高产品一体化程度或者响应程度。国际企业要想建立和保持持久的竞争优势,必须处理各种不同的压力,例如行业压力、全球化压力、本地化压力、成本压力、技术压力、竞争对手的压力以及客户需求变化的压力等,在一体化-响应方格图内选择相应的战略,并适时地从一种战略向另一种战略转变。

图4-8是一个一体化-响应方格图的应用实例。图中纵坐标表示全球产品一体化活动的潜在收益程度。全球产品一体化程度越高,因规模经济和低成本高效生产给企业带来的收益就会越大。横坐标表示响应的收益程度。对于各国在产业结构、分销体系和政府限制等方面存在的差异,企业作出的不同响应会给其带来程度不同的收益。例如,丰田汽车公司的成功依赖于实施全球产品一体化战略,其汽车的开发与制造采用在日本本土集中化规模经济生产的方式;而菲亚特汽车公司则实施传统的跨国经营战略,其致力于在不同国家建立合资企业,在当地生产汽车,以求从对当地市场需要的快速响应中获利。采用当地响应战略常常能够得到当地政府的支持,从而可以形成受保护的国家市场,有效阻止外来新竞争者的进入。

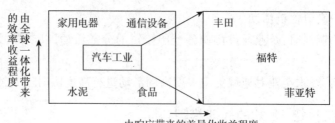

图 4-8 一体化-响应方格图应用实例

三、业务组合分析模型

(一) 销售额增长率-市场占有率矩阵

这种方法是由美国波士顿咨询公司(BCG)发展出来的,所以也叫 BCG 矩阵。图 4-9 所示的是最简单的形式,只有四个方格,图中横坐标是以相对市场占有率表示的相对竞争地位,纵坐标是销售额增长率。按照销售额增长率及市场占有率的高低(注意:横轴为左高右低,纵轴为上高下低)分成四个方格。四个方格分别以"狗区"(A 区)、"野猫区"(B 区)、"明星区"(C 区)、"金牛区"(D 区)命名。

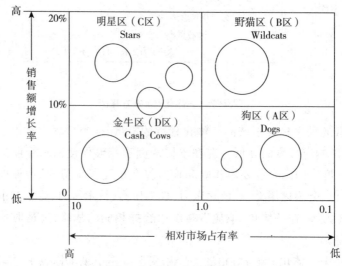

图 4-9 BCG 矩阵示意图

图 4-9 的纵坐标是销售额增长率,它反映的是某种产品所属行业在市场上的吸引力。之所以选择销售额增长率来代表市场吸引力,是源于直接投资理论中的产品生命周期理论的基本概念,该理论是以市场销售额增长率的变化来判断和界定某一产品处于形成、成长、成熟及衰退期的哪一个阶段。在图 4-9 中以 10% 作为销售额增长率高低的分界线,在分界线以上的产品,属于形成或成长期;在分界线以下的产品,则处于成熟或衰退期。

销售额增长率可按下述公式计算:

某产品的销售额增长率 =(本年度总销售额 − 上年度总销售额)/上年度总销售额

图 4-9 的横坐标是相对市场占有率,它的计算公式如下:

相对市场占有率 = 本公司某产品本年度销售额/主要竞争对手某产品本年度销售额

由于相对市场占有率与累计产量、经验曲线以及单位产品成本之间有着密切的关系,特别是经验曲线效应引起单位产品成本下降,若以对数表示,则此下降特征呈线性规律,因此,图4-9的横坐标用对数表示,而且,以1.0作为相对市场占有率高低的临界点,高于1.0者属于相对市场占有率领先的产品,低于1.0者则属于相对市场占有率非领先的产品。

BCG矩阵适用于具有两个以上经营单位(如分部、子公司等)的企业的战略方案选择,每个经营单位具有几种不同的拳头产品,根据各产品的相对市场占有率与销售额增长率,就可以确定该产品处于矩阵图中的哪一个区。现在我们分析一下各区所代表的含义(图中的小圆圈表示不同产品或经营单位,直径大者销售额高)。

(1)狗区(A区):Dogs直译为狗,但又有"废物、无用"的意思。该区的产品(或经营单位,下同)处于相对市场占有率与销售额增长率双低的状态,利润很少,甚至已亏本,没有多大发展前途。因此,处于该区的产品和业务一般采取"收割"战略,即尽量利用,只回收不投资,或者干脆放弃或转让。

(2)野猫区(B区):Wildcats除了"野猫"的意思,还有"没有把握"的意思。处于该区的产品销售额增长率高而市场占有率低。业务增长快表明正消耗大量投资,而市场占有率却往往与利润有关,因此,问题在于如何提高该产品的市场占有率,促使它进入明星区或金牛区。如果经过考察,该产品(或业务单位)不可能再提高其市场占有率,而且,有向下滑落到狗区的趋势,则应当采取"收割"或"放弃"的战略。

(3)明星区(C区):该区的产品具有"双高"的特点,即销售额增长率与市场占有率都高。这说明产品利润很高,投资机会很好,但由于业务增长快,消耗的投资资金也很多,因此,赢利率不如金牛区。这时,应采取继续投资、大力发展该产品的战略,促使该产品向金牛区移动。

(4)金牛区(D区):位于该区的产品是"一高一低"。市场占有率高,则产生高额利润及大量现金,也就是"金牛"的本意。销售额增长率低则包含两层含义:第一,该产品可能已处于生命周期的成熟期;第二,消耗的投资资金不多。对此,应采取维持现状及巩固现有地位的战略,进行适量的投资。金牛区的产品所提供的大量现金,可以支持处于野猫区及明星区有发展前途的产品。

对于上述BCG矩阵要把握住两个关键:一是动态的观点,即各区内的产品的位置是变化的,即使是处于金牛区的产品,也随时有掉入狗区的可能;二是把BCG矩阵和产品生命周期理论结合起来理解会更有启发。BCG矩阵是一种最早发展并且得到广泛应用的战略规划方法,它使企业在进行战略规划时对有关产品所处的地位一目了然,为战略的制定提供了具有一定科学性的依据。BCG矩阵除了应用于企业产品的有关战略规划,还可以用于企业兼并前对被兼并对象的业务评估。

尽管BCG矩阵是企业战略规划的有效方法,并且成为其他规划方法的发展基础,但它也有以下若干不足之处:第一,仅以相对市场占有率和销售额增长率两个指标来规划、衡量产品,显得过于简单,与国际市场竞争的复杂情况有较大差距。第二,BCG矩阵示意图中的相对市场占有率与累计产量、单位产品成本及经验曲线效应有密切的关联,但经验曲线效应的大小与不同行业和市场结构又有着复杂的互动关系。在某些产业中,市场占有率的提高能使单位产品成本很快下降,而在另一些产业中,这一趋势却不明显,某些产品的市场占有率尽管很低,但通过市场细分、产品创新或差别化等策略仍可使利润率达到较高的水平。因此,对于情况复杂的产品,除了应用 BCG 矩阵规划方法,还必须借助于其他定性、定量分析方法以及有关财务数据加以验证和补充。

（二）麦肯锡矩阵

麦肯锡矩阵(Mckinsey Matrix)是美国麦肯锡咨询公司首先采用的战略规划方法。它针对 BCG 矩阵的不足之处,采取了以下两项重要的改进措施:第一,把 BCG 矩阵的四个方格增加为九个方格,扩大了战略规划的选择范围;第二,把 BCG 矩阵中的销售额增长率（纵坐标）及相对市场占有率（横坐标）分别以行业吸引力和企业竞争地位两个综合参数加以取代。由于麦肯锡矩阵最先应用在美国通用电气公司(General Electric, GE)的战略规划业务上,因此,西方学术界通常也把它叫作 GE 矩阵或行业吸引力-企业竞争地位矩阵。

如图 4-10 所示,GE 矩阵的纵坐标表示行业吸引力,而影响行业吸引力的主要变量有市场规模,行业平均利润率,行业市场竞争结构,行业的季节性与周期性特征,规模经济特征,对技术与资金的需求特征,政治、经济、法律、社会文化等综合投资环境因素等。GE 矩阵的横坐标表示企业竞争地位,而影响此参数的因素主要与企业内部的各种可控变量有关,包括市场占有率、制造与研发能力、产品质量、价格竞争力、管理及营销技能等。每一项产品或业务在图 4-10 中以不同半径的圆圈表示,圆圈的面积代表该项产品或业务的市场规模,圆圈中的扇形部分则代表某产品或业务的市场占有率。而每一圆圈圆心在矩阵坐标上的位置则由该产品或业务的行业吸引力及企业竞争地位的数值决定。

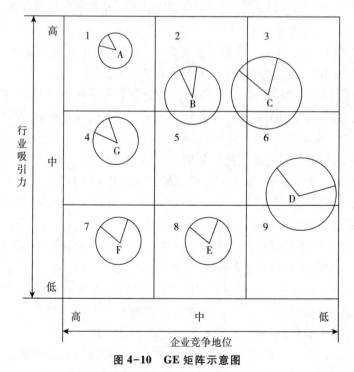

图 4-10　GE 矩阵示意图

GE矩阵中的九个象限大体可以归纳出三种基本战略选择:第一种类型是处于图4-10中左上角的三个象限(即图中阿拉伯数字1、2、4代表的三个象限)中的A、B、G三种产品或业务,处于"双高"(即行业吸引力高、企业竞争地位高)的态势,属于"拳头产品",应尽量优先投入资源,促使A、B、G业务继续发展。第二种类型是处于图4-10中右下角6、9、8象限的D、E产品或业务,一般应采取停止或减少投入的"收割"或"放弃"战略;如果D、E产品或业务仍有一定的效益,则最多只能采取"维持"战略。第三种类型是图4-10中7、5、3象限以F、C为代表的产品或业务,其战略态势位居第一、第二种类型之间,在企业战略资源投入时一般应安排次优先的,但在对每一项产品或业务进行具体分析的前提下,也不排除灵活应变的处理方法。例如,对于C产品或业务来说,其位置大部分在第3象限,但有一部分已进入第2象限,另一部分仍在第6象限中。如C产品或业务进入第2象限的可能性很大,则不妨采取优先扶植的办法使其尽快转变为第2象限甚至第1象限的产品或业务,以培植企业新的拳头产品或业务,提高企业的总体竞争力。

GE矩阵在战略方案的评价和选择中得到广泛应用,其内涵也在实践中不断补充发展,除了GE公司,其他知名大公司也把它作为重要的战略规划方法。例如,美国通用汽车公司在GE九方格矩阵的"东北—西南"方向以两条45°平行斜线划出"扩张区"(绿灯区)、"维持区"(黄灯区)、"回收区"(红灯区)。在绿灯区的产品或业务,采取扩张战略,在营销、新产品研究开发方面采取扩大投资、积极发展的战略;在黄灯区的产品或业务,宜采取"维持"战略,以维持原有投资水平和市场占有率;在红灯区的产品或业务,由于企业竞争地位和行业吸引力处于低、中的状况,应采取"收割"或"放弃"战略,如图4-11所示。

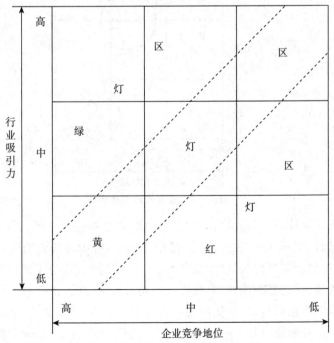

图4-11 GM公司的"绿灯""黄灯""红灯"战略矩阵

GE矩阵弥补了BCG矩阵的缺陷,引入了行业吸引力和企业竞争地位两个综合参数及多因素的复合分析方法,使战略分析更贴近市场竞争的复杂情况,提高了战略决策的质量。但 GE 矩阵的最大缺点在于对产品或业务缺乏动态分析,不能反映其所处的生命周期阶段。

(三) 豪夫矩阵

豪夫矩阵(Hofer Matrix)又叫产品生命周期-企业竞争地位矩阵,是美国战略管理学家查尔斯·豪夫(Charles Hofer)针对 GE 矩阵缺乏动态分析架构、没有全面反映产品业务组合所处的生命周期阶段的缺点而设计的。如图 4-12 所示,在豪夫矩阵中,纵坐标是把产品生命周期细分为开发、成长、扩张、成熟、衰退五个阶段,横坐标是把企业的竞争地位区分为强、中、弱三个档次。豪夫矩阵共有 15 个方格,而图中 A、B、C、D、E、F、G 圆圈代表五种产品/业务组合,每一个圆圈中的扇形则代表某产品/业务的市场占有率。横坐标表示的企业竞争地位也是一项与企业内部各种可控因素密切相关的综合变量,其内涵与 GE 矩阵相同。

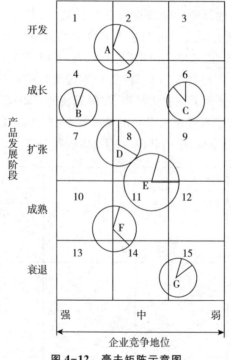

图 4-12 豪夫矩阵示意图

根据上述豪夫矩阵,可以总结出五种产品的组合策略:第一,产品 A 处于产品生命周期的开发后期阶段,其横坐标位于第 1、2 象限之间,具有中间偏强的竞争地位,是企业潜在的明星业务,应加大资源投入,以加快其发展。第二,产品 B 位于第 4 象限,处于产品生命周期的成长阶段,其扇形面积较小,表明其市场占有率较低,也应加大资源投入,以促使它向扩张阶段即第 7 象限转移,并提高市场占有率。第三,产品 C 位于第 6 象限,在产品生命周期中属于成长阶段,但行业规模偏小(C 的圆圈面积小),市场占有率也很低(C 圆圈中的扇形面积也很小),可采取"维持""收割"或"放弃"的战略。第四,产品 D 处于产品生命周期的扩张阶段,市场占有率较高(扇形面积较大)、竞争地位偏强(位于第 7、8 象限之间),应采取少量投资的"维持"战略。第五,产品 E 和 F 大致都处于成熟阶段,市场占有率较高,所属的行业规模也较大,所以,产品 E 和 F 都是不必大量增资就能够提供大量利润的"金牛区"产品,应采取少量投资的"维持"战略。当然,对于产品 E 和 F 还应当区别对待,对于产品 E,应尽量使其竞争地位从"中"向"强"的方向靠拢。产品 F 已从成熟期向衰退期转移,根据该产品的具体情况,应设法尽可能延长其生命周期,减缓它向衰退期蜕变的速度。第六,产品 G 位于第 15 象限,在产品生命周期的衰退阶段,市场占有率低(扇形面积小)、行业规模小,应采取"收割""出售"或"放弃"的战略。

豪夫在上述矩阵分析框架的基础上,提出了产品/业务的成长、赢利及平衡三类策略组合。

第一类,成长组合策略。如图 4-13 所示,A、B、C、D、E 五种产品都处于第 1、4、7 象限和第 10 象限的第一部分,其中,产品 D、E 属于明星产品,产品 C 属于潜在明星产品,应当扶持并推动产品 C 向明星产品转化,并使产品 D、E 依次进入"金牛区",以产生足够多的利润。对于产品 A、B,则应当加大各种资源投入,使它们依次接替产品 C、D 的位置。总而言之,成长组合策略是一种按"接班梯队"排列的策略,适合于竞争地位强、具有研究开发实力、资金雄厚的企业采用。

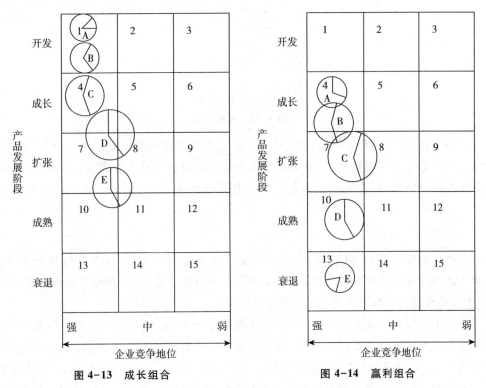

图 4-13 成长组合　　　　图 4-14 赢利组合

第二类,赢利组合策略。如图 4-14 所示,A、B、C、D、E 五种产品分别在第 4、7、10、13 象限,分别属于明星、金牛及衰退期的产品。它们横坐标的位置表明其具有很强的竞争地位,市场占有率很高。这种类型的赢利组合在近期明显可获得大量利润,但第 1 象限没有任何产品,说明该企业没有新开发的产品作为"接班人",因此,有"后继无人"的巨大风险,发展后劲不足。

第三类,平衡组合策略。如图 4-15 所示,A、B、C、D、E 五种产品平均分布在第 1、4、

7、10、13象限中,与第一类和第二类组合相比,平衡组合策略的接班梯队分布得更均匀,把"远虑"和"近忧"都考虑得十分周到,因而是一种平衡、稳妥的组合策略。

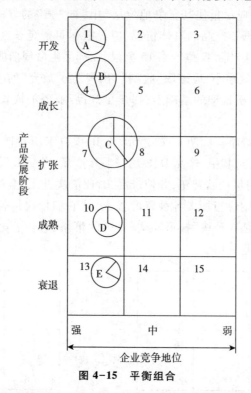

图 4-15　平衡组合

一般来说,第一、第三类组合比较稳妥,第二类组合的风险很大,但也有例外的情况,例如对于产品生命周期极短、利基市场层出不穷的高科技信息产业来说,企业经常从原有产品组合中迅速撤退,将资金投入新的高科技产品利基市场,则第二种组合就是最佳组合了。

(四) 战略集群模型

战略集群模型是在 BCG 矩阵基础上发展出来的另一种新型的战略规划方法,如图 4-16 所示,由纵坐标市场发展速度(主要取决于销售额增长率)及横坐标企业竞争地位(主要取决于相对市场占有率)区分出四个象限。

在第 1 象限中的业务与 BCG 矩阵中的明星业务类似,首先应当考虑采取集中战略,即继续集中发展现有的产品和业务,因为企业处于十分理想的战略态势(即市场发展快、竞争地位强,是"快"与"强"的最优组合),集中战略可以充分利用并扩大现有的竞争优势。如果企业拥有的资源超过实施集中战略所必需的数量,就可以选取纵向一体化战略,包括前向一体化(可以接近客户)及后向一体化(可以接近供应商)以提高企业的利润和市场占有率。当然,企业也可采取中心多样化战略,以扩大产品服务的范畴,降低市场需求快速变化可能带来的风险,但需要进行大规模的追加投资。

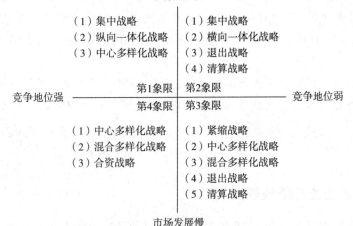

图 4-16 战略集群模型

在第 2 象限中的业务相当于 BCG 矩阵中的野猫业务,其战略态势是"快"与"弱"的组合,企业决策者应仔细分析造成企业竞争地位弱的原因。如果企业具有迅速转"弱"为"强"的潜力和可能,则可以继续采取集中生产现有产品和业务的原有战略;如果转"弱"为"强"的可能性很小,就应当及时改弦易辙,以横向一体化战略取代集中战略;如果企业的竞争地位有迅速恶化的可能,则应当审时度势,及时采取退出或清算战略,以避免全军覆没的厄运。

在第 3 象限中的业务相当于 BCG 矩阵中的狗区业务,其战略态势是"慢"与"弱"的最差组合,如果这一态势继续下去,决策者应考虑实施紧缩战略以减少资源投入。中心多样化和混合多样化战略可以看作紧缩战略的两个替代方案,以便将资源转移到其他较有前途的业务上,否则,就只有以退出和清算战略加以了断了。

在第 4 象限中的业务相当于 BCG 矩阵中的金牛业务,其战略态势是"慢"与"强"的组合,具有现金流量大、资源投入少的特征,因此,第一选择是中心多样化战略,以维持原有优势,第二选择是混合多样化战略,以分散投资风险,第三选择则是合资战略,以利用合资双方的互补资源,使金牛产品的生命周期尽可能延长。

通用电气公司成功退出

通用电气公司从 20 世纪 50 年代起就与 IBM 公司在计算机市场上竞争,60 年代初,其利润急剧下降。1961 年,通用电气公司不得不考虑在三种战略中选择一个:一是从计算机市场上退出;二是维持目前的市场状况;三是扩大市场范围。经过研究分析,通用电气公司选择了第三种战略,但后来实际执行的却是第二种战略。到 1970 年,IBM 公司推出了第四代计算机,并在全世界计算机市场上拥有了 70% 的占有率。1969 年 10 月,通用电气公司成立了由首席金融负责人、首席战略计划负责人和全体董事组成的"风险特别小组",专门讨论计算机事业的资源分配问题,终于承认其计算机事业失败了,并决定"从财务方面体面、高效地退出来"。在寻找买主时,通用电气公司先后与当时计算机市场上与

IBM 竞争的"七个小矮人"中的数据处理公司、施乐公司、霍尼威尔公司进行了接触,最终决定卖给霍尼威尔公司,因为这一收购能使霍尼威尔公司的市场占有率从 4.7% 提高到 8.7%,所以霍尼威尔公司同意通用电气公司占有其 15 000 万股股份(相当于当时的 1.54 亿美元)。

通用电气公司的计算机事业确实失败了,但是,与经过苦苦挣扎仍然不得不在后来卖掉计算机事业部的美国无线电公司和施乐公司相比,其退出战略无疑是成功的。

资料来源:刘宁杰、杨海光,《企业管理(第二版)》,大连:东北财经大学出版社 2008 年版,第 177 页。

四、波特的企业价值链模型

企业价值链模型是波特于 1985 年提出来的,目前已成为西方大企业进行战略规划特别是企业内部竞争态势分析的重要法宝。

如图 4-17 所示,企业的全部生产经营活动可以分成主体活动和支持活动两大类。

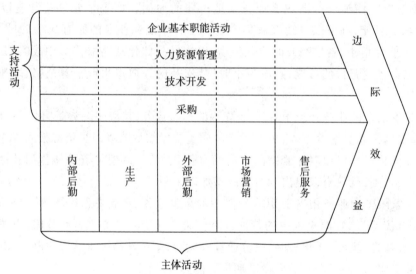

图 4-17 波特的价值链模型

(一)主体活动

企业的主体活动包括五项内容,即内部后勤、生产、外部后勤、市场营销、售后服务。

(1)内部后勤活动在时间上处于原材料进入企业与投入生产这两个环节之间,包括原材料的收取、储存与存货管理,物料在企业内的运输、调拨、发放,以及因原材料的质量问题向供应商退货等活动。总之,内部后勤管理的效率决定了投入生产过程的原材料的数量、品种、规格、质量以及时间和地点,关系到企业生产的正常运转及效率。

(2)生产活动涵盖了把原材料等投入物加工为最终产品的全过程。在制造类企业中,生产活动包括各种加工工序(如机械加工、热加工、电加工等)、装配(如零部件装配、总成装配、总机装配等)、设备保养维修以及生产计划安排等。生产活动对企业产品的性能、规格、标准、质量以及生产成本起很大的决定作用。

（3）外部后勤活动处于产成品与客户之间，包括产成品的分类、储存、分流和运输等内容。外部后勤活动的管理将影响企业的存货水平及资金周转的效率、产品功能质量的维持以及企业与产成品客户的关系等。

（4）市场营销主要包括广告促销、人员推销、营业推广、公共关系促销、各种分销配销活动、营销价格策略、品牌策略、包装策略等活动。

（5）售后服务包括产品的安装、调试和保修，以及向用户提供培训服务、提供零配件等。

（二）支持活动

主体活动以外的企业活动都属于支持活动的范畴，主要包括采购、技术开发、人力资源管理以及企业各种基本职能活动等。

（1）采购活动包括原材料、零配件、能源、设备以及各种劳务的购买活动。采购活动可以集中进行，也可以由各部门分别进行，例如，采购部门购买原材料、动力部门购买发电机、人事部门雇用新工人等。

（2）技术开发活动贯穿于企业的产品开发、设计以至企业价值链的全过程，企业技术开发部门一般在其中起主导作用。不过，由于企业的任何活动都包括一定的技术成分，因此，有些技术开发活动也发生在其他部门之中。

（3）人力资源管理包括经营管理人员以及劳工的招聘、录用、培训、选拔、奖惩等活动。由于企业的一切活动都与人直接、间接相关，因此，人力资源管理与企业的所有活动都有关。

（4）企业的基本职能活动包括企业的全面管理、质量管理、财务活动、战略规划活动、法律与工会活动、公共关系活动等。

价值链分析模型为企业内部优势和劣势分析提供了重要的科学手段，为企业趋利避害、扬长避短、提升竞争优势创造了有利的基础和条件。只要把企业的所有活动按价值链规律进行系统化的分解，就可以从中找出对企业竞争力最具关键作用的"战略环节"。换言之，企业的竞争优势，尤其是能"长盛不衰"的优势，并非整条价值链的优势，而是其中一两个战略环节的特定优势。从图4-18可以看出，瑞士手表行业价值增加的50%来自营销环节。

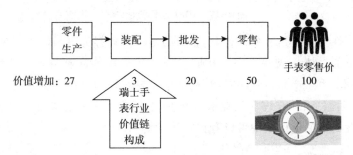

图 4-18　瑞士手表行业的价值链构成

企业所谋取的领先竞争优势是建立在战略环节上的，它可以建立在与产品直接相关的战略环节上，也可以建立在与市场、顾客高度相关的战略环节上。战略环节可以是价值链中的主体活动,也可以是支持活动。支持活动同样也可以是十分重要的战略环节,企业可凭借它筑起很大的竞争优势,如技术开发与进步、管理组织、人员培训等。IBM 公司在计算机领域具有明显的竞争优势,但观察其价值链(如图 4-19 所示)可以发现,公司并不是在所有价值活动方面都给予同等重视,谋取其领先优势(图中空白表示 IBM 公司不注重或不涉入经营的价值活动部分)。IBM 公司在大中型计算机的设计、生产、销售上具有绝对领先的竞争优势,但在个人计算机的生产方面并不占有优势。生产的关键技术都是采用他人的,主要元器件是通过市场选购的,但 IBM 的个人计算机依然是市场上的畅销品,售价很高。究其原因不难发现,IBM 公司遍及全球的销售组织和维修服务网络,经验丰富的专业化、职能化推销队伍,基于双向沟通把产品差异和服务差异融入品牌形象之中的企业声誉,为消费者提供了购买昂贵的、技术复杂的产品所特别需要的质量保证与服务保证。由于在计算机行业,质量保证与服务保证是其价值链上的战略环节,因此 IBM 公司通过在这个战略环节上谋取绝对领先的竞争优势,使得自己虽然不生产个人计算机,但在个人计算机市场上依然树立起优质名牌的形象,成为举足轻重的供应商。

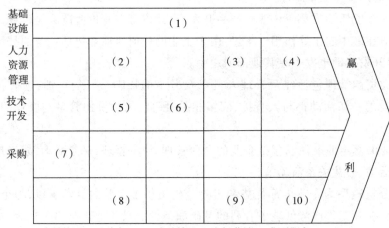

注:(1)遍布全球的跨国体系,与国际主要财团公司的关系;(2)企业内个人发展的机会;(3)全体员工以营销学指导工作;(4)公司内部技术培训;(5)卓越的研发力量;(6)软件开发能力强;(7)控股 ROLM(中央处理器生产商);(8)采用计算机生产尖端技术与 MCI(媒体控制接口)结盟;(9)优质的服务声誉,经验丰富的销售队伍,与大多数大企业建立销售关系;(10)为用户提供详尽的培训服务。

图 4-19　IBM 公司价值链

不管是生产性行业还是服务性行业,企业的基本活动都可以用价值链来表示,但是不同的行业价值链的具体构成并不完全相同。同一环节在各行业中的重要性也不同。例如,在农产品行业,由于产品本身相对简单,竞争主要表现为价格竞争,一般不需要广告营销,也无所谓售后服务;而在许多工业机械行业,售后服务往往是竞争成败的关键。这一情况从手表行业的价值链构成中可以看得很清楚。

五、SWOT 模型

SWOT 模型是一种广为应用的战略规划方法,其名称 SWOT 源于企业优势(Strengths)、企业劣势(Weaknesses)、外部机会(Opportunities)、外部威胁(Threats)四个英文字首。SWOT模型就是对企业自身优劣势和外部环境的机会与威胁进行综合系统分析,以便对战略方案进行评估和选择。

企业优势或劣势是一个相对于其主要竞争对手而言的概念,表现在资金、设备、技术创新能力、管理水平、营销技术、员工素质、组织结构、企业文化等方面。企业外部环境的机会或威胁一般来说都是由企业无能为力的不可控因素造成的。例如,战争为军工企业带来了机会;科教兴国战略提高了社会的平均教育水平,为高科技企业提供了科技人才;改革开放政策为外资企业创造了潜在市场等。相反,环保观念和健康意识对传统冰箱产品(破坏臭氧层)和烟商造成了威胁,石油危机造成的油价上涨对日本之类的能源进口国的企业造成了威胁,移动通信和电子邮件的普及对传统的有线电话业务造成了威胁等。

SWOT模型就是把企业面临的外部机会和威胁与企业具有的优势和劣势进行综合分析,得出如图4-20所示的四种组合。

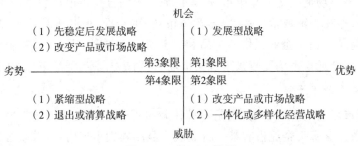

图 4-20　SWOT 模型

第1象限是优势与机会的最佳组合,企业宜采取积极的发展型战略。第2象限则是优势与威胁的组合,有两种选择:第一,如果企业优势难以正面克服外部威胁,则可采取改变产品或市场的策略。例如,美国的灰狗汽车公司的传统优势是城市之间的客运业务,20世纪80年代中后期,由于美国政府放松了航空客运的限制,许多中小航空公司抢走了灰狗公司的客源。采用SWOT模型分析后,灰狗公司放弃了客运业务,全力投入集装箱汽车货运运输,使公司获得了新的成长机会,既发挥了公司原有的擅长汽车运输的优势,又避开了航空客运的强大威胁。第二,如果企业优势很强,具有克服外部威胁的可能,则可以采取更为积极的一体化或多元化发展策略,与外部威胁进行正面的较量。第3象限是机会与劣势的组合,相当于BCG矩阵中的野猫区的情况,也有两种应对策略:第一,在企业有可能转为劣势的先决条件下,应先稳住阵脚,找出造成企业劣势的原因并积极加以改进,如果成效显著,在企业劣势状况得到改善后,再谋求发展;第二,在企业劣势难以改变的条件下,则应及时改变产品或市场,寻求新的利基市场机会。至于第4象限,则相当于BCG矩阵中的狗区,除非有妙手回春的高招,否则一般只能在紧缩、退出或清算中寻求一个归宿了。

六、典型市场结构模型

西方经济学理论把市场区分为完全竞争、完全垄断(独占)、不完全竞争(垄断竞争)、寡头垄断(寡占)四种结构模型。

（一）完全竞争市场

在完全竞争市场中存在着大量的商品和劳务的提供者（卖方）及顾客（买方），各种资源禀赋与信息可以自由流动，个别买方和卖方的需求与供给变化对市场价格的影响可以忽略不计。

（二）完全垄断市场

完全垄断市场又叫独占市场或独家垄断市场。在这种市场中，由于独家垄断企业自主安排生产、决定价格，因此，市场商品价格将比完全竞争市场高得多。但在独家垄断市场中仍然具有一定的需求价格弹性，所以，独家垄断企业并不可能随心所欲地提高价格，在一定程度上，还必须根据市场供求状况来决定其产量和售价。

（三）不完全竞争市场

不完全竞争市场也叫垄断竞争市场，其特征介于完全竞争市场和完全垄断市场之间。在这种市场中，存在一定数量（少于完全竞争市场）的企业，彼此进行一定程度（小于完全竞争市场）的竞争。由于企业提供的产品和劳务具有差异性，因此，某些企业具有一定的垄断优势。不完全竞争市场比较接近现实市场，特别是大宗消费品市场的实际状况。

（四）寡头垄断市场

寡头垄断市场又叫寡占市场，也是一种比较接近现实状况的市场类型。在这种市场结构中，由少数几家寡头企业占有某一行业或产品的较大市场份额，并联合制定寡头垄断价格。西方国家传统产业中的钢铁、商用飞机、汽车，以及新兴产业中的大型计算机、高级芯片与新型软件都是典型的寡头垄断市场。

企业应根据市场竞争态势、竞争者的数量、产品与劳务的差异以及价格弹性等特征来判断自身所处的市场环境最接近哪一种典型的市场结构。

第四节 国际企业战略联盟

20世纪80年代以来，西方企业尤其是跨国公司迫于强大的竞争压力，开始对企业竞争关系进行战略性调整，纷纷从对立竞争走向大规模合作竞争。其中，合作竞争最主要的形式之一就是建立企业战略联盟。战略联盟作为现代企业组织制度创新中的一种，已经成为现代企业强化其竞争优势的重要手段，被誉为"20世纪20年代以来最重要的组织创新"。

据统计，90年代初，全球实行跨国战略联盟的企业已比80年代中期增长了6倍，并且仍有上升之势。在世界150多家大型跨国公司中，以不同形式结成战略联盟的已达90%，跨国公司战略联盟主要集中在汽车制造、航空、半导体、信息技术、电子通信等行业，其战略合作覆盖从科研开发到生产、销售和服务的全过程。

一、国际企业战略联盟的含义及特征

（一）国际企业战略联盟的含义

战略联盟的概念最初是由美国DEC公司总裁J.霍普兰德（J. Hopland）和管理学家

R. 奈格尔(R. Nigel)于20世纪70年代提出的,这一概念很快得到理论界和实业界的广泛赞同。关于战略联盟的定义,学术界尚未达成共识。从资源基础理论的角度来看,企业是资源的集合体,企业的一切经营活动都是企业资源的整合活动,企业资源的整合活动既可以发生在企业内部,又可以发生在企业与企业之间,而企业战略联盟进行的则是企业间的资源整合活动。结合上述分析,我们认为,战略联盟是两个或两个以上的独立企业为了达到一定的战略目的而进行的企业资源整合活动的一种长期合作安排。这个定义包含了以下几层含义:

(1)战略联盟是两个或两个以上企业间的长期合作安排。首先,战略联盟的主体至少是两个企业,即具有法人资格的经营实体,一个企业内部分公司之间的合作关系以及经济活动中自然人之间、自然人与企业之间的合作关系不属于战略联盟;其次,战略联盟是一种通过契约或股权参与联结的企业间的长期合作安排,企业之间短期的合作关系不属于战略联盟。

(2)结成战略联盟的企业是相互独立的。战略联盟伙伴之间是相互独立的、平等的,企业不会因建立战略联盟而丧失其独立性,当某一企业在战略联盟中丧失了其独立性时,则意味着该企业被战略联盟伙伴兼并,战略联盟即告终结。这一含义把企业战略联盟与企业兼并区别开来。

(3)企业战略联盟的目的是达到某种战略目的。从一般意义上讲,企业建立战略联盟的战略目的是获得、维持或发展企业的战略资源。不同企业建立战略联盟可能具有不同的目的,如有的企业的目的是获得某种战略资源,有的是保护并充分利用企业的战略资源,有的则是发展企业新的战略资源。但战略联盟的根本战略目的是获得和维持企业的持续竞争优势。也就是说,企业战略联盟必须是企业站在整体战略的高度,为了达到某种战略目的而建立的企业之间的长期合作关系。企业之间那种没有明显的战略目的的合作关系,如企业间日常交往中的互助协作关系和其他形式的企业间非正式合作都不属于战略联盟的范畴。

(4)战略联盟所从事的活动是企业间的资源整合活动。企业战略联盟的本质是企业间的资源整合活动,这种企业间的资源整合活动不是通过市场交易进行的,而是企业与企业之间直接进行的,那些不涉及企业间资源整合活动的企业之间的合作关系,如企业之间的价格联盟和卡特尔,都不属于战略联盟的范畴。

国际企业战略联盟又称跨国战略联盟,属于战略联盟的范畴。根据上述战略联盟的含义,国际企业战略联盟相应的是指不同国家的两个或两个以上的独立企业为了达到一定的战略目的而进行的企业间资源跨国整合活动的一种长期合作安排。

(二)国际企业战略联盟的特征

1. 跨国性

国际企业战略联盟的跨国性特征主要表现在两个方面:一是结成跨国战略联盟的企业来自不同国家,二是跨国战略联盟的活动是企业间资源的跨国整合。这是跨国战略联盟区别于国内战略联盟的根本标志。战略联盟的主体既可以是同一国家的企业,也可以是不同国家的企业,但只有由不同国家的企业之间结成的战略联盟才可被称作跨国战略联盟。另外,即使企业权属归于不同国家,但如果不存在企业间资源的跨国整合活动,则这类战略联盟仍不能被称为跨国战略联盟,而只能归入国内战略联盟。跨国战略联盟只能在不同国家的企业之间建立,而且进行着企业间资源的跨国整合活动。

2. 战略性

跨国战略联盟不是企业对瞬息变化的环境所作的应急反应,而是企业在对未来的竞争环境发展趋势作出判断,并对企业未来发展战略进行深思熟虑之后作出的战略选择。因此,跨国战略联盟将会对企业未来的发展产生深远的影响。跨国战略联盟的战略性表现在两个方面:一是企业间合作关系的长期性。跨国战略联盟注重从战略的高度和企业发展的整体角度来谋划跨国企业间的合作关系,因此,跨国战略联盟的合作期限较长,短则3~5年,长则几十年。二是跨国战略联盟的结果对企业未来发展影响的长期性。由于企业建立跨国战略联盟是企业从战略高度和企业发展整体的角度经过深思熟虑之后作出的战略决定,其着眼点是从国外获得战略资源或向国外扩散企业的战略资源,并进一步发展企业新的战略资源,获得持续的竞争优势,因而跨国战略联盟的成败必然会对企业的未来发展产生长远的影响。

3. 独立性

结成跨国战略联盟的企业之间是相互独立的,它们都是独立的法人实体,始终拥有自己独立的业务、自己的产品、自己的市场和自己的利益,对企业自身的经营业务始终拥有独立的决策权,而不为联盟伙伴的企业决策所左右。一旦某个联盟伙伴丧失了其独立性,跨国战略联盟就可能转化为跨国合并或跨国兼并。

4. 平等性

既然跨国战略联盟伙伴是相互独立的,那么它们在合作中的关系也应该是平等的。跨国战略联盟伙伴既不是组织内部的行政隶属关系,也不是组织与组织之间的市场交易关系,而是合作伙伴之间的平等互利关系。跨国战略联盟的平等性体现在:一是资源投入的平等性。虽然联盟伙伴可能投入不同类别和不同数量的资源,但联盟伙伴都有平等的权利和机会选择所投入的资源。二是地位的同等性。不管联盟伙伴原有的实力如何,在联盟组织中,联盟伙伴之间在地位上都是同等的,大家都是合作伙伴,应该相互尊重,避免一方凌驾于另一方之上。三是收益分配的均等性。联盟伙伴之间在收益分配上应体现单位投入享受同等的权利和均等的收益。保持联盟伙伴平等性的关键是联盟伙伴间在思想观念上要有平等的意识,在行动上要充分体现联盟伙伴平等的地位。保持跨国战略联盟的平等性,联盟伙伴之间才可能相互信任、相互合作、互惠互利,最终达到跨国战略联盟的战略目的,否则将会导致跨国战略联盟的失败。

5. 复杂性

跨国战略联盟的复杂性主要体现在两个方面:一是跨国战略联盟组织形式的多样性,二是跨国战略联盟伙伴存在的差异性。跨国战略联盟的组织形式多种多样,其中,有的涉及股权参与,有的不涉及股权参与,有的彼此之间有较高程度的参与,有的参与程度很低。由于跨国战略联盟采用的组织形式不同,联盟伙伴相互参与的程度不同,相互之间关系的密切程度也不同,因而所要求的管理方式不同。由于跨国战略联盟伙伴来自不同国家,因而联盟伙伴之间存在诸多差异性。这表现在:跨国战略联盟的战略目的和利益不同,企业文化不同,各国经济体制、国家政策导向不同,以及企业制度不同。跨国战略联盟组织形式的多样性和联盟伙伴间的差异性带来了跨国战略联盟管理的复杂性。

二、国际企业战略联盟形成的动因

促使国际企业战略联盟的形成有许多直接的动因,根据近年来国际企业战略联盟的实践和发展,可把促使战略联盟形成的主要动因归结为以下五个方面:

(一) 促进技术创新

全球竞争已进入高科技竞争时期,拥有先进技术是企业提高竞争力的关键。新技术的突破,往往带动新产品、新工艺、新材料的全面发展,并可为企业开辟新的经营领域,使企业现有的效率和效益得到显著提高。随着技术创新和普及速度的不断加快,企业在充分利用和改进原有核心技术的同时,必须不断创新,开拓新的技术领域。而高新技术产品的开发费用日益增多,单个企业难以独立支付,必须通过建立战略联盟的方式共同分担,如美国通用电气公司和法国斯奈克马公司(SNECMA)合作开发一种新型的飞机引擎。这项研究和开发约需 10 年时间,耗资约为 10 亿～20 亿美元。这种巨额的开发费用是单个企业无法独立承担的。在高科技项目的开发活动中,各种尖端技术相互融合、相互交叉,高新技术产品正朝着综合方向发展,单个企业往往很难拥有足够的技术力量去开发每一项高科技项目,而在产品技术日益分散化的今天,已经没有哪一个企业能够长期垄断某项技术,企业期望依靠自身力量掌握竞争主动权的难度变得越来越大,因此,需要通过跨国界的同行业合作来获得互补性技术。比如,IBM 公司为了研究和开发新一代个人电脑的硬件、软件和网络,需要综合性的技术力量,因此不得不与其头号竞争对手苹果公司进行合作。苹果公司总裁约翰·斯卡利(John Sculley)曾大发感慨:如果没有 20 世纪 90 年代的战略联盟,现代高科技公司要想生存和发展是不可想象的。同时,战略联盟还可缩短产品创新的时间。在激烈的现代市场竞争中,随着同行业竞争对手的不断涌现,产品的不断创新已成为各个企业参与竞争的主要手段之一,产品的设计周期变得越来越短,谁能抢先推出新产品,谁就能占领市场。然而,科学技术的突飞猛进,已经使产品高度技术化和复杂化,一项复杂的高新技术产品的完成,涉及越来越多的科技领域和越来越多的生产环节,从设计、试制到有关设备的筹备,乃至生产的实现和市场渠道的开拓,已表现为规模越来越大的系统工程,而这种系统工程是任何企业都难以在短期内独立完成的。

这种以企业间结成战略联盟来促进技术创新的模式已成为一种新的经营模式,特别是在航空、电子、信息、自动化、汽车等高技术产品领域,这种企业战略联盟现象尤为引人注目。这些战略联盟往往是交叉、网络式的,技术创新的需要使一些企业从激烈的竞争关系转变为既是对手又是伙伴的关系。

(二) 降低经营风险

跨国公司可能面临的风险一般包括政治风险和经营风险。随着苏联的解体,世界由"冷战"进入"冷和"时期,全球各地区的民族、政治等诸多矛盾不断涌现,动荡的政治局势也将给跨国公司的跨国经营带来巨大的风险。美国、日本、欧洲跨国公司采取国际战略联盟形式进行国际化经营,对单个跨国公司来说,无疑可以减少因政治风险所带来的损失。除政治风险外,跨国公司进行国际化经营还会遇到经营风险,即市场风险。这种风险对公司经营也将产生巨大的负面影响。跨国公司国际战略联盟在相当大程度上可以降低上述风险。例如，美国通用汽车公司与日本丰田汽车公司结成联盟，从日本引进小型轿车的生产技术和生产手段，这样就使通用汽车公司可以将原先必须用于开发小型轿车的 25 亿美元，转而用于改进和开发中、大型轿车系列产品。这样，通用汽车公司在开发新型同类产品上不仅节省了时间，还通过迅速满足消费者在油价上涨情况下购买小型节能汽车的需要，加快了开发投资成本的回收，从而避免了生产投资的风险。

战略联盟还有利于避免技术创新风险。激烈变动的外部环境对企业的研究开发提出了如下三点基本要求：不断缩短开发时间，减少研究开发成本，降低研究开发风险。对任何一个企业来说，研究和开发一项新产品、新技术都要常常受到自身能力、信息不完全、消费者行为等因素的制约，需要付出很高的代价。而且随着技术的日益复杂化，开发的成本也越来越高。这些因素决定了新产品、新技术的研究和开发需要很大的投入，也具有很高的风险。在这种情况下，企业自然要从技术自给转向技术合作，通过建立战略联盟加大信息传递的密度、加快信息传递的速度，以避免单个企业在研究开发中的盲目性和因孤军作战而引起全社会范围内的创新资源浪费，并降低技术创新风险。

在现代市场经济条件下，单个企业要想进入新的市场，不仅需要巨额的投资，还可能会遇到许多意想不到的市场进入限制。因此，企业如果依赖于内部的增值链体系，则要承受越来越大的经营风险，因为其所有的新增值都要在产品的最后一次销售上实现，一旦受阻则全线瓦解。除此之外，当多元化经营普遍作为企业发展的一种有效战略时，由于新业务对某一企业来说通常是一个陌生的领域，而且存在行业进入壁垒，因此需要企业承担相当大的市场风险。采用战略联盟降低风险的原因在于：一是其价值实现是分段进行的，联盟实现了优势互补，从而拓展了经营范围，分散了经营风险；二是能够以更为广泛的网络掌握更多的市场渠道，降低市场风险。

目前国际上大多数行业，特别是一些高技术产业，竞争结构以垄断寡头竞争为主导，如半导体、计算机和汽车等行业的国际竞争主要是少数几家或十几家世界主要跨国公司之间的竞争。这种垄断寡头竞争结构带有极大的不稳定性，一旦其中一家公司与其他公司结成战略联盟，就会造成原有竞争均势的失衡，这会对其他竞争对手的市场地位构成直接威胁，从而引发其他公司"追随领先者"的反应，导致更多的公司寻求战略伙伴。

当今国际竞争环境变化迅速，而且许多环境因素的变化方向与变化速度都具有较大的不确定性，难以准确地预期，这都在不同程度上形成了对跨国公司强大的竞争压力。这种国际竞争环境要求跨国公司建立高度灵活的经营结构和组织结构。为避免经营风险，一些跨国公司另辟蹊径，决定走公司间战略联盟与合作的道路。

（三）避免或减少竞争

建立战略联盟，有利于形成新的竞争模式，以合作竞争取代单纯竞争，减少应付激烈竞争的高昂费用。战略联盟竞争与合作是一种新的辩证关系，竞争并不排斥合作，而且从某种程度上讲，合作有利于充分提高竞争效率。例如，当企业准备开发某种新产品或打入某一市场时，竞争对手可能早已具有竞争优势，如果与竞争对手直接交锋，其结果可能是趋于失败或两败俱伤，这必将浪费稀缺的社会资源。因此，与竞争对手携手建立战略联盟，共同促进社会经济的发展，不失为新市场环境中的理性选择。

另外，由于在一定时期内市场需求量都是有限的，如果企业之间仍在有限的市场中继续展开恶性竞争，不仅会增加市场竞争中的成本，还可能因竞争过度而失去自身现有的市场。因此，企业之间通过建立国际战略联盟，加强合作，可以共同理顺市场，维持竞争秩序。比如，日本东芝公司与美国摩托罗拉公司曾为了巩固在半导体领域的竞争地位，通过签订一系列协议，建立起了全面的分工与协作关系，其联合方式就是出于避免过度竞争的考虑。

企业建立战略联盟还可以促使联盟伙伴共同开拓市场，从而提高各自的市场销售额。这也正是战略联盟创造新市场的思路，即不是去"抢"对手的市场，而是与对手共同创造并分享一个更大的市场。比如，数年前空中客车公司着手开发了600～700座超级大型客机，波音公司想随后跟进，但市场需求可能只允许一家公司收回高达150亿美元的巨额投资。如果双方投入这场你死我活的竞争将不可避免地导致"双输"，最后这两家制造商结成战略联盟伙伴关系，共同开发这种巨型客机，共享潜在市场的巨大利润。

（四）实现资源互补

近二十年来国际竞争环境的深刻变化对企业的绩效目标造成了巨大的压力，竞争的客观环境使得它们取得的战略绩效目标与它们依靠自身资源和能力所能达到的目标之间存在一个缺口，这个缺口被称为战略缺口。战略缺口在不同程度上限制了企业走一切依靠自身资源和能力自我发展的道路，在客观上要求企业走战略联盟与合作的道路。因此，战略缺口是推动企业在全球竞争中结成战略联盟的重要动力，企业的战略缺口越大，参与战略联盟的动力越强。

资源在企业之间的配置总是不均衡的。企业在资源方面或具有某种优势，或存在某种不足，通过战略联盟便可达到资源共享、优势互补的效果。典型的例子是 Honeywell、Groupe Bull 与 NEC 建立的长期互补关系。NEC 为 Honeywell 与 Bull 的大型计算机生产中央处理器，还为 Honeywell 生产个人计算机；Bull 则在美国本土以外生产 Honeywell 设计的中型计算机并经销其部分产品；Honeywell 在美国市场推销 NEC 的超级计算机生产线和 Bull 的网络技术。Honeywell 认为这种合作方式可促使各自的资源与核心能力实现互补，同时还能减少竞争对手，使业务集中并维持现有的市场地位；其他合作方则认为此举能使其进入美国市场的费用减少。此外，在航空、环保领域也常采用类似的联盟合作形式。

战略联盟有利于企业在实现资源互补中分摊高昂的开发投资费用，因为企业的发展除了技术要素，还有赖于资本与人力要素的组合，而对资本和人力资源需求量的激增促使投资成本的大幅度提高。这种状况对于大多数企业（即使是大型企业）来讲，其开发投资的规模也会受到成本的制约，从而减少了开发新产品和进入市场的机会。在企业通过内部增值途径受阻的情况下，战略联盟能够以少量投资有效、适当地调动所需的各种资源，合伙人在各自所负责的环节上也会有更多的机会来降低投资成本和提高经营效益。战略联盟通过协调性合作促使各企业的资源实现优势互补，这主要体现在战略联盟借助同类产品生产者的联合，使各自的相对优势在生产规模扩大的条件下得到更大程度的发挥，降低了生产成本和投资成本，增强了企业竞争实力。此外，战略联盟使生产专业化和分工加深，合作伙伴在零部件生产、部分和总体组装各环节上的多种相对优势叠加，为不同企业之间资本、技术和人力资源等生产要素的灵活组合提供了机缘,促进了技术进步,最大限度地降低了最终产品成本。比如,英国国际计算机公司在众多强劲对手的挑战下处境艰难,但与富士通公司联盟后,迅速摆脱困境,实力大大增强、信誉不断提高。

（五）开拓新的市场

企业要想在激烈的市场竞争中长期立于不败之地,就必须不断地开拓市场。尤其是在世界经济一体化进程中,必须要向国外市场渗透。国际竞争要求参与竞争的企业必须实现经营范围和地区多样化。只有实现经营范围多样化,包括经营产品和行业的多样化,才能对变化莫测的技术创新作出迅捷的反应,并充分利用新的技术开发成果,获取范围经济。只有实现经营地区多样化、全球化,才能获取国际分工的利益,增强国际竞争力。同时,通过全球生产营销网络,在最短的时间内、在最广泛的市场应用新的技术成果,加速技术创新的成本回收与获利。跨国公司通过建立广泛的战略联盟可迅速实现经营范围的多样化和经营地区的扩张,这突出表现在日本公司与欧洲和美国公司的战略联盟上。根据一项对日本公司与美国公司战略联盟的调查分析,日、美公司战略联盟的合作产品领域大都与美国公司的核心经营领域相一致,而与日本公司的核心经营领域相异,这是因为日本公司将与美国高新技术产业公司的战略联盟作为进入这些产业并获取技术优势的一种重要手段。而日本公司与欧洲公司的战略联盟则不同,它主要是为了利用欧洲联盟伙伴公司在欧盟市场的重要地位来渗透和拓展其欧洲市场。

综上所述,建立战略联盟是迅速进入新市场或新行业领域的捷径,并且可极大地降低其中的市场风险。比如,丰田公司通过与通用汽车公司建立战略联盟,顺利地突破了美国对日本汽车的进口限制,丰田公司在此联盟中仅投入 1 亿美元,就获得在美国从事汽车制造所需的全部信息,以及如何与工会、地方政府和经纪商打交道的经验。

为了迎接潜在对手的挑战,企业之间通过组建战略联盟,与其他企业建立产品开发合伙关系,以市场为纽带,营造灵活、协调的营销网络,不断开拓新的市场空间。在当今竞争激烈的国际环境中,越来越多的企业认识到,搞国际化经营单靠企业自身的力量是不够的,与竞争对手结成联盟不失为一种降低风险和成本、提高企业总体竞争能力的有效手段。例如,英国石油公司与美国美孚石油公司于 2000 年 7 月结成了一项价值 50 亿美元的战略联盟,成为欧洲石油业最大的公司,在欧洲石油市场上的占有率达到 18%。由于两家公司共同享用输油管道、储油罐、炼油设备和加油站等,每年预计可节约 5 亿美元的费用,年营业额可达 200 亿美元。

三、国际企业战略联盟的组织形式

国际企业战略联盟的组织形式是多种多样的,至少包括合资企业、少量股权参与联盟、研究开发合同、联合研究与开发、联合生产、合作营销、与供应商的伙伴关系、分销协议和许可证协议。许多学者根据是否涉及股权,将国际企业战略联盟分为股权联盟和非股权联盟。股权联盟包括合资企业和股权参与联盟,非股权联盟包括不涉及股权交易的其他所有的合作协议。但从资源基础理论的角度来看,根据联盟伙伴投入的资源类型,可以把国际企业战略联盟分为四类:非对等契约联盟、对等契约联盟、股权参与联盟和合资企业,如表 4-3 所示。

表 4-3 四类战略联盟形式

企业（A）	伙伴企业（B）	
	基于产权的资源	基于知识的资源
基于产权的资源	非对等契约联盟	股权式合资联盟
基于知识的资源	股权式参与联盟	对等契约联盟

（一）非对等契约联盟

当联盟伙伴双方都为联盟投入基于产权的资源时，这类联盟就是非对等契约联盟。非对等契约联盟往往包含明确的产权转移，如许可证协议中的"以技术换资金的交易"。许可证、分销协议以及研究与开发合同都是非对等契约联盟的主要形式。其关键特征是每个企业都要独立地履行对其联盟伙伴的义务。这类契约往往是完备的、具体的，因而要求联盟伙伴独立地履行契约，而不需要过多的协调与合作。因此，非对等契约联盟是一种松散型的战略联盟形式。

（二）对等契约联盟

对等契约联盟是指联盟伙伴投入的资源都是基于知识资源的战略联盟。这类联盟的伙伴之间都保留了产权成果。它要求联盟伙伴持续不断地投入资源并共同合作。联合研究与开发、联合营销与促销、联合生产以及增强供应商伙伴关系都是对等契约联盟的主要形式。由于这类联盟要求联盟伙伴持续不断地投入资源并共同合作，因此，其是一种较为紧密的战略联盟形式。相对于非对等契约联盟，对等契约联盟的契约常常是不完备的、更开放的。

（三）股权式参与联盟

当企业在联盟中投入的资源是基于知识的资源，而其联盟伙伴投入的资源是基于产权的资源时，这类跨国战略联盟就属于股权式参与联盟。股权式参与联盟的基本特征是联盟伙伴之间长期地相互持有对方的少量股权。在有些联盟中也有单向、少量投资于其他公司的情况，如 IBM 公司在 1990—1991 年间，购买了大约两百家西欧国家的软件和计算机服务公司的少量股权，借此与当地的经销商建立起良好的联盟关系，从而利用现有渠道打入西欧市场。它与证券投资的差异在于：联盟各方通常需要制定一些具体的协议，以相互利用各方在特定领域的优势。这种共享的所有权安排有助于鼓励联盟伙伴采取诚实的行动并控制机会主义行为。与非股权联盟相比，由于股权安排的执行与退出是相当复杂的，因此联盟伙伴的合作关系往往会延续更长的时间。而长时间的合作关系为联盟伙伴提供了一种激励，即激励联盟伙伴采取诚实的行动并约束联盟伙伴的机会主义行为。一般来说，那些希望保持一种相对持续合作关系的企业将会更关心发展与联盟伙伴的合作关系。如果某个联盟伙伴被发现窃取其他联盟伙伴基于知识的资源且已超出了适当的限度，那么作为一种"惩罚"，窃取者的股权将转由被窃取者持有。因此，股权安排为联盟伙伴基于知识的资源的意外转移提供了一些保护。

（四）股权式合资联盟

当企业投入的资源是基于产权的资源，而联盟伙伴投入的资源是基于知识的资源时，这类跨国战略联盟就属于股权式合资联盟。在股权式合资联盟中,合资生产和经营的项目往往分属于联盟伙伴的局部功能,双方母公司各拥有 50% 的股权,以保持相对的独立性。股权式合资联盟可以有多数股权安排,也可以有少数股权安排,但大部分企业往往采取各占 50% 的股权方式成立合资企业。股权式合资联盟可以集中联盟各方的优势,共同研发、生产和销售。战略联盟中的一个关键问题是参加联盟的企业存在追求自身利益最大化而损害其他联盟伙伴利益的机会主义行为,特别是涉及不受产权保护的基于知识的资源时,这种机会主义行为更为严重。当联盟伙伴各方在一个企业实体内长期共同生产经营时,很难排除基于知识的资源的转移。因此,股权式合资联盟是企业获得其他联盟伙伴基于知识的资源的最好的方式。在所有的战略联盟形式中,股权式合资联盟是最容易发生基于知识的资源转移的方式,原因是联盟伙伴各方在合作中最大限度地暴露给对方。其他联盟方式,如许可协议,提供的学习机会就要少得多。所以,如果一个企业具有基于产权的资源,而希望最大限度地获得另一个企业基于知识的资源,则股权式合资联盟是最好的联盟形式。

汽车工业的战略联盟

通用汽车的战略联盟和主动开发新市场的策略是其全球化的关键要素。战略联盟给通用汽车提供机会部分地或系统地分担研发成本从而降低该成本,这对于其综合汽车技术最终生产以氢为燃料的汽车非常重要。通过将全球研发网络中的人才和资源集中起来,通用汽车可以减少冗余,加快开发进程并快速进行新的研发。

通用汽车为了满足不断增长的对高技术的追求,在北美洲、欧洲、中国、印度和韩国雇用了大量的国际人才。技术专家的融合产生了大量令人激动的概念,通用汽车将这些概念用于发展一系列的产品、技术和商业创新。前几年,汽车工业经历了自该工业形成以来从未发生过的主要结构变化。通用汽车战略联盟网络包括通用汽车、Opel/Vauxhall/Holden、Saab、菲亚特、五十铃、富士重工(Subaru)和铃木。通用汽车拥有其中的关键单位——如 Opel 和 Saab——100% 的股权,整个联盟与最近加入的其他合作伙伴如铃木、富士和菲亚特采用了一种与"自由联盟"近似的方式,通用汽车在这些公司里只拥有少数股权。

使通用汽车与铃木等公司建立联盟的重要诱因源于可以更快地在亚洲市场推出新产品。在一个新的市场开展业务要花费较长的时间,即使生产厂商拥有强大的公司品牌,要为一个新产品建立品牌资产也要花费很长的时间。很多通用汽车的新合伙人都拥有一系列与进入美国市场的基本车型相比更小型的低价产品,因此,更适合在新兴国家发展。通用汽车与铃木的合作是一个对双方来说双赢的联合。通用汽车不仅因此提高了市场占有率,还可以使用铃木小型汽车平台和生产成本控制方面的专门技术。该联盟使铃木可以使用通用汽车的先进技术(尤其是推动力替代和混合系统),利用其进入不断增长的拉丁美洲市场的便利条件和世界范围内的零部件来源。

平台共享的关键优势在于一个普通的主体生产系统可以产生所有的模型。这很容易在主体——框架型的汽车上完成,也同样可以在整个一体的构造中达成目标。战略联盟的两方可以开发为不同的市场量身定做的不同模型,它们共担前期工程和开发成本,并利用普通的生产过程和组装设备。这是一种在一个独立的产品开发投资中有效地增加产量的方式。然而,要使不同的模型真正达到独一无二是很有挑战性的,因为只有这样顾客才不会觉得自己买了和其他产品非常近似的东西。

另外一个造就汽车战略联盟形成的因素是汽车公司需要降低它们的研发成本。通用汽车与战略伙伴在超过 50 个合作技术开发项目中合作,从行人保护和 42 伏电子装置到自动驾驶和清洁能源引擎的开发等,这使得通用汽车节省了上百万美元的成本。消费者不断提高对设计、质量、稳定性和安全性的要求,与此同时,生产商还面临着能源和环境保护所带来的技术难题,它们必须在世界范围内不断提高汽车能源的使用效率。

除了前面所提到的基于股权的联盟,通用汽车同时也与其他汽车生产商、供应商、大学和政府机构组成研发伙伴联盟,这些联盟覆盖了先进的内燃机开发、燃料电池技术、先进的底盘系统、电子和通信系统以及其他很多领域。它们确实是全球化的,加拿大、欧洲、日本、中国和中东的一些公司和大学参与了进来,通过将全球研发网络中的人才和资源融合在一起,减少了冗余,加速了研究进程,积极开展新的研究。通用汽车的电子装置项目是全球合作的一个很好的例子,它现在用一个清晰定义的技术路线图标替代了 10 个独立项目并将其分配给每个合作伙伴。

资料来源:〔美〕阿尔温德·V.帕达克等,《国际管理》,北京:机械工业出版社 2006 年版,第 194—195 页。

本章小结

国际企业跨国经营战略是国际企业在生产经营活动中必不可少的一个环节,科学合理的战略计划对国际企业的生存和发展具有积极的推动作用。所谓国际企业跨国经营战略,是指国际企业在分析全球经营环境和内部条件的现状及其变化趋势的基础上,为了求得企业的长期生存与发展所作出的整体性、全局性、长远性的谋划及其相应的对策。面对经济全球化的强烈冲击和错综复杂的外部竞争环境,国际企业不仅需要事先制定预谋战略,还需要适时调整其全球战略。

按照企业的管理层次,国际企业跨国经营战略大致可分为三个层次:公司战略、业务战略和职能战略,其战略层次的构成要素与企业战略各层次的构成要素在大体框架上是一致的。但是,国际企业在规模、跨越国界的程度、企业所有权以及全球战略等诸方面,具有区别于一国企业的显著特征,所以,国际企业跨国经营战略各层次的构成要素有其自身的特点。

国际企业战略管理就是在全球竞争分析(包括外部环境与内部条件分析)的基础上,确立国际企业的战略模式、战略目标与经营方向,进行战略规划,并组织实施与控制的全过程。国际企业战略管理包括竞争分析、战略模式、战略目标与经营方向的确立、战略规划、战略实施以及战略控制等主要内容。

国际企业战略管理的特征主要体现在五个方面:集权与分权的均衡点运动更加灵活和频繁;战略控制手段由资本、人事过渡到信息;战略绩效评价标准的范围大大拓宽;冲突管理、利益协调、跨文化管理是战略实施中的重要保障;灵活的组织设计和运作。

国际企业战略模式可分为母国中心、东道国中心、区域中心和全球中心四种主要类型。不同战略模式的战略重心、组织结构、决策方式等都存在差异。

国际企业的业务开发方向可以从两个角度考虑:一是产品、市场的扩张,二是企业横向、纵向、多样化边界的扩张。安索夫根据产品和市场的不同组合情况提出了四种基本战略:市场渗透战略、市场扩张战略、产品差异化战略和产品多样化战略;另外,从企业的横向、纵向、多样化边界扩张角度也可将企业发展方向归纳为四个方向:横向一体化、纵向一体化、相关多元化、不相关多元化。

国际企业在制定战略的过程中要采用各种定性和定量的方法,本章主要介绍了波特的战略模型、普拉哈拉德-多兹的战略模型、业务组合分析模型、企业价值链模型和SWOT模型,其中业务组合分析模型包括销售额增长率-市场占有率矩阵、麦肯锡矩阵、豪夫矩阵、战略集群模型等。

波特认为企业的竞争战略优势可分为成本优势和服务优势两大类,这两种战略优势又可定位于整个市场和局部市场这两类不同的市场,由此他提出了应对竞争力量的可行方法,即三种通用战略和四种组合。

销售额增长率-市场占有率矩阵通过市场占有率和销售额增长率两个指标来规划、衡量产品及业务组合。

波特的价值链分析模型指出,只要把企业的所有活动按价值链规律进行系统化分解,就可找出对企业竞争力最具关键作用的战略环节,而企业的竞争优势就是整条价值链中一两个战略环节的特定优势。

国际企业的战略类型主要有多元化经营战略、联合战略、集中化经营战略、特色经营战略、内部发展战略、撤退战略等,不同的战略类型具有不同的特点,国际企业应选择适合其内外部环境的战略类型。

关于战略联盟的定义,学术界尚未达成共识。从资源基础理论的角度,战略联盟是指两个或两个以上的独立企业为了达到一定的战略目的而进行的企业资源整合活动的一种长期合作安排。

国际企业战略联盟是指两个或两个以上的独立企业为了达到一定的战略目的而进行的企业间资源整合活动的一种长期合作安排。根据联盟伙伴投入的资源类型,可以把国际企业战略联盟分为四类:非对等契约联盟、对等契约联盟、股权式参与联盟和股权式合资联盟。国际企业战略联盟主要有跨国性、战略性、独立性、平等性、复杂性等特征。

促使企业战略联盟形成的直接动因有许多,根据近年来企业战略联盟的实践和发展,可把促使企业战略联盟形成的主要动因归结为五个方面:促进技术创新、降低经营风险、避免或减少竞争、实现资源互补和开拓新的市场。

❓ 复习思考题

1. 简述国际企业跨国经营战略的含义及构成要素。
2. 简述国际企业战略管理的含义和内容。
3. 简述国际企业战略管理的特征。

4. 为什么说国际企业战略管理是国际企业在生产经营活动中必不可少的一个环节?
5. 试述安索夫战略模型的主要内容。
6. 试述波特的通用战略模型的主要内容。
7. 试述销售额增长率-市场占有率矩阵的主要内容。
8. 试运用波特的企业价值链分析模型,对某个你所了解的企业进行价值链分析。
9. 试比较母国中心、东道国中心、区域中心和全球中心四种战略模式的不同。
10. 什么是国际战略联盟?其形成动因有哪些?

案例分析

谷歌——新经济时代的新企业

谷歌(Google)公司成立于1998年9月4日,由拉里·佩奇和谢尔盖·布林共同创建,被公认为是全球最大的搜索引擎。谷歌的业务包括互联网搜索、云计算、广告技术等,同时开发并提供大量基于互联网的产品与服务。

1999年,谷歌网站"Google"正式启用。2015年8月,谷歌宣布对企业架构进行调整,并创办Alphabet公司,谷歌成为Alphabet旗下子公司。2015年"世界品牌500强排行榜"中,谷歌重返榜首,苹果和亚马逊分别位居第二和第三。2016年"BrandZ全球最具价值品牌百强榜"中,谷歌以2 291.98亿美元的品牌价值重新超越苹果成为百强第一。

谷歌从一个搜索网站平台发展为如今的多方面发展的公司,产品从单纯的搜索服务扩展到新闻、地图、图书等多个领域,并开始全球化运营,诞生了Gmail邮箱、Orkut等对谷歌发展具有重大意义的产品和项目。谷歌取得的一系列成就,与其具有自身特色的管理制度和战略规划有重要关联。

一、全球化经营战略

谷歌的使命是整合全球信息,目标用户是全球网民,所以它确定了其全球化的经营战略。在全球化的过程中,谷歌高度重视互利合作并且广泛建立合作关系,从而构建了覆盖全球的价值网络。目前谷歌面向很多国家提供服务,开发出数十种语言的版本,其员工遍布全球,全球业务收入与日俱增,在全球搜索市场中的市场份额超过50%,谷歌因此成为世界著名品牌。谷歌的成功表明,无论是哪个国家的互联网企业,都面临全球的互联网市场机遇与挑战,所以互联网企业应该形成全球化的经营模式。

二、本土化经营战略

任何一个企业都不可能用统一的模式去经营全球业务,所以全球化之后自然就是在每个国家的本土化。谷歌的本土化经营策略在中国失败的原因可归结为三个方面:一是美国公司文化与中国国情的差异和冲突;二是牌照问题;三是谷歌仍把中国看作小市场,因此有所轻视,这直接导致比如服务器的本土化问题,再加上管理团队的本土化经历不够丰富,对本土国情的了解和本土资源的把握不够等。

三、以用户为中心的经营

谷歌始终以提供最佳的用户体验为中心任务。无论是用户研究、统计分析、使用测试等都积极让用户参与。谷歌的一贯态度是如果所做的更改不会给网站访问者带来好的体验,则将坚定不移地予以拒绝。谷歌的网站设计充分体现了以用户体验为中心的理念,这为它赢得了最忠诚的用户群体。

四、口碑式经营战略

谷歌没有做过一次电视广告,没有张贴过一张海报,没有做过任何网络广告链接。谷歌注重树立在网民中的良好口碑,并借此提升品牌的知名度和美誉度,这种品牌营销战略产生了极佳的效果,在线搜索领域市场份额的急速攀升就证明了这一点。在口碑式经营过程中,谷歌通过提供简单实用的搜索服务、准确客观的搜索结果来强化搜索功能,通过减弱网络广告对用户的影响来淡化商业气息,从而获得了良好的口碑宣传效果。

资料来源:https://wenku.baidu.com/view/603ee1e351e2524de518964bcf84b9d528ea2c08.htm,访问时间:2018-12-20,有删改。

思考题

1. 谷歌的战略控制表现在哪些方面?是如何进行的?
2. 谷歌在发展道路上是否有过战略调整?体现在哪里?原因是什么?

21世纪经济与管理规划教材

工商管理系列

第五章

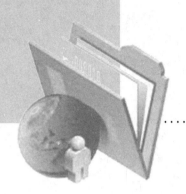

国际企业的营销管理

主要内容

- 国际企业营销管理概述
- 国际目标市场的选择与进入
- 国际产品策略
- 国际定价策略
- 国际分销策略
- 国际促销策略

核心概念

- 国际市场营销
- 国际营销组合
- 出口进入模式
- 契约进入模式
- 投资进入模式
- 核心产品
- 形式产品
- 延伸产品
- 成本导向定价法
- 需求导向定价法
- 竞争导向定价法
- 分销渠道长度
- 分销渠道宽度
- 密集型分销
- 选择型分销

- 独家专营型分销
- 广告促销

学习要求

- 掌握广义的产品概念
- 掌握国际营销的定价方法和定价策略
- 掌握国际分销渠道的选择策略
- 理解国际市场营销和国际市场营销组合的含义
- 理解国际目标市场选择的依据
- 理解国际市场各种进入模式的含义及其优缺点
- 理解国际营销组合策略的作用
- 理解国际产品策略、国际促销策略的基本内容
- 理解影响国际营销定价的因素
- 理解国际分销渠道的基本结构和选择标准
- 了解国际营销的任务、影响因素和发展阶段
- 了解国际营销观念

引导案例 TCL 的国际营销

面对经济全球化的大趋势,1999 年,TCL 集团董事长李东生提出了 TCL 的发展战略目标:将 TCL 建成具有国际竞争力的世界级企业。关于国际竞争力,李东生认为包括三个方面:建立适应市场竞争的现代企业制度,具有自主知识产权的核心产品研发能力,具有国际营销能力的管理团队。2002 年,李东生又提出了 TCL 的国际营销战略:依托中国大市场,将在国内具有领先优势的彩电和手机项目,作为拓展国际市场的突破口;在发展中国家投资建厂,推广 TCL 的自有品牌产品;在发达国家做贴牌、代工业务或兼并重组当地知名品牌,开展国际营销。

在这一发展战略指导下,TCL 先在越南投资建厂,然后借助国外品牌进入欧洲市场、美国市场。1999 年,TCL 凭借其核心技术和技术创新能力一举进入越南市场。随后,TCL 在印度、印度尼西亚、菲律宾也成立了分公司;又陆续在新加坡、印度尼西亚、菲律宾、文莱、缅甸等地建立了生产基地;在俄罗斯、美国、南非、南美等国家和地区建立了销售机构或设立了商务代表处;产品销往三十多个国家和地区,取得了良好的销售业绩。TCL 还与东芝、松下、爱立信、飞利浦、三洋等国际知名公司在技术研发、生产制造、分销、元器件采购等方面进行全球性合作。2001 年,TCL 出口创汇达 7.16 亿美元;2003 年,出口创汇超过 10 亿美元,成为该年度国内企业中国际营销效益最显著的企业。近年来,TCL 集团持续

推进全球化战略,2014年,实现海外销售收入454.62亿元,同比增长28.53%,占集团总体销售收入的比例提升至46.60%。2015年,TCL海外收入增长3.73%,占主营业务收入的46.5%。在北美市场,TCL手机销量1 454万,增长73%,液晶显示器电视销量增长180%;在欧洲市场,手机销量2 111万,增长39%;在新兴市场,液晶显示器电视销量增长8.1%,多产业协同联动,建立本地工业能力。

一、TCL进军海外市场

(1) 直接在越南投资设厂,由越南进入东南亚市场。TCL(越南)有限公司1999年年底成立。同年,TCL在越南设立了彩电生产厂。那时,在越南民众的心目中,三星、索尼、LG、松下这些日韩品牌就是家电的代名词。但是两年之后,TCL——这个响亮的中国品牌,已经超越索尼、松下这些在越南有30年历史的日本品牌,成为最受越南消费者喜爱的彩电品牌之一。2000年,TCL在越南的销量达2.1万台,市场占有率为4%。2002年,TCL彩电在越南市场上销售了10万台,市场占有率达到14%,成功进入三甲之列(依次为LG、三星和TCL),并进一步缩短了与排在前面的两个韩国品牌的差距。凭借初战的骄人业绩,TCL开始进入东南亚市场。

(2) 成功收购施耐德公司,由德国进入欧盟市场。2002年,TCL开始进入国际主流市场。施耐德公司是德国一个拥有113年历史的老牌家电生产厂商,拥有三条彩电生产线,年产彩电100万台。2001年,TCL向欧盟销售彩电41万台,超过欧盟给予中国七家家电企业配额的总和。2002年10月,TCL与施耐德公司签订收购协议,TCL以820万欧元的价格收购施耐德公司的品牌资产及部分固定资产,包括施耐德公司的商标、生产设备、研发人员、销售渠道和存货,成立新的施耐德电子有限公司。TCL收购施耐德,既能避开欧盟设置的40万台彩电配额的贸易壁垒,又能用施耐德品牌进入欧盟市场,对其国际营销来说可谓如虎添翼。经过一年的努力,新施耐德公司针对欧盟市场开发了全系列电视播放、视频播放产品线。新施耐德公司不但全面恢复了原施耐德公司重要的客户关系,而且促进了TCL产品在国外的销售。2003年8月,在德国举行的欧洲国际电子展会上,新施耐德公司获得3 000万欧元的产品订单。

(3) 全资收购美国高威达公司,进入美国市场。针对美国市场的反倾销浪潮,2003年5月,TCL全资收购了美国高威达公司——一个生产录像机、DVD等视像产品的渠道公司,其一年的销售额约2亿美元。TCL试图用美国高威达公司的品牌和销售渠道进入美国的影碟机市场。

(4) 与法国汤姆逊公司合资经营,进入全球市场。汤姆逊公司是法国最大的电子产品制造商。2004年1月29日,TCL董事长李东生与法国汤姆逊公司首席执行官达哈利签订了共同出资成立TCL-汤姆逊电子有限公司的协议。根据合同协议,由TCL国际占67%的股份,汤姆逊公司占33%的股份。汤姆逊公司的全球彩电业务,包括所有的彩电、DVD播放机的销售业务及研发中心,与TCL的彩电业务合并成TCL-汤姆逊(TTE)电子有限公司。合资以后,TTE可以利用汤姆逊的品牌效应进入欧美市场,绕过欧洲的贸易壁垒,从而降低了TCL进入欧洲市场的风险。另外,由于汤姆逊品牌在欧洲、美国等主流市场的知名度较高,对TCL树立国际品牌形象将大有帮助。两家公司业务重组后,除了TCL品牌,还拥有汤姆逊品牌和面向北美市场的RCA品牌。

对于 TCL 来说，选择汤姆逊公司作为合资对象，一是因为汤姆逊品牌在欧美市场知名度较高，在背投式电视机市场，汤姆逊公司处于领先地位；二是因为汤姆逊公司是全球拥有专利第二多的公司，拥有 3.4 万项专利，研发能力强；三是因为汤姆逊公司有经验丰富的营销管理团队经营全球的电视机业务，其营销管理能力足以弥补 TCL 国际营销经验的不足。

此外，与汤姆逊公司的合资对于 TCL 国际营销的意义重大。这是第一次以中国企业为主（占 67% 的股份）成立的合资公司。TTE 彩电的年销量将超过 1 800 万台，约占全球彩电市场份额的 10%，首次位居世界第一。而且，有望实现全球供应链资源整合。TCL 在越南、菲律宾、印度尼西亚、独联体国家都有协作厂，而汤姆逊在墨西哥、波兰、泰国、法国也有工厂，如果实现了供应链资源整合，TTE 将可以跨越美国、欧洲对中国彩电的反倾销障碍。

二、TCL 的国际营销战略

1. 确立了明确的市场进入战略

TCL 先在国内的彩电和手机产业中确立市场领先优势，然后逐步进入国际市场。TCL"从引进吸收到自主创新，从局部创新到全面创新，从外围技术创新到核心技术创新"，其国际营销是以不断创新的核心技术做后盾的。更重要的是，TCL 的彩电、手机、电话、家用电脑等产品在国内市场均有领先优势。其中，彩电年产销量突破 1 000 万台，步入世界级水平。目前，其在海外已拥有 1.5 亿消费者，产品遍布 100 多个国家和地区。

TCL 充分考虑了自身的资源和能力，更考虑到不同国家市场的特点、消费者需求、销售潜力、贸易壁垒等情况，灵活制定了市场进入战略。例如，在越南，采用的是直接投资的方式，因为那里成本优势明显，在当地组织生产可以避免进口税，降低高额运费。

2. 采用了多品牌战略

目前，TCL 拥有 TCL、乐华、施耐德、高威达、汤姆逊、RCA 等多个品牌。TCL 针对各自品牌在不同国家的市场影响力，采用多品牌战略进入不同的市场。在亚洲及新兴市场以推广 TCL 品牌为主，在欧洲市场以推广汤姆逊品牌为主，在北美市场以推广 RCA 品牌为主。

3. 实施本土化营销战略

TCL 本土化营销战略包括营销管理人员本土化、产品本土化与销售服务本土化。

第一，TCL 注意国际营销管理人员的本土化问题。例如，在并购施耐德公司以后，TCL 集中了中、德两国富有国际营销管理经验的人员，重新组建了高、中层营销管理团队。

第二，产品本土化，适应当地市场需要。TCL 开发出越南大众市场所需要的 14 英寸到 21 英寸彩电投放市场，并根据当地天气情况进行产品创新。针对越南雷雨天气较多又没有公用有线电视系统，造成电视收视信号较弱等特殊情况，TCL（越南）有限公司推出了防雷击彩电、超强接收彩电等新品种，受到消费者的欢迎。为确保产品质量，它们严格按照 ISO9000 国际质量体系标准进行产品质量管理与控制；采用 TCL 美国公司数字化研究所最新推出的 12C 数码集成电路控制技术，提高了彩电的稳定性；率先在越南引进了红外线遥控测试系统、自动化平衡调试系统等多项国际专利技术，确保产品制造的精度。

第三，销售服务本土化，树立 TCL 品牌的良好形象。TCL（越南）有限公司在当地建立起覆盖越南全国的销售网络,减少销售的中间环节。在销售服务方面,TCL(越南)有限公司努力为用户提供最好的服务。为树立TCL品牌的良好形象,TCL(越南)有限公司把销售服务做到实处,在越南的每个城市都设置了24小时热线电话。TCL(越南)有限公司在越南各地建立了100多个维修服务站。恪守"3年免费保修,终身维修"的承诺,TCL维修服务站明确规定,凡接到用户电话,维修人员必须不分昼夜上门维修,并带上一台好电视机以备用户使用。

4. 积极参与当地的公益事业活动

TCL(越南)有限公司非常注重和当地群众发展关系,与越南胡志明共青团中央、中国共青团中央和中国驻越大使馆联合设立20万美元的"TCL青年奖励基金",奖励越南优秀青年到中国学习、考察和培训。TCL(越南)有限公司还积极参与当地的公益事业活动,为遭受水灾等自然灾害的群众及残疾人捐款,并捐资助教,这些实际行动极大地提高了TCL品牌的市场知名度和美誉度。

资料来源:①桂煜航、汪胜雄,《TCL的国际营销》,《中国物流与采购》,2004(9)。②根据百度百科词条整理,https://baike.baidu.com/item/TCL/33013? fr=aladdin,访问时间:2018-11-03。

从引导案例可以看出,TCL通过一系列国际营销活动,获取了海外经营的成功。国际营销是跨国界的企业市场营销活动,它不同于国内营销,在营销环境的分析、市场机会的评估、目标市场的选择与进入、营销组合策略以及营销组织与控制上都具有鲜明的国际特点。对于任何一家国际企业来说,把握国际营销的特点,积极开展国际营销活动,对于开拓国际市场、扩大规模经济、赢得核心竞争优势,都具有极为重要的意义。

第一节 国际企业营销管理概述

国际营销与国内营销从本质上来说并无根本不同,营销的基本原理对二者都是适用的。无论是国际营销还是国内营销,企业都要分析营销环境、寻求营销机会、选择目标市场,都要进行营销手段和营销组合的决策,使潜在的交换转化为现实的交换,实现产品从生产者到消费者的转移。但是,国际营销与国内营销相比,毕竟具有跨国界、异国性和多国性等特点,在具体的营销管理过程中,有着不同于国内营销的操作要求。

一、国际营销的含义与特征

(一)国际营销的含义

根据美国著名市场营销学家菲利普·R.凯特奥拉(Philip R. Cateora)在其所著的已经再版十余次的权威教科书《国际市场营销学》一书中对国际营销的定义,国际市场营销是指"对商品和劳务流入一个以上的国家的消费者或用户手中的过程进行计划、定价、促销和引导,以便获取利润的活动"。我们认为,国际营销是指企业跨越国界、以国际市场为目标市场的营销行为和过程。换言之,国际营销是指一国的企业跨越了本国国界,以其他国家和地区作为目标市场,对产品和服务的设计、生产、定价、分销、促销活动,通过主动交换以满足需求、获取利润的行为和过程。具体来说,国际营销的概念包括以下几个方面:

(1) 国际营销的主体。国际营销的主体是各种类型的国际市场营销企业,包括跨国公司、国际性服务公司、进出口商等,其中跨国公司在现代营销中发挥着最积极、最重要的作用。

(2) 国际营销的对象。国际营销的对象是国际区域乃至全球的消费者,国际营销的核心就是满足国际消费者的需求。由于各国的社会文化、经济发展水平存在较大差别,因此,国际消费者比国内消费者的需求更为复杂多样。

(3) 国际营销的客体。国际营销的客体是产品和服务。随着科技的进步以及市场经济的发展,产品和服务的范围越来越广泛,一切实体产品、资本、技术以及其他服务都属于国际营销的范畴。

(4) 国际营销的目的。国际营销的根本目的是获取利润。如同其他企业一样,国际营销企业的根本目的是使利润最大化。当然,在具体的操作中,围绕利润最大化的目的,国际企业在不同的情况下会选择市场占有率最大化、产品质量最优化等具体目标。

(二)国际营销与国内营销

从本质上说,国际营销与国内营销并无根本不同,市场营销的基本原则对二者都是适用的。国内营销和国际营销定义上的唯一区别在于国际营销活动是在一个以上的国家进行的。这个差别表面上看起来很小,但却隐含了国际营销活动的复杂性和多样性。国际营销之所以更为艰难,是因为它比国内营销更具有挑战性。来自海外市场的一系列陌生问题和为应付各种不确定因素所制定的策略形成了国际营销的特殊性。因此,尽管营销的概念和原则具有普遍适用性,但国际营销的实施环境却因国家和地区的不同而大不相同,不同的环境所产生的种种问题是国际企业营销人员关注的主要问题。

国际营销与国内营销的区别,主要表现在:

1. 复杂性

由于各国社会文化、政治法律和技术经济环境的不同,国际营销的复杂性远远大于国内营销。社会文化环境的不同表现在语言的障碍、文化的差异以及风俗习惯和社会制度的不同等方面,这给从事国际营销的企业带来了市场调研不易、了解竞争对手困难、贸易双方存在沟通障碍、交易接洽不便等诸多困难;政治、法律环境的不同表现在政治体制、海关制度及有关贸易法规的不同等方面;经济环境的不同表现为居民收入水平不同、经济发展水平不同、经济体制不同等方面。这些显然会对国际企业的营销活动产生极大的影响。

2. 风险性

国际营销由于进行的是跨国界的交易活动,很多情况不易把握,因此,其产生的风险如信用风险、汇兑风险、运输风险、政治风险、商业风险等,远远高于国内营销。

3. 激烈性

进入国际市场的企业,通常都是实力强大的企业,国际市场竞争比国内市场竞争更为激烈、残酷。在国际市场上,营销的参与者与国内很不相同,除了国内市场竞争中的常规参与者,政府、政党、有关团体也往往介入其中。政治力量的介入使国际市场竞争更加微妙,也更加激烈。对于发展中国家的企业来说,参与国际市场竞争必然要承受巨大的竞争压力。

二、国际营销与国际贸易

把国际营销界定为国际贸易的企业行为，本身就说明了国际营销与国际贸易这两个范畴既有区别又有联系。

国际营销与国际贸易具有相互联系或性质相同的一面，是因为两者都涉及跨国界的贸易活动。从总体上看，它们都属于国际贸易范畴；从企业运作上看，它们都属于国际营销范畴。换言之，国际市场营销与国际贸易事实上是一个问题的两个方面，是从不同角度和视野观察跨国界的商品交易活动。

当然，两者也存在着明显的区别：

（1）角度不同。国际贸易从跨国界交易活动的总体上来研究国与国之间的贸易关系，如对外贸易理论与政策、国际贸易惯例与法规以及外贸实务等；国际营销则站在企业的角度，从微观上研究企业跨国界的商品交换与投资问题，如营销环境分析、制定营销组合策略等。

（2）范围不同。国际贸易涉及的是国际间的商品流通或商品交易的问题，而国际营销涉及的是跨国界的商品交换与投资的具体策略以及与此相关的问题，如市场预测、产品开发、售后服务等问题。

（3）流向不同。国际贸易涉及商品交易的两个方面，即涉及本国产品向外国的销售和本国购买外国的产品这一卖一买两个方面，涉及两个流向的商品交易；而国际营销涉及的一般是本国产品如何向国际市场销售这一单一流向的交易，还涉及企业在境外生产的产品如何向国际市场销售的问题。

（4）对象不同。国际贸易的对象是外国厂商或政府，一般不涉及最终购买者；国际营销的对象可以是外国的政府、厂商或最终消费者。前者是从总体上把握交易的对象，后者则是从具体的营销手段上把握营销的对象。

三、国际营销的类型

企业进入国际市场的类型，依发展阶段的不同可以分为：

1. 被动的国际营销

被动的国际营销型企业的目标市场主要在国内，内部并未设置专门的出口管理机构，也不主动面向国际市场，只是在外国企业或本国外贸企业求购订货时，产品才进入国际市场。

2. 偶然的国际营销

偶然的国际营销型企业的目标市场仍然主要在国内，一般也不设置对外出口机构，但在特定情况下会主动面向国际市场。比如，因某一时期国内市场供过于求、竞争激烈或其他原因一次性外销产品，视国外市场为短期销售地。当国内供求关系及竞争缓和时，这些企业又转向国内，生产本国市场所需的产品。

3. 固定的国际营销

固定的国际营销型企业的目标市场既有国内市场也有国际市场，一般会成立专门的出口机构，甚至在国外成立分销机构，在不放弃国内市场的前提下制定国际营销战略，专门开发国外消费者所需的产品,针对国际营销环境,制定国际营销组合战略,参与国际竞争,力图在国际市场上建立持久的市场地位。

4. 积极的国际营销

积极的国际营销型企业完全把国际市场作为目标市场,甚至把本国市场视为国际市场的一个组成部分。它们一般在本国设立公司总部,在世界许多国家和地区发展参股比例不等的子公司,并在这些国家和地区从事生产经营活动,其产品、资源在国际市场流通,依靠国际市场获取利润。

以上四种类型反映了企业从事国际营销的历史进程。其中,前两种属于国际营销的初级形式,后两种属于国际营销的高级形式。由于各个企业处于国际营销发展的不同阶段,因而必须据此来确定自己的营销战略,以达到预期的目标。

四、国际营销的发展阶段

国际营销是在国际经济交流日益频繁、国际竞争日益激烈的形势下产生和发展起来的。各企业营销目标、经济实力以及营销经验不同,其国际营销发展的程度也会有所不同。为此,可以把国际营销的演进分为五个阶段:

1. 国内营销——前国际营销阶段

国内营销(Domestic Marketing)型企业的目标市场主要在国内,其内部既未设专业的出口机构,也不主动面向国际市场,只是在外国企业或本国外贸企业求购订货时,产品才进入国际市场。这类企业的产品虽然进入国际市场,但显然是被动而非主动营销,因此属于前国际营销阶段。这类企业持有典型的本国中心论的理念,认为企业的目标市场是国内市场,进入国际市场是一种偶然的行为。

2. 出口营销——国际营销的初级阶段

出口营销(Export Marketing)最初产生于国外客户或国内出口机构的订单,这类企业起初的目标市场仍然在国内,一般也不设立对外出口的机构,而是通过出口代理机构或间接出口的方式开展产品的出口业务。在积累了相当的国际营销经验以后,这类企业认识到开拓国际市场的意义,进而采取更为积极的态度,并成立专门的出口机构开展国际营销。当然,这类企业持有本国中心论的理念,认为国际市场只是国内市场的延伸。

3. 跨国营销——国际营销的成长阶段

跨国营销(International Marketing)型企业的目标市场确定于国际市场,甚至把本国市场视为国际市场的一个组成部分。它们一般在本国设立公司总部,制定国际营销战略,在国外成立分销机构,甚至发展参股比例不等的子公司,专门开发国外消费者所需的产品,并针对国际市场营销环境,制定国际市场营销组合策略,参与国际竞争,企图在国际市场上建立持久的市场地位。这类企业持有国际市场中心论的理念,把开拓国际市场作为企业持续的目标取向。

4. 多国营销——国际营销的高级阶段

多国营销(Multinational Marketing)的早期称为多母国营销(Multidomestici Marketing),即在多个国家建立较为独立的子公司,各子公司独立运作,在不同的国别市场上形成不同的产品线及营销策略。多国营销的进一步发展称为多区域营销(Multiregional Marketing),

即按区域进行国别整合,形成不同的国际区域市场,建立区域营销形象,在不同的国际区域市场上形成不同的产品线及营销策略。这类企业持有的是国际市场中心论的理念,只不过早期具有多国中心论的色彩,后期具有国际区域中心论的色彩。

5. 全球营销——国际营销的发达阶段

全球营销(Global Marketing)型企业把全球市场作为一个统一的市场,在全球一体化的视野中实现企业资源的全球配置,进一步摒弃多国营销中产生的成本低效和重复劳动,实行全球范围内的资源整合,以求全球范围内的收益最大化。这类企业持有的是国际市场中心论的理念,但其全球中心的色彩尤为明显。

以上五个阶段反映了国际营销演进的历史进程。由于各个企业处于国际营销发展的不同阶段,因而必须明晰自身所处的发展阶段,确定适合自身特点的营销策略,以便有效地达成国际市场营销的目标。

中国企业国际营销的发展阶段及特征

纵观中国企业的国际营销发展进程,它经历了三个阶段:以出口营销为主的阶段、以OEM(授权贴牌生产)为主的营销阶段以及跨国并购兴起的阶段,如表5-1所示。中国企业进入国外市场的方式从单一的出口贸易发展到出口、海外直接投资与合资等多种形式,在海外市场的营销战略也从被动的来料加工向更加主动地自建品牌和销售渠道的方向转变。

表 5-1　中国企业国际营销发展阶段特征对比

阶段	主要进入方式	主要的公司战略	主要的营销策略
1979—1990年 以出口营销为主的阶段	出口贸易	• OEM • 通过外贸公司或利用海外营销渠道	• 订单生产 • "推"的策略
1991—2001年 以OEM为主的营销阶段	出口、合资、海外直接投资	• OEM+自有品牌 • 自建渠道 • 海外设厂	• 价格和规模竞争 • 当地化营销 • "推"与"拉"的策略并行
2002年至今 跨国并购兴起的阶段	出口、合资、海外直接投资、国际战略联盟	• OEM+反向OEM+自有品牌 • 跨国并购 • 海外上市	• 品牌收购 • 品牌识别国际化 • 差异化营销 • "拉"的策略地位上升

注:本表的三个阶段不是基于中国企业国际化总体水平评估的划分,而是突出国际营销主导战略的变化。

(1) 以出口营销为主的阶段(1979—1990年)。1979年,中国开始实行对外开放政策。国内一些企业以出口创汇为目的,开始进入国际市场。国内产品主要通过出口的方式进入国际市场,有些企业在国外设立自己的销售机构、海外代表处或成立合资企业。出口商品结构落后,制成品主要是劳动密集型的轻纺产品和石油制品。参与国际市场的企业还比较少,主要是国有大中型工业企业和外贸公司。中国企业海外投资规模小、投资行业范围狭小,投资地区主要是发展中国家以及中国的港澳地区。中国企业的海外投资受政府操纵,企业缺乏自主权。

(2) 以 OEM 为主的营销阶段(1991—2001 年)。为了使产品更适合当地市场需求以及绕过壁垒更好地进入海外市场,很多中国企业开始直接在国外投资办厂。20 世纪 90 年代之后,制造类产品的出口比重大大提高,产品的科技含量也大大增加。一些企业加强科研投入,进行技术创新,创立了品牌,甚至在一些发达国家也获得了很大一部分市场份额。参与国际化经营的企业数量迅速增加,经营领域多元化,地域扩大。投资领域由发展中国家扩大到部分发达国家。投资主体由外贸专业公司向生产企业、集团企业转变。民营企业异军突起,成为中国企业国际化中的一支重要力量。在国内较大规模的民营企业中,万向、华为、新希望、正泰等公司都已不同程度地走向国际市场。这些公司目前在四十多个国家投资,其中包括亚洲以外的国家。民营企业通过兼并、收购、控股、中外合资等多种形式与国外企业进行战略联盟,形成优势互补。民营企业大多规模较小,多采用 OEM 模式进军海外市场。近年来,一些成功的民营企业还自创出反 OEM 模式,取得了巨大成功,创造出"蛇吞象"的奇迹。此外,民营生产企业获得自营进出口权,成为中国外贸出口新的增长点。

(3) 跨国并购兴起的阶段(2002 年至今)。跨国并购作为新兴的"走出去"形式在我国发展迅速。2002 年是中国加入世界贸易组织的第一年,中国企业更加深入、全面地卷入全球化的潮流。中国企业进军国际市场的脚步大大加快,企业的海外并购暗潮涌动。国内一些实力较强的企业通过收购、组建国际战略联盟,获得国外的销售渠道和著名品牌,形成优势互补,以更快的速度进入当地市场。国内企业以自有品牌进入国际市场的趋势也更加明朗化,联想、夏新等企业纷纷更改企业标志,以更好地将品牌打入国际市场。

资料来源:何佳讯,《中国企业国际营销进展:阶段特征与战略转变》,《国际商务研究》,2005(2)。

五、国际营销观念

基本的国际营销观念可以概括为三种,即国内市场延伸观念、国别市场观念、全球营销观念。每一种观念都反映了企业的经营思想和国际营销管理导向,同时也与企业进行国际经营的演进过程相关。

1. 国内市场延伸观念

国内市场延伸观念是指国内企业力图把国内生产的产品销售到国外市场,把国际业务看作第二位的,是国内业务的延伸。它的主要动机是解决生产能力过剩的问题,国内业务需要优先考虑,国外销售被视为国内业务有利可图的延伸。它对国际销售的典型看法是:如果某种产品能在本国市场上销售,就一定能在其他国家市场上销售。因此,企业很少针对国外市场调整营销组合方案,总是寻找和国内市场相似的市场以便产品能够被接受,然后以与国内销售一样的方式将产品销售给国外客户。

2. 国别市场观念

企业一旦意识到市场差异和海外业务的重要性,其营销管理导向就能转变为国别市场策略。以这一观念为导向的企业,意识到各国市场大不相同,只有针对每一个国家制订独立的计划,才能取得销售成功。以此为导向的企业以国别为基础,对每一个国家采取不同的营销策略。具有这一观念的企业并不寻找营销组合各因素之间的相似性,而是强调对每一个国家市场的适应性。每个市场的特殊性要求营销计划、投入和控制等都应在当地决定,因而此类企业通常采取分权式的组织结构。

3. 全球营销观念

以全球观念为管理导向的企业通常称为全球性企业,它们所开展的自销活动是全球营销,市场范围是整个世界。实施全球营销策略的企业追求规模效益,开发具有可靠质量的标准化产品,以适中的价格销往全球市场,并尽量在各个国家采取相同的营销组合。如今越来越多的跨国公司,如可口可乐、百事可乐、麦当劳、肯德基、丰田及福特等正在确凿无疑地向全球性企业要求的方向发展。

六、国际营销的任务及其影响因素

企业从事国际营销的任务是根据国内外不可控制的环境因素,运用企业可控制的因素,制定出国际营销的战略目标并加以实现。由于国际营销面临国内及国外不确定的环境因素,因此,国际营销的任务更复杂,完成此任务的难度更大,如图5-1所示。

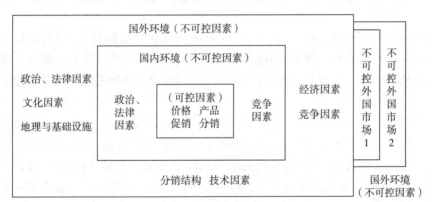

图 5-1 国际营销的任务

资料来源:Philip R. Cateora, *International Marketing*, 1999, The McGraw-Hill Company, p. 8。

影响国际营销的因素包括企业的可控因素和国内、国外的不可控因素。

1. 企业的可控因素

企业在拥有资源的条件下,可以综合运用产品、价格、分销渠道和促销等手段,满足市场需求,获得预期利润。为适应不断变化的市场条件、消费者偏好或企业目标,企业可充分运用产品、价格、分销渠道和促销等手段开展有效的市场竞争活动。因此,可以认为,这四个因素对于企业来说,在一定范围内是可以控制的。

2. 国内不可控因素

国内不可控因素主要包括:政治与法律力量、经济力量、技术力量、文化力量和企业所在行业的竞争状况。一国的对外政策和相关法律对企业国际营销的成败有着直接的影响。例如,因为政治因素,美国全面禁止本国企业与伊拉克的经济往来,在这种情况下,不管是名不见经传的小公司,还是埃克森和通用电气这样的大公司,国际营销计划都会受到限制。

3. 国外不可控因素

国际营销人员的任务比国内营销人员的任务更复杂,原因就在于他们面临着国内和国外两个层面的不确定性。在本国经营的企业可以比较容易地预测商业形势,调整企业决策,但是,国际营销计划的制订却常常涉及大量不可预见的政治、文化和经济冲突。

这些不确定性主要存在于以下几个方面:①政治和法律力量;②经济力量;③竞争力量;④技术水平;⑤分销结构;⑥地理和基础设施;⑦文化力量。这七个方面构成了国际营销者在制订营销计划时必须应对的国外不可控因素。例如,要使与中国企业签订的商务合同有效,就必须与公司法人即法定代表人签约,而企业或个人要成为法人必须在政府部门登记注册,这一点让许多外国企业感到陌生。和国外做法不同的还有,在与中国企业或个人谈判时,要注意查验有关经营权和经营范围的批准文件,合同生效的要件除了像在其本国一样有个人签字,还要加盖公章。这些都是外国企业在中国开展国际经营活动时所遇到的政治和法律方面的不确定因素。在营销任务相同的情况下,市场环境发生了变化,就要考虑采取不同的解决方法。

第二节 国际目标市场的选择与进入

国际企业为了完成国际营销任务,要开展国际营销环境的分析、国际市场机会的评估、国际目标市场的选择与进入、国际市场营销战略的制定、国际市场营销组合策略的制定、国际营销的组织与控制等一系列营销活动,而国际目标市场的选择及进入是其中非常重要的一个环节。

满足国际市场的顾客需要是企业国际营销活动的关键,然而,世界上有两百多个国家和地区,不同区域的消费者需求特点差异很大,企业难以同时满足所有消费者的需求,因此,必须依照一定的标准、一定的步骤对众多的国家和地区市场进行细分,并在此基础上对各个细分市场进行深入调研与评价,从中选出企业能有效满足其消费者需求的细分市场作为目标市场。在选择目标市场之后,企业还需确定进入该目标市场的方式,以为后面的营销活动提供有效保证。

一、国际目标市场选择

(一) 国际市场细分与目标市场选择

进行国际市场营销活动,同样必须选定目标市场。对世界各国的市场而言,并不是每一个市场都是国际企业应该进入和能够进入的市场。选择国际目标市场可以发现潜在的市场,寻求国际购买者;可以充分利用资源,发挥企业营销优势;可以把市场需求与企业优势有机结合,提高营销效率。

国际市场是一个庞大、多变的市场,为了选择目标市场,首先要根据各国顾客的不同需要和购买行为,对国际市场进行细分。所谓国际市场细分,是指企业按照一定的细分标准,把整个国际市场细分为若干个需求不同的子市场,其中任何一个子市场中的消费者都具有相同或相似的需求特征,企业可以在这些子市场中选择一个或多个作为其国际目标市场。国际市场细分是企业确定国际目标市场和制定国际市场营销组合策略的必要前提。

国际市场可按不同的标准进行细分:按经济发展水平,可以把国际市场细分为原始农业型、原料出口型、工业发展型和工业发达型四类市场;按地区,可以划分为北美、欧洲、拉美、东南亚等市场;按商品性质,可以划分为工业品、消费品和服务市场;按人均国民收入,可以划分为高、中、低收入三类市场。此外,还可以按国别、家庭规模、性别、年龄、文化程度、宗教、种族、气候等标准进行进一步的细分。

在市场细分的基础上,需要决定哪些市场是企业的目标市场。选择目标市场的依据主要有以下方面:

(1) 市场规模。对于没有规模的市场,其营销发展就非常有限。因此,选择目标市场首先要考虑市场规模。一个国家或地区的市场规模,取决于人口总量和人均收入水平。

(2) 市场增长速度。有的市场尽管规模不大,但潜力很大,未来市场的增长速度快,具有某些条件后便会产生一个巨大的市场。这种市场是选择目标市场时绝对不能错过的。选择这种市场作为目标市场,其未来营销收益十分可观。

(3) 交易成本。市场交易所发生的费用多少,直接关系到产品成本和利润的高低。在不同市场中每项交易所发生的运费、调查费、保险费、税收、劳动力成本以及广告宣传费是各不相同的,国际企业往往选择那些交易成本较低的市场作为目标市场。

(4) 竞争优势。国际市场竞争十分激烈,企业在选择目标市场时,要同竞争对手相比较,选择竞争对手在产品质量和花色品种、企业规模、经营组织上较弱的市场作为自己的目标市场。

(5) 风险程度。国际市场营销是跨国界的营销活动,市场风险是十分突出的问题。自然灾害、意外事故、战争、政局不稳、两国关系恶化以及原料供求变化、货币贬值、通货冻结等原因,都会导致合同废除、货物丢失、交货延误、贸易歧视,甚至没收财产等风险的发生,因而从原则上说,目标市场应选择风险比较小的市场。当然,高收益往往伴随着高风险,企业要视具体情况而定,具体问题具体分析。

(二) 国际目标市场的估测

企业在初步选定目标市场后,还要对目标市场进行深入的分析研究,对市场潜力、市场占有率、经营收益、投资收益以及风险进行认真估测,最终确定目标市场并为进入目标市场打下坚实的基础。

(1) 估计现有的市场潜力。这是指通过已公布的资料或企业、组织调查获取的资料,对目前的市场需求状况进行估计。跨国界营销活动的调查研究远比国内困难,访问调查的合作率不高,而花费的时间和费用却很多,但只有对现状进行充分的分析研究,进入目标市场才能有的放矢,后续的营销活动才能顺利开展。

(2) 预测未来的市场潜力。未来目标市场需求的发展变化,对企业组合营销策略至关重要。因此,企业不仅要估计目前的市场潜力,而且要分析、判断随着该国经济发展、政局变动等环境的变化,目标国市场潜力的发展及其走向如何。由于预测未来的市场潜力更为困难,因而要求调查研究人员一定要熟悉外国政治、经济、文化的状况以及政策走向,综合判断未来市场的发展变化。

(3) 预测市场占有率。这是指研究目标市场的竞争状况以及有关方面可能设置的种种限制,正确判断该企业在目标市场的市场份额。

(4) 预测成本和利润。成本高低与进入市场的策略或方式有关。如果以出口商品的方式进入,则商业责任与销售成本由合同标明;如果以投资设厂的方式进入,则成本估计还要涉及折旧、利息、员工工资、税款、原材料及能源价格等因素。成本估算出来后,从预计销售额中减除成本,即可测算出企业利润。

(5) 估计投资收益率与风险。这是指将某一产品在国外市场的预测利润流量与投资流量进行比较,并以此估计投资收益率。估计的投资收益率必须高于正常的投资收益率,并能抵消在国外市场营销时可能遇到的政治风险、商业风险、货币风险以及其他各种风险。

二、进入国际市场的模式

企业经过国际市场细分、选定目标市场之后,接下来就需要选择进入国际市场的最佳模式和策略。所谓进入国际市场的模式,是指企业对进入外国市场的产品、技术、技能、管理诀窍和其他资源进行系统规划的各种标准化的方式。进入模式的选择是企业最关键的营销决策之一,因为它将直接影响企业进入外国市场以后的经营活动以及一定数量的资源的投入,如果开始时选择不当,就会造成损失。而且从一种模式转换到另一种模式需要付出转换成本,有时这种成本还会相当高昂。这就要求企业在选择进入模式时要进行深入的分析和准确的判断。

国际市场进入模式主要有:出口进入模式、契约进入模式和投资进入模式。选择特定的进入模式反映出企业在目标市场上想要获得什么利益、如何获得这种利益等策略意图。企业应根据本国及所进入国家的各种政治、经济情况以及自身的各种资源等因素选择适当的进入模式。

(一) 出口进入模式

出口进入模式是企业通过向国际目标市场出口产品而进入国际市场的方式。这是企业进入国际市场的一种传统方式,也是目前进入国际市场普遍采取的一种初级方式。采用这种方式,产品在国内生产,原生产地点不变,生产设施仍然留在国内,劳动力没有国际间流动,出口产品可与内销产品相同,也可根据国际市场需要作适当的变动,产品在国际市场遇到阻力时,还可及时转向国内市场。因此,这种方式的经营风险相对较小,对产品结构调整、生产要素组合的影响都不大。出口进入模式又可分为间接出口模式和直接出口模式。

1. 间接出口模式

间接出口模式是指利用本国中间商向国际市场出口产品,是企业开始走向国际市场最常见的方式。其主要做法有:①生产企业把产品卖给外贸企业,产品所有权由生产企业转向外贸企业,外贸企业再将产品销往国际市场;②生产企业委托外贸企业代理出口产品,产品所有权未转移,外贸企业是生产企业的代理商;③生产企业委托本国其他企业在国外的销售机构代销自己的产品,合作开拓国际市场。

间接出口模式的优点是:①投资少。企业不需要建立自己的国外销售机构,甚至不需要聘请国际营销的专门人才。②风险小。经由国内专门的外销机构,通过这些机构积累的国际营销经验为自己服务,可降低风险;同时,由于没有为国际营销设立专门机构,也会减少损失。③企业可集中精力生产,不必为外销渠道分心。但是,间接出口的缺点也是明显的:①不能直接了解国际市场,难以围绕国际市场需求展开营销。②过于依赖国内中间商,易于造成外销失控,甚至存在被中间商抛弃的风险。

2. 直接出口模式

直接出口模式是指生产企业自行承担一切出口业务。当企业产品有外商前来洽谈购买,或企业生产规模很大并且出口额也很大时,企业往往采取直接出口的方式。其主要做法有:①直接向外国用户提供产品;②直接接受外国政府或厂商的订货;③根据外商要求定做销往国外的产品;④参与国际招投标活动,中标后按合同生产销往国外的产品;⑤委托国外代理商代理经营业务;⑥在国外建立自己的销售机构。

直接出口模式的优点是:①可以节省国内中间环节的费用;②可以直接面对国际市场,获取国际市场的需求变动信息,及时调整生产经营活动;③可以在一定程度上自主决策,控制产品外销。当然,这种方式也有不足:①一般需要建立产品出口的专门机构,甚至在国外建立机构,并聘用专门的国际营销人才,因而增加了一定的费用。②需要自己承担由直接出口带来的经营风险。

(二) 契约进入模式

契约进入模式是企业通过与国外企业签订技术转让、服务技能、管理技术、委托生产等合约而进入国际市场的方式。20世纪70年代以来,由于国际上贸易保护主义盛行,出口进入受到一定阻碍,迫使一些企业以技术转让合约的方式向国际目标市场输出技术和服务,并以此带动产品出口。采用这种方式可以降低生产成本、避免经营风险、减少汇率波动损失、加强经济技术合作,正是这些优点使之在贸易保护主义盛行的时代日益得到各国企业的青睐。

契约进入模式可分为许可证贸易、特许经营、合约管理、合约生产等方式。

1. 许可证贸易

许可证贸易是指出口企业(认可方)在指定的时间、区域内将其工业产权(专利、专门技术、工艺、注册商标等)的使用权有偿转让给外国法人(被许可方或持证人)的贸易方式。许可证贸易是技术的有偿转让,出口企业可获得技术转让费或其他形式的报酬。

许可证贸易根据不同的划分标准可分为多种类型:①根据被许可方取得的权限大小划分,可分为独立许可、排他许可、普遍许可等类型;②根据合同对象划分,可分为专利许可、商标许可、专有技术许可等类型;③根据被许可方是否有技术的再转让权划分,可分为可转让许可、不可转让许可等类型;④此外还有一些特殊类型,如交叉(交换)许可、一揽子许可等类型。

许可证贸易是企业间接进入国际市场的一种方式,它的优点是:①可避开进口国提高关税、实行进口配额等限制,使自己的产品快速进入国际市场;②不用承担东道国汇率变动、产品竞争的风险和其他政治风险;③不需要支付高昂的运输费用,节约经营成本。它的缺点是:①对被授权企业的控制有限;②可能会培养出国际竞争对手。

2. 特许经营

特许经营是许可证贸易的一种特殊方式,企业(特许人)在指定的时间、区域内将其工业产权及整个经营体系(专利、专门技术、工艺、商号、商标、企业标志、经营理念、管理方法等)的使用权有偿转让给国外企业(持证人)的贸易方式。在特许经营中,持证人不仅获得特许人的工业产权,而且必须按特许人的经营体系(如经营风格、管理方法等)从事经营活动。特许合同双方的关联程度较高,特许人往往将持证人作为自己的分支机构,统一经营政策、统一风格、统一管理,向客户提供标准化的服务。

特许经营的优点是:①标准化的经营方式可最大限度地扩大特许企业的影响力;②可以将激烈的竞争关系转化为利益分享的伙伴关系,以较低的资本迅速拓展国际市场;③商业风险和政治风险较小。这种方式的缺点是:①各种方式的使用有一定限制,特许人的工业产权及其经营体系必须有较大的吸引力;②对持证人的控制有一定难度。

3. 合约管理

合约管理是通过签订合约的方式,由国际企业向外国企业提供管理知识和专门技术,并提供相应的管理人员,参与指导外国企业的经营管理。合约管理方式是通过提供管理这种技术和服务的方式而得到回报的。目前,国际旅馆业大量采用合约管理方式。

合约管理方式的优点是:①可迅速进入国际市场,开展市场营销活动;②政治风险和商业风险较小。这种方式最明显的不足是:①占用优秀的管理人才;②在合约期满后培养出自己的竞争对手。

4. 合约生产

合约生产是国际企业(委托方)签订委托生产的合约,委托外国企业按规定的数量、质量和时间生产整个产品或零部件。在合约生产中,委托方往往具有资本、技术及营销优势;产品由委托方销售;可当地生产、当地销售,也可当地生产、全球销售。

合约生产方式的优点是:①充分利用当地的生产能力和资源优势;②企业投资少,资源利用率高;③产品在当地生产,易于突破当地市场的进口壁垒。这种方式的缺点是:①难以甄选合格的制造商;②可能会培养出自己的竞争对手。

(三)投资进入模式

投资进入模式是指企业通过直接投资拥有外国公司部分或全部股权,在国外投资、生产、销售产品,从而进入国际目标市场的方式。投资进入模式是企业进入国际市场的高级形态,企业通过投资方式进入国际市场,可以及时了解市场行情,充分利用东道国的资源,取得东道国政府的理解和支持,但由于投入了资本及其他生产要素,政治风险和商业风险较出口进入模式和契约进入模式明显增大。

投资进入模式一般可采取以下两种方式:

1. 合资经营

合资经营方式是本国企业与国外一个或一个以上企业按一定比例共同投资兴办企业,共同生产经营并承担经营风险,获取经营收益的方式。

合资经营方式的优点是:①由于与东道国企业合资经营,政治风险比独资经营小,并可能享受较多的优惠;②可以利用国外合营伙伴熟悉该国政治法律、社会文化及经济状况的优势,比较容易获得当地资源并打开当地市场,实现双赢。这种方式的缺点是投资各方人员在管理上难以协调,存在某些文化障碍,利润分配上也容易产生矛盾。

2. 独资经营

独资经营方式是企业在国外单独投资兴办企业,独立经营,自担风险,自负盈亏。

独资经营方式的优点是:①可获得东道国的支持与鼓励;②可获得东道国廉价的生产要素,降低经营成本;③可加强对独资企业的控制,避免工业产权向本企业外转移,避免竞争对手的迅速成长。但是,独资经营也是所有进入国际市场模式中风险最大的方式,如东道国通货膨胀、价格限制甚至没收、征用等,都可能使企业遭受全部或巨大损失。

企业可采用两种方式实现独资经营,即购并或兴建。购并方式能更快地进入国际市场,迅速实现业务扩张。但是购并的财产往往不尽如人意,运营中存在文化鸿沟,甚至会使竞争对手产生敌意。兴建的优点是易于实现设计目标,缺点是需要较长的时间。

KW 公司拓展海外市场

美国 KW 公司的产品为连接器和离合器系列,其中 KW 皮线连接器及其他一些相关设计在世界上拥有专利,因此尽管市场上其他竞争对手的产品发生了很大变化,但 KW 公司在连接器和离合器市场上仍占有固定的市场份额。KW 公司在美国和加拿大市场上具有很强的竞争力,因为公司的专利产品在设计上具有难以仿制的特点,也没有一个竞争对手拥有与其完全一样的生产线。20 世纪 80 年代初,来自海外的订单在缓慢而持续地增加。拓展海外市场虽然存在诸多困难,但在美国本土的成本太高,外国政府对 KW 产品征收的关税比过去增加了 10% 以上,致使 KW 产品在国际市场上缺乏价格竞争力。

KW 公司在美国和加拿大以外的业务都是以许可证协议的形式开展的。英国赛伦公司对 KW 公司的皮线连接器很感兴趣。1975 年年末,它们签订了为期 15 年的许可证协议,允许赛伦公司在英国生产和销售 KW 公司的产品。此外,赛伦公司还获得了在除美国、加拿大、墨西哥和法国以外的国家销售 KW 产品的许可;KW 公司可以从赛伦公司利用其专利生产的设备的出厂价格中提取 1.2% 的专利费。至 1980 年,KW 公司通过该协议共获得 30 万美元的收入。它对公司利润的增加有十分积极的影响,而且公司并未对此追加任何投资。

KW 公司在法国也有一个许可证持有人——赛拉公司,赛拉公司在法国享有产品的独家专卖权。该协议从 1979 年起生效,为期 10 年。在生效后的第一个销售年度,KW 公司从该项合作中获得的税后收入近 2 万美元。

到了 1981 年,赛拉公司希望与 KW 公司进行合资经营,KW 公司在合资企业中投入 40 万美元,而赛拉公司则提供 4 万平方英尺①的厂房、设备、国内分销渠道和管理人员。新企业被命名为赛拉-KW 公司,将德国作为未来拓展的主要目标。原赛拉公司将拥有新公司 60% 的股权。KW 公司除可获得红利外,还可获得 KW 专利产品销售额的 5% 作为税

---

① 1 英尺 = 0.3048 米。

收补偿。

与此同时,KW 公司有可能获得德国连接器厂商 CMF 公司。CMF 公司守旧的管理层既希望出售公司的产权,又希望继续经营公司。可是,如果 KW 公司直接进入德国市场,将被视为一种"不友好举动"。因为德国是赛伦公司的地盘,赛伦公司对 KW 公司的利润贡献颇大,KW 公司不希望因此而与英国的合作伙伴交恶。

1981 年,欧洲市场的工业化和机械化步伐加快,这无疑给 KW 公司带来了新的机会。KW 公司非常希望能抓住这一机遇,与欧洲公司合作,在欧洲进行生产。KW 公司把拓展海外市场的原因归结为:①合作将使单系列产品的市场尽可能地扩大,这样可以用地区扩张策略代替产品多样化策略;②KW 公司在欧洲产品的重大改良和技术革新,将对其在美国市场上有利的竞争地位产生积极的影响;③KW 公司对本国生产的产品成本十分担心,必须将更多的制造工序移往海外而进口更多的配件甚至成品。

KW 公司在确定是否进一步拓展海外市场前,归纳出以下四条可供选择的策略:①KW 公司将通过扩大出口来建立海外市场。若该策略能取得成功,将使生产成本大大降低。②KW 公司可争取获得更多的许可证协议。这一策略在英国和法国已取得成功,但再次运用该策略获利将不会太高,其上升空间有限。③KW 公司可与海外市场上现有的公司进行合资。KW 公司将提供资金和生产技术,海外公司将提供管理技术、劳动力资源、销售渠道等。④KW 公司将建立完全由自己控制的海外子公司。但要达成这一目标也有许多困难,因为 KW 公司缺乏海外经营所需的管理技术,对海外市场也不太熟悉,缺乏实际运作经验。从事海外经营是一件十分复杂的事情,独资经营企业需要投入大量的时间、人力、物力和财力。

资料来源:张静中、曾峰、高杰,《国际市场营销学》,北京:清华大学出版社、北京交通大学出版社 2007 年版,第 220—221 页。

第三节 国际产品策略

一、国际营销组合策略

(一)国际营销组合策略的含义

国际营销组合是企业可以控制的各种营销手段的综合。一个企业在选定目标国市场并完成市场定位后,就要针对目标国市场的需求和不同环境的影响,使自己可以控制的各种因素相互配合,进行最佳的组合,综合地发挥作用。也就是说,国际营销组合是在特定的时间,向特定的目标市场,以特定的价格、渠道和促销手段,销售特定产品的各种营销因素综合运用的总称。

由于营销手段和销售因素多种多样,为了便于分析运用,有人曾对此提出过多种分类方法,其中运用最为广泛的是美国营销学家麦克塞提出的分类法,他把种种营销因素分为四类,即产品(Product)、价格(Price)、销售渠道(Place)、销售促进(Promotion),这就是市场营销的 4P 组合。

(1) 产品:确定适销对路的产品。企业必须设计和生产适应目标市场需要的产品,供消费者购买和使用,包括产品发展、产品设计、产品牌号、产品包装、交货期等内容。

(2) 价格:确定对目标市场具有吸引力的公平合理的价格。企业根据国外消费者的需要和市场竞争状况,结合成本、利润,合理确定产品价格,包括确定价格目标、制定产品价格的各种方法和策略、原则等内容。

(3) 销售渠道:把适销商品送到目标市场。企业需要研究在何时、何地、由谁使商品顺利地由国内生产者到达国外最终消费者,包括销售所经过的途径和采用的方式方法。

(4) 销售促进:使消费者了解商品,并向目标市场推销。企业将有关企业产品的信息,通过各种方式传递给国外消费者或用户,促使其了解、信赖并购买本企业的产品,以达到扩大销售的目的。促销通常包括广告促销、人员推销、营业推广、公共关系推销等。

(二) 国际营销组合策略的作用

国际营销组合策略具有以下三个作用:

第一,是实现企业国际营销战略目标的基础。制定国际营销组合策略要以国际营销战略目标为依据,要适应国外目标市场的需求和国际市场营销的环境。例如,经济不景气时期日本人把收入的18%都存入银行,尽管储蓄利率较高,但经济衰退仍然影响了他们钱包的鼓瘪。为了降低食品支出,日本人尽量不吃快餐。麦当劳为此推出"实惠"政策,强调服务的质量和物有所值的高质量食品。在意识到价格已经是影响消费者满意程度的因素后,这个政策突出宣传了对三明治、饮料和炸薯条套餐的20%的折扣。这样,麦当劳在日本食品市场上打开了销路。

第二,是参与国际市场竞争的重要手段。国际市场是充满竞争的市场,置身于这种竞争的环境,必须考虑竞争战略。市场营销的4P组合包含了价格竞争和非价格竞争的内容,适应了现代国际市场竞争特点的要求。比如,通过技术领先、生产比竞争者更有竞争力的产品、改善销售渠道、改变广告策略等方法,综合运用各种手段,以便争取顾客和推销更多的商品。因此,企业要想在国际市场竞争中取胜,就必须运用营销组合因素作为竞争的手段。

第三,是协调企业各部门工作的"纽带"。企业是由各职能部门和业务部门组成的一个统一的整体。企业制定和执行国际营销组合策略,能使各部门增强整体观念,形成一个完整的工作系统,努力达成国内、国际的整体目标。要做到这一点,必须注意发挥各营销组合因素之间的协调作用,把它作为联结和协调各个部门工作的"纽带"。

二、现代产品概念

现代营销观念中的产品是一个广义的概念(如图5-2所示),它包含三个层次的内容:第一,核心产品,指的是产品的核心功能,即消费者购买产品所要求的基本效用、实际功能和品质保证;第二,形式产品,指的是产品核心功能的扩大,包括品种、外观、包装、形状及特色;第三,延伸产品,指的是企业在消费者购买及使用产品过程中所提供的各种服务,例如送货上门、安装及技术指导、质量保证、维修服务、零配件供应等。

现代产品是一个有机的整体概念,反映了以消费者为中心的营销思想。国际企业在营销竞争中的关键问题,不仅在于产品的效用、功能和品质,更与产品的品牌、包装及一整套售后服务息息相关。那种只重视核心产品的功能,忽视形式产品和延伸产品的看法,是狭隘的产品观念,会给企业和国家带来不可估量的损失。例如,20世纪80年代我国产品因包装不当、服务不良所造成的损失每年平均都在100亿元人民币以上,每年至少损失1/10的外汇收入。

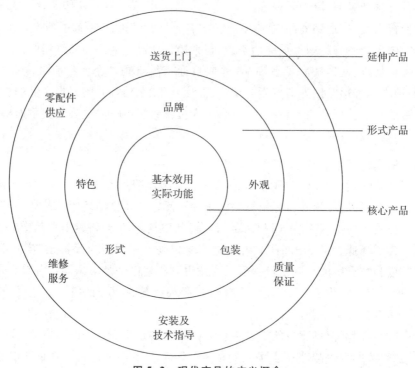

图5-2 现代产品的广义概念

三、产品标准化与差异化策略

(一)产品标准化与差异化策略的基本概念

产品标准化策略,是指对不同国家和地区的所有市场都提供同一种产品和服务;而产品差异化策略,是因地制宜,对不同国家和地区的市场提供调整过的、有差异的产品和服务,以满足不同消费者的差异化需求。对国际企业来说,究竟采用哪一种策略,应根据本企业具备的竞争优势或劣势、研究开发及营销成本、产品技术含量、规模经济、消费者收入水平及消费偏好、产品使用条件、母国与东道国的有关政策、环保运动的压力等因素进行全面评估、考量,才能作出正确的判断与决策。

(二)产品标准化与差异化策略的应用依据

1. 产品标准化策略依据

赞成产品标准化策略的学者,突出强调各国消费者心理与消费文化的共性,认为企业应当把整个世界作为一个统一大市场,而对各国和地区间市场的差别忽略不计,认为企业只有采取全球性的标准化策略,才能使消费者得到廉价而可靠的产品及服务。

(1)生产与研发的规模经济。标准化策略有利于实施大批量生产、大批量供应和采购，从而降低生产成本及营运成本，提高效益。标准化策略也有利于形成研究开发的规模经济，将有关费用分摊在大批量产品上，大大节省单位产品的研究开发成本，并且可将研究开发力量集中在新产品的开发工作上，有利于企业的长远发展。

（2）市场营销的规模经济。产品标准化策略，意味着在全世界采用同一种广告和包装，印制包括世界主要文字的统一说明书，采用标准化的维修工艺和售后服务，这无疑能大大降低营销成本，取得市场营销的规模经济效益。

（3）顾客的流动性。随着企业国际化和旅游业的蓬勃发展，多国籍的企业经理、劳工及旅游者构成了一个颇具规模的流动市场，他们倾向于消费自己所熟悉的品牌产品，如"苹果"手机、"吉列"安全刀片、"李维斯"牛仔裤等。标准化产品策略就可以满足这批流动顾客对特定产品与服务的要求。

（4）产品技术含量因素。在第三次技术革命的推动下，技术含量成为产品国际竞争力的重要源泉，而具有关键技术优势的产品在生产工艺和制造流程上越来越趋向于统一化和标准化，这种大趋势有利于产品标准化策略的实施。

（5）产品的国家形象因素。如果某种产品与某一国家的形象或特色密切相关，则产品标准化策略有助于该产品的国际化营销。例如，中国的天然丝绸、日本的机器人和录像机、法国的香水、意大利的皮鞋、瑞士的钟表、荷兰的郁金香、保加利亚的玫瑰、澳大利亚的羊毛、波斯的地毯、斯里兰卡的红茶、美国的波音飞机等，都与某一国家的形象或特色密切相关。

2. 产品差异化策略依据

产品差异化策略的倡导者认为，产品标准化策略虽然可以发挥规模经济效应，大大降低成本，但能否最大限度地增加利润却值得怀疑。产品差异化策略，则是把国际市场根据不同国家（地区）、不同社会文化加以细分，并制定相应的产品策略和营销策略，以满足消费者的差异性需求。尽管规模效应有所下降，成本费用有所提高，但综合利润率却可能提高得更多。其依据包括：

（1）产品使用条件的差异。由于各个国家及地区具有气候条件、地理环境、技术标准、生活习惯等的巨大差异，因此企业应对产品进行修改和调整，以产品差异化来适应不同消费环境的需求。例如，向热带、亚热带地区出口的汽车，空调设备必不可少，而向北欧、北美寒冷地区销售的汽车，车窗玻璃就必须具有电热融雪功能。又如，日本和北美采用110伏电压，而其他国家和地区则采用220伏电压，因此，电器设备就应当具有电压转换功能。

（2）市场条件的差异。由于各国的社会经济发展水平不同，因此人均工资收入及可支配收入有很大差异，其消费偏好也各有不同。例如，高收入地区的顾客，对产品的外观、色彩、款式、质量、功能有较高的要求，而低收入地区的消费者则重视产品的经济性及实用性。发达国家和地区由于劳工成本很高，普遍使用节省劳动力的自动化生产设备；发展中国家和地区劳动力充裕、工资水平低，则劳动密集型产业的生产设备仍有较大的市场空间。

（3）东道国的政策法规因素。由于国际市场竞争激烈，贸易保护主义盛行，东道国政府出于扶植民族工业和保护环境的目的，制定了若干政策法规，使国际企业产品标准化策略受到很大挑战。例如，多数发展中国家对外资企业在当地生产的产品都有不同比例的国产化要求，迫使国际企业调整、修改其标准化策略。又如，许多西欧国家人口密集、城市化程度很高，为了减少废气、噪声污染，限制大功率汽车的进口，制定了按汽车发动机马力大小征税的有关规定，迫使擅长设计大马力汽车的美国企业改弦易辙，在发动机功率方面采取差异化策略，以保住其在西欧的市场占有率。

必须指出，随着信息技术、自动化技术和其他高科技成果在工业生产中的不断运用，产品标准化策略和差异化策略的界限已经越来越模糊了。例如，西方国家20世纪90年代开始在工业生产中逐渐采用以机器人、数控机床、计算机辅助设计制造系统为特征的柔性生产线，把标准化的规模效益和差异化的具体需求有机地统一起来。因此，两种策略的折中、融合，已成为新时代产品策略的重要发展。

四、产品适应性策略

国际市场营销的产品必须适应国际目标市场的需求。因此，产品的设计、包装及商标、新产品开发等，都必须符合特定国家和地区的社会文化以及消费者购买偏好。与此相适应的国际企业产品策略，在不考虑其他营销组合因素的前提下，主要有以下三种：

(一) 产品延伸策略

产品延伸策略是一种对现有产品不加任何变动，直接延伸到国际市场的策略。这一策略的核心是在原有生产基础上的跨国界规模扩张，即在产品功能和外形设计、包装广告上都保持产品原有的面貌，不作任何改动，不增加任何产品研制和开发费用，只是将现有产品原封不动地打入国际市场。对具有规模经济、需求有同质性特点的产品，在国际营销中往往采取产品延伸策略。

产品延伸策略的优点是：①可获得规模效益，把生产成本和营销费用保持在最低水平；②可壮大企业声势，在国际市场上以同样的产品、同样的包装、同样的广告形成巨大的宣传综合效应。其缺点是对国际市场的适应性差，很多产品在不同国家的需求或多或少会有所区别。

(二) 产品适应策略

产品适应策略是一种对现有产品进行适当变动，以适应国际市场不同需求的策略。这一策略的核心，是对原有产品进行适应性更改或部分更改。一方面，保留原产品合理、适应的部分；另一方面，对某些部分进行适当更改，以适应不同国家客户的具体需求。通常，产品更改包括功能更改、外观更改、包装更改和品牌更改。在消费需求不同、购买力不同、技术不同的情况下，企业在国际营销中往往采用产品适应策略。

产品适应策略的优点是增加了产品对国际市场的适应性，有利于扩大销售，增加企业的收益；缺点是增加了更改费用，提高了产品成本。

(三) 产品创新策略

产品创新策略是一种全面开发设计新产品，以适应特定国际目标市场的策略。产品创新策略的核心是产品的全面创新，即在产品功能、外观、包装、品牌上都针对目标市场进行新产品的开发。在市场具有独特的巨大需求、企业技术规模较大、市场竞争激烈的情况下,往往特别强调采用产品创新策略。

产品创新策略的优点是产品对国际市场的适应性强,能够大大提高对消费者的吸引力,降低销售风险,迅速有效地进入国际市场;其缺点是研制开发投资大、费用高、困难多。

五、品牌策略

品牌是现代国际营销的重要内容,是识别某一产品的名称、标志、术语、符号的组合。一个完整的品牌主要包含两项内容:第一,品牌名称,如麦当劳、肯德基、红高粱、全聚德等,其共同特征是可以用简洁明快的发音表达。第二,品牌标志,如麦当劳的拱形图案、IBM 的浅蓝色字母图案等,其共同特征是以鲜明、突出的图案、字母、符号来展示。经过合法手续注册,受到有关国家知识产权保护的品牌就成为注册商标。商标使品牌名称和品牌标志的专有权得到法律保护。表 5-2 为 2018 年度 BramdZ 最具价值全球品牌评选前十位的品牌。

表 5-2 2018 年度 BrandZ 最具价值全球品牌(前十位)

排名	品牌名	国家	行业	品牌价值(亿美元)
1	谷歌(Google)	美国	科技	3 020.63
2	苹果(Apple)	美国	科技	3 005.95
3	亚马逊(Amazon)	美国	零售	2 075.94
4	微软(Microsoft)	美国	科技	2 009.87
5	腾讯(Tencent)	中国	科技	1 789.90
6	脸书(Facebook)	美国	科技	1 621.06
7	维萨(Visa)	美国	支付	1 456.11
8	麦当劳(McDonald's)	美国	快餐	1 260.44
9	阿里巴巴(Alibaba)	中国	零售	1 134.01
10	美国电话电报公司(AT&T)	美国	电信	1 066.98

资料来源:https://www.sohu.com/a/233335995_505891,访问时间:2018-11-03,有删改。

国际企业在制定具体的品牌符号时,应注意以下几个重要问题:

(一)品牌名称及标志的语音与形式要求

品牌的名称、标志必须简洁明快,声形并茂,能触发消费者的联想,并且符合多数国家语言文化的传统和习惯。例如,索尼公司在采用"Sony"这四个字母前,曾动员了大量人力、物力,查证了英、法、德、意、西、葡、阿拉伯等国的百科字典和口语字典,证明其发音和字形没有反面的贬义后,才予以采用。又如,"Sprite"汽水初次在我国香港地区推销时,曾采用粤语谐音即"事必利"作为译名,但销售效果并不好,后来改用"雪碧"的名称,兼顾了谐音和"清凉爽口"的联想,终于打开了香港市场。

(二)是否使用品牌

尽管品牌具有突出产品形象、推动产品销售、提高企业知名度的作用,但这并不表明任何产品都要冠以某个品牌。一般来说,差异性不大的产品如食盐、砂糖、味精、钢材、水泥、建材、石油、纸张等,以及其他一次性产品、技术层次较低的产品,可以不使用或少使用品牌。

（三）经营自有品牌或"定牌生产"

企业是否使用自有品牌,取决于本身的综合实力,包括企业的竞争地位、商誉和知名度、产品质量、销售网络、融资能力等。如果企业本身的优势不明显,缺乏国际营销资源和经验,则不妨先采用著名厂商或中间商、批发商的品牌(即"定牌生产"),等到羽翼丰满、地位巩固、国际营销经验积累到一定程度后,再经营自有品牌。

（四）统一品牌或个别品牌

当企业的各种产品质量稳定、性能良好、整体水平差距不大时,可以使用统一品牌,以节省有关成本,提高企业的知名度,扩大其影响力。如果各种产品的质量水平差距过大,产品门类较多,产品系列的相关度不高,则应采取个别品牌策略,以免质量低劣的产品损害拳头产品的市场声誉,防止产生"一粒老鼠屎坏了一锅粥"的不良后果。

国际上实力强大、产品质量稳定、品牌效应显著、产品系列繁多的厂商,如汽车制造业的通用、福特、戴姆勒-克莱斯勒、丰田,电脑业的康柏、惠普、IBM,电脑软件业的微软、网景等,采用的是统一品牌和个别品牌并行的策略。例如,通用汽车公司的产品以 GM 为统一品牌,根据不同类型系列的汽车分别在 GM 后面使用 Chevrolet、Buick、Pontiac、Oldsmobile、Saturn 等几十个个别品牌;又如,雀巢速溶咖啡在德国使用"Nescafe Gold",在英国则采用"Nescafe Gold Blend"等,这种策略既凸显了 GM 与雀巢统一品牌的显赫实力,也兼顾了个别品牌的个性特征。

（五）商标与品牌的保护

注册商标必须受到法律保护已成为国际惯例。为了做好企业商标与品牌的保护工作,有必要先了解目前国际上并存的两个主要的注册商标保护体系。

1. 注册优先原则保护体系

采用这一原则的国家有日本、德国、法国、意大利、荷兰、比利时、卢森堡、丹麦、希腊、伊朗、埃及、墨西哥、秘鲁等。

采用这一原则的国家认定任何商标权都归该商标的首先注册人所有。首先注册人的权利压倒首先使用人的权利。

《中华人民共和国商标法》第三条第一款规定:"经商标局核准注册的商标为注册商标,包括商品商标、服务商标和集体商标、证明商标;商标注册人享有商标专用权,受法律保护。"因此,我国也属于商标注册优先原则保护体系国家。

2. 混合原则保护体系

采用这一原则的主要是英美法系国家,如美国、英国、加拿大、澳大利亚、新西兰、印度、奥地利、西班牙、科威特等。

所谓混合原则保护体系实际上是注册优先和使用优先原则的混合与折中。按照该原则的规定,商标可以授予首先注册人,但商标的首先使用人有权在法定期限内向有关当局提出异议声明,请求撤销商标首先注册人的权利,如裁定异议声明成立,商标权则归属首先使用人；如裁定不成立，则仍归首先注册人。如在法定期限内（英国规定为7年，美国、奥地利为5年，西班牙则只有3年）无人提出异议声明，则商标权归首先注册人。

针对上述两种注册商标保护体系，国际上也大量存在两类商标侵权手段，即直接商标侵权和商标模仿。

直接商标侵权是指把别的厂商的商标拿来抢先注册，目的是阻挠其进入本国市场或者通过抢注牟取暴利。例如，甲商标是A厂商的国际名牌商标，但尚未在乙国注册；B公司在乙国抢注了A厂商的甲商标。如果将来某一天A厂商要把甲商标代表的产品打入乙国市场，就会受到B公司抢注甲商标这一既成事实的干扰，甚至不得不出巨资将B公司在乙国抢注的甲商标买回来。

所谓商标模仿是指生产、使用与某名牌产品的特征、外形、功能、商标、品牌、包装、标签类似的商品，以达到牟取暴利的目的。换言之，商标模仿实际上就是制造假冒商品的一种委婉说法。

登记注册是保护企业品牌商标的重要手段，除此之外，还要加强各种防伪科技的开发，与批发商、经销商、零售商以及广大顾客建立反伪协作体系，等等。各国立法机构和商标注册部门、执法部门更应当完善立法，加强市场监督，加大执法打击力度，以建立良好的市场经济法律秩序。

六、包装策略

包装策略是产品策略的有机组成部分，它对商品具有保护、美化和促销三大作用。据美国营销专家的现场研究，在一个经营15 000种产品的中等规模的超市里，一般顾客是以走马观花方式选购商品的，平均速度是每分钟浏览300件商品，其中，有53%的顾客出现了"冲动性"购买行为。在这种浏览式的"冲动性"购买过程中，包装的外形、品位和色调起到了不可估量的作用。美国金宝汤料公司采用鲜艳的红白相间的罐装包装，平均每个美国消费者每年在超市和其他销售现场看到这种醒目包装的汤料产品76次，其包装的促销效果据测算与花费2 600万美元的综合广告效果相当。因此，许多国际营销管理专家把包装（Packaging）加在市场营销组合的4P后面，成为第五个P。

七、保证服务与售后服务策略

保证服务是产品生产企业或批发、零售商分别或共同向用户作出的服务承诺，包括产品质量、性能保证，以及各种更换、退货甚至赔偿损失的规定。售后服务包括为客户提供技术指导、技术培训、测试安装、保养维修、易损零配件的供应等。企业的保证服务和售后服务除了向客户发放质量、保修书面保证书，更应当根据商品的客户地理分布建立代理、代销及维修网点，充实高素质的保证及售后服务队伍。目前，国际上主要的机械、电子、航空、汽车等行业的大跨国公司已建立了遍布全球的保证与售后服务网络，并以此作为增强企业总体竞争实力的重要手段。例如，美国建筑机械巨商卡特彼勒公司在全世界同行业中的销售额仅次于蒂森·克鲁伯（德国）、三菱重工（日本）、曼内斯曼（德国），名列世界第四位，但其纯利润却力压群雄，长期保持同行业第一的位置（1998年的销售额为209.77亿美元，纯利润为15.13亿美元），其中重要的原因就是卡特彼勒公司对全世界的客户一视同仁,提供全天候(24小时)的全球性维修服务。多年来该公司以口头、书面和实际行动证明,不管在地球的任何偏远地区,只要使用卡特彼勒产品的用户提出要求,该公司的工程师和技术人员保证在24小时内赶到,提供高效率、高质量的机械维修服务。在号称"世纪末汽车行业最大购并案"之一的德国戴姆勒-奔驰与美国克莱斯勒公司的购并过程中,德国奔驰公司由于生产技术和销售网络的某些优势而取得购并主导权,其中最突出的就是作为奔驰公司全球销售网络重要组成部分的全球维修体系,其有4 000多个维修站点,遍布170多个国家,雇用30多万名技师和维修人员,超过德国本土奔驰公司员工的一半。

第四节 国际定价策略

价格策略是国际营销组合四大要素之一。合理定价,是产品实现顺利销售、企业实现预定营销目标的关键因素。此外,价格还是国际市场竞争的有力武器,这种竞争手段的作用最为直接和迅速。适当的价格竞争,可以提高企业的市场竞争力。因此,企业在国际市场上的定价决策至关重要。

在国际市场上,有许多大宗商品都已形成具有代表性的国际市场价格,如纽约市场阿拉伯的原油价格等。在国际市场上因交货期限、成交时间不同而出现了各种价格,例如,从商品交货的时间来看,有现货价、近期货价、远期货价等,此外,还有卖方要价、买方出价、拍卖价、最高价、最低价等。

在国际营销中,有些商品没有集中的国际市场价格。在这种情况下,主要进出口国(地区)市场上的同种商品具有代表性的进口价格或出口价格,一般可视为国际市场参考价格。有些商品既没有代表性的国际市场价格,又没有主要进出口国(地区)的市场价格,这就需要国际营销人员根据自己的经验,综合考虑定价的各种因素,运用适当的定价策略和方法,制定出一个能被消费者和竞争对手接纳的价格。

一、影响国际营销定价的因素

(一) 成本因素

企业对任何一种出口产品定价,首先要考虑成本。国际市场上产品的定价除了考虑一般性的生产成本和经营成本,还要着重考虑以下几个方面的成本因素。

1. 中间商成本因素

一般而言,国际营销渠道都有中间商介入。中间商数目越多,销售环节越复杂,销售渠道越长,国际营销中的代理费用、运输费用、库存费用、保险费用就越高。这种由国际营销中间环节造成的营销成本,必然提高产品的价格。

2. 关税及其他税收因素

企业把产品销往国外,必须缴纳关税。此外,其产品在销售国当地销售,还必须缴纳增值税、零售税之类的税。这些税在不同程度上造成了产品最终价格的提高。

进口国提高关税后带来的困扰

美国制药公司主要生产常规药品,也生产一些动物保健药品、化妆品和其他专利药品。公司在拉丁美洲的生产基地是拉丁尼亚,销往拉丁美洲的产品中有一部分是从这里运去的。公司在拉丁尼亚的工厂归药务部管理,该部生产常规药品,和公司的其他各部(化妆品部、机械部、动物保健部)没有业务上的联系。其他各部也把其在美国工厂生产的制成品出口到拉丁尼亚。

公司的化妆品生意由一个独立的化妆品部经营。该部比较好的市场之一就是拉丁尼亚,那里的生意由该部一个营销子公司主管。美国制药公司的经理吉姆·利查生正被来自拉丁尼亚经贸部的消息困扰着。据说为了扭转过去一年半的收支状况,该国对非初级产品征收的关税将要提高,这意味着化妆品所缴的从价税税率将从20%提高到50%。吉姆解释说,该部的产品口碑不错并得到了消费者的信赖,但他感到50%的关税将是一个不可逾越的障碍。

化妆品部在拉丁尼亚的竞争者可以分为两类:一类是地方公司,一类是来自欧洲和北美的公司。吉姆认为除非外国企业想出好办法,否则关税的提高将给拥有市场份额40%的地方企业带来巨大好处。当吉姆得知关税将很快被正式提高时,他召开了一个会议讨论化妆品部下一步的行动。在这个会议上大家提出了好几种意见。一种意见是缴纳高额关税,继续进口,改变产品定价策略,要占领高价优质产品市场;另一种意见是进口原料(进口原料的关税为10%~35%),在拉丁尼亚组装包装;还有人建议美国总公司的化妆品部降低运往拉丁尼亚产品的价格,这样提高关税就不会对价格产生太大的影响。吉姆最后说出了大家都不希望出现的情况:"如果我们的价格高到没有了竞争力,我们就将失去市场!"

资料来源:潘洪萱、郭羽诞,《国际营销案例精选》,北京:中国财政经济出版社1994年版。

3. 金融成本因素

国际营销面临的市场环境的波动性和风险性很大。通货膨胀、外汇汇率变动等金融性风险因素造成的生产经营成本对企业经营和企业定价有很大的影响。通货膨胀和汇率变动环境下的定价决策是企业定价策略的重要内容。

(二)市场因素

产品价格是市场机制作用的产物。市场供求、市场竞争和市场价格是完整的市场机制不可分割的三个因素。市场供求和市场竞争决定市场价格,而市场价格反过来又影响市场供求和市场竞争。

1. 市场供求因素

市场供求因素包括市场需求状况和市场供给状况两个方面。市场价格就是市场供求双方力量相互作用的结果。

产品的生产和销售是为了满足消费者的需求。企业的产品是否符合目标国市场的需求偏好,产品价格是否与当地市场的购买力相适应,决定着产品价值能否顺利实现以及国际营销的成败。

如果企业所面临的国际市场是国际寡占市场,则在这种市场结构中,企业供给行为的相互依赖性很大。任何企业产品决策和价格决策的变动都会给其他企业带来很大的影响。这就要求企业在作定价策略时,必须充分考虑其他企业的供给行为和价格策略。

2. 市场竞争因素

价格竞争是国际市场竞争的主要方式之一。在国际营销中,企业可以采取降低销售价格、给予价格折扣、与其他企业共同制定价格等方式,开展价格竞争,争夺市场,扩大销售。但是,企业是应以价格竞争作为主要竞争手段,还是应以质量竞争等非价格竞争作为主要竞争手段,以及价格竞争究竟应该开展到什么程度,必须视市场结构和环境、企业成本状况、产品性质及其所处的生命周期而定。

(三) 政府政策、法令及管制因素

任何东道国政府都会对外国企业的经营活动加以管理和限制,以维护东道国的经济利益。这些管理和限制主要包括有关边际利润、价格上下限以及价格变动的明确规定和限制性的直接管制,还包括政府直接参与市场活动以及给予财政补贴方式等间接干预。此外,东道国政府还可以利用关税或其他税收手段,影响出口国企业的销售价格。

二、国际营销定价方法

在综合考虑以上各因素的基础上,企业可采用的主要定价方法有三种。

(一) 成本导向定价法

以成本为中心的定价方法是以成本加利润为基础,完全按卖方意图来确定商品价格的方法。这种定价方法的优点是保证企业不亏本,计算简单。但是,成本导向定价是由生产企业自行决定的,国际市场的顾客是否接受并不确定。成本导向定价往往需要根据企业特定的目标利润、目标市场的需求状况、竞争格局和政府法令作相应调整。成本导向定价法分为以下几种:

1. 成本加成定价法

成本加成定价法即将产品的单位总成本加上预期的利润所定的售价,售价与成本之间的差额就是加成(销售毛利)。具体计算时,应先计算出总产量或销量,然后在每个单位产品完全成本的基础上,加上应纳税金和预期的利润。其公式如下:

单位产品销售价格 = 单位产品总成本 / (1 - 税率 - 利润率)

该法适用于产量与单位成本相对稳定、供求双方竞争不太激烈的产品。

2. 目标利润定价法

目标利润定价法也叫投资收益率定价法。它是根据企业的总成本和计划的销售量(或总产量)及按投资收益率制定的目标利润而制定的产品销售价格。其公式如下:

单位产品销售价格 = (总成本 + 目标利润总额) / 总产量

3. 变动成本定价法

变动成本定价法又称边际贡献定价法,它是指企业在定价时只考虑变动成本,而不考虑固定成本的定价方法。这种定价方法一般只限于在追加订货或市场竞争异常激烈、价格成为竞争的主要手段时采用。其公式如下：

单位产品销售价格＝(总的可变成本＋边际贡献)/总产量

其中，边际贡献＝边际收益－边际成本。

4. 盈亏平衡定价法

盈亏平衡定价法即保本点定价法，它是按照生产某种产品的总成本和销售收入维持平衡的原则来制定产品的保本价格。其公式如下：

单位产品销售价格＝(固定成本＋可变成本)/总产量

(二) 需求导向定价法

需求导向定价法，是根据消费者对商品价值的认识和需求程度来确定价格的方法。一般先拟定一个消费者可以接受的价格，然后根据所了解的中间商成本加成情况，逆推计算出出厂价。这种定价方法常常导致商品价格与价值的背离幅度偏大，但仍以买卖双方可以接受为限度。需求导向定价法主要包括以下四种定价方法：

1. 消费者需求导向定价

不同消费者之间的可支配收入、需求、品位、爱好以及所掌握的市场商品信息程度有很大的不同，这些不同必然要以市场需求弹性的差异表现出来。所谓消费者需求导向定价，就是根据不同消费者及市场需求特征确定同一产品的差别定价方法，需求弹性小的市场可以抬高售价，反之则降低售价；对那些偏爱某种产品且需求强烈的顾客，可适当提价，反之则以低价出售。

2. 产品式样导向定价

许多产品的主要结构、功能、质量完全一样，但由于式样、包装、色彩的不同，不同消费者产生了不同的满足感，因而企业可以据此实行一定程度的差别定价。一般来说，产品式样变化所增加的成本，与定价差别相比要小得多，企业可以从中获得额外的利润。

3. 销售地点导向定价

销售地点的差异有两种情况：第一种是广义的销售地点差异，即在地理分布较广的不同市场上，由于供求条件、市场特征以及运输及税收成本的差异产生的价格变化；第二种是狭义的销售地点差异，例如体育馆、音乐厅的包厢以及前排座位与后排座位之间的差别定价，尽管其距离只有几米到几十米，定价却可能相差几十倍。

4. 销售时间导向定价

如果不考虑通货膨胀或导致成本变化的其他因素，在不同的时间里同一产品在同一市场上存在巨大的差别定价空间，如西方国家圣诞节前后的热门礼品价格、感恩节前后的火鸡价格、情人节前后的红玫瑰花价格，都有过几倍到几千倍差价的纪录。

(三) 竞争导向定价法

竞争导向定价法是根据主要竞争对手的商品价格来确定自己商品价格的以竞争为中心的定价方法。这种定价方法并不要求企业把自己的商品价格定得与竞争对手的商品价格完全一致，而是使企业的商品价格在市场上具有竞争力。这种定价方法主要有三种：

1. 随行就市定价法

企业按照本行业在国际市场上的市场价格水平来定价。在竞争激烈的国际市场上，销售某些同类产品的各个企业，在定价时并没有大的选择余地，只能按照行业的现行价格来定价。这种方法适用于需求弹性比较小或供求基本平衡的商品，既可以避免竞争、降低定价风险，又可以使企业容易获得合理的收益。

2. 密封投标定价法

这是一种企业通过引导用户（顾客）竞争，密封底价，根据竞争者的底价选择最有利的价格的定价方法。这种定价方法主要应用于建筑包工和政府采购等。

3. 正面竞争定价法

当企业认定自己有足够的实力把竞争者挤垮时，它可以以低于竞争者价格的优势进入市场，夺取市场，哪怕暂时亏本也在所不惜。当市场上提供同类产品的企业数目较多、市场份额不太集中时，规模较大的企业常常采用这种策略来蚕食相对弱小的企业的市场份额。

三、国际营销定价策略

国际营销者能否顺利地进入目标市场，一个关键的因素是能否灵活地选择定价策略。所谓定价策略，是指企业为实现自己的定价目标，对出口商品或劳务制定一个基本的价格幅度和浮动范围，以扩大销售、增加利润。国际市场上常见的定价策略有：

（一）新产品定价策略

企业向国际市场推出新产品时，通常选择撇脂定价或渗透定价。前者是指企业将自己的新产品投放市场的初期，把产品价格定得很高，赚取尽可能多的利润，以及早收回投资。撇脂定价只能是一种短期性的定价策略，并且通常只适用于生产能力不强或有专利权和专有技术或需求弹性小的产品。渗透定价是企业在新产品进入市场初期，把价格定得相对较低，以迅速打开销路，吸引大量顾客，提高市场占有率，待新产品打开销路渗入市场后，再逐步提高价格。渗透定价策略适用于市场需求弹性大、顾客对产品的价格极为敏感，而且低价不至于引起竞争者的报复和指控的情况下。

（二）差别定价策略

差别定价策略是指国际企业根据不同市场的需求状况以及产品的需求弹性，在不同市场上实行不同的价格。由于各国市场的需求状况、收入水平等千差万别，差别定价是国际企业经常采用的定价策略。但是，这种策略必须以市场具有可分性以及产品不会从低价市场流向高价市场为前提。通常有顾客差别定价，产品形式差别定价，时间、地点及数量差别定价，付款方式差别定价，以及交易差别定价等形式。

（三）心理定价策略

在国际市场定价时，不仅要考虑价格的经济性，即价格水平与销售量、利润的基本关系，还要分析价格对消费者的心理效应。不同职业、不同社会阶层和不同收入水平的人，其消费心理有明显的差异，例如，有人认为高价产品能够表明自己的身份，有人则认为低价产品更为实惠。如果国际营销者的目标是满足几个细分市场的需求，就应灵活地运用心理定价策略。心理定价策略有声望定价、数字技巧定价和招徕定价等类型。

（四）折扣定价策略

折扣定价策略是指企业为了鼓励顾客及早付清货款、大量购买或者淡季购买、调动中间商的积极性等，在价格上给予一定的优惠激励措施，按某种比例减让商品价格的定价策略。主要有现金折扣、数量折扣、功能折扣、季节折扣和换新折扣等类型。企业实行折扣策略时，应考虑企业流动资金的成本、国际金融市场汇率变化、消费者对折扣的疑虑等因素。同时，应注意消除地区折扣的差异性，避免同一国际市场上企业折扣标准的混乱，防止折扣差异性在自己市场内形成的冲抵，影响销售总目标的实现。

沃尔玛的"折价销售"

沃尔玛能够迅速发展，除了正确的战略定位，也得益于其首创的"折价销售"策略。每家沃尔玛商店都贴有"天天廉价"的大标语。同一种商品在沃尔玛比其他商店要便宜。沃尔玛提倡的是低成本、低费用结构、低价格的经营思想，主张把更多的利益让给消费者，"为顾客节省每一美元"是其目标。沃尔玛的利润率通常在30%左右，而其他零售商如凯马特的利润率都在45%左右。沃尔玛每个星期六早上举行经理人员会议，如果有分店报告某商品在其他商店比沃尔玛便宜，沃尔玛可立即决定降价。低廉的价格、可靠的质量是沃尔玛的一大竞争优势，吸引了一批又一批的顾客。

资料来源：许怡芹、严佳君、黄萍等，《透视沃尔玛的营销战略》，www.docin.com/p-43421633.html，访问时间：2018-12-20。

（五）转移定价策略

转移定价(Transfer Pricing)是指跨国公司的母公司与各国子公司之间或各国子公司相互之间转移产品和劳务时所采用的定价方法。随着跨国公司在世界各地的子公司、合资企业、公司所属的分销系统以及其他营销机构的数量不断增加，其内部不同部门之间的定价成为一个突出的问题。为了增加整个跨国公司的利润，其对在不同国家的生产和销售单位之间调拨的商品的价格进行调整，这样便出现了转移价格问题。

转移定价不受国际市场供求关系的影响，只服从于跨国公司的全球战略目标和谋求最大利润的需要，是一种人为的内部转移价格。跨国公司通过各种名目的转移价格，调整各子公司的产品成本，转移各子公司的利润收入，以使整个公司在全球范围内纳税最小化、利润最大化，并能降低各种政治、经济风险以及支持子公司争夺市场。

转移定价常用的方法有：①当产品由A国转到B国时，如B国采用从价税且关税高，则采取较低的转移价格，以减少应纳的关税；②当某国所得税较高时，进入该国的产品价格定得高，转出该国的产品价格定得低，以少纳所得税；③当某国出现高通货膨胀时，也采用高进低出的转移价格，避免资金在该国大量沉淀；④在外汇管制国家，高进低出的转移价格既可避免利润汇出的麻烦，又可少纳所得税。

转移定价策略有利于实现公司整体利益的最大化,但可能会损害某些国家的利益。公司在实施转移定价的过程中,往往受到本国政府和东道国政府的关注、审视及干预,以避免公司逃税及本国公司少报海外收入。例如,美国宣称,日产在美国的子公司为了在美国少交税,在进口汽车时,支付给母公司的价格过高。结果美国对日产课以数百万美元的罚金。作为报复,日本要求可口可乐公司补交1.45亿美元的税收。

(六) 价格调整策略

价格调整是企业扩大国际市场份额和获取更高利润的重要策略。价格制定后,由于客观环境发生变化,企业必须不断对价格加以调整,而无论是提价还是降价,都会影响企业本身、顾客、竞争者和分销商等多方面的利润。尤其需要考虑的是消费者对价格变化可能作出的反应,这种反应可用需求价格弹性来测度。对于弹性小的商品,刺激一定需求量的增长需要更大幅度地降低价格,因而这种商品的价格降低,反而可能引起销售收入的减少。另外,价格变动还需要考虑竞争者的反应,提高价格可能引起更多竞争者和消费者的抵制,而降价可能导致价格战从而损及所有的企业。

第五节 国际分销策略

一、国际分销渠道的基本结构

在高度发达的市场经济体系中,制造商的产品极少直接销售给最终客户,而要通过不同的流通环节,由各种类型的中间商经手,最后才到达客户手中。从理论上说,制造商完全可以绕过中间商,通过自有的分销系统,把商品和劳务直接提供给广大客户。但是,在高度分工和竞争激烈的现实经济环境中,这种自成体系的分销作业既不经济,效果也未必最好。由于资金的有限、确立品牌商誉的巨大困难、国家和地域市场的结构性差异、商情调研的不可控信息成本,多数企业仍然要依靠各种中间商和分销渠道销售产品。这种分工状态不仅在制造商中已成惯例,即使对于已经建立全球性分销网络、具有强大营销实力的自营中间商,如沃尔-玛特、西尔斯·罗巴克公司、大荣公司、马克斯-斯宾塞公司、家乐福公司等,也要不同程度地与制造商及广大中小零售商建立相互依存的完整分销体系,这样才能维持生存与发展。

(一) 国内营销分销系统

图5-3为国内营销分销系统的四种基本结构,其中(4)代表一个较完整的分销流程,包括代理商、批发商、零售商及最终用户四个层次,而(3)、(2)、(1)则代表精简了的分销结构(分别减少了1、2、3个中间商环节)。决定分销渠道的适宜长度和宽度是个十分复杂的问题,要充分考虑市场环境、企业实力、竞争对手态势、中间商因素、产品性质和客户需求特征。一般来说,大众消费品的分销渠道可以适当扩宽、拉长,而技术含量高、体积较大的机械电子设备,分销渠道的长度则应酌情缩短,以利于降低储运成本,提供直接的技术指导和售后服务。

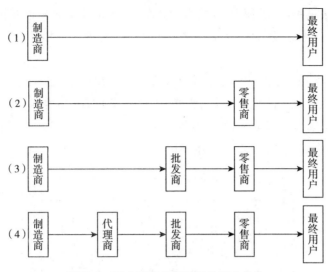

图 5-3　国内营销分销系统的基本结构

(二) 国际营销分销系统

企业将自己的产品或服务通过某种途径转移到国际用户或消费者手中的过程及因素构成国际分销系统。其中转移的途径或方式被称为国际分销渠道。在国际分销系统中，一般具有三个基本因素：制造商、中间商和最终用户(或最终消费者)。制造商和最终用户分别居于分销系统的起点和终点。当企业采取不同的分销策略进入国际市场时，产品或服务从生产者向用户的转移就会经过不同的营销中介机构，从而形成不同类型的国家分销结构。

出口企业管理分销渠道主要有两个目标：一是将产品从生产国有效地转移到产品销售国市场；二是参加销售国的市场竞争，实现产品的销售和获得利润。为实现这两个目标，一次分销过程一般要经过三个环节：第一个环节是本国的国内分销渠道，第二个环节是由本国进入进口国的分销渠道，第三个环节是进口国的分销渠道。

图 5-4 描述了国际营销分销系统的八种基本结构，其中(1)、(2)、(3)、(4)和(7)、(8)六种结构的共同点是都绕过了本国的出口中间商，我们称之为国际直接分销渠道；而(5)、(6)两种结构中采用了本国的出口中间商，称为国际间接分销渠道。图中的出口中间商通常包括外贸公司、销售代理、制造商出口代理、出口经纪商以及制造商自设的出口机构，进口中间商主要包括进口代理商、进口经纪商、国外分销商以及制造商在国外设立的销售子公司(分公司)以及国外制造子公司。批发商和零售商则包括超市、百货公司、购物中心、邮购商店、连锁商店、折扣商店、便利商店及专卖店等。

国际营销分销系统的长度选择也是个十分复杂的问题，一般来说，工业设备和生产资料产品，以及小批量、多品种的产品，技术复杂的专利或名牌产品的出口，适宜采用制造商→最终用户[即(1)型]、制造商→国外销售子公司[即(7)型]或制造商→国外制造子公司[即(8)型]，而(7)、(8)型实际上代表了制造商在海外直接投资的初级(国外销售子公司)和高级(国外制造子公司)阶段。

对于产品知名度不高、品种少、营销力量薄弱、国际经营经验不足的中小企业,或外销的产品单价较低、技术含量不高、易于仓储、销量较大,则可以选择渠道较长的(3)、(4)、(5)、(6)型。

如图 5-4 所示,国际分销渠道的三个环节是一般的出口产品流向,并不意味着每一次交易行为都必须经过这一流程。在实际商务活动中,中间商的业务活动往往是复杂的,有的既搞自营经销又兼营代理业务,有的既搞批发又搞零售,有的还承担货物运输和金融服务等。要将其单纯地归入哪一类中间商并不是一件容易的事情。

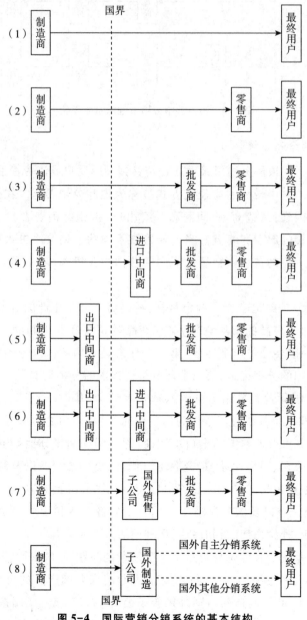

图 5-4 国际营销分销系统的基本结构

二、国际分销渠道的选择标准

企业在选择国际分销渠道时一般要考虑六个因素：成本（Cost）、资金（Capital）、控制（Control）、覆盖面（Coverage）、特征（Character）和连续性（Continuity）。这六个因素被称为分销渠道的六个"C"。

（一）成本

分销渠道的成本包括两部分：一是开发分销渠道的初始成本费用，二是维持渠道正常运行的经常性成本费用。开发与运行的成本费用除了制造商本身销售部门的开支，还包括各中间商的运输与仓储费用、促销广告费用、办公业务费用、销售代理费用等。一般来说，节约分销渠道成本的通常做法是缩减分销渠道的长度和宽度，但在某些特定的国家和地区，延伸分销渠道的长度反而能降低成本。必须指出，分销渠道的成本只是渠道选择的六大因素之一，因此，必须在成本和其他五个因素之间求取最佳的平衡位置。

（二）资金

选择不同的分销渠道以及不同类型的中间商将影响制造商的资金投入和资金周转。如果企业建立独立自主的营销体系和分销渠道，自然需要最大的投资额；而选择独立的中间商，则可以减少企业的资本投入，对资金周转有利。采用其他形式的中间商，投入资本的金额一般介于上述两个类型之间。因此，国际企业应当根据自身的资金实力以及不同渠道、中间商的特征进行合理的分销渠道决策。

（三）控制

与上述成本与资本因素一样，如何确保国际企业对分销渠道的有效控制也是一个两难问题。国际企业对分销渠道最有效的控制就是建立独立自主的分销体系，但这种做法不仅耗资巨大，需要相当长的时间，而且效果未必最好。至于其他分销方式，也各有利弊。一般来说，企业的控制程度随着渠道长度的延伸而逐渐减弱。因此，谨慎选择中间商和适宜的渠道类型，并与它们建立互利互信的稳定合作关系，是资金实力一般的中小国际企业的较佳选择。

（四）覆盖面

一个有效率的分销系统必须达到对目标市场一定的覆盖面，而覆盖面本身有三个主要指标：第一，达到一定的销售额；第二，达到一定的市场占有率；第三，达到一定的市场渗透率。显然，分销系统的覆盖面大小必须根据目标市场的地理空间、人口、密度、都市化程度、市场结构、竞争态势、当地中间商和分销体系特征等因素进行合理布局。目前，多数国际企业，包括实力强大的跨国公司都把市场覆盖面瞄准某一国家或地区经济发达、人口密集的城市集群。例如，中国的京—津、沪—宁—杭、穗—深三大城市集群，集中了中国最富裕的1/3的人口；日本的京（东京）、名（名古屋）、阪（大阪）、神（神户）集中了全国60%左右的人口；美国东北部新英格兰区（以纽约—华盛顿为轴心）、大湖区（芝加哥—底特律）、加州中南部（旧金山—洛杉矶）三大区域集中了全美50%以上的人口，这些都是跨国公司全球分销系统覆盖面的重点区域。

(五) 特征

分销渠道的特征包括两层含义,即目标市场的特征与公司本身的特征。目标市场的特征包括当地分销体系和中间商的特征、消费者的收入与消费特征、竞争对手的实力与营销战略布局等;公司本身的特征包括企业规模、竞争实力、财务状况、产品的技术含量与质量水平、国际营销队伍的经验与素质等。一般来说,国际企业对公司本身特征的掌握不会有太大的偏差,然而,目标市场却具有难以想象的复杂性和多样性。例如,可口可乐公司在打入市场经济高度发达的西欧和北欧国家时,就面临各种不同的分销问题。比如,北欧国家的市场普遍被地区性分销商瓜分;英国的分销体系最为集中,因而分销工作较易开展;法国的大百货公司及超市自成体系,而中小零售企业则形成了另外一个体系,所以,在法国要使分销工作打开局面,就既要与大型超市结盟,也要与中小零售企业攀亲。

(六) 连续性

如何保持分销渠道的持久性和稳定性是分销战略的重要问题。分销渠道不稳定的原因主要有以下两方面:第一,作为分销渠道结构重要组成部分的中间商,特别是中小型中间商实力有限,而且面临着种种风险的威胁,所以不得不经常改变经营项目,中间商与制造商的关系大多建立在"利益"的基础上,这就给分销渠道的持久性和稳定性带来了潜在的不确定性风险;第二,制造商的产品质量和服务质量不稳定,没有在广大最终用户中建立起牢固的品牌信誉,一方面影响了企业产品的销售和市场份额,另一方面也动摇了与中间商的关系,中间商随时会转向能提供更优质的产品、市场前景看好的其他制造商。因此,制造商即使耗费巨资建立独立自主的分销体系,也不能彻底解决分销渠道的持久性问题,唯有在广大客户中确立以产品质量和服务为中心的品牌信誉,才是保证分销渠道持续畅通的治本之道。

三、国际分销渠道的选择策略

(一) 分销渠道的长度选择策略

国际分销渠道的长度是指产品或服务从生产者到最终用户或消费者所经过的渠道层次数。每一个在推动产品及其所有权向最终购买者转移的过程中承担一定职能的中间商是一个渠道层次。商品从本国生产者流转到国外最终用户手中,不仅要经过本国的分销渠道,还要经过东道国的分销渠道。因此,国际市场分销渠道一般要长于国内市场分销渠道。生产企业在选择分销渠道时,应树立整体渠道的观念,即要考虑商品从生产者流转到消费者的全过程,而不能只关注其中的一个环节。

渠道的长度和层次是分销决策的重要内容,一般应考虑如下选择因素:

1. 融资要求与分销成本

企业在有足够财力的条件下,可适当延伸渠道长度;反之,则酌情缩短。不同的中间商对商品的融资有不同的要求,如所需周转资金较少,则可将渠道延长,反之则缩短渠道。至于分销成本的高低与分销渠道长度之间也有类似的相互制约、此消彼长的关系。

2. 制造商对分销渠道的控制程度

制造商对分销渠道的控制程度,一般与渠道的长度有关,渠道过长,控制减弱;渠道缩短,则控制加强。但控制程度并不简单地取决于渠道的长短,最关键的是制造商对最终用户的影响力,这又与产品品牌商誉和良好的售后服务有关。

3. 产品特征、市场结构、企业竞争地位及客户消费行为

相对于以上两个因素,即融资要求与分销成本、对渠道的控制要求而言,分销产品的特征、目标市场结构和企业竞争地位这三个因素对分销渠道的长度决策具有更重要的意义。例如,产品的价格、技术含量、重量、体积、消费潮流特征,市场的规模大小和地理分布,企业自身的规模、资金实力、营销能力和产品组合,以及客户的消费行为,对分销渠道的长度起了主要的决定作用(如表5-3所示)。

表5-3 分销渠道长度选择因素细分

影响因素	具体特征	延长渠道	缩短渠道
产品因素	产品的体积与重量	重量、体积较小	重量、体积较大
	产品的储藏特征	储藏方便,不易变质	储藏不便,容易变质
	产品的技术含量	技术含量较低	技术含量较高
	产品的技术服务要求	技术服务要求较低	技术服务要求较高
	产品售后服务的重要性	售后服务不太重要	售后服务事关重大
	产品的消费潮流特征	不易形成消费潮流	极易形成消费潮流
	产品的价格	价格较低	价格较高
	产品的新颖特征	投放较久的产品	新投放的产品
市场因素	市场规模	较大	较小
	都市化程度	较低	较高
	人口密度	较低	较高
	市场地理分布	集中性较弱	集中性较强
企业竞争力	资金实力	较弱	较强
	管理水平	较低	较高
	营销能力	较弱	较强
	企业规模	较小	较大
	企业的产品组合	较狭窄	较宽广
客户消费行为	消费量大小	较小	较大
	消费季节性	很强	很弱
	消费频率	较高	较低
	消费倾向和偏好	较弱	较强

(二)分销渠道的宽度选择策略

分销渠道的宽度是指某一分销渠道的同一层次中所涉及的中间商的数量,数量愈多,则渠道愈宽,反之则渠道愈窄。这里渠道宽窄与渠道长短的含义,大体可以理解为分销结构中的两个垂直坐标关系。出口制造商一般有三种渠道宽度的基本选择策略:

第一,密集型分销策略。密集型分销策略是指在同一分销层次上对中间商的数量和地理区域不加限制,目的是尽可能多地使用中间商,以提高产品的销售额、市场占有率和品牌效应。适合这一策略的主要包括日常消费品如香烟、肥皂、洗涤剂等,以及工业用品中的低值易耗产品。密集型分销策略的不足之处在于成本较高,制造商投入的广告促销费用较高。

第二,选择型分销策略。选择型分销策略是指在同一分销层次上对中间商的数量和地理区域加以严格的限制,目的是选择有长期合作可能的素质较佳的中间商,以便双方建立稳定、良好的协作关系。与密集型分销策略相比,这种策略可能会减少商品的销售量、降低市场渗透率,但由于渠道成本费用大大降低,其总体效益反而更高,适合于具有一定品牌优势和较好商誉的产品,以及其客户具有较强购买偏好行为特征的目标市场。

第三,独家专营型分销策略。独家专营型分销策略是指在同一分销层次上只选择唯一的中间商进行独家分销。这种策略适合于高档消费品或其他具有巨大品牌和商誉优势的高价名牌产品,如豪华轿车、高档时装和名优家电等。独家专营型分销策略更能吸引一些有实力的中间商加盟,提高双方在质量、价格、促销和售后服务等方面的合作意愿和效率。但由于渠道狭窄,对市场流行风潮的逆转和其他风险的抵抗能力较弱。

国际企业在分销渠道的长、宽两个方面作出选择之后,还应对候选中间商的管理水平、营销能力、员工素质、工作效率、商品组合、谈判与促销能力作出全面评估,并对双方长期的全面合作作出合理安排,使分销渠道策略成为企业实现全球战略目标的重要推动力量。

宝马公司的海外营销子公司优越性何在

宝马(BMW)公司是德国的一家汽车生产企业,该公司的产品有大约一半内销,另一半外销。1973年,宝马公司打算重新制定其国内外营销策略,因为公司感到它的多层次分销导致了营销活动的低效率。

宝马公司在德国国内的分销体系:从1963年开始,宝马公司在德国国内建立了一个双重分销体系,一方面雇用了一个庞大的批发商体系,另一方面对一些大公司进行直接分销。这种分销体系看起来工作很奏效,因为宝马公司在联邦德国的市场份额从1963年的2.8%上升到1972年的5%。然而公司发现,这种双重分销体系导致了严重的竞争扭曲行为。例如,由于批发商获得的批发业务的报酬与零售商得到的零售业务的报酬相等,因而批发商与零售商产生了直接的竞争。有时那些大的直接经销商的销售额大于批发商的销售额,但所得的报酬却比较少。这些由宝马公司分销策略导致的问题,使得宝马公司于1973年取消了其在德国国内的批发商系统,扩大了直接经销系统。原来由批发商经营的业务改由经销商经营。

宝马公司在国外的业务:宝马公司打算在国外市场上也像在德国国内一样,采取更为直接的销售方式。公司懂得,在国际市场上必须谨慎从事,以免造成各国已有进口渠道的混乱。但公司认为有必要取消目前在国外市场上的独立进口商,而由公司自己的海外营销子公司取而代之。海外市场上独立的进口商从德国进口汽车,然后转卖给特许经销商,再由他们向公众出售。改用公司自己的海外营销子公司,意味着宝马公司也采取了大众汽车公司和戴姆勒-奔驰公司的国际营销方式。采用直接分销方式的主要优点之一,是公司可以节省付给国外进口商的15%的佣金。

法国市场:为了落实在海外市场上采用直接分销方式的策略,宝马公司于1973年在法国建立了第一个营销子公司——BMW import SA。BMW import SA 代替了以前的法国进口商。SF AM 法国公司继续通过其设在巴黎及其他地区的零售网向消费者出售宝马公司的汽车,而向经销商出售汽车的业务却由 BMW import SA 一手经营。

美国市场:在向美国市场实施直接营销策略时,宝马公司面临两个选择:一是买下目前在美国的进口商,二是像在法国一样成立一个新的、单独的宝马营销子公司。公司正在考虑哪一个方案更适合美国这个重要市场。

资料来源:张景智,《国际营销学教程(第二版)》,北京:对外经济贸易出版社 2005 年版,第 174—180 页。

第六节 国际促销策略

与国内市场营销一样,国际市场营销也是国际营销组合的一个重要因素。其作用在于通过向国际市场的个人、群体或机构传递企业的相关信息,并影响他们接受这些产品,直接或间接地促进产品的交换。从更广泛的意义上说,就是要维持向国际市场目标客户沟通的促销组合,同样包括广告促销、人员推销、营业推广和公共关系推销几大因素,但由于国际营销环境的多变性和复杂性,国际营销管理人员还必须因时、因地制宜,细心地规划、执行和协调各种促销沟通手段,以便更好地利用它们。

一、广告促销

广告促销是指以国际企业为代表的广告人借助一定的媒体(如电视、广播、报纸、杂志、邮件、免费电话、互联网络等)向国际目标市场有计划地传播有关产品、服务及企业形象等的必要信息的活动。随着高新技术浪潮推动下现代传播工具的不断创新和普及,广告促销的作用与日俱增,并已成为国际促销组合的主要方式。

(一)广告媒体的种类

广告媒体是指广告信息的不同传播方式和主要载体,其种类繁多、花样翻新,但大体可以归纳为平面媒体和空间媒体两大类。

(1)平面媒体。主要有报纸、杂志、邮件广告(如样品目录、商品说明书)等。报纸广告的优点是传播速度快、覆盖面广、费用相对低廉,但时效短,产品形象及功能的表现力较差;杂志的印刷质量优于报纸,能影响不同的读者群(潜在的客户),但灵活性和时效性不如报纸;邮件广告兼有报纸、杂志广告的若干优点,但由于邮件广告大多是免费赠送的,因此其内容的可靠性、公正性往往受到怀疑。

(2)空间媒体。主要包括广播、电视、电影、免费电话以及通过互联网传播的其他电子媒体,其特点是时效快、传播迅速及时、覆盖面广,而且形象生动鲜明、促销效果良好,但成本费用(特别是电视广告)大大超过平面媒体。此外,户外广告媒体(如广告牌、霓虹灯、传单、布告、海报、广告招贴画、利用大众交通工具的户外广告以及广告模特等)也可作为一类特殊的空间媒体,具有其他空间和平面媒体所没有的特点,但也受到各国(地区)城市规划法以及环境保护法规的不同限制。

(二)广告媒体的选择

国际企业在进行广告媒体选择时,应着重考虑以下四方面的因素:

(1)产品的类型和特点。应当根据产品的不同类型选择适合的广告媒体,例如高新技术产品、机电产品或工业设备,以及在外观、色彩上难以表现其内在功能的产品,应以邮寄广告或其他平面媒体广告为主,空间媒体广告为辅。化妆品、服装鞋帽及其他大宗消费品采用电视或彩色印刷广告能使产品更加形象生动,促销效果更好。

(2)企业的经济实力和广告媒体的费用成本。企业选择做广告的媒体之前,应当根据各种媒体广告的费用成本以及企业本身的财务实力来决定广告预算。常用的预算方法有两种:第一,将企业在某一目标市场销售额的百分比作为广告支出的预算金额;第二,以主要竞争对手的广告费用为主要参考数据,来确定企业广告的预算金额。当然,广告媒体的选择,最终要受到企业经济实力的最大制约。

(3)广告媒体的覆盖面及影响力。要确定一种广告媒体的覆盖面及影响力,首先要考察目标市场的广播、电视、邮政、通信以及印刷工业的基础设施水平和经营效率,其次要区分不同媒体的覆盖面、读者群及观众群。以报纸、杂志为例,既有国际级的知名报纸、杂志,如《纽约时报》《泰晤士报》《财富》《福布斯》《商业周刊》等,也有国家级或地方性的报纸刊物。在重视知名度高、发行量大的广告媒体时,也不应忽略地方性的小报和其他受大众欢迎的广告媒体,例如在一些新闻管制严格的发展中国家,地方报刊的广告效果显然要比严肃的官办刊物更好,尽管两者的发行量具有不成比例的差距。

(4)不同国家(地区)的教育水平、文化习俗、语言特点及广告法规对广告媒体的选择也有很大影响。例如,西班牙和某些拉丁美洲国家的人民不同程度地存在"好产品不用推销"的固有观念,过度地进行广告宣传反而会引起当地群众的反感。又如,某些非洲国家识字率很低,广告应尽量少用文字,多用图形;而教育普及的发达国家就没有这种顾虑。在广告法规限制方面,各国的情况差别很大,例如,某些中东国家禁止酒类广告,也禁止除面部以外的女性肢体在媒体中出现;荷兰规定任何推销糖果的广告都必须同时附有提醒观众注意刷牙的内容;意大利规定一家公司每年最多做10次电视广告等。

(三)广告代理商的选择

国际企业在进行国际广告促销时,除了依靠本身设立的广告部门,更多的是委托国际广告代理商进行,特别是国际知名的跨国广告公司,在国际广告市场上占有极大的垄断优势。例如,由拥有"世纪广告大师"桂冠的戴维·奥格尔维领导的奥美市场服务公司先后为劳斯莱斯、联合利华、通用食品、美国运通、英-荷壳牌设计广告。财力有限的中小企业,一般委托知名度低、收费低廉的中小广告代理商代理广告业务。这些企业应详细了解该广告公司的规模、影响力、知名度、信誉、技术装备和人员素质,并结合本企业的产品特征、市场竞争格局以及企业的经济实力加以选择。

（四）标准化与差异化广告促销策略

1. 标准化广告促销策略

标准化广告促销策略是指国际企业在不同国家（地区）的市场上，采取形式、内容高度一致的广告促销模式。它具有如下的主要优点：第一，通过节约广告生产过程中的艺术创作、复制、印刷、影片及幻灯片制作、人事成本等环节的费用而降低广告的总成本。比如，雀巢公司既是世界最大的食品工业公司，也是广告开支最多的跨国公司之一，其标准化广告促销策略每年可节约 800 万～1 000 万美元的广告费用。第二，有利于树立本企业产品的全球形象，提高品牌影响力及各国消费者的品牌认同感与忠诚度，通过品牌效应来掌握某一目标市场的基本客户群，从而为企业市场的进一步扩张打下牢固的基础。第三，便于充分运用广播、电视、互联网等现代媒体工具，最大限度地扩大本企业产品的全球覆盖面。第四，有利于顺应经济全球化、生产国际化的跨世纪潮流，特别是各国人数日益增加的白领知识精英和青年族群，他们对当代产品的品位、款式、功能的观念有日益趋同的倾向，广告标准化满足了这部分具有很强购买力人士的消费需求。

当然，标准化广告促销的不足之处也是显而易见的：首先，它忽视了各国消费者的需求差异，不利于产品在某些细分市场的销售；其次，它可能触犯某些国家有关广告的政策法规，出现广告覆盖面的"死角"与"盲点"，从而降低促销的整体效果。

2. 差异化广告促销策略

差异化广告促销策略是指国际企业在不同国家和地区市场上，采取因地制宜、灵活多变的广告促销模式。它能满足各国、各地消费者在文化、语言、习俗、宗教方面的差异性需求，能增加企业产品在标准化广告无法覆盖的某些细分市场的销售，也能更好地绕过某些国家政策法令的限制性障碍。但这种策略成本高昂，不利于树立全球品牌的形象。因此，更多的国际企业采取的是以标准化广告为主、差异化广告为辅的折中式广告策略。例如，宝洁公司在各国电视黄金时段的广告节目尽管五花八门、手法翻新，但在每一个广告节目结束时，必然出现"P&G"的统一标志，并由具有磁性魅力的声音读出"P&G"，堪称广告标准化、差异化有机结合的典范。

二、动态组合策略

以上重点介绍了国际广告促销策略的主要内容，包括广告媒体的选择、广告代理商的选择以及标准化与差异化广告策略。以下介绍国际市场促销组合中的另外三种促销方式，即人员推销、营业推广和公共关系推销，以及它们与广告策略一起构成的国际促销动态组合策略。

（一）人员推销

人员推销是指企业派出或委托推销人员向国际市场顾客和潜在顾客面对面地宣传产品，促进顾客购买。它是一种古老却很重要的促销方式。

1. 人员推销的主要特征

（1）人员推销方式的最大特点是推销人员与客户面对面地接触，不仅可以提供商品、交流信息,还可以进行现场咨询和技术指导,有利于与客户建立相互信任、相互理解的长久关系,以弥补广告、公共关系和业务推广所不能达成的促销效果,成为企业促销组合中的重要方式之一。

(2) 人员推销方式除了上述向客户提供商品、服务和信息的三大功能,还可借助推销人员对市场反馈信息的搜集和整理,培养新客户并发现新的市场机会。

(3) 人员推销方式最适用于技术含量高、结构和功能复杂的机电产品、信息技术产品和其他高科技产品的促销工作。随着产品知识和技术密集度的加大,人员推销在促销组合中的重要性也不断提升。例如,美国20世纪80年代初企业推销总人数已超过600万,90年代初则超过1 000万,人员推销工作的总开支已达到广告开支的一倍以上。

(4) 人员推销的缺点是费用较高。特别是对于国际市场营销来说,由于文化、语言、经济水平等条件差异很大,推销人员的选拔、培养较困难,且人员推销的接触面较窄,因此,采取人员推销方法更是不易。据测算,同等条件下,在美国使用人员推销的费用是广告费用的2.5倍。

2. 改善人员推销工作的关键问题

推销工作的核心是推销人员的招聘、选拔与培训,尤其应当注意以下两点:

(1) 推销人员的国籍选择。推销人员的来源国主要有三种选择:第一是目标市场所在国,即东道国公民;第二是母公司所在国,即母国公民;第三是既非母国亦非东道国的其他第三国公民。究竟采取何种国籍策略,要根据本公司的产品特征、市场竞争状况、人力资源市场的供求关系、竞争对手的人事政策以及有关各国的劳动法规政策而决定,除了必要的基本能力和素质要求,国际企业的推销人员最好是熟悉东道国与母国不同文化、语言和企业管理模式的人员,例如东道国与母国之间互派的留学生、学者和劳务人员,或长期在两国居住、工作的本企业员工以及跨国移民等。

(2) 推销人员的素质要求。国际企业对推销人员的素质要求有愈来愈高的趋势,推销人员除了必须具有有关产品的专业技术知识和国际经贸业务知识,还应具备外语能力、决策分析能力、判断能力以及社交沟通能力,这些基本素质与企业中高级经理人员的条件和要求有许多共同之处。实际上,许多著名国际企业家如洛克菲勒、福特、杜邦以及20世纪最杰出的广告大师戴维·奥格尔维,早年都从事过产品推销工作。因此,许多国际企业都选择由经理亲自招聘和选拔企业的推销人员。

对于经过招聘、选拔而录用的推销人员,在其上岗工作以前,都必须接受有计划的培训,因为招聘、选拔只表明某人的总体素质和基础条件,并不能保证每一位推销人员都能进入角色、胜任工作。推销人员的培训着重以下几个方面:第一,通过培训使推销人员掌握管理学、市场学、消费心理学的基本知识,并把这些理论运用到实际的推销工作中去;第二,由于人员推销特别适合结构功能复杂、技术含量高的机电产品、工业设备和高科技产品的促销工作,因此推销人员不仅要对产品的一般性能、结构、安装、测试和维修有所了解,甚至需要精通某一方面的专业技术,所以许多大型跨国公司对它们的高级推销人员安排了营销学和某些工程技术(如电子工程、机械工程)的双学位计划;第三,通过培训,使推销人员对本企业主要客户的需求结构、购买行为、消费习惯以及主要竞争对手的促销策略有更深入的了解;第四,通过培训,不仅要使推销人员对企业的总体战略、发展前景、组织结构、海外各子公司的布局和业务重点有进一步的认知,更要配合各种激励手段,使他们对企业文化产生认同感、归属感和自豪感,调动他们的工作积极性、主动性和创造性;第五,由于国际企业的推销人员主要面向海外目标市场,因此有关东道国的语言、文化、宗教、民俗等也是培训工作的主要内容。

IBM 公司的销售人员培训

IBM 公司追求卓越,特别是在人才培训、造就销售人才方面取得了成功的经验。具体来说,IBM 公司绝不会让一名未经培训或者未经全面培训的人到销售第一线去。销售人员说些什么、做些什么以及怎样说和怎样做,都对公司的形象和信用影响极大。因此 IBM 公司用于培训的资金充足、计划严密、结构合理。一到培训结束,学员就可以有足够的技能,满怀信心地同用户打交道。

IBM 公司的销售人员要接受为期 12 个月的初步培训,培训主要采用现场实习和课堂讲授相结合的教学方法。销售人员 75% 的时间在各地分公司中度过,25% 的时间在公司的教育中心学习。分公司负责培训工作的中层干部将检查该公司学员的教学大纲,这个大纲包括从公司中学员的素养、价值观念、信念原则到整个生产过程中的基本知识等方面的内容。学员们利用一定的时间与市场营销人员一起访问用户,从实际工作中获得体会。

销售培训的第一期课程包括 IBM 公司经营方针的很多内容,如销售政策、市场营销实践以及计算机概念和 IBM 公司的产品介绍。第二期课程主要是学习如何销售。在课程中,学员们了解了公司有关的后勤系统以及怎样应用这个系统,同时也习得了发展一般业务的技能。学员们在逐渐成为一个合格的销售代表的过程中,始终坚持理论联系实际的学习方法。学员们到分公司可以感受到如何将课堂上学到的理论知识付诸实践。此外,IBM 公司还经常让新学员在分公司的会议上,在经验丰富的销售代表面前,进行他们的第一次成果演示。有时,有些批评可能十分尖锐,但学员们却因此增强了信心,赢得了同事们的尊重。

IBM 公司从来不会派一名不合格的销售代表会见客户,也不会送一名不合格的学员去接受培训,因为这不符合优秀企业的理念。当时,IBM 公司更换的一线销售人员少于 3%,所以,从公司的角度看,招聘和培训工作是成功的。

资料来源:http://max.book118.com/html/2017/0417/100784246.shtm,访问时间:2019-04-20,有删改。

(二) 营业推广

营业推广是指除广告促销、人员推销和公共关系推销等手段以外,企业在国际目标市场上,为了刺激需求、扩大销售而采取的能迅速产生激励作用的促销措施。广告对消费者购买行为的影响是间接的,而营业推广所起的作用往往是直接的。营业推广通过为消费者和经销商提供特殊的购买条件、额外的赠品和优惠的价格来吸引顾客和扩大销售。

在国际市场上开展营业推广,必须在适宜的条件下,以适宜的方式进行;否则,会降低产品的身价,影响产品在国际市场上的声誉,使消费者感到卖主急于出售,甚至会使顾客担心产品的质量不好,或者价格定得过高。在国际上开展营业推广,除了考虑市场供求和产品性质,还应考虑消费者的购买动机、购买习惯、产品在国际市场上的生命周期、市场竞争状况,以及目标市场的政治、经济、法律、文化、人口和科技发展等环境因素。

1. 营业推广的主要特征

(1) 营业推广的重要性日益提高。与传统的促销方法即广告促销相比,营业推广的重要性日益提高,从20世纪80年代末开始,美国企业营业推广费用的平均增长率为广告费用增长率的近一倍。尽管广告方式在促销组合中的龙头老大地位不太可能被取代,但营业推广的地位日见重要也是一个不争的事实。

(2) 营业推广具有强烈的刺激、诱导作用,一方面能有效地诱导、刺激客户的购买需求,另一方面也能对广大中间商和推销人员产生激励作用,调动他们开展促销工作的积极性。

(3) 营业推广本质上是一种让利行为,是企业与客户、中间商、推销人员之间分享利益的特殊方式,因而其实际成本费用较高。营业推广与广告促销方式相比,是一种间断的、时效短的、非经常性的促销方式。

(4) 营业推广比较适合需求和品牌差异较大的目标市场,而对于同质性需求市场的作用不大,需要选择促销组合中的广告促销、人员推销和公共关系推销方式进行促销。

2. 营业推广的主要促销工具和手段

营业推广的对象主要包括客户、中间商和推销人员。根据这些不同对象,通常采用以下促销工具和手段。

(1) 各种奖励:包括有奖销售、抽奖销售、免费赠品、免费样品、邮寄赠品等方式。

(2) 各种折扣:包括折扣券、折扣证、优待券以及现场折扣等。

(3) 集中展示和现场表演:在专门的商店或百货超市的专用柜台集中展示某种或一系列产品,并进行现场操作表演。通常与上述各种奖励和折扣同时或交叉进行。

(4) 行业年会与贸易展览:这种方式可以说是上述集中展示和现场表演方式的扩大,一般按行业特点每年、每半年或每季度举行。

(5) 对中间商与推销人员的营业推广:包括付给中间商一定金额或比例的广告津贴、推销补助,协助中间商进行商品展示设计;对中间商和推销人员提供超额促销分成、促销优胜奖、促销竞争奖等。

(三) 公共关系推销

公共关系推销是指国际企业以举办社会公益活动、招待会、研讨会、展览会及发布公共广告等方式对客户、新闻界、政府机关、合作单位、竞争对手和本企业职工进行的一系列以公关宣传为中心的促销活动,保持并增进与目标市场国政府、社会利益团体及客户的良好关系,树立企业的良好信誉与形象,达到促进销售、开拓市场的目的。

1. 公共关系活动的主要形式

公共关系活动通常有以下两种形式:

(1) 社会公益活动,包括利用重大法定节日、民俗庆典、演唱会、演奏会及音乐会等,赈济灾民、赞助文教、科学、文化、医疗及环境保护事业,以提升企业的公众形象,扩大品牌影响。例如,雀巢公司20世纪80年代为了打入封闭性很强、犹如迷宫式的日本食品流通渠道,举办了针对日本中产阶级与知识分子的以西方古典音乐为主的"金色音乐会"。这种音乐会在日本126个大、中、小城市举办了数百场,其最大特色是,除聘请国际一流音乐家、指挥家演出之外,还吸收了日本25 000名音乐爱好者参与,听众、观众达35万人次以上。针对日本新生代的特点,雀巢公司与日本大乐器商雅马哈公司共同赞助摇滚乐队、爵士乐队及流行歌手的演唱会,举办足球联赛等。通过上述一系列公关及公益活动,雀巢公司改善了自身在日本的公众形象,建立了雀巢品牌与高雅、精致、现代文化品位的联系,从而使雀巢公司成为在日本取得成功的少数欧美企业之一。

(2) 各种招待会、恳谈会、宴会、研讨会、发布会、展览会及商务学术论坛等,是企业公共关系的另一类重要形式。例如,2019年6月21日,华为公司于湖北武汉举行新品发布会,此次发布会的新品主要为华为nova 5和华为nova 5 Pro两款手机。发布会上重点解读了新品的核心卖点、差异化优势。新品搭载高像素前置、后置镜头,配置方面搭载全新7nm制程工艺麒麟810处理器,在拍照通信等方面都有全新的提升。发布会上还介绍了新品的其他功能卖点、整体的溢价能力以及在同类产品中的优势等。新品发布会不仅有利于消费者了解新产品,同时能够提升公司品牌价值,对于提高公司知名度具有重要意义。

2. 公关宣传的成功要点

公关宣传是公共关系策略的核心内容,是各种公共活动成败的关键环节。一场音乐会、演唱会可能举办得有声有色,但并不意味着其公关宣传效果一定就好。为了做好公关宣传工作,扩大公关宣传效果,以下几点值得注意:

(1) 认真筛选公关宣传的媒介主体,如名流、学者、体育与影视明星、新闻从业人员等,名气大并不意味着名声好,所以要特别注意这类人士在公众中的道德形象和口碑。在媒介主体确定之后,企业应主动积极地与他们建立稳定良好的双边关系,把他们作为企业扩展公关宣传的重要借助力量。

(2) 在公关宣传的形式和内容上,应当与一般广告促销方式有严格的区别,尽最大可能抹去其中商业化的痕迹,切忌将公关宣传办成"广告宣传",更不应当采取自吹自擂等拙劣手法。总而言之,判断公关宣传是否成功,不在于它的规模和排场,而在于它是否在公众中建立起普遍的认同感和信赖感。

(3) 注重掌握公关宣传的"火候"和时机。例如,英、美及荷兰花商抓住英国王妃戴安娜和美国王子小肯尼迪先后因车祸及空难去世的时机,以各种方式间接推动英、美及西欧大小城市的悼念活动、追思活动、宗教活动以及新闻炒作,使花卉的销量突然增加了几十倍,大赚了一笔"死人钱"。又如,日本由于国土狭小、城市拥挤、人口密集,加上99%的石油依赖进口,因此汽车设计一开始就有节约空间和耗油量的特征。石油危机前的20世纪60年代,日本汽车商在美国宣传日本汽车轻巧、紧凑及节油的功能,但美国公众的反应很冷淡,日本汽车难以打开当时的美国市场。经过70年代两次石油危机的打击,石油价格居高不下,日本车商抓住机会,再度进行密集的公关宣传,终于获得美国公众的认同,日本汽车销量大大增加。

潘婷润发精华素市场推广公关案例

1999年5月,宝洁旗下的著名洗发水品牌潘婷打算于1999年8月在上海及浙江市场全面推出其最新的护发产品——潘婷润发精华素,从而带动一种全新的护发新理念,即从简单护发到深层润发的重大改变。为配合该产品的发布需要策划及展开一系列既新颖又有力度的公关活动。宣伟公关公司获得了推广潘婷润发精华素的任命。

为了争取各领域权威人士的支持并为产品发布活动做好铺垫工作,宣伟公关公司将装有潘婷润发精华素产品及使用反馈表的礼盒发给上海及浙江地区的媒体及美发界、演艺界等领域的社会知名人士共330人,其中包括上海东方电视台的著名主持人袁鸣、曹可凡及在华东地区小有名气的发型师王磊等,首先争取他们对产品的认同和支持。在这300多位产品试用者中有100多位回复了使用意见反馈表,所有人都给予潘婷润发精华素很高的评价,其中大部分试用者还表示在使用了一次该产品后,头发在柔顺度、光亮度方面就有明显的改善。

在对产品有了一定认识的基础上,宣伟公关公司邀请各主要媒体于8月5日在上海召开了一次媒介研讨会,为将来的正式活动打下伏笔。将近20位来自上海及浙江地区的记者参加了研讨会。为了增加说服力,潘婷还特别从日本邀请了宝洁公司研究发展部的潘婷护发专家为与会记者介绍护发的基本知识,并向大家当场演示了使用润发精华素产品的即时效果。为了活跃现场气氛并增加记者们的兴趣,护发专家还特别为每个人都做了头发测试,记者们通过头发测试仪了解了自己的发质并对怎样保养头发有了心得,可谓收获不小。

为了扩大宣传的覆盖面及影响力,并直接影响产品的目标消费群——18~35岁的女性,宣伟公关公司特别选择与在华东地区非常热销的包括《上海时装报》在内的生活类报刊及拥有一大批年轻听众的上海东方广播电台合作,进行了一系列宣传活动,比如,8月25日在上海图书馆一楼展厅举行了"潘婷——爱上你的秀发"中国美发百年回顾展。展览会的开幕式暨潘婷润发精华素上市会非常隆重,宣伟公关公司安排在展厅外悬挂了巨幅的宣传横幅以提高影响力及吸引力。来自上海、杭州、温州及宁波的80多位媒体代表参加了活动,其中包括大众媒体、商业/消费类媒体、生活及美容美发类媒体等不同类型的媒体,更囊括了上海全部的6家电视台及浙江的4家电视台,真可谓盛况空前。同时,《上海时装报》连续6周刊登"潘婷——爱上你的秀发"中国美发百年回顾展系列文章,与读者们一起回顾百年来的美发变迁、分享护发小秘诀,并对潘婷润发精华素及展览会的情况做了介绍,以提升展览会的吸引力。另外,宣伟公关公司还与上海东方广播电台的音乐节目《三至五流行世界》合作,参与制作了为期一周(共6期)名为"潘婷音乐时间"的小栏目,除了对美发历史、护发知识及展览会情况进行介绍,还由主持人现场接听听众朋友的有奖竞猜电话,答对题目的听众可获得一个潘婷润发精华素礼盒作为奖励。

这一系列公关宣传活动结束后仅3个月,潘婷润发精华素就荣登上海最大的连锁店——华联集团的护发产品销售额榜首。

资料来源:《潘婷润发精华素市场推广公关案例》,http://www.docin.com/p-1474406535html,访问时间:2019-04-20,有删改。

（四）促销动态组合策略

以上介绍的广告促销、人员推销、营业推广和公共关系推销等促销方式各有侧重，各有优缺点，在国际企业的促销战略规划中，各种促销方式通常是以动态组合的模式进行组合配对的。这是因为：第一，企业产品的技术含量、单价以及类型（工业用品、机电设备类型或者大众消费品类型）对促销动态组合具有重大的决定性作用。图 5-5 能较好地反映这种内在关系，在方框图中，横坐标上沿从左至右表示产品的技术含量（单价）由高向低的动态变化；横坐标下沿左侧是对应的工业用品、机电设备及高科技产品，右侧则是大众消费品。方框图的纵坐标则反映出不同促销方式大体的动态比例关系，其中营业推广和公共关系推销的比例基本不变，而变化最大的是广告促销与人员推销的组合配对，二者之间大体上是此消彼长的关系，人员推销的比重上升，则广告促销的分量相应下降，反之亦然。换句话说，在各种促销组合中，广告促销和人员推销的运用最为灵活，弹性空间最大，而营业推广和公共关系推销两者的变化幅度极小，主要与营业推广的短时效和公共关系推销效果的长期性、不可测性有关。第二，国际企业的促销组合必须根据国外目标市场的具体情况加以动态调整，例如对于客户分布广泛、数量较大、购买行为趋同的目标市场，应增大广告、营业推广的比重，反之则应降低广告的比重、增加人员推销的强度。对于客户较集中、价值较高、销售量较小（但销售金额可能很大）的目标市场，则人员推销应居主导地位，配合广告和其他促销手段。第三，促销组合还必须根据产品的生产周期和技术生命周期进行动态调整。例如，在形成期和成长期，倡导性与介绍性广告居于主要地位，配合少量的营业推广和人员推销；在产品或技术成熟期，应突出"提醒性"和"回忆性"广告，再加上一定比例的营业推广；而在产品和技术衰退期，则是营业推广大显身手的好时机，可通过各种奖品、折扣的强烈刺激，尽可能增加产品的"最后一季收成"。至于公共关系推销，本质上是一种长期的感情和心理投资，作用期长、收效慢，但在任何一种组合中都不可或缺。

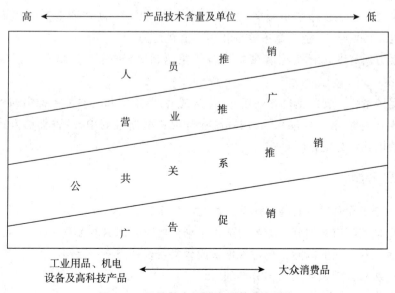

图 5-5　四种基本促销方式的动态组合

本章小结

国际营销是指企业跨越国界,以国际市场为目标市场的营销行为和过程。换言之,国际营销是指一国的企业跨越本国国界,以其他国家和地区作为目标市场,对产品和服务的设计、生产、定价、分销、促销活动,通过主动交换以满足需求、获取利润的行为和过程。与国内营销相比,国际营销具有复杂性、风险性和激烈性的特点。

国际营销的演进分为五个阶段,即国内营销、出口营销、跨国营销、多国营销和全球营销。国际企业必须明晰所处的发展阶段,确定适合自身特点的营销策略。

开展国际营销活动,要在对营销环境进行分析的基础上进行,通过估计市场机会和市场细分,确定目标市场及市场进入方式。国际市场进入方式可分为出口进入、契约进入和投资进入三种模式。企业应根据本国及所进入国的各种政治经济情况以及自身资源选择适当的进入方式。

国际营销组合是企业可以控制的各种营销手段的综合。美国营销学家麦克塞将营销因素分为四类:产品、价格、销售渠道和销售促进。

现代的产品观认为产品应包括核心产品、形式产品和延伸产品三个层次。

产品标准化策略和产品差异化策略各有利弊,国际企业要根据自身所具备的各种条件作出正确决策。

品牌策略、包装策略、保证服务与售后服务策略是产品策略的有机组成部分。

影响国际营销定价的因素包括:成本因素,市场因素,政府政策、法令及管制因素。

国际营销定价的主要方法有成本导向定价法、需求导向定价法和竞争导向定价法,而国际营销定价策略则包括新产品定价策略、差别定价策略、心理定价策略、折扣定价策略、转移定价策略和价格调整策略六种定价策略。

国际分销渠道的选择标准有:成本、资本、控制、覆盖面、特征和连续性。在制定分销渠道策略的过程中,不能忽视任何一个因素。

分销渠道的长度选择主要考虑:融资要求与分销成本、制造商对分销渠道的控制程度、产品特征、市场结构、企业竞争地位和客户消费行为。

分销渠道的宽度选择策略有密集型分销策略、选择型分销策略和独家专营型分销策略。

国际促销策略主要包括广告促销、人员推销、营业推广和公共关系推销四种。这四种促销方式各有侧重,各有优缺点,在国际企业的促销战略规划中,各种促销方式通常是以动态组合的模式进行组合配对的。

复习思考题

1. 什么是国际营销?其与国内营销相比有什么特点?
2. 什么是国际市场细分?影响国际市场细分的主要因素有哪些?
3. 简述三种不同的国际市场进入模式的含义及优缺点。
4. 麦克塞对营销因素是怎样分类的?
5. 广义的产品与狭义的产品有什么区别?

6. 市场因素是如何影响国际营销定价的？
7. 试分析主要的国际营销定价方法。
8. 国际分销渠道的选择标准有哪些？
9. 出口制造商应如何选择分销渠道宽度策略？
10. 国际企业应如何选择广告媒体？

案例分析

高端攻略，一骑绝尘

人头马这匹占全世界高档白兰地酒销量50%的"头马"，是如何在中国高档白兰地市场上一直稳坐头把交椅，并占据着20%的市场份额的呢？那些市场绩效飘忽不定、可持续扩张乏力的众多国内酒品牌，从人头马在中国市场上成功的营销组合策略中也许会得到一些启发。

一、市场定性

没有对目标市场的正确定性，就不可能有正确的决策。人头马公司始终认为中国市场将是世界最大的酒类消费品市场。虽然中低档酒的份额暂时占绝对优势，但依据80∶20原理，以20%比例的消费者计算，2亿多人消费高档酒，从概率上讲是行得通的。随着中国经济的突飞猛进，白兰地在中国市场上也一定会有骄人的业绩，于是人头马公司坚定不移地将中国市场定为其可持续性发展的战略市场。

二、因地制宜

1996年8月，法国人头马公司总裁亲自考察中国酒类市场时发现，中国消费者在喝人头马这样高档的白兰地时，竟然像喝普通的白酒一样大杯豪饮，尽管这部分消费者出手阔绰，但从他们的角度来想，喝几千元一瓶的酒着实不太划算。为了让消费者在保全"豪饮"面子的同时又减少消费，人头马公司专门研制生产了一种可加冰的人头马投放到中国市场上，果然一上市就大受欢迎。人头马公司没有因消费者"豪饮"而欣喜，而是从消费者的角度考虑问题，因地制宜的产品策略迅速跨越了与中国消费者的文化隔阂。

三、品牌融入

在众多的外资跨国公司与中国本土企业的合资中，往往以跨国公司强势控股地方品牌的合作模式而形成所谓的"强强联合"，外资控股方的目的一般是让中国的产品变成贴牌产品，在利用中方产品在本土的渠道及相应资源的过程中，培养其产品在中国市场的可持续发展。如果成功，中方品牌将会逐渐消失；如果不成功，其可及时撤资，将衰败的烂摊子留下。这种品牌阴谋完全是一种以强制弱的品牌强权主义，中国不少合资企业吃尽了这样的苦头。然而人头马公司却认为这种合作是对自己信心的丧失和对跨国品牌合作诚信的亵渎。1979年11月，人头马公司找到天富葡萄酿酒公司洽谈合作，面对中方坚决主张由中方控股的合资资本结构，人头马公司的决策竟出乎许多人的预料：完全同意。人头马公司深谙合资的真谛：优势互补和成功概率的最大化才是合作最根本的目的。人头马公司知道，在市场经济并不发达的中国市场，中方控股除了拥有地缘优势、有利于企业更好地适应中国的政治经济环境、制订出符合中国市场的发展计划,还有利于企业获得包括政府在内的各种支持,有利于开拓产品市场。于是由天富葡萄酿酒公司、法国人头马远东有限公司和香港技术与贸易研究社于1980年5月共同组建成立了中法合营的王朝葡萄酿酒有限公司。从此在中法双方互相包容、优势互补、强强联合的合资方针的指导下,随着天津王朝模式的成功推广,人头马公司在潜移默化中已将其文化、观念和产品渗透到中国市场。

四、打造国际质量

俗话说"葡萄酒是种出来的",王朝公司自1997年以来,全面实施了"原料基地化"策略,在河北、天津、山东、宁夏等地开发了3万亩无公害、无污染、无病害的绿色葡萄种植基地,就地建成了大型现代化发酵站,保证了年产量3万吨的原料供给,同时在葡萄基地建立了技术辅导站,并以技术为手段,以价格来调节,通过以质论价达到限产目的,保证了高质量原料,为生产出高质量产品提供了必备的物质条件。在生产过程中实施质量否决权制度:下一道工序是上一道工序的质量监督官,对上一道工序生产出来的产品有一票否决权,切实做到不合格的半成品不允许流入下一道工序,不合格的产品不允许出厂。为了更好地使"王朝品牌"与国际接轨,更有效地实施品牌整合并提高企业长期竞争优势,1998年年底,公司开始实施ISO14001环境体系标准,从种植到生产等环节推行绿色环保系统,追求最大化的无污染、无病害。

五、经销商融入品牌

由于王朝葡萄酒在国内是响当当的名牌中高档葡萄酒,因而想做王朝酒经销代理商的非常多。当王朝酒以其高质量、高档次在人民大会堂和钓鱼台国宾馆一炮打响后,其名声大振,经销商纷纷前来订货。王朝公司在发展的起步阶段,也像其他酒厂一样对经销商大开方便之门,经销商进入的门槛很低,有时甚至是先发货,销售完再结算。进入20世纪90年代末期,全国各地的酒类市场弥漫着硝烟战火,市场处于低迷、疲软状态。在降价风波此起彼伏的情况下,王朝酒业没有随波逐流、望风而动,而是审时度势,调整市场战略,以一种逆向思维的方式向市场发起挑战。1999年,王朝人经过反复调查研究,决定实施"货款保证金制度":各地王朝酒的经销商向王朝公司缴纳20万~200万元不等的保证金后,才能得到发货的权利;年终可得到一定的奖励。这一制度的实施使王朝公司的货款回笼率提高到90%以上,使一批有实力、懂经营、讲信誉的客户得以保留,也使一些资金实力不强的客户遭到了淘汰。同时,王朝公司对目标市场进行全面跟进,将王朝品牌的资源具体融入经销商运作王朝产品的市场范围中。这样,厂商的互融带来了互赢,厂商的互赢又推动了王朝品牌在中国市场上更大范围的兴盛。

六、随遇而动的促销策略

通过大量的定性调查和研究,人头马公司发现:节日合家团圆的喜庆气氛是中国最看重的社会文化,而且喜庆之日必备美酒助兴。于是人头马公司写出了迎合中国人心理的广告语:"人头马一开,好运自然来。"同时,通过电视广告的推动,人头马的品牌知名度扶摇直上,几乎成了洋酒的代名词。但人头马公司知道,无论怎样进行地毯式广告轰炸,有效的消费群体还是那些有经济实力的富裕者。于是,在建立起知名度后,人头马公司在中国市场上马上采取了新的策略,将广告费用转移到渠道推广上,把大量的资金投入到酒吧、宾馆等终端消费场所,通过赞助大型酒会、聚会,定期举办商务休闲活动等大力倡导其高雅品位,传播其优雅的文化内涵。而更独特的则是它的人力公关。在目标酒吧等终端消费场所,分布着许多具有"绅士"风度的公关人员,他们会不时地请目标消费者喝上一杯醇香的人头马,这时客人往往以为自己遇到了同样热爱白兰地的知己。这看起来好像和目前中国酒类终端市场上流行的促销小姐没有什么区别,而实际目的却相差甚远。促销小姐的目的就是直销,让消费者马上选喝自己所推销品牌的酒,而人头马的"绅士"们的目的并不只是卖酒,而是对那些目标消费者产生一种影响,同时融入这个阶层的圈子里,成为他们的朋友。这些消费者就会基于对朋友的认同而成为人头马的忠实主顾,而且他们的朋友也往往会成为跟进的消费者。所以人头马公司对市场人员有一条重要要求:必须表现得像"绅士"。公司规定业务员自主决定费用开支,上下班没有具体约束。考核的标准则是:营销场所样板陈列得好坏,具体的销售份额,其所交朋友圈子的广度及深度。

可以看到,人头马公司之所以在中国洋酒市场上占有如此重要的地位,是与它在中国市场恰如其分的营销组合策略不可分割的。

资料来源:郑新涛、聂伟,《人头马:高端攻略一骑绝尘》,《销售与市场》,2004(8)。

讨论问题

1. 论述人头马公司在中国的品牌策略。
2. 论述人头马公司在中国市场的营销组合策略。

21世纪经济与管理规划教材
工商管理系列

第六章

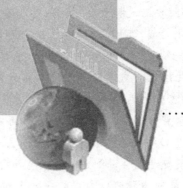

国际企业的跨文化管理

主要内容
- 文化与管理
- 人际环境与文化环境
- 国际企业文化管理概述
- 文化差异与跨国经营管理
- 国际企业的文化冲突与融合

核心概念
- 国际企业文化
- 文化差异
- 文化融合
- 文化协同
- 文化适应策略
- 文化互动策略

学习要求
- 掌握国际企业文化融合的内容
- 掌握国际企业文化管理的策略
- 理解文化的含义及文化对管理的影响
- 理解人际环境与文化环境的构成要素
- 理解国际企业文化的内涵与基本特征
- 理解东西方文化的差异
- 理解国际企业文化冲突的主要表现形式
- 了解企业文化的内涵及功能
- 了解适应文化与跨文化管理的主要内容

引导案例　林肯电气公司国际扩张的惨痛教训

　　林肯电气公司的总部在美国俄亥俄州克利夫兰市，20世纪80年代，该公司大肆扩张，花了3.25亿美元收购国外公司，在欧洲蒙受了巨大的经济损失。在董事唐纳德看来，既不了解所收购的国外公司的企业文化，也不了解这些公司所在地的文化，是造成公司这次重大经济损失的关键所在。

　　第一个问题是，公司没有认识到，奖金制度不能激励欧洲的员工，因为他们很反感为了自己的年终奖金去和自己的同事竞争。他们的工资数目是由工会领导和雇用他们的公司协商决定的。所以，他们不会认同多劳多得、少劳少得的收入分配制度。

　　第二个问题是，林肯电器公司了解到，非欧洲国家生产的产品无法轻易打入欧洲市场，因为欧洲人的文化传统是青睐欧洲本土的产品。

　　第三个问题是，最近收购的欧洲公司的管理层只愿意和总公司的高层人士接触，而不屑于和从俄亥俄州调去的、比自己职位低的人员沟通。这类有关地位尊卑的问题主要出现在德国，因其文化中的等级观念很深。

　　第四个问题是，在德国、法国和其他欧洲国家，通常在夏季都有一个月的假期，所以在那段时间生产会慢下来，但是，俄亥俄州并不习惯这样。

　　第五个问题是，林肯电气公司的董事会里没有一个人有国际管理的经验或者在国外生活的经历。

　　林肯电气公司的美国籍员工在全面了解公司在欧洲面临的经济困境之后，纷纷联合起来，帮助公司渡过难关。公司董事会和各位董事也都得到了一次惨痛的教训，那就是：要在海外谋求发展，就必须首先了解当地的文化。

　　资料来源：〔美〕艾里丝·瓦尔纳、琳达·比默，《跨文化沟通（原书第3版）》，高增安、马永红、孔令翠译，北京：机械工业出版社2006年版，第10页。

　　从引导案例可以看出，当企业进行跨国经营时，所面对的是与其母国文化完全不同的文化以及在很大程度上由这种文化差异所决定的跨国经营环境，因此，跨国经营要取得成功，不仅要求国际企业拥有先进的技术和精湛的经营管理艺术，还必须克服不同国家、不同地区、不同企业的文化差异所带来的消极影响，消除文化方面障碍，实施有效的跨文化管理。

　　传统上，学者和执业者们都假定：管理具有普遍性。有一种趋势，即把在本国行之有效的管理概念和方法移植到其他国家和文化中去。但是，现在我们都知道，对实践活动和跨文化的研究表明：这种管理具有普遍适用性的假定，至少在跨文化范围内是不成立的。尽管经济的无国界化和跨国公司采取全球一体化战略的趋势促进了这种普遍性、适用性方法的应用，但是来自跨文化研究专家的证据充分表明，对于美国和其他与之文化相似的国家来说，管理普遍性的假定是成立的，只不过对于其他文化环境中的组织和雇员来说，这种普遍性一般来说是不奏效的。

企业文化的提法源于日本经济发展奇迹引发的美日比较管理学研究的热潮。第二次世界大战后的日本从美国引进先进的管理方法，在20世纪60年代实现了经济起飞，70年代在经历两次石油危机后再创经济高速增长的奇迹，进入80年代之后大有取代美国成为经济霸主的趋势。面对日本快速发展的经济奇迹，许多学者掀起了一股美日比较管理学的研究热潮，在这一研究过程中不可避免地提出了对企业文化的研究与探讨，企业文化管理日益成为企业管理中的一个重要问题。而对于跨国经营的国际企业，其不同国度、不同民族的文化差异与协调，更是国际企业管理中的重要内容。

第一节　文化与管理

一、文化的含义

"文化"是一个应用范围极广、使用频率极高的词，对于文化的定义也可谓是仁者见仁，智者见智。粗略地看，文化可以被定义为"由人类创造的，经过历史检验沉淀下来的物质和精神财富"。它应该具有以下四个特点：首先，文化是一个群体共享的东西；其次，这些东西可以是客观显性的，也可以是主观隐性的；再次，客观显性的文化和主观隐性的文化同时对生活在该群体中的人产生各方面的影响；最后，文化代代相传，虽然会随着时代而改变，但速度极其缓慢。

人们在讨论文化时，常常用比喻使它的抽象定义形象化。一个比喻是将文化比成洋葱，有层次之分。这个"文化洋葱"只有三层：表层、中层和核心层。首先，洋葱的表层——表层文化通过外在物品表现，是文化的物质形态，是我们平时能观察到的东西，如各种反映文化的建筑物、服饰、生活用品以及语言、艺术品、电影、绘画等。其次，洋葱的中层——中层文化。其实，任何表层文化都折射出一个社会更深的理念，都是社会价值观的直观体现。所谓社会价值观，是指人们共同的对周围客观事物（包括人、事、物）的意义、重要性的总的评价和基本看法。这涉及人们的宗教信仰、道德、风俗习惯、法律等意识形态的东西，它隐藏于人们的意识之中，尽管看不见，也摸不着，却无时无刻不在影响着人们的行为方式。最后，洋葱的核心层——核心文化。核心文化是一个社会共同的关于人为什么存在的假设，它触及该社会中人们最根深蒂固、不容置疑的东西，比如人与生俱来的权利、人存在的价值以及个人与他人的关系等。涉及一个社会核心文化理念等问题，生活在该文化中的人往往很少关注，他们视其为理所应当的事情，却很难被生活在另一个社会中的人完全理解。当一个价值理念问题需要追溯几代以上的历史方能解释清楚的时候，就说明该理念触及了一个社会的核心文化。

综上所述，文化的洋葱比喻事实上将文化分为三层，而三层之间又有着不可分割的联系:核心层文化驱动、影响中层文化,中层文化又驱动、影响表层文化。我们平时能观察到的通常都是表层文化,理解中层文化与核心层文化才是跨文化研究的目的。

二、文化对管理的影响

因为世界上文化的类别各不相同,所以理解文化对人类行为的影响对于国际管理研究至关重要。如果国际管理者对其要打交道的国家的文化一无所知,则结果将是灾难性的。文化能影响技术转移、管理者的态度和思维方式,也能影响企业与政府之间的关系。或许,最为重要的是,文化能够影响人们的思维和行动。

总体而言,文化对国际管理的影响主要反映在人们的基本信仰和行为方面。下面就反映了在一个社会中文化对管理方式的直接影响:

(1) 集中决策与分散决策。在一些社会中,所有重要的决策都由高层领导者决定;而在另一些社会中,这类决策被分散在整个企业中,中层和基层管理者能够积极参与到决策活动中,并能够作出一些重要的决定。

(2) 安全与风险。在一些社会中,组织决策者厌恶风险,难以应付不确定的环境;在另一些社会中,则鼓励冒险,在不确定的环境下决策也十分常见。

(3) 个人回报与团队回报。在一些社会中,奖金、佣金等形式的回报主要给予那些作出杰出贡献的个人;而在另一些社会中,文化的规范则要求团队的回报,不赞成个人的回报。

(4) 正式程序与非正式程序。在一些社会中,许多工作都是通过非正式的方式完成的;而在另一些社会中,则提出并严格遵守正式的工作程序。

(5) 较高的组织忠诚度与较低的组织忠诚度。在一些社会中,雇员可以依据其所属的组织或雇主加以区分;而在另一些社会中,雇员主要依据其职业类别来区分,如工程师、机械师。

(6) 合作与竞争。在一些社会中,鼓励人与人之间的合作;而在另一些社会中,则更多地鼓励竞争。

(7) 短期视野与长期视野。在一些社会中,更强调短期视野,如利润和效率的短期目标;而在另一些社会中,则更注重长期目标,如市场份额和技术发展。

(8) 稳定与创新。在一些社会中,更注重稳定,反对变革;而在另一些社会中,则更强调创新和变革。

第二节 人际环境与文化环境

美国心理学家克特·列文曾用公式对人类的行为进行了定义:

$$B = f(P, E)$$

其中,B 表示行为;P 表示个人,特指人的内在因素;E 表示环境,主要指外界环境(自然、社会)的影响。

显然,上面简单的函数形式把人的行为描述成个人与环境综合作用所产生的结果。因而,要准确地把握人群的差异,必须认真地研究对人们的行为产生重大影响的人的差异、人所生活的社会环境和文化环境。

在这些差异中,有些是易被察觉和发现的(诸如人的外形的区别),有些却是难以把握和度量的(诸如人们依照传统的习惯、按照熟悉的方式处理问题)。国际企业的经营管理人员希望生活在其他文化环境中的人与自己一样,能按自己的方式处理问题,也希望他人工作的责任和权利也与自己社会中的情况一样,但这些想法往往会落空。

一、人际环境与文化环境的边际确定

精确和严格地确定不同人际环境及文化环境的边界是一项十分困难的工作,因为这两个环境在从一种形态转化为另一种形态时是一个渐进的、从量变到质变的过程,很难用什么方法予以确定。但对于国际商务活动来讲,用国家的疆界来大致确定人际环境和文化环境边界是可行的,因为政治制度可用国家的边界大致明确,有关商务活动的法律的差异也可由边界予以确定。当然,这种划分只是一种大致的划分,而且这种划分并不意味着一个国家中的每个人的习惯和文化传统都是一个完全的整体。很清楚,在当今世界上,有些国家中的这种差异非常大,因为这里存在着不同的民族、信仰、文化和生活习惯,而一种文化的价值观和准则往往是社会中若干因素逐渐演化的产物。这些因素包括一个国家所提倡的经济哲学体系、现行的社会结构以及占主导地位的宗教、语言和教育(如图 6-1 所示)。其中所提倡的经济哲学体系对社会的价值观念有着十分明显的影响。例如,同属于中华文化的内地、台湾地区和香港地区,几十年来受不同政体的影响,不仅在生活习惯上有所差异,甚至在语言词汇的选择上也有明显的差别。而且,这种影响是双向的,即社会结构和宗教会影响人们的社会价值观与准则,而社会价值观与准则也能影响社会结构和宗教。因此,在不同的国家和地区也就必然存在不同的市场、不同的商业机会,同时,也对国际企业的经营理念和方式提出了不同的要求。

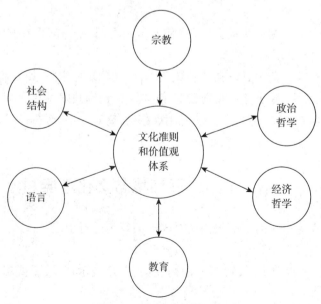

图 6-1 文化决定的因素

除了国家的政体,对人们行为产生重大影响的还有由职业、年龄、宗教和居住区域等差异所构成的群体。在这些群体中,人们行为的相同或不同,往往超越了由国界所确定的人们行为的差异。例如,生活在城区的人们的生活习惯与生活在乡村的人们的生活习惯的差别,就可能超过简单地用国界划分的两国民众之间生活习惯的差别;某一宗教派别的信仰和生活习惯也可能超越国与国之间民众的差异。

二、人际环境与文化环境的要素分析

人的行为是由其生存环境中的各种因素综合作用而确定的,事实表明,要全面、详尽地研究对人的行为产生影响的所有因素是异常困难的,因此,只能对那些对国际商务经营活动产生主要影响的因素进行研究与分析。当今世界上的人们在其生产、生活中都是以一定的群体出现的,都在其生产过程中结成了一定的生产关系;以价值观、利益观和基本态度以及人们的生活方式为内涵的文化,也在确定文化环境对人类行为的影响上显示了重要作用。为此,在这一节中将按照有形特性(Physical Attributes)、行为特性(Behavioral Attributes)研究对人的行为产生重大影响的人际环境和文化环境的要素。

(一) 有形特性

有形的差异对商务活动具有直接的重大影响,比如,机器的尺寸、重量以及广告方式的选择就会受到有形差异的影响。人的外形尺寸就是人们在具体的数据上最为明显的有形差异,而各民族之间容貌的差异也十分明显,这对于广告中模特以及背景的选择都提出了严格的要求。比如,美国一家生产牛仔服装的企业,由于在日本的销售中忽视了尺寸的问题,而因服装的尺码不符合日本人的身材,造成了产品的滞销。

人与人之间的有形差异主要受到遗传基因的影响,它一般比较稳定,在人们的传宗接代中保持着其民族和种族的特征。移民和各国民众之间的通婚会改变这种差异,另外,人类生活环境的变化对人外形的变化也会产生影响。

(二) 行为特性

不同的价值观、不同的态度以及不同的利益观构成了不同的文化,也因此形成了文化的差异。但人们常常会发现,虽然许多人都在谈论文化的差异,却很难用数学模型来描述这种差异对经济或商务活动的影响。调查这种方式虽然可以很好地反映当时的现状,但这种现状往往是一些政治和经济因素短期影响的结果,而不能反映那些可能对商务活动产生长期影响的价值和利益观。不过人们已经发现,通过对人们行为差异的分析,可以发现其价值、态度、利益的区别。据说,在对"当你和你的母亲、妻子、孩子同坐在一只正在下沉的船上,你的母亲、妻子和孩子都不会游泳,而你只能拯救其中一人时,你会救哪个人"这个问题的调查中,60%的美国人回答救孩子,40%的美国人选择救妻子,无一人回答救母亲,而亚洲人大多都选择救母亲。当然,这不是一个有关经营管理的问题,但这个结果明显地提示了不同的民族或地区形成的不同价值观念会对一个问题的解决方案、组织目标的次序产生不同的影响。这就要求企业的经营管理人员必须了解不同文化存在的差异以及这些差异可能产生的影响。

对于文化差异的研究大致有两种方法:一种方法是依靠研究人类文化的学者去发现

和探讨各民族之间的差异,而另一种方法是通过各国样本之间的差异进行比较研究。下面所列举的各种行为特性,都是用后一种方法进行比较和研究的,这是一种近年来受到推崇且容易在商业活动中采用的方法。

1. 群体

一般来讲,每个国家的人都在一定的群体中工作,而且每个人还可能属于不同的群体。在这些群体中,有先天性的群体,包括性别、家庭、年龄、民族、种族及初始国籍等群体;也有后天性的群体,主要不是生而具有的,如宗教、政党、职业和其他群体。在这里,我们重点介绍和分析各个国家都存在的、对国际企业经营活动有着重大影响的因性别、年龄和家庭的不同而构成的群体。

(1)性别群体。在对待男人和女人的态度上,各个国家存在着明显的区别。在一些信奉伊斯兰教的国家中,学校分成男校和女校,仅有10%的女性参加工作;女性禁止驾驶小汽车,在乘坐出租汽车时也必须有男性陪同;在工作地点,必须用挡板将男性和女性工作人员分开;在沙特阿拉伯小学里,男性与女性的比例是1.5∶1,在大学里,男性与女性的比例超过2∶1。从全世界的范围看,男女之间的差别在各个国家都存在,但国与国之间的情况相差很大。例如,在37个非洲国家的制造业中,女性从业人员仅占5%,但在西非的内陆国家马里,这一比例却高达70%;南美洲的萨尔瓦多,管理岗位大约有25%被女性占有,但在秘鲁和委内瑞拉,女性在这种岗位上的比例却低于10%。当然,随着社会的进步,这种差异有缩小的趋势。

(2)年龄群体。世界上的各个国家在对待年龄问题上也有许多不同。在不少国家的文化习俗中,往往把年龄与智慧联系在一起,并因此建立了有利于年长者的工作和晋升制度,但在美国,20世纪80年代,一般把退休年龄规定为60岁或65岁,这就有利于年轻人的提拔和晋升。

(3)家庭群体。家庭在当今世界上的不少国家中仍然起着十分重要的作用,在有些国家中,个人在社会上的地位和身份依然由其家庭而不是由他们的成就所决定。在某些国家中,家庭观念十分强烈,以至于他们仅在家庭的范围内合作经营,而排除外来人士的卷入。例如,在印度,迄今仍保持着严格的社会等级制度,就是在像美国这样的发达国家,上层家庭孩子的发展机会也比一般或穷人家庭的孩子要多得多。

与地位、身份紧密相连的家庭体系的存在增加了外国企业录用职工的风险。这种无形的文化传统虽然没有限制个人在职业中的流动,也不存在法律形式上对录用员工的障碍,但它却在社会上发挥着重要作用。一部分工人、顾客、当地的股东或者政府机构可能会抵制一些群体进入企业工作,这些会给企业的经营增加困难。

阶层体系在一些国家的某些群体中也是难以逾越的障碍。在非洲的许多国家中,只有在原始社会才会存在的部落依然发挥着十分重要的作用,在乡村的部落地区招募工人,就必须与部落首领谈判,并得到他们的许可。

2. 对工作重要性的认识

人们参加工作的原因是多样的,不过从根本上讲,人们工作的基本需要是为了维持生计(如获取工资以换取食品、衣服、住房等)。但用什么来解释人们超出其生活需要的工作动机呢?这就需要用人们生活的文化及经济环境的相互作用进行解释了。不同的工作动机有助于理解和解释不同的管理风格、产品需求,甚至经济发展的水平。

(1) 对成功和奖励的看法。影响工作态度的一个因素是对成功和奖励的可能性的看法。一般来讲,若成功或者失败是确定的,也就是获得成功过于容易或过于困难,人们的努力就会十分有限。例如,对于同一工作,在不同国家获得成功和对成功的奖励的可能性是不同的。在工作获得成功和得到奖励的可能性都很小的管理体系中,获得成功过于困难,人们的工作积极性可能很低;相反,在工作获得成功和得到奖励的可能性都很大的管理体系中,获得成功过于容易,人们同样会在工作中失去积极性。在斯堪的纳维亚半岛的一些国家,由于考虑到有些人收入很高以及要为低收入者重新分配收入的问题,其所得税税率很高,且不论人们怎样努力工作,奖励都有趋同的趋势,这样人们工作的积极性就会受到影响。因而,在成功的不确定性较高,且对成功的奖励也十分明确的国家,人们才会有较高的工作积极性。

(2) 工作习惯。对一些人在已取得较为优越的生活后,还继续勤奋工作的另一种解释是工作习惯。对拉丁美洲一些发展较快的国家的调查揭示出,这些国家中的一些西班牙人及其后裔长期努力创业,且这些国家中不直接使用当地人的做法是经济发展迅速的极为重要的原因。这些西班牙人及其后裔发扬了努力工作的美德,并成为这些国家工商实业界的领袖,从而加速了这些国家的发展。中国人勤劳勇敢、勤俭持家的美德也使大批华侨在许多国家和地区生存下来,他们在为当地经济发展作出重要贡献的同时,也成为掌握当地经济命脉的商人。这一现象也有助于国际企业的管理人员理解,为什么一些国家的工人会比另一些国家的工人更加勤奋地工作,如何确定公司职员工作时间和休假时间的长短这样一类问题。

(3) 对事业成功的追逐。追逐事业成功的人是指为取得事业或职业的成功而努力工作,但不大关注平稳的社会关系的一类人。追逐事业成功者往往具有以下工作特点:第一,在解决问题时敢于承担个人责任;第二,设置恰当且可能存在一定风险的成就目标;第三,工作完成后希望得到具体的反馈意见。不同国家的管理人员在事业或职业成功的兴趣上存在巨大的差别,这有助于解释为什么国际企业在是否愿意聘用经营所在国的管理人员问题上存在明显差异。例如,没有追逐事业成功品质的采购经营人员宁愿与供货者保持良好和持续的关系,也不愿向供应商提出降低成本和加快供货的要求;在一些国家,企业聘用的经营所在国的管理人员不支持企业把增长和效率放在第一位,而支持把就业和社会福利放在第一位。

(4) 需求层次。美国的心理学家马斯洛创造了"需求层次理论"。他认为,人的基本需求有五个层次,即生理需求、安全需求、友爱与归属的需求、受尊重的需求及自我实现的需求。依照马斯洛的看法,需求之间的关系表现为:第一,五种需求像阶梯一样从低向高排列;第二,低层次的需求满足了,就会向高层次的需求发展,越到高的需求层次,其被满足的比例就越低;第三,在同一时期内,虽可能存在多种需求,但总有一种需求占支配地位;第四,需求一旦满足,这种需求就不会再成为激励的力量。对于国际企业来讲,马斯洛的需求理论有助于解释不同国家的工资报酬问题。在一些贫穷的国家,企业的绝大多数工人可能仅希望企业解决他们的温饱问题;而在一些较富裕的国家,工人们的需求会使其在报酬方面提出更高的要求。较有说服力的是美国一家跨国公司在其 15 个子公司所在国中进行了问卷总数达 11.6 万份的调查,调查中发现,荷兰以及斯堪的纳维亚半岛的国家的雇员把需求的重点放在社会需求上,而美国的雇员却把需求的重点放在自我实现的需求上。这种需求上的差别要求在斯堪的纳维亚半岛国家的企业中多采用群体决策的方法,而在美国的企业中则多采用优化个人工作环境的方法,从而更好地提高雇员的积极性。

3. 职业的重要

在每一个社会中,职业总是与经济地位、政治地位、名声、威望相联系的。虽然从总体上讲,社会中职业排列的顺序大致相同,但在每一个国家中区别依然存在。例如,由于美国在工资上的差别,物理学家在职业排序上先于大学教授;而在日本,这种排列的顺序则恰恰相反。这是由于日本认为教育十分重要,而且十分看重工作环境。在许多发展中国家,受过高等教育的人不愿从事体力劳动,这种状况会使国际企业在招收合格的工人方面遇到麻烦,也会给企业对职工的培训增加难度。

国际上在职业方面的另一个差异表现在对工作单位领导人的选择上。调查显示,比利时人和法国人都愿意尽可能地到由他们本国人负责的工作单位去工作。人类学方面的研究也表明,比利时人和法国人与其他国家的人相比,把在单位中个人的独立自主性看得十分重要。

4. 自我把握命运的态度

自我把握命运的态度是指人们在工作和生活中对自我是否能把握命运的一种基本看法。这种看法往往会影响人们的工作积极性和努力奋斗的决心及勇气。这一基本的态度会对以下管理工作产生影响:

(1) 上下级关系。不同的国家之间在管理过程中是依靠权威决策,还是依靠民主决策存在极大的差别。在澳大利亚、以色列、新西兰以及斯堪的纳维亚半岛的国家中,上层领导人在决策前喜欢与下层人员商议;而在马来西亚、墨西哥、巴拿马、危地马拉以及委内瑞拉等国家中,则推崇权威人士的独自裁决。人们发现,各个国家自身的管理风格和方式以及政治体制对本国各种组织的管理风格和方式的影响极大。

(2) 信任。信任是难以度量的,但各种研究成果已表明,各国之间人们相互信任的程度存在差别。信任程度越高,人们与他人建立友善关系的能力和要求也就越高,在企业中管理人员和下属人员也就愿意共同参与决策。在一些民族中,人们相互信任的程度很高,他们可以在经营问题上很快取得一致;而相互信任程度很低的民族,会在经营决策上花费很长的时间,而且常常难以作出正确的决策。

(3) 相信命运的程度。如果一个人具有强烈的自我把握的能力,他必定愿意通过自己的努力去获取工作成绩,也能严格地进行自我反省。若一个人对宿命论深信不疑,就可能无法正确地认识自己,甚至无法正确地判别因果关系。在这个问题上,宗教起到了重要的作用。例如,一些宗教的信仰者往往把一切事情都看成"上帝的意志",这种心理状态往往会使人认为无须依照计划工作,甚至对可能出现的重大问题也置之不理。研究的结果表明,在对待命运的问题上,各国之间存在差异,在管理人员中也有不同的看法。

(4) 个人与群体。在个人与群体的关系、个人的作用与群体的作用方面,人们也存在不同的看法。在许多西方国家中,人人信仰"个人至上"的哲学,追求个人的实现价值。但在有些国家,如日本,往往强调集体的作用,而不愿突出个人的作用。家庭在社会中也是一个较为特殊的群体,从世界范围看,在家庭构成上存在很大的区别。在发达国家,家庭一般由丈夫、妻子和孩子组成;而在另一些国家,家庭的结构十分复杂,纵向几代人同居一堂,横向还包括叔叔、伯伯、舅舅、姨妈等。这种群体结构对企业的经营活动有很大的影响,比如,对家庭一个成员的奖励会因众多人的分享而失去它的激励作用,购买行为也会因众说纷纭而显得十分复杂。

5. 沟通

沟通是信息从发送者到接受者的传递过程。沟通存在许多方式,为保持组织的高效运作,管理人员要特别注意沟通方式的选择。正如管理学中的理论已强调的,沟通方式选择的基本原理会受到管理风格和工作环境的影响。

(1) 语言。语言问题是国际商务活动中的一个特殊问题,把一种语言翻译成另一种语言十分困难。例如"夏天"一词,在北半球代表6月、7月、8月;而在热带地区,则表示这一地区的旱季。受环境影响,甚至同一种语言中也可能出现混淆。例如,在美式英语中出现的Wheat(小麦)、Corn(玉米)、Undergraduate Student(大学生),在英式英语中往往被Corn、Maize、Graduate Student代替(在美国,Graduate Student表示研究生)。随着国际交往的加深,语言之间的相互渗透现象也常常会发生,如大约有2万个英语单词已在日语中出现,英语中的Jean(牛仔裤)也在俄语中出现,法语中也增添了许多英语单词,汉语中出现的"的士""肯德基""汉堡包""酷""秀"等也是这种趋势的例证。表6-1反映了世界上语种使用的基本状况,汉语和英语是当今世界使用人数最多的语言,但英语是世界上最为流行和国际性最强的语言。

表6-1 世界语言使用基本状况

语言	使用人数(亿人)	语言	使用人数(亿人)
汉语	14.5	俄语	1.6
英语	10.0	乌尔都语	1.3
西班牙语	5.0	德语	1.0
法语	3.4	葡萄牙语	2.0
阿拉伯语	3.6	意大利语	0.7

(2) 无声语言。暗示是一种可以交流感情的方式,且在管理活动中受到人们广泛的注意,这种暗示就称为"无声的语言"。例如,颜色在不同的文化中就有不同的含义,黑色在西方往往与死亡相联系,而白色在远东、紫色在拉丁美洲有同样的含义。因而,为了经营顺利,正确地利用广告、选择颜色是非常重要的。谈话的距离也起到了无声语言的作用。如在美国,有关商务谈话的距离一般应在5~8英尺的范围内,为个人私事进行谈话的距离应在18英寸~3英尺的范围内。① 若不适度地靠得太近,往往会引起对方的不快。对与人们地位相联系的"暗示"的理解也很重要。

(3) 传输与评价。人们对暗示的领悟也存在差别。人们往往用自己的感觉(看、听、

---

① 1英寸=2.54厘米=0.0833英尺。

闻及尝等)来确定自己对暗示的理解,但对暗示的理解往往受到生理、文化等因素的影响。例如,由遗传因素所决定的不同颜色的眼球,对颜色的反应就有差异。一个民族的文化中有关颜色的词汇的分类越细,人们对颜色的理解和表达也就越准确。

理想主义和实用主义在对待与评价信息上也存在很大的区别。在理想主义占统治地位的社会中,人们往往喜欢解决大的问题,采取大的、具有震撼力的行动;而在实用主义占上风的社会中,人们往往注意小的问题,并希望精确地计量所获。这两种不同的处理问题的方法,在企业职工的理想和对企业的要求上会有所反映。

6. 道德与礼仪

由于受文化传统、宗教意识、法律法规等因素的影响,各国在商务活动中的道德和礼仪标准也不尽一致。道德标准往往体现在商务活动中的男女交往和以男女活动为背景的广告中。如在一些国家中,男女之间的握手也被看成邪恶与罪过,广告中男女的衣着、声调和动作在不同的国家也有严格的标准。赠送礼品在许多国家被认为是一种行贿的方式,对政府官员的馈赠则更为敏感;但在远东的一些国家里,交往中赠送礼品被看成谈判前的重要工作,甚至从礼品价值的大小上可以判断出对方对谈判的重视程度和兴趣的大小。曾经有过这样的报道:若没有向墨西哥的邮递人员支付小费,国际企业的商务信函就可能会丢失。

不能拿冰箱和自然作比较

伊朗的一家电器公司所生产的达马万德(Damavand)冰箱是以该国最著名的山脉命名的,但是由于其广告中包含该山脉的图片,因此受到政府相关部门的严格审查。达马万德山脉是德黑兰附近的一座高18 000米的雪山,让该雪山成为该电器公司达马万德牌冰箱宣传广告的背景画面,看起来是促销产品的绝佳办法。但伊斯兰教组织的官员指出:"你们不能拿冰箱和自然作比较,那是上帝的领土。"

美国生产的派克钢笔也因在包装上使用"暗示"语言而在伊朗遭到审查。法国电话公司阿尔卡特不得不重新设计广告方案,因为原来的宣传画上是一个打领结的男人,而这在伊朗是犯忌讳的装束。日本夏普公司的电视广告在伊朗遭到禁播,因为它们暗示了电视的某些"娱乐价值"。

伊斯兰教规对伊朗之外的其他国家同样重要,但是各国的执行情况不同。马来西亚把大量穆斯林教徒和其他国籍或宗教信仰的人融合起来,其中包括印度教徒、佛教徒和基督徒,所以人们可以相互迁就对方。例如,基督徒避免佩戴十字架或其他宗教饰物,印度教徒除宗教节日外不会敲打寺院的钟。马来西亚的伊斯兰教徒默许了西方时装和马来西亚衣服的存在,但是他们仍然严格保持自己的衣着规则。伊斯兰教妇女不能持有护照或未经丈夫允许独自外出旅游。她们平时穿着传统服装,把自己从头到脚裹得严严实实,在别人开口前不得与陌生男人讲话。因此,摩托罗拉公司在聘用信仰伊斯兰教的女性员工时,首先要得到其丈夫的同意,而且根据伊斯兰教的某些规定,女性只能从事某种类型的工作。金星公司是韩国最大的电视机生产商之一,该公司在马来西亚的生产工厂里,不但为男女员工设立了不同的休息区,而且为穆斯林教徒和非穆斯林教徒提供了各自的祈祷场所。为了照顾印度教的员工,该公司允许在工厂的特定区域建造神像和祭坛。

资料来源:〔美〕David H. Holt、Karen W. Wigginton,《跨国管理(第2版)》,王晓龙、史锐译,北京:清华大学出版社2005年版,第248—249页。

第三节　国际企业文化管理概述

国际企业面临不同的文化环境,必须用跨文化的观点去看待其所处的环境,这是经营成功的条件之一。文化的不同直接影响着管理的实践。一个在特定文化环境中行之有效的管理方法应用在另一种文化环境中,可能会产生截然相反的结果。

国际谈判是进行跨国和跨文化商务交易的过程,然而,就像在上述案例中所见到的一样,如果没有成功的谈判以及与之相伴随的跨文化交流,就很少会有成功的商务交易。事实上,人们不同的价值取向,导致了不同文化背景中的人采取不同的行为方式,甚至会产生文化摩擦。因此,国际企业必须对跨文化管理进行研究和探讨。

一、企业文化的内涵及功能

企业文化是指在一定的历史条件下,企业及其员工在生产经营变革的实践中,逐渐形成的共同思想、作风、价值观念和行为准则,是一种具有企业个性的行为方式。它包括价值观、道德、习惯、规章制度、精神风貌等,而价值观处于核心地位。企业文化的结构可分为三个层次:物质文化层次、制度文化层次和精神文化层次。

"文化是经济"这句话高度概括了具有经济文化性质的企业文化的功能。企业文化能促进企业良好形象的树立、员工潜力的发挥,对提高企业经济效益和推动社会进步起着积极主动的作用。企业文化在企业管理方面可以发挥自控功能、协调功能、激励功能、凝聚功能和辐射功能。

(1)自控功能。主要分为外部控制与内部自我控制。前者指通过行政、法律、经济、规章制度等手段进行控制,多带有强制性。比如,利用上下级关系、奖惩制度、签订合同、明确权利关系来确定企业员工的行为规范。后者指在潜移默化中使员工接受共同的价值观,把他们引导到企业确定的目标上去,并转化为他们的自觉行为。

(2)协调功能。主要是指企业文化在具有不同的技能、知识,从事着不同种类的工作,带有不同的个人动机和需求的众多员工中起着沟通协调的作用。融洽的企业文化氛围,便于管理人员和一般职工加强联系、传递信息、沟通感情。

(3)激励功能。企业文化能通过其自发向上的价值观的熏陶和良好的文化氛围的引导,使企业的目标和宗旨被确立并加以具体化。在共同的目标和先进人物的示范作用下,全体员工的责任感进一步加强。

(4)凝聚功能。一种好的企业文化是一种黏合剂,必然能在思想上、精神上增强企业的凝聚力,把各方面的成员团结起来。没有好的企业文化,一个企业就像一盘散沙,无法发挥其应有的作用。

(5)辐射功能。企业文化不仅在本企业中发挥着极其重要的作用,还会引起其他企业的效仿。

二、国际企业文化的内涵及框架

（一）国际企业文化的内涵

国际企业文化是一个众说纷纭的问题,其定义也是多种多样的。有人将国际企业文化归结为"国际企业行为规范的总和",有人则认为它是"国际企业管理的价值观念",还有人甚至将国际企业文化与管理哲学等同起来,指出"国际企业文化是国际企业管理理论与实践的最高概括"。但是,无论学者们对国际企业文化所下的定义有多么大的差异,有一点是共同的:国际企业文化对国际企业行为有着重大的影响与约束,国际企业行为所呈现出的活力、生机、进步等均是国际企业文化的客观塑造。

国际企业文化的内涵有两个基点:其一,国际企业文化不是一个纯粹的"社会性"概念,而更多地体现出"经济性"。它与"民族文化""社区文化"等有着明显的区别。其二,国际企业文化不仅包括社会传统观念的沉淀,而且更多的是现代观念的积聚。所以,国际企业文化带有鲜明的现代工业烙印。依据以上分析,对国际企业文化可以作这样的理论概括:所谓国际企业文化,是指受民族文化、社区文化等文化系统及政治、经济、法律、教育、自然地理等诸多因素影响,在国际企业经营过程中呈现出的员工群体的心理水平状态与管理行为习惯的总和。

（二）国际企业文化的框架

国际企业文化的框架由三部分构成:第一部分,表明国际企业文化的历史起点,民族文化与社区文化在一定历史条件下作用于国际企业。这种作用过程是潜在的,是非自觉意识的。民族文化与社区文化奠定了国际企业文化的基本特征。第二部分,政治制度、经济结构、法律、文化等决定性因素逐步改变了传统文化的某些特征;同时,又创造出了新的文化内容。第三部分,受上述两部分的影响,国际企业文化最终形成。这里,国际企业文化作为内化结构,是指国际企业员工的心理状态,如领导者心理、被管理者心理、职工价值取向以及对竞争、赢利、分红、技术引进等观念的基本看法;国际企业文化作为外化结构,是指管理行为习惯,如企业组织结构、形式的设立,管理、指挥、组织、经营的风格,群体的人际关系,企业进取性,公共关系,等等。

国际企业文化概念的内涵、框架及各因素间的逻辑关系如图 6-2 所示。

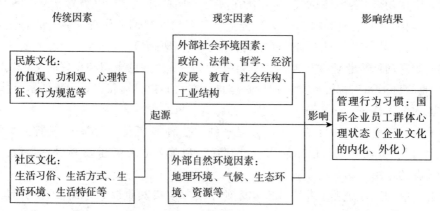

图 6-2　国际企业文化的内涵、框架及各因素间的逻辑关系

（三）国际企业文化的内容

从实质上讲，国际企业文化是民族文化和社区文化在国际企业经营过程中的部分呈现。这种呈现不是机械的复制，而是各种现实活动的文化再创造与进步。它一方面是国际企业行为的产物，另一方面又制约着国际企业未来的行为。国际企业文化的内涵包括三方面的内容：

1. 国际企业文化是国际企业行为的逻辑起点

国际企业文化强调企业行为的起点是文化，是以传统文化的历史积淀对企业行为的潜意识影响为主要特征的。随着国际企业实体的出现，国际企业文化才由国际企业员工的心理特征逐步转化为国际企业管理行为的习惯。因此，国际企业行为的逻辑起点并非国际企业实体的最初形成，而是国际企业文化的塑造。国际企业文化以一种观念的、心理的作用形式，影响、制约着国际企业行为的能动性。有的管理学者将企业文化与管理哲学并列、等同起来，并不过分。

2. 国际企业文化是国际企业全部行为的综合反映

国际企业文化绝非一种封闭的系统，它既受到传统文化的影响，又更多地在自身的活动中创造出各种崭新的文化形式与内容。国际企业文化绝不是一种凝固的传统文化，而是积极活动、不断进步着的。国际企业文化是由观念要素、心理要素、意识要素、价值要素、习惯要素、行为要素等构成的。尽管这些要素具有一定的稳定性，但国际企业的发展，必将淘汰和否定部分国际企业文化的内容，并要求各要素必须自我扩展，以适应国际企业管理水平提高的需要。

国际企业在已有的"文化堆积层"上继续进行文化积累，开拓新文化，为国际企业的经营变革提供良好的文化环境。因此，国际企业文化必然具有自我扩展和自我深化的系统特征。这种系统由表现国际企业文化的横向网络与纵向层次所构成。横向网络是国际企业文化在其横向面或广延性的领域里所表现出的构成诸要素的具体化与更新化过程。它决定了国际企业文化的基本内容和表现形式。纵向层次是国际企业文化的一个由里及表、由低级到高级的层次性结构。

国际企业文化是通过三个层次实现的：心理层次、制度层次、行为层次。这三个层次共同构成了国际企业文化的自我深化结构。它们的运动决定着国际企业文化的历史内容、发展形式、评价标准等，并决定了国际企业文化在一定经济条件下的现实性质。

3. 国际企业文化是深层内化形态与表象外化形态的高度统一

国际企业文化是以人为主体的社会现象，它具有表层性的结构，即企业员工心理状态——内化形态，以及国际企业行为习惯——外化形态。这种结构揭示了心理主体与行为客体的社会联系。前者表现了国际企业文化的主体——企业员工的普遍心理特征、心理冲突、心理平衡、心理判断、心理价值等，它处于一种非实践化的意向状态，体现了国际企业员工内心的整体世界。后者则由国际企业文化的客体——国际企业的各种行为习惯构成，它是国际企业员工心理状态的表象化与外在化。外化形态体现了国际企业员工与国际企业经营管理的关系，如国际企业中人与人之间的关系，人与社会团体之间的关系，人与相关企业之间的关系，人与自然的关系，以及人与社会政治、经济、哲学、法律、教育等方面的关系，等等。因此，在分析国际企业文化时，我们既要重视国际企业内一定群体的心理水平，又要注重研究国际企业的行为模式，两者缺一不可。

三、国际企业文化的基本特征

概括地讲，国际企业文化具有以下几个基本特征：

1. 民族性

民族性是国际企业文化的首要特征。在世界文化体系中，每个民族都有自己独特的进化途径与文化个性，在不同的社会经济环境中形成了特定的民族心理、风俗习惯、宗教信仰、道德风尚、伦理意识、价值观念、行为准则、生活方式等。它们的总和就表现为国际企业文化的民族特征，反映在国际企业行为上，则形成了国际企业行为的特定模式。在相同民族的国际企业中，国际企业文化表现出了极大的相似性。事实上，世界上并没有单一的国际企业文化。属于各个民族的国际企业文化都有自己的本源，有自己的独特性和稳定性。尽管它们有时会交叉、融合，但其本源却极少出现合并的现象，从而各个民族的国际企业文化呈现出丰富多彩的文化景观。

2. 传统性

传统性是国际企业文化中属于历史的、过去的、稳定长存的、流传至今并仍在起作用的文化要素。传统性是在历史过程中形成的，具有异常的稳定性与顽强的延续力。国际企业文化是国际企业管理行为的观念性凝聚与反映。它的形成一般要经过较长的历史时期，而一旦形成，就会对国际企业在一定历史阶段内的经营方式和管理行为起着维系与巩固的作用。国际企业文化的传统性储存于国际企业员工群体的心理结构之内，体现在国际企业管理行为的日常活动之中，起着控制与调节国际企业行为的作用，以使从历史方面承袭下来的国际企业行为规范和管理方式不至于改变。

企业文化的传统性有积极和消极两方面的作用。在国际企业文化面临历史性变革之际，历史遗留下来的部分经营观念、意识、行为习惯等往往会成为维护旧的企业文化体系、阻碍国际企业文化进步的强有力的因素。这就不可避免地导致了国际企业文化的进步要求与陈旧的经营观念等的激烈冲突。此时，只有剔除、否定落后的经营观念，冲破带有消极内容的国际企业文化的束缚，才能使国际企业文化产生飞跃性的进步。

3. 融合性

国际企业文化的发展，既是一种普遍性的进化过程，又是各国国际企业文化特殊性的相互融合过程。从后者来说，世界上任何一种国际企业文化一旦成形就会具有自己的稳定个性，其文化基因就会随着国际企业文化的发展得以遗传并向四周渗透。在全球化的今天，各国企业在心理、精神、物质、技术、文化、自然地域上的距离相对缩小了，而各国国际企业文化的活动范围却增大了，文化"触角"延伸了，各国企业文化相互影响、互相渗透的速度加快了。因此，各国企业文化独立发展的状况有了极大的改观，并开始形成一个世界性的国际企业文化系统。各国在这个系统中占有一定的位置，具有各自的特色，但它们之间必然出现交叉、互融的现象。这种彼此间的渗透、交流，会促使各国国际企业在互相影响下扩展、演变自己的文化，并呈现出新的面貌。

4. 地域性

受地理因素的影响，国际企业文化不仅在不同国家中表现出极大的差异，而且在一个国家内部不同地区间也显示出差别。事实上,国际企业文化的地域性更多的是由社区文化造成的。社区文化是在一定的自然区域或行政区域内,居民群体所表现出的共同心理特征与行为方式。人们往往有着相同的生活方式、生活环境、生活习俗、群体性格等。社区文化对国际企业文化的制约与影响表现为国际企业文化的地域性。总之,处于不同地域的国际企业,总是呈现出或多或少的文化差异。

5. 变革性

国际企业文化是个历史范畴,它的定型与变迁取决于广泛意义上的社会经济条件。近年来,国际企业文化的相对隔阂状态被国际性的经济、技术交往打破。各国企业管理理论与实践的相互借鉴和交流,迫使各国国际企业对自己的企业文化进行反思,试图在世界性的文化融汇中建立起现代的国际企业文化体系,用进步的企业文化影响、推动企业管理水平的提高。尽管国际企业文化具有强大的凝固性与稳定性,支持着其内部的统一,强化着其结构,但随着国际企业外部各种影响因素的变化,各种国际企业文化的相互作用与渗透,形形色色的社会心理、观念、意识起伏跌宕的嬗变、衍化,国际企业文化必然会在剔除传统国际企业文化中不适应已经变化了的企业环境的内容的同时,被注入新的生机,创造出新的内容。经过不断的选择、淘汰、组合、进出、变革,国际企业文化才得以保持自身的生命力。

6. 潜意识性

国际企业文化是一种对传统文化的历史积淀的不自觉的反映。它作为一种文化作用系统,既包含能动的理性要素,又包含被动的感情直觉要素,且以非理性要素为主。这种作用系统并不是作为一项明确的原则从国际企业外部规范人们的管理行为,而是一种处在混沌状态中的不确定、不定型的潜意识,在不知不觉中支配着企业中群体的行为,尤其是其中某些已定型的心理素质、行为习惯等更具有较强的稳定性。即使国际企业环境发生了巨大变革,它们也不会因此而骤变,而是仍然通过种种途径,在适当的条件下以潜移默化的方式,在不同程度上参与企业员工群体心理水平及管理行为的发展。

7. 落差性

衡量国际企业文化优劣的主要标志有两点:一是看企业员工群体的积极性是否被充分调动起来;二是看它对企业生产效率的提高有无良好的推动作用。在漫长的经济发展过程中,各国经济、政治、教育、哲学、技术、管理等发展的不平衡,必然导致国际企业文化发展的差异性。从文化发展的历史截面上看,这种国际企业文化体系之间发展水平的先进与落后,即国际企业文化的"落差性",决定了国际企业文化间的相互影响与促进。这里要说明的是,国际企业文化的落差性仅仅是针对国际企业文化的整体而言的,并非针对局部。

四、影响国际企业管理活动的文化价值观

荷兰文化协作研究所所长 G.霍夫施泰德(G.Hofstede)教授认为,文化是在同一环境中人们所具有的共同的心理程序。因此,文化不是一种个体特征,而是具有相同生活经验、受过相同教育的许多人所共有的心理程序。不同群体、不同国家或地区的人,这种共有的心理程序之所以会有差异,是因为他们接受不同的教育,有着不同的生活和工作,从

而具有不同的思维方式。霍夫施泰德经过大量的问卷调查,认为对管理活动和管理模式有影响的文化价值观主要有五个方面:①个人主义与集体主义;②权力距离;③不确定性规避;④价值观念的男性度与女性度;⑤长期取向与短期取向。由于霍夫施泰德考虑了文化价值怎样与组织和工作联系起来,因此,管理人员和管理研究者们发现,霍夫施泰德文化价值的五个方面非常有用。

(一) 个人主义与集体主义

个人主义与集体主义(Individualism vs. Collectivism)衡量社会中个人与群体之间的关系。个人主义程度高的国家通常遵循如下准则:个人对自己负责,个人成就就是理想,人们不必动情地依靠组织和群体;而集体主义程度高的国家遵循的准则是:个人的身份以全体成员关系为基础,集体决策是最好的,群体保护个人来换取个人对群体的忠诚。

(二) 权力距离

权力距离(Power Distance)衡量对人与人之间平等的期望,考虑的主要是文化如何解决不平等问题,它侧重于上司决定下属行为程度的准则,认为上司与下属在本质上具有不同的价值观和信念。权力距离大的国家认为,不平等从根本上讲是好的,掌握权力者被授予特权,大多数人应依赖一位领导者。

(三) 不确定性规避

不确定性规避(Uncertainty Avoidance)衡量对不同的危险事物的典型反应。不确定性规避与其有关容忍含糊的准则、价值观和信念有关。高不确定性规避的文化寻求建立那些命令与可预期性之上的社会制度,其中规章制度占主导地位。在这种文化中,风险会使人紧张和不安,因此,人们力图避免诸如变换工作这样的行为。高不确定性规避的文化认为:不能容忍不正常的人和思想;法律非常重要,应被遵守;专家和权威通常是正确的;统一思想是重要的。

(四) 价值观念的男性度与女性度

价值观念的男性度与女性度(Masculinity vs. Femininity)衡量对性别角色的期望。对男人或女人,不同的文化期望产生于所处的社会。在不同的文化环境中,男人和女人接受不同的社会化方式,并通常扮演不同的角色。男性度程度高的社会具有如下特征:男人是专断的,占支配地位;男性主义或男性中夸大男权是好事;人们,特别是男人,应该是决策性的;工作优先于其他职责,如家庭职责。

(五) 长期取向与短期取向

长期取向与短期取向(Long Term vs. Short Term)衡量对时间的基本取向。具有长期取向文化的国家有如下观念:储蓄应该丰裕,节俭是重要的,愿意为将来投资;接受缓慢的结果;重实效的传统和准则以适应现代关系。

由于霍夫施泰德考虑了文化价值是怎样与组织和工作联系起来的,因此,管理人员和管理研究者们发现,霍夫施泰德文化价值的五个方面非常有用。利用霍夫施泰德的研究,可以对多个国家的文化价值观进行比较研究。表6-2列出了几个具有代表性的国家按霍夫施泰德文化指标排序的数据。表中数值是相对数,数值大,说明该国在所衡量的方面程度较高,例如,中国有很高的长期取向、较低的个人主义(即较高的集体主义),并且权力化程度高。通过这种分析,可以很直观地反映出国家之间的文化特征与差异。

表6-2 一些国家按霍夫施泰德文化指标的排序

国家	个人主义	权力距离	不确定性规避	男性度	长期取向
中国	15	80	40	55	100
美国	91	40	46	62	29
日本	46	54	92	95	80
英国	89	35	35	66	25

资料来源:ITMT-Business Culture and International Management,http://www.itim.org,访问时间:2018-10-28。

第四节 文化差异与跨国经营管理

一、文化差异

文化差异主要指不同国家或地区在语言、宗教、价值观念、教育以及社会风俗习惯等方面的差异。不同的国家、地区和民族有自己不同的文化。要想理解其他国家的文化,必须对它与母国的文化差异进行分析,重视文化分析者成功,忽视文化分析者失败。日本企业获得成功,带动国家经济腾飞的最大因素是日本企业努力理解各国文化,理解各国顾客的需求。针对许多美国企业外派的经营管理人员不能顺利完成海外任期而提前回国的现象,一位美国专家告诫说:"国外经营的成败,取决于国际企业管理人员对文化基本差异的认识和理解,取决于他们是否愿意把美国文化观念当作超重的行李留在美国境内。"下面就对典型的东西方文化进行比较分析。

(一)东西方文化差异

以美国为代表的西方发达国家,由于其近两百年的经济与技术发展,往往认为西方文化优于东方文化。但日本、亚洲"四小龙"的崛起以及中国这四十年的经济高速发展,都证明了以儒家伦理为核心价值观的东方文化也能创造奇迹。所以,东西方文化各有特色,各有所长。对以中国、日本为代表的东方文化和以美国、欧洲为代表的西方文化的比较有了许多理论积累,从中可以看出东西方文化的区别主要在于:

1. 务虚与务实

如前面提到的东西方在语言上的不同反映了人们思维模式的不同。名字、日期、地址等写法体现了东方人的逻辑思维方式是从大到小、从整体到局部,而西方人则正好相反。整体思维的优点是先抓住全局。彼特·圣吉在其巨著《第五项修炼》中,指出了西方自工业革命以来讲究劳动分工导致的分割性、局部性思维的坏处,"只见树木,不见森林",只关注一个系统的局部,只为了部门利益而造成很大内耗。而中国式的系统性、整体性思维使人能看到构成系统的诸要素间的联系以及整体的变化态势,从而能有效地掌握变化,开创新局面。中国的整体思维方式反映到具体的工作方法与习惯上,就是"先务虚,再务实";而西方则更重视务实。

西方人认为中国人重人情味,强调关系,讲面子,处世暧昧;而中国人认为西方人务实、直率,但不近人情。中国人重礼,礼是人际交往中既定的秩序、规范与仪式,礼与中国人重面子密切相关,中国人在人际交往中既重视维护自己的面子,也重视给对方面子。所以中国人在社交中,包括在商业交往中,很重和谐,比如在语言表达时比较含蓄、中庸,不直截了当地表明自己的意思,给双方今后回旋的余地,为此在沟通中有时宁可隐去重要信息。由于中国人重面子,因此,对工作勤奋的中国人往往用当众表扬等精神激励的方式,而对西方人则不能只空说"好",要立即兑现奖酬、加薪升职等,因为西方人很务实。

在人的本性方面,中国古代思想家基本上持"道德本性论",即他们眼中的人是一种"道德人",讲究礼、仁、善;西方古代思想家基本上持"理性本性论",即他们眼中的人是一种"理性人",强调"真"的重要性,这也体现了务虚与务实的区别。

2. 集体主义与个人主义

前面提到,在对人的本质的认识上不同的文化是不同的。在不同人性观的社会中,个人和组织的行为表现都带有明显的差异。认为人性是善良的社会倾向于相信人,而认为人性是邪恶的社会则倾向于怀疑和不信任人。人性观也影响到个人与他人之间的关系。不信任他人的文化,强调个人的价值,认为个人是最重要的,个人幸福比群体幸福更有价值,提倡重视自我、利己主义;而信任他人的文化,强调集体和组织的重要性,强调团结合作精神,提倡集体主义、利他主义。

东方文化受儒教、佛教的影响很大。儒教虽不是宗教,但儒家伦理对亚洲,特别是东南亚的影响是深远的。儒教是一种性善论的价值观,孔子的"人本善""忠孝""利人主义"等学说影响并规范着日本人受好的教育、守纪律、忠诚、乐于助人,再加上禅宗教育日本人要在集体中和睦相处,所以日本人的行为带有很强的集体主义倾向。美国文化是受清教、基督教影响的,他们秉持的性恶论、"原罪观念",加上追求个人利益的资本主义学说的影响,促使人们以自我为中心,不愿意相信、依赖他人。

受东方文化影响的地方家族观念很强。以"儒"字为中心的价值观是以"家"为基础建立的,现在在亚洲新兴工业化国家中,仍保留着极高比例的家族企业。中国与日本在人力资源开发上,都在一定程度上把"家庭"观念移植到企业中,形成重群体、尊长辈、团结互助、内和外争的格局,但两国对"家"的理解还存在很大的区别。日本突破了单纯的"家"的局限性,把儒学的价值观和对家的义务、权利转移到企业中,以企业集体为家。在18、19世纪就有现代家族企业雏形的"三井"家、"三菱"家等商家组织。在日本传统的"家"的观念中,家庭成员与非成员之间不一定是血缘关系,只要对家忠诚就能成为家族成员。可见日本的"家"是命运共同体,共荣共存。对中国人而言,长期以来维系"家"的关系的主要是血缘,与"家长"血缘关系的远近决定了其在家族中的地位。由于长期的计划经济体制下的"单位制度",人们以厂为家的观念是对单位的一种依赖。现在由于体制改革,单位制度已趋于瓦解,以厂为家的观念也淡化了。一家日资公司的一个班长在被问到"是否觉得公司像家一样"时回答说:"家是让人放松休息的地方,日企工作紧张,怎么会像家呢?"可见对被保护宠爱过的年轻人而言,家的观念已不再代表义务、责任,而是放松休息的地方。

对于东西方在集体主义、个人主义上的差异,威廉·大内在他的巨著《Z理论》中从历史、地理、人文等角度对差异的原因进行了分析。美国作为"新大陆",人少地广,移民多,富于开拓独创精神。美国人一般种植可以粗放经营的小麦,一家人圈占大片土地,依靠自己的力量,独立维持生计。曾经出现过一个浩大的开发西部的时代,人们崇尚跨枪骑马、独闯蛮荒的拓边英雄,所以个人主义被奉为立国之本。日本历史悠久,地少人多,而且都是有同样语言、文化和历史的同一民族的人,种植的是集约经营的水稻,必须依靠集体协作才能生存,所以崇尚集体主义。大内的分析也是很有说服力的。其他东方国家在历史、地理、人文等方面也都与日本类似,而西方国家一般种植小麦或以狩猎为生,人与人之间的依存关系不大,所以这些也导致了东西方在集体与个人的关系上是不同的。

3. 长期导向与短期导向

它表明人们对长远利益和近期利益的价值观。具有长期导向的文化和社会主要面向未来,做任何事均留有余地,作长远打算,注重节俭和储备,不急于求成,像日本人、中国人都有此传统。中国人在日常交往中,重视长期良好关系的培育和保持,不太强调争一日之短长与当前的得失。日本企业的经营目标是"永存",牌子不能倒,所以对投资作长远打算,不太重视近期盈亏。而具有短期导向的社会看重眼前的利益,做事急功近利,要求立见功效。如美国,企业的经营目标是让股东多得到当年的分红,所以注重当年的短期利益,对经营管理者的考评也主要依据短期效益,导致人们的行为缺乏长期计划、急功近利。欧洲人也强调短期利益,这可能与欧美工业化发展早有关系。前面曾提到过经济发达的地方时间观念相对强,对他们而言时间就是金钱,所以在行为上也过于注重时间,导致其行动常常是短期导向的。

4. 保守与创新

西方资本主义历史悠久,社会文化上以资本主义的价值观为主流。资本主义是提倡奋斗创新的文化,其中的典型是美国。美国是一个由多民族移民构成的年轻国家,没有根深蒂固的传统,每个人都有充分的独立和自由,但也面临着相互间激烈的自由竞争,所以形成了美国人突破规范的独立奋斗和创新精神。前面提到在对人与世界关系的认识中,美国人认为人是独立于自然之外的,人应该主宰自然,并具有支配自然、征服自然的能力,所以他们主张以积极主动的态度来对付自然界、改造自然界,提倡开拓创新。这种不断冒险与创新的精神使它建立了技术雄厚的科研队伍,这成为其工业发展的重要基础。它因创新而成功,又因成功而鼓励创新。美国的成功也影响、激励着其他资本主义国家的效仿。当然欧洲一些国家由于有悠久的历史,因此在行为上也有较为理性、保守且尊重传统的一面。

东方的许多国家长期为农耕国家,人员移动少,安于现状,加上长期的封建社会形成了一个封闭、僵化、保守的文化环境,对人们行为模式的影响至今仍很深。中国传统文化灌输了知足常乐、随遇而安、抱残守缺等价值观,以至于人们普遍缺乏积极进取的精神。所谓"一动不如一静",由于尽量维持现状,因而人们特别尊重传统权威,不喜欢谈"变"。儒家提倡尊重传统、从众与安全,有保守倾向。

(二) 国家/地区综合分类

有些国家/地区的文化相对接近或相似,因为这些国家/地区具有许多共同的地方,如种族、语言、宗教、经济发展水平、地理位置等。有国外学者根据不同国家/地区当地民众的行为准则和价值观的异同将其分为九类,如表6-3所示(其中独立型是指不归于其他八类的独立型国家)。每一类内部各国家/地区之间的文化差异较小,而不同类国家/地区之间的文化差异较大。

表6-3 国家/地区综合分类

区域	国家/地区
远东国家/地区	越南、马来西亚、新加坡、印度尼西亚、菲律宾、泰国,以及中国香港、中国台湾地区
阿拉伯国家	巴林、沙特、科威特、阿联酋、阿曼
近东国家	土耳其、伊朗、希腊
北欧日耳曼国家	芬兰、挪威、瑞典、丹麦
日耳曼国家	瑞士、德国、奥地利
盎格鲁国家	美国、英国、加拿大、新西兰、澳大利亚、南非
拉丁欧洲国家	法国、比利时、意大利、西班牙、葡萄牙
拉丁美洲国家	阿根廷、委内瑞拉、墨西哥、智利、秘鲁、哥伦比亚
独立型国家	巴西、日本、印度、以色列

二、适应文化与跨文化管理

所谓跨文化管理,就是要求国际企业的管理者们摒弃单一文化管理模式,把管理的重心放在对企业所具有的多元文化环境的把握和文化差异的认识上,克服多元文化和文化差异带来的困难,实现不同文化的协同作用,充分发挥多元文化和文化差异所具有的潜能及优势,建立新型企业文化,在激烈的竞争中获得成功。

跨文化管理虽然是20世纪70年代后期在美国逐渐形成和发展起来的一种管理理论,并成为一门新兴的边缘学科,但它也并非新生事物,应该说它起源于古老的国际商贸往来。另外,人类学家对跨文化研究的历史也很深远,积累了大量的研究成果。到了20世纪60年代和70年代,日本企业在跨国经营活动中取得了巨大成功,而老牌资本主义美国的跨国公司的竞争力在衰退,经研究许多学者都不约而同地发现这其中最重要的原因是日本企业更懂得如何进行跨文化管理。日本企业派往海外的经营管理人员一般比美国的成功率、合格率高,很大原因是日本企业重视对外派人员的跨文化培训;而美国的跨国公司中,海外外派人员不能胜任工作的主要原因是无法适应海外不同的文化和生活方式。通过美日对比发现,美国企业过分强调技术、设备、财务分析、规章等"硬"的要素,而日本企业比较注重诸如目标、宗旨、人和、价值观等"软"的要素。

随着全球经济一体化的深入,国际竞争日趋激烈,跨文化管理在企业的经营活动中日趋重要。企业要学会如何在跨文化条件下克服异质文化的冲突,进行卓有成效的管理。跨国公司的管理人员需要频频地与当地组织、人员进行沟通和交流,必须了解东道国的社会文化背景,了解东道国与母国的文化差异。只有对文化差异具有高度的敏感性,才能在异文化环境中适应当地文化,更好地开展工作,保障跨国经营的成功与效率。人们的消费方式、需求满足顺序、工作价值观以及努力程度等都是以他们所在国的文化背景为基础的,跨越文化是跨国公司有别于一般企业的基本特征。所以对跨国公司而言,经营风险中多了一个文化风险,造成文化风险的原因有外部社会文化差异和内部企业文化差异。跨国公司必须对造成风险的两种文化差异进行控制,下面主要探讨对外部环境的文化差异进行的跨文化管理。

(一)适应文化与当地化

文化因素是环境因素之一,属于非控制因素,企业只能努力去适应它。成功的国际经营,必须根据东道国不同的文化特点,在生产经营活动中充分考虑当地市场的文化传统、生活习俗、宗教禁忌等,努力满足消费者的不同需求。在不同国家的活动应当与当地社会的文化特质保持一致,做到"入境问俗,适者生存"。讲究根据当地市场的需求对产品进行适应性改进设计或根据当地文化改变营销方式,也就是采取当地化策略,根据当地情况采取具体的措施,这样才能满足当地需求。

比如可口可乐这种世界性产品,之所以为各种民族文化的人们所接受,是因为这个公司理解各国消费者的文化差异,在不同国家采取不同的营销手段。只有适应当地文化,树立一种亲近的企业形象,才能消除人们的抵触情绪,进入当地市场,并在当地站稳脚跟。所以适应文化成为跨国公司进军国外市场的第一步。

联合利华在日用品的国际营销战略中,就很注重对不同环境和市场需求的适应。印度的洗涤剂市场虽然大,但大多数人喜欢在河里洗衣,对粉状、液体状的洗涤产品需求不大,所以该公司在印度的子公司就开发了固定合成洗涤产品,并使其占有肥皂市场的大部分份额。同样是日用品跨国公司的宝洁公司在这方面就有很大的教训。宝洁是美国婴儿尿布的头号生产商,20世纪80年代时,想把在美国市场上最受欢迎的婴儿尿布同时打入中国香港地区和德国市场,最开始是直接拿去销售,但两地消费者都有很大的怨言。调查后发现两地对尿布的使用习惯不同,在中国香港地区是尿布一湿就换一个,所以消费者嫌尿布太厚;而德国一般是一天只早、晚换两次,所以消费者嫌尿布太薄,吸水性不足。像宝洁这样的公司之所以把国内畅销的产品原封不动地搬到国外市场,采取标准化策略,主要原因一是考虑到成本因素,认为这样可以降低重新设计、改进生产线的成本;二是犯了"自我参照准则"(Self-reference Criterion,SRC)的错误,认为美国的生活习惯应该在其他地方也通用。所谓自我参照准则,即无意识地参照自己的文化价值观,以自己的价值观进行判断、采取行动。虽然适应当地文化的必要性是公认的,但在实际经营活动中做到这一点是很困难的,重要原因之一就是自我参照准则在起作用。文化差异常常导致人们在对人或事物进行判断时,以自己的文化而不是自己观察到的客观环境为衡量标准,只要人或事物与自己的文化相违背,便认为其不好,从而导致错误的感知,而错误的感知必然会带来错误的解释与评价,很容易造成交流的阻塞。

另外,对文化的适应,还体现在对文化变革的紧迫性和适应性上。虽然文化有一定的稳定性,但它也会随着社会的发展而变革。文化的变革体现了消费需求的变革,将迫使企业采取相应的对策适应新的文化。所以为了随时适应新的文化需求,很多跨国公司都努力做到研究开发的当地化,即在目标市场设立研发中心。如日本索尼公司在欧洲、美国都设有研发中心,以进行新产品的开发、试制,并最直接地掌握当地的文化需求和各种变化,收集第一手资料,极早作出反应,追求"速度的经济性"。海尔在美国波士顿也成立了一个设计中心,由当地的技术人员来设计在当地销售的海尔产品,这就解决了在中国设计不到位、出口后不适应当地市场的问题,通过新设计打开了美国市场。

(二) 文化差异及文化变革为国际经营带来商机

1. 文化差异,增加商机

比如教育水平的高低,会为不同水平的跨国公司带来商机。在教育程度低的发展中国家,政府希望发展劳动密集型产业,以吸收较多的文化水平低的劳动力就业,对一些技术并不领先的发展中国家的跨国公司来说,这可以发挥其相对优势。由于它们与当地技术水平接近,使用的机器设备、原材料也有一定的相似性,因此如果发展中国家之间相互投资,许多经营资源的当地化程度会比发达国家到当地的投资高出许多,受到东道国的欢迎。比如有调查表明,在泰国投资的发展中国家和发达国家的企业,其机器中使用泰国本地机器的比例大约是 15∶2。而且发展中国家跨国公司的技术优势还在于小规模、小批量生产,这比较适合市场狭小的东道国。生活水平低的地方重视产品的实际使用价值,而不是包装设计,只要价廉物美就行了,所以在对这些地区的出口上,发展中国家的产品就有优势。像中国,由于劳动力低廉,轻工业产品在价格上有国际竞争优势,但随着生活方式的改变,很多产品在国内已相对失去市场,如过于厚实的羽绒服、热水瓶等,不过在俄罗斯却依然很畅销。中国很多企业为了避开国内的激烈竞争,开始将目光转向其他发展中国家。

另外,文化差异有地域性,发展中国家也具有地域性,比如东南亚、拉美、非洲等地区发展中国家较为密集,当地文化有一定的相容性,所以对当地的跨国公司而言是个重要的"生存空间"。跨国公司可以以民族文化为纽带拓展自己的生存空间,比如中国和东南亚的跨国公司之间相互投资,在文化背景上就比西方跨国公司具有独特的竞争优势,而西方跨国公司将面临更多的民族文化隔阂和心理障碍。

2. 文化变革,成为商机

文化变革,说明人们的需求也发生了变化,一些原先处于弱势的企业如果能抓住商机,就能反败为胜;而一些以前有竞争力的企业反而由于盘子大、历史包袱重、惯性大,难以适应变化。20 世纪 80 年代西方"营养革命"运动的风行,使人们增强了保健意识,高脂肪、高热量的食品不再受欢迎,日本商人抓住时机,向美国外销豆腐产品,取得成功。现在中国许多家用电器市场表面上看饱和、疲软,但其实已进入更新换代、消费升级的时期,消费向节能、环保型产品倾斜,这对某些厂家而言也是一种机会。

(三) 跨国公司对当地文化的影响

跨国公司不但在经济上促进了东道国的工业化进程,而且对当地文化变革产生了巨大的影响。跨国公司是传播文化的使者。每个跨国公司在进入一个新市场时,带来的新产品、新技术、新思想会对当地社会产生影响,有时甚至会改变当地人的文化,实现文化变革。可以说每个新商品、每项新的服务方式都可能创造一种新文化。就比如可口可乐、肯德基和麦当劳等美国食品的普及,它们输出的不仅仅是碳酸饮料、炸鸡块、汉堡包,更是一种美国的饮食习惯和快餐文化。它们的普及改变了东方人以米饭或面食为主的传统的饮食结构和生活方式,如日本人过去以蔬菜、鱼、米饭为主,但现在年轻人更喜欢牛奶、面包、牛排等食品。

以创新为主的索尼公司,由于其产品是全新的,没有现成的消费文化习惯,因此必须自己创造一种新的消费文化。索尼从创业起就决定"创造自己独一无二的产品",这等于在"另做一块蛋糕",所以必须自己去"创造市场""创造文化"。它们也认为:从事商业活动,绝不仅仅是在寻找买主,更是要创造顾客。所以,它们制造出了世界上第一台磁带录音机、第一台晶体管收音机、第一台便携式单放机、第一台家用录像机、第一台便携式摄像机等,为人类创造了新的娱乐生活,开发出新的娱乐文化,也为其产品创造了一个广阔的市场。索尼产品独特的设计也带动了家用电器的新潮流。在一开始进入欧洲市场时,索尼产品如收音机、录音机等采用的是现代化的外形,其特点是直线、方角、简洁明快,最初难以被欧洲消费者接受,因为欧洲产品的设计多为圆滑过渡形,且木壳较多。为了解决这个问题,公司曾多次开会讨论,也曾考虑过入乡随俗改变设计,但最后还是决定不模仿欧洲产品,而是坚持独具特色的外形。不久之后,与众不同的索尼产品越发引人注目,简洁明快的日本设计很快反过来影响了欧洲产品的外形。

第五节 国际企业的文化冲突与融合

一、国际企业的文化冲突

国际企业在跨国经营中面临不同的文化背景,由于在各种文化中成长的人们具有不同的价值取向,因此决定了各种行为方式之间具有一定的矛盾与冲突。当企业实施跨国经营战略时,它将面临更多的陌生文化环境,文化冲突将表现得更为尖锐。

文化差异的存在是产生文化冲突的根本原因。文化差异的客观存在,使得国际企业在异域文化中开展跨国经营时不可避免地会遇到文化冲突。所谓文化冲突,是指在不同形态的文化或者文化要素之间相互对立、相互排斥的过程,它既指国际企业在他国经营时与东道国文化观念不同而产生的冲突,又包含在一个企业内部,由于员工分属不同文化背景的国家而产生的冲突,即国际企业管理中的文化冲突主要表现在两个方面:一是国际企业外部的文化冲突,二是国际企业内部的文化冲突。

(一)国际企业外部的文化冲突

国际企业对外经营时,语言、习惯、价值观等文化差异使其外部的经营环境更加复杂,企业面临的外部微观环境除竞争对手和社会公众外,还有供应商、营销中介及顾客等。当企业跨国经营,与供应商、营销中介进行合作时,往往会因文化背景的差异而产生冲突,甚至会导致合作的破裂。此外,企业进入海外市场时,也将面临东道国顾客不同价值观的挑战。在新的文化环境中,消费者对企业产品消费观念的树立源于其文化背景。不同的文化差异会导致消费观念的差异。国际企业在经营中若不了解这些差异,就会导致经营的失败。例如,肯德基在美国是为快节奏的工作者提供便利的快餐,价格也相当便宜。但肯德基引入中国后,由于在中国人的观念中,吃鸡表示吃的是正餐而不是便餐,因此,许多人去肯德基是为了招待朋友,或显示一种先尝为快的自豪。肯德基在美国和中国消费观念的不一致,使两个国家肯德基的经营方式、经营策略有很大的不同。可见,在不同的文化环境中,文化差异会影响国际企业的经营活动。

(二)国际企业内部的文化冲突

在国际企业内部管理中,由于不同国籍、不同民族的职员具有不同的价值观、生活目标及行为规范,因此必将影响企业管理的运作,导致管理成本的增加。例如有一项调查,测试一家美国跨国公司中不同文化背景的职员对美国管理者不同的反应态度。如果你不赞成你的上司,你将:①保持沉默;②事后与其交换意见;③向上司的上司提出异议;④与上司公开讨论这件事。大多数亚洲职员会选择第一种态度,因为亚洲文化看重资历,但日本职员一般会选择第二种态度,因为日本人比较注重人际关系;阿拉伯文化背景中,当职员无法解决自己与上司的分歧时,便会寻找更高的权威,所以会选择第三种态度;而美国职员更多地会选择第四种态度,因为美国文化强调民主和平等。可见,如果国际企业的管理者不了解各种文化之间的差异,而采取单一的管理模式,则必然会造成管理中的文化冲突。

文化差异给国际企业内部管理带来的冲突主要表现为:

(1)国际企业内部管理的过程更加复杂。企业的管理者面对的是其内部职员不同的价值观、信念和文化传统所表现出的行为表现,管理者必须了解并理解这些行为表现背后的文化含义,才能实施有效的管理。

(2)国际企业的决策活动更加困难。文化上的差异使国际企业中的沟通与交流经常会出现误解。对某一决策行为,不同文化背景的管理者会得出不同的结论,这使企业内部对同一问题很难达成一致,从而增加了企业决策的难度。

(3)国际企业的决策实施难度更大。不同文化背景的员工对决策方案的理解不同,使国际企业的决策实施更加困难。如某一美国母公司要求所有的欧洲子公司都建立一个关于职员医疗保健的信息系统,但最终因欧洲各国的立法、文化观念、工会制度等的差异而使这项决策未能实施。

二、国际企业的文化融合

(一)不同文化的融合

文化融合是指不同形态的文化或文化特质之间相互结合、相互吸收的过程。它以文化的同化或互相感应为标志,在融合过程中,各种文化特质之间相互渗透、相互结合,融为一体。

每个民族和社会都有自己独特的文化模式,在一个社会的历史发展过程中,有些文化特质被选择、吸收,逐渐规范化、制度化、合理化;而另一些文化特质被抑制、排除和摒弃,失去了整体的意义和价值。文化的这种内聚和融合逐渐形成一种风格、一种行为模式。这种文化模式不是一成不变的,它会在对其他文化择优吸收的基础上进行重建。特定的文化模式对其他文化进行选择和融合的规律是:其一,高位势文化向低位势文化流动,低位势文化与高位势文化趋同;其二,较易选择与本文化模式相契合的文化内容。我们说文化具有融合性,是因为文化模式能够吸收别的文化的某些特质,形成文化模式间的交叉。

文化间的融合为国际企业的文化融合奠定了基础。

融合虽有很多优越性,但实施时阻力会比较大,来自不同文化群体的人及部门间可能产生较大的摩擦。在今天的国际竞争环境中,跨国企业集团一般倾向于选择融合方式,并在此基础上获得多元文化的交叉优势。

(二)国际企业的文化融合

国际企业的文化融合主要包括两个方面:一是不同文化之间的沟通,二是不同文化之间的协同。

1. 不同文化之间的沟通

沟通实质上是一种交流活动,它是双方相互理解对方意图的行为。沟通包括感知、解释和评价他人的所有行为,分为语言信息和非语言信息的沟通,包括有意识和无意识两种传递方式。沟通和交流是一个复杂、多层次、动态的过程。国际企业不同文化的沟通是通过人的社会交往活动实现的。国际企业中的各种关系,归根到底是社会交往互动关系。在交往过程中,人们通过各种方式传递企业的文化信息,交流思想观念及体验,并且这个过程是互动的,即双向传递且相互影响。因此,沟通成为人们对企业文化达成共识的途径,企业文化成为人们共同享有的精神财富。

国际企业文化的沟通媒介有正式的广播、电视、报刊和会议等,也有非正式的人们之间的接触、会见、聊天、娱乐活动等。无论何种交流和沟通方式,它的基本构成都是人的语言符号,包括口头语、书面语、体语、手势语等,人们赋予这些符号以特定的文化内涵,而这些符号则在沟通中传递企业文化的信息。企业不同文化的沟通过程就是不同文化的同化、融合过程。载有不同文化的团体及个人在沟通中理解、认同不同文化的特质,舍弃原有文化中不适合的部分,逐步将不同的文化融合成企业独特的文化特质。

由于在不同文化的组织间传递信息很困难,因此沟通在国际管理中就变得异常重要。在国际情境下,出现误解和错误的问题很复杂。因此,要实现有效的跨文化沟通应当注意以下问题:

第一,采取双向沟通方式。沟通实际上就是信息的编码、解码和理解的过程。双向沟通的特点是:沟通的双方均参与编码与解码的过程,双向沟通的结果所得到的反馈有助于双方进一步阐述各自的意图。与单向沟通相比,双向沟通有助于对来自不同文化背景的信息作出完整和正确的诠释。

第二,选择使用恰当的语言。首先,在跨国经营中,国际企业应根据战略目标和具体情况的不同选择一种更适合双方交流与沟通的语言,如英语或东道国语言,以利于直接沟通,减少误解。在跨文化管理中,管理者若能准确地使用东道国公共语言,或使用对方易于接受的语言,不仅可以避免误解,而且由于消除了疏远的感觉,有可能争取到更有利的条件。在使用当地从业人员的过程中,消除语言障碍可以调动他们的积极性,提高生产效率。在广告中,同样如此。日本丰田汽车在中国曾做过广告,"车到山前必有路,有路就有丰田车",它巧妙地借用了汉语中的俗语,增加了亲切感,令人拍案叫绝。同时,企业还应精选高素质的翻译人员,从而大大减少语言带来的隔阂。

第三,简化语言。由于语言可能成为沟通障碍,因此合作双方应通过制定一些行为规范,强调交流中应互敞心扉、坦诚表达,不互存戒心,也不回避对方的不同观点,并尽可能用最简洁明确的语言或符号表达真实的含义,以降低信息的含蓄度。同时还要考虑到信息所指向的受众,以使所用的语言适合接收者。

第四,采用多种沟通方式和渠道。具体操作时,国际企业可采用任务单、备忘录、检测表、黑板报、公司简报和广播等形式,简洁、快速、准确地传达信息,并通过"员工信箱"实现下情上达,使员工畅所欲言。另外,还应提倡具有不同文化背景的人之间的友谊与交往,经常组织不同形式、不同层次和规模的联谊活动,以促进他们相互之间的沟通与了解。

如何在欧洲进行沟通

在欧洲,许多国家都很容易到达其邻国,因此星期一在法国做生意的外派管理者,可能星期二在德国,星期三在英国,星期四在意大利,星期五在西班牙。在社交会议或商务会议上,对于如何问候他人以及自身的言行举止,每一个国家都有自己的礼节。下面分析一些外派管理者有必要知道以及实现有效沟通的礼节。

法国

和法国的商人会谈时,虽说迟到5~10分钟不是一个很大的失礼行为,但最好还是准时。法国人在初次介绍后喜欢握手,正确的称呼是在对方的姓前面加上头衔。当会谈结束后,再次握手是一种礼貌。

法国的管理者们竭力使其私人生活与工作分开。结果,大多数商务性娱乐活动都在饭店或俱乐部举行。向商务伙伴赠送的礼物应该富有智慧或者美感,而不是那些自己公司生产的在世界市场上销售的产品。在会谈中,应该避免涉及政治或金钱之类的话题。而且,在商务会议中要慎用幽默。

德国

德国的管理者喜欢别人称呼自己的头衔。永远不要直呼他们的名字,除非得到允许。商务会议应该事先就安排好,准时相当重要。和法国人一样,德国人一般也不在家里招待客户,因此被邀请到德国管理者家里去做客是一项殊荣,应该为此给他们寄一封感谢信。此外,和法国的情况一样,在商务会议中应该避免使用幽默。

英国

在英国,第一次见面时握手是很常见的行为,在介绍的时候通常称呼他人的名字。与在德国和法国的习俗不同,在社交场合或商务会议中迟到一会儿是很常见的行为。与欧洲其他一些国家相比,在英国更容易收到去管理者家中做客的邀请。通常送的礼物是鲜花或巧克力。

在商务礼仪中,西装、领带是常见的打扮,然而应该避免条纹的领带,因为这看起来像英国大学或中学校友会服饰的翻版或者英国军事或社交俱乐部服饰的翻版。此外,在社交集会中,不涉及政治、宗教和关于君主统治的闲话是明智的选择,除非英国人先提及此类话题。

意大利

在传统的公司中,对管理者的称呼是头衔加上姓。当被介绍的时候,握手很普遍,如果某个人是大学毕业生,应该使用职业头衔"dottore"。

商务约会应该事先就安排好,尽管不一定要准时。在大多数情况下,商务谈判是在办公室里进行的。当被邀请到饭店的时候,通常不是为了继续商务谈判而是为了进行社交。如果一位外派的管理者被邀请到意大利人的家里做客,一般要给主人带一件礼物,如一瓶酒或一盒巧克力。在就餐时可以交谈的话题很多,包括商务问题、家庭问题和足球。

西班牙

在西班牙,自我介绍或者交谈时,称呼名字是很常见的行为。亲密的朋友间一般以拥抱来表示问候。商务约会应该事先安排,但却不一定要准时。

如果应邀到西班牙管理者的家中做客,鲜花或巧克力是可以接受的礼物。如果邀请中包含晚餐,任何的商务谈判都应该在咖啡上桌之后才开始。在社交集会中,诸如宗教、家庭和工作的话题应该回避。此外,在正式的会议中几乎不使用幽默。

资料来源:〔美〕理查德·M.霍杰茨、弗雷德·卢森斯,《国际管理——文化、战略与行为(第5版)》,赵曙明、程德俊主译,北京:中国人民大学出版社2006年版,第274—275页。

2. 不同文化之间的协同

文化协同为解决国际企业跨国经营中的文化冲突提供了一种新的思路。它以文化差异的存在为前提,融合差异导致的行为和制度差别,把国际企业面临的多元文化变成企业经营的资源优势加以利用,使不同文化间的冲突能为企业带来效益。文化协同是指管理者根据职员或顾客个人的文化倾向制定战略、策略及组织结构并实施管理的过程。文化协同对企业管理者的要求较高,他必须充分认识到不同文化在特定场景中的不同体现,这样才能有效利用差异优势,使其为企业服务。文化协同一般分三个步骤实施:其一是形势描述。文化协同首先要区分矛盾状况的存在。管理者要从各个文化角度去描述同一个问题,从不同文化角度描述形势是文化协同的第一阶段。其二是文化解释。面对如此众多的、来自不同文化的形势描述,管理者必须能够找出每一种形势描述背后的文化假设。这要求管理者不仅能解释自己的观点和行为的文化假设,而且能解释其他人的观点和行为的文化假设。其三是文化创造。为了寻求解决问题的有效方案,必须在文化解释的基础上寻找文化之间的共同点,并创出各种文化背景下人们均能接受的各种方案,选择其中最有效率的方案实施。在这一阶段,管理者不是从"我要怎样解决问题"的角度思考问题,而是从"我能为来自另一文化中的人们作出什么贡献"的角度去行动。在这种情况下,企业的文化协同才能获得成功。

(三) 培训在企业文化融合中的作用

培训被认为是解决文化差异、融合价值观的一种基本手段。跨文化培训的主要内容有对文化的认识、文化的敏感性训练、语言学习、跨文化沟通及文化冲突处理、地区环境模拟等。这些培训可以减少国际企业中可能遇到的文化冲突,促进企业管理效率的提高,强化团队精神和企业的凝聚力,同时还能帮助企业高层管理者认清市场,根据特定的市场文化调整企业的经营策略,减少企业的失误。国际企业在进行跨文化培训时有两种方法:一是利用企业内部的培训机构及培训人员进行培训;二是利用外部的培训机构,如大学、科研机构、咨询公司等对企业内部的人员进行培训。

国际企业对于培训的选择有两点应该注意:一是被培训者在培训过程中是否有机会充分接触到其他文化并与之沟通和互动。文化对人的行为影响通常是一种隐含的假设,只有在文化冲突比较中才能理解和感受这些假设。抽象的讲解往往无法使被培训者很好地了解和理解另一种文化。二是培训人员的素质必须较高。培训人员的素质高低决定着培训的成功与否,培训人员除了掌握教育学、心理学、经济学、社会学等基本知识与技能,还必须了解被培训者及作为培训内容的文化的特点,这样才能有效地向被培训者传授不同的文化价值观。

在中国香港地区进行管理

跨文化管理一直是跨国公司的潜在难题。为了帮助外派人员适应海外的新文化,许多跨国公司都进行了专门的培训和指导。但是,这些培训很少对改变外派人员基本的文化价值观或具体的管理行为产生作用。简而言之,这种可被称为"管理思想的实践教学"的传统方法认为:有效的管理行为是世界上通用的,即一个人在美国是一个好经理,在中国香港地区或其他任何地方都会是一个好经理。但近年来,人们越来越倾向于"管理思想的跨文化教学方法":有效的管理行为是与特定的文化相关的。正如布莱克和波特在一篇文章中所指出的:在美国洛杉矶成功的管理行为在中国内地和中国香港地区也许就不适用。

布莱克和波特通过调查在中国香港地区工作的美国管理者、在美国工作的美国管理者和在中国香港地区工作的中国香港地区管理者来验证这两种教学方法的有效性。他们的调查结果揭示了一些有趣的差异:在中国香港地区工作的美国管理者的管理行为与在美国工作的美国管理者类似;但是在中国香港地区工作的中国香港地区管理者的管理行为与两类美国管理者都不同。这项研究给出了许多重要的启示:美国公司和管理思想的实践教学关于"洛杉矶的好经理一定在中国香港地区或其他地方也是好经理"的假设是不成立的。由于公司在选人时没有把个人特性考虑进去,因此它们常常会选择保持美国管理行为而不是根据当地风俗和实践进行调整倾向的人。把这些个性特点的衡量标准考虑在内,再加上出发前的跨文化培训,就可使外派人员有效地调整自己的管理行为,从而使海外工作更富有成效。

当然,该研究还表明对文化的简单化假设是错误的,而且在一个国家(地区)有用的并不一定会在另一个国家(地区)产生所期望的结果。如果跨国公司想要在全球范围内进行有效的管理,那么它们必须更多地注意对其员工进行文化差异方面的培训。

资料来源:〔美〕理查德・M. 霍杰茨、弗雷德・卢森斯,《国际管理——文化、战略与行为(第5版)》,赵曙明、程德俊主译,北京:中国人民大学出版社2006年版,第198—199页。

三、国际企业文化管理的策略

国际企业在跨国经营中面对不同的文化环境和文化需求。国际企业在文化管理中可以采取两种策略,即文化适应性策略和文化互动策略。

(1) 文化适应性策略。文化适应性策略是指国际企业通过对东道国文化环境与文化需求的了解和体会,在文化管理时充分考虑东道国的文化特点,避免与当地文化发生冲突。文化适应性策略往往是国际企业跨国文化管理的第一步。许多企业在刚刚进入东道国市场时都采用这一策略。麦当劳、肯德基进入中国,本田摩托入美国时都根据东道国的文化进行了相应的策略调整,从而获得了成功;而通用面粉公司向英国市场出售面饼产品、坎贝尔公司试图在欧洲销售美式番茄汁时因未能适应东道国的文化而遭受失败。在采用文化适应性策略时,必须了解东道国的文化特点及其与母国的文化差异,这样才能制订有效的方案。

(2) 文化互动策略。文化互动策略要求国际企业进行文化管理时不是被动地适应当地的文化特色,而是积极主动地采取各种手段,在吸收东道国文化的同时,向东道国传递本企业的文化理念。文化互动之所以能存在,是因为在各个国家中,人们的文化观念,特别是年轻人的文化观念,处在动态的变化中,企业可以通过各种传媒及自身的活动,向东道国传递企业的文化信息。例如,宝洁公司在进入中国市场时,针对中国人没有强烈的洗发概念及模式的特点,采取文化互动策略,向中国市场大力宣传"使头发更柔顺""去头屑"和"营养头发"的洗发新概念,从而获得巨大成功。

本章小结

文化可以被定义为"由人类创造的,经过历史检验沉淀下来的物质和精神财富"。

文化由表层、中层和核心层所构成。表层文化通过外在物品表现,是文化的物质形态;中层文化是社会价值观,即人们共同的对周围客观事物(包括人、事、物)的意义、重要性的总的评价和基本看法;核心文化是一个社会共同的关于人为什么存在的假设。这三层文化之间有着不可分割的联系:核心层文化驱动、影响中层文化,中层文化又驱动、影响表层文化。

心理学家克特·列文认为人的行为是个人与环境综合作用所产生的结果。

对于国际商务活动来讲,用国家的疆界来大致确定人际环境和文化环境边界是可行的。从总体上说,对人的行为产生重大影响的人际环境和文化环境的要素可分为有形特性(Physical Attributes)和行为特性(Behavioral Attributes)两大类,其中行为特性又可进一步分为群体、对工作重要性的认识、职业的重要、自我把握命运的态度、沟通、道德与礼仪六个方面。

企业文化是指在一定的历史条件下,企业及其员工在生产经营变革的实践中,逐渐形成的共同思想、作风、价值观念和行为准则,是一种具有企业个性的行为方式。企业文化在企业管理方面可以发挥自控功能、协调功能、激励功能、凝聚功能和辐射功能。

国际企业文化是指受民族文化、社区文化等文化系统及政治、经济、法律、教育、自然地理等诸多因素影响,在国际企业经营过程中呈现出的员工群体的心理水平状态与管理行为习惯的总和。

国际企业文化的内涵包括三方面的内容:一是国际企业文化是国际企业行为的逻辑起点;二是国际企业文化是国际企业全部行为的综合反映,并具有自我扩展和自我深化的系统特征;三是国际企业文化是深层内化形态与表象外化形态的高度统一。

国际企业文化具有民族性、传统性、渗透性、地域性、变革性、潜意识性和落差性七个基本特征。

霍夫施泰德认为对管理活动和管理模式有影响的文化价值观主要有五个方面:①个人主义与集体主义;②权力距离;③不确定性规避;④价值观念的男性度与女性度;⑤长期取向与短期取向。

文化差异主要指不同国家或地区在语言、宗教、价值观念、教育以及社会风俗习惯等方面的差异。本章从务虚与务实、集体主义与个人主义、长期导向与短期导向、保守与创新四个方面对东西方文化进行了比较分析。

文化因素属于非控制因素,企业只能去适应它。成功的国际经营,必须适应当地文化。文化差异和文化变革都能为国际企业带来商机。文化会影响国际企业的经营,反过来,国际企业也能对当地文化变革产生巨大影响。国际企业管理中的文化冲突主要体现在两个方面:一是国际企业外部的文化冲突,二是国际企业内部的文化冲突。文化差异给国际企业内部管理带来的冲突主要表现为:一是使国际企业内部管理的过程更加复杂,二是使国际企业的决策活动更加困难,三是使国际企业的决策实施难度更大。

文化融合是指不同形态的文化或文化特质之间相互结合、相互吸收的过程。文化融合为国际企业的文化融合奠定了基础。国际企业的文化融合主要包括两个方面:一是不同文化之间的沟通,二是不同文化之间的协同。

培训被认为是解决文化差异、融合价值观的一种基本手段。跨文化培训的主要内容有对文化的认识、文化的敏感性训练、语言学习、跨文化沟通及文化冲突处理、地区环境模拟等。国际企业在进行跨文化培训时有两种方法:一是利用企业内部的培训机构及培训人员进行培训,二是利用外部的培训机构如大学、科研机构、咨询公司等对企业内部人员进行培训。

国际企业在文化管理中可采取两种策略,即文化适应性策略和文化互动策略。

❓ 复习思考题

1. 如何理解文化的含义?文化对国际管理有什么影响?
2. 影响人际环境与文化环境的因素有哪些?
3. 试述国际企业文化的内涵。
4. 试述国际企业文化的基本特征。
5. 什么是文化差异?试比较东西方文化差异。
6. 试用霍夫施泰德的文化价值观模型,比较美日文化的特点及其差异。
7. 为什么国际企业经营要适应当地文化?
8. 国际文化冲突主要表现在哪些方面?
9. 什么是文化融合?国际企业的文化融合包括哪两个方面?
10. 跨文化培训的主要内容、方法有哪些?
11. 国际企业文化管理的策略有哪些?

案例分析

中西能否合璧——西安杨森的跨文化管理

西安杨森制药有限公司(以下简称西安杨森)是由比利时杨森制药有限公司和几家中资医药公司合资,于 1985 年 10 月 22 日成立的。总投资 2.9 亿元,合资期限 50 年。西安杨森的生产基地位于古城西安。合资公司 1989 年试车投产,同年就把产品推向市场。公司的管理系统是按照美国强生公司的模式设计的,实行董事会领导下的总裁负责制,董事会成员由中、比合资各方按出资比例委派。每年召开两次董事会和合营方会议,讨论并作出公司的长远发展规划、重大的经营和人事决策。公司的高级管理人员以外籍人士为主,但两任董事长均由中方担任,至今仍然如此。可以说,从成立的第一天起,这家合资企业就不断地经历着不同文化价值观的碰撞。

西安杨森的文化与价值观冲突

合资企业由于各方的文化差异而导致企业内部斗争激烈的例子并不鲜见。许多来到中国的跨国公司也常常慨叹:"中国的事情难办,合资企业难搞。"而西安杨森的合资双方能够在文化冲突发生时,理智地面对和处理冲突,引导员工,促成相互理解,逐步达成共识。经过几任领导班子十多年的努力,西安杨森在自身企业文化形成的过程中,既融合了外来文化的优秀元素,又根据中国国情保留了很多满足本土人员需求、适应本土特点的文化特征,逐步形成了中西合璧的企业文化。价值观冲突在合资伊始西安工厂基建时期就显现出来。西安杨森建厂时,正值当地麦收时节,大量农村务工人员回家收麦子去了。看到施工进度紧张,人手又缺,中方副总裁沈如林就带领技术人员和干部在周末搞义务劳动。比利时管理人员得知后却火冒三丈:"这些都是技术和管理人员,万一发生意外怎么办?你们怎么能作出这样的决策?"当场就责备起中方的管理人员来。对于外方人员的举止,中方人员都感到很气愤:"大家是满腔热情地帮助工厂克服困难,外方人员怎么就不懂得尊重大家对工厂的感情呢?"最高管理层得知情况后,马上对双方进行疏导。一方面,向中方人员解释比利时杨森对工作人员人身安全的要求非常严格;另一方面,帮助外方人员理解中国管理人员和员工对工厂的感情。通过及时和顺利沟通,大家达成一致看法:虽然组织干部和技术人员义务劳动可以解决一部分工程的进度问题,但员工的安全是最重要的,企业必须对员工负责;可以通过其他途径,例如积极请求政府协调,来解决基础建设的人手问题。

当然,西安杨森不仅面临价值观的冲突,还存在与本土"关系文化"的冲突,这里我们举一个"世上没有免费的午餐"的案例。中国人习惯庆祝成功时大摆酒宴,而美国总裁罗瑞健则暗暗嘀咕:在中国难道有这么多"免费的午餐"吗?赢利后应该且必须举办如此隆重的答谢晚宴吗?"酒文化"在中国是不可改变的吗?为了强化"世上没有免费的午餐"的观念,罗瑞健将这句格言挂在公司餐厅的墙壁上,印在工作笔记本的扉页上,并在若干次大小会议上强调:"我们的工资是谁发的?我们的水费、电费是谁付的?我们的工作条件和环境是谁提供的?是顾客!是顾客掏钱买我们的产品,我们才得以生存。因此,顾客才是上帝。'世上没有免费的午餐',如果我们不能提供优质的产品和良好的服务,不能控制成本给客户提供合理的价格,客户就会离我们而去,公司就将面临倒闭,我们就将失业。因此,市场导向、顾客至上是我们每位员工的责任和义务。"渐渐地,大家逐渐意识到每一分钱的花费都会计入成本,增加消费者的负担,从而影响产品价格,影响销售,影响公司的经营甚至前途。慢慢地,"世上没有免费的午餐"的观念被大多数员工接受,并在其思想上逐步达成共识。

"重走长征路"

公司两任总裁庄祥兴和罗瑞健都特别崇拜毛泽东,常常学习和研究毛泽东的领导力。1996年,公司决定组织"重走长征路"活动。这在公司上下引起了争议——中外合资企业搞长征从来没听说过。1996年11月22日,90多名西安杨森高级管理人员和销售骨干与来自中央及地方的新闻记者以及中国扶贫基金会的代表一起重走长征路。据曾参加这一活动的人回忆:"每个人都背着包,包里是药,再沉也是社会责任。当时的总裁将长征分成十段,每一段给一个小牌子,最后合成公司的Logo,让人感到30.8公里的路程并非遥不可及。参加这个活动让人觉得非常感动,觉得自己尽了公民的责任,为国家和人民做了事情。"

文化差异带来冲突,同时也带来文化融合的契机。西安杨森的跨文化管理就是在中外文化的不断冲突中实现融合,在企业价值观、经营理念以及做人和做事的方式上逐步达成共识。如今,西安杨森的领导与员工只有公司观念而没有中外方之分,他们称自己的管理为中外融合创新式管理。

资料来源:http://ishare.iask.sina.com.cn/f/buoYiCKLrfZ.html,访问时间:2019-03-28。

讨论问题

1. 西安杨森的跨文化管理是在中外文化的不断冲突中实现融合,分析不同文化冲突与融合的过程。

2. 分析西安杨森跨文化管理的成功之处。

21世纪经济与管理规划教材

工商管理系列

第七章

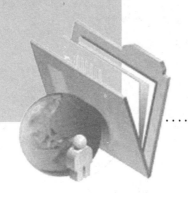

国际企业的人力资源管理

主要内容

- 国际人力资源管理概述
- 国际企业的人员配备
- 国际企业人员的培训与开发
- 国际企业人员的绩效考核与薪酬
- 外派人员的归国管理
- 国际劳资关系管理

核心概念

- 国际人力资源管理
- 文化差异
- 管理人员母国化
- 管理人员当地化
- 管理人员国际化
- 劳资关系

学习要求

- 掌握国际企业三种基本的人事管理策略的优缺点
- 理解国际人力资源管理的含义及其复杂性
- 理解美国、日本和中国的人力资源管理的区别
- 理解国际企业管理人员的来源、资格与使命
- 理解国际企业外派人员上岗培训的主要内容
- 理解国际企业人员的考评方法、奖惩原则及工资福利政策
- 了解国际企业人员的来源、标准
- 了解国际企业人员培训的目的、基本方式、对象及内容

- 了解国际企业内外部招聘途径的优缺点
- 了解国际企业人员招聘的意义、程序
- 了解影响劳资关系的主要因素

引导案例 快车道上的全球管理者

在一些美国公司,特别是那些全球战略水平很低的公司中,中层管理者都逃避国际派遣,因为担心这种派遣会对自己的职业生涯有负面影响。这种担心在于:如果接受了外派任务,个人将不在国内重要项目及提升机会考虑之列。一项研究发现,只有28%的美国公司重视全球化,这个数据使美国在16个被调查的国家中排名倒数第三。

然而,这种对国际派遣的消极态度正在迅速转变。随着美国公司在国外寻求新的消费者和市场,它们对那些具有国际派遣所需技能的管理者的需求也在增加。在戴尔计算机、通用汽车、福特和格伯食品这样的公司中,海外雇员的数量正以每年10%～20%的速度增长。对于这样的公司而言,国际经验是管理经验的一个重要部分。因此,许多公司为了使其管理者更加全球化而为他们提供培训,就没有什么令人惊奇的了。

随着美国公司全球野心的膨胀,管理者也变得越来越具有全球抱负。现在,许多快车道上的管理者感到,他们必须寻求一些全球任职机会,这已经成为其职业生涯中的必要步骤。在许多公司,比如电报电话公司、花旗银行、德勤会计师事务所、福特公司、通用电气公司、通用汽车公司、吉利公司、宝洁公司、德士古公司和3M公司,高层管理者正在被新生的一代管理者取代。这些新的高层管理者都有若干年的全球工作经验,有些甚至不是美国公民。例如,在3M公司,100名高层行政人员中有75%曾在海外工作;福特公司高层管理部门中,一半以上的人曾在海外工作。可能对这样一个60%的劳动力在国外工作的公司而言,这也算不上什么令人惊讶的事情。这些新生代的高层管理者正在改变美国公司的文化,他们主张并坚持管理者应具备国际工作经历。正如一位国际管理专家所评论的,当一个国际机遇出现时,"要么你利用了这次机遇,要么在你今后的职业生涯中你会为失去这次机遇而付出代价"。

资料来源:〔美〕John B. Cullen、K. Praveen Parboteeah,《国际企业管理:战略要径》,孔雁译,北京:清华大学出版社2007年版,第407—408页。

从引导案例可以看出,更多的国际企业正在全球寻找具有国际经验的管理人才,以管理其全球业务。随着世界经济的全球化,更具全球性的跨国战略正日益受到欢迎,而成功实施跨国战略的一个关键因素是运用适当的人力资源管理政策,因此,在国际企业管理中,人力资源管理是一个极其重要的方面。合格的、有知识的人员是一个组织中最基本的资源。企业所拥有的设备、技术、资金和信息，归根到底要由人来发挥其作用。企业的竞争实际上是人才的竞争。安排合适的人选在适当的工作岗位上，并最大限度地发挥他们的积极性，是国际企业取得成功的关键所在。人力资源管理对国际企业而言尤为重要。国际企业的人力资源管理与一般企业相比，在管理上涉及的面更广。

第一节　国际人力资源管理概述

一、国际人力资源管理的内涵

本章的目的在于揭示国际化进程对人力资源活动及政策可能产生的影响，尤其关注国际企业如何实施人力资源管理。

一般来说，人力资源管理是指组织为有效地利用其人力资源所进行的各项活动，这些活动至少包括以下方面：人力资源规划、员工招募、绩效管理、培训与开发、薪酬计划与福利、劳资关系等。那么，在人力资源管理国际化时，上述活动会发生什么样的变化呢？

区分国内人力资源管理与国际人力资源管理的关键变量在于后者因在若干不同国家经营并招募不同国籍员工所涉及的复杂性，而不是两者在人力资源活动实施方面的显著差异。也就是说，国际人力资源管理（International Human Resource Management，IHRM）是对海外工作人员进行招聘选拔、培训开发、业绩评估和酬劳激励的过程。

人力资源管理在一个纯粹的国内企业里已经是很复杂的工作，在国际企业里因人员配置、管理发展、业绩评定和报酬方案等要受到各国劳务市场、文化环境、法律体系和经济体系等诸多方面迥然不同的影响而变得更加难以掌握。

二、国际人力资源管理的复杂性

与国内人力资源管理不同，国际人力资源管理的复杂性主要可以归结为以下六个方面：

1. 考虑更多的人力资源因素

在国际环境中经营，人力资源部门必须考虑许多在国内环境中不必要的因素，例如国际税收政策、国际重新安排和适应新环境的培训、行政性服务、与所在国政府的关系、语言翻译服务等。

2. 需要一种更宽广的视野

在国内环境中工作的人力资源经理通常是对单一国籍的员工群体进行计划性的管理，员工接受统一的待遇政策，只向一国政府纳税。当不同国籍的员工在一起工作时，复杂的公平问题就出现了。因此，身处国际环境中的人力资源经理在对待问题时需要一种更宽广的视野，为来自若干国家的不同员工群体制订计划并对其进行管理。

3. 对员工个人生活的更多关心

人力资源部门需要关心驻外人员的住房安排、医疗和保险等有关待遇的各个方面，同时还要负责他们的配偶安置、子女入学等问题。许多国际企业专门建立了国际人力资源服务部门，负责协调上述各项事宜。

4. 人力资源工作重点的适时转变

国际人力资源工作的重点常常随着海外经营的日益成熟和驻外人员的当地融合而发生阶段性转变。例如，随着对母国员工和他国员工需求的下降，以及训练有素的当地员工队伍的不断壮大，原先投入在驻外人员挑选、国际重新安排和适应新国度培训的力量，就要转到对当地员工的甄选、培训和管理上来。

5. 驻外风险

在国际竞争市场上失利所造成的财务和人力方面的后果，远比在国内经营要严重得多。驻外失败（跨国任职的驻外人员未能完成使命就回国）对于国际企业是一个潜在的高成本问题，战争风险和恐怖主义是与国际人力资源管理所冒风险相关的另一方面。

6. 更多的外部影响

东道国的经济状况、政府政策及企业通常的运作方式等，都会对国际人力资源管理产生重大影响。比如，大多数发达国家要求企业遵守工会、税收、健康和安全等指导方针，某些国家要求当地国际企业为本国公民提供更多的工作机会等。

三、美国、欧洲、日本和中国人力资源管理模式的比较

（一）美国人力资源管理模式

美国人力资源管理模式是产生最早、发展最完善的，它对其他几种模式都产生了很大的影响。本书所谈到的美国人力资源管理模式是在19世纪末20世纪初形成的，至今仍是美国企业显著的特征，它是资本主义大规模生产的典范。其主要特点是：

1. 人力资源的市场化配置

人力资源的市场化配置是美国人力资源管理的最显著特点。美国的劳动力市场非常发达，对配置劳动力资源起着极为关键的中介作用。对大多数美国企业而言，这主要表现为以下两个方面：

（1）美国企业的人力资源管理对市场的依赖性很强。在美国，雇主与雇员之间是直截了当的市场买卖关系。劳动者付出劳动，雇主支付合理的报酬，员工对企业没有忠诚度可言，因此，在这样一种以短期的市场买卖关系为核心的就业关系下，企业员工的流动性很大，员工队伍的稳定性就相对较差。

（2）人力资源工资价格水平的市场化决定。在美国，各类用人机构特别是企业通常以市场化机制决定各级、各类员工的工资价格水平。首先，根据劳动力再生产费用和劳动力市场的供求关系及供求平衡拟定各级、各类人员的岗位工资价格，这是决定其工资水平的基本依据。然后，企业本着吸引人才、保持外部竞争和内部平衡等的原则，参照劳动力市场上相关岗位的最新工资价格水平，自主决定本企业各级、各类岗位的工资价格。最后，劳资双方经过工资谈判，以合同方式确定双方共同接受的工资价格水平。

2. 人力资源的全球化引进

美国能在最近半个多世纪以来发展成为经济实力和科学技术方面的世界一流强国，重要原因之一就是以全球化的方式引进世界其他国家的优秀人力资源，而移民在保证美国劳动力的适度增长特别是优秀人才的积聚方面起着十分重要的作用。

3. 人力资源管理上的高度专业化和制度化

美国企业管理的基础是契约、理性，重视刚性制度安排，组织结构上具有明确的指挥链和等级层次，分工明确，责任清晰，讲求用规范加以控制，对常规问题处理的程序和政策都有明文规定。这种手段的好处在于，工作内容简化，易胜任，即使出现人员的"空穴"，也能很快填充，而且简化的工作内容也易于形成明确的规章制度，摆脱经验管理的限制；缺点是员工自我协调和应变能力下降，不利于通才的培养形成。

4. 人才提拔上的"快车道"

美国企业重能力，不重资历，对外具有亲和性和非歧视性。员工如有能力，有良好的工作绩效，就可能很快得到提拔和重用，公平竞争，不论资排辈。这种用人原则的好处在于，拓宽了人才选择面，增加了对外部人员的吸引力，强化了内部竞争机制，创造了凭能力脱颖而出的机会；缺点是减少了内部员工晋升的期望，削弱了工作积极性，由于忽视员工的服务年限和资历，导致员工对企业的归属感不强。

5. 对抗性的劳资关系

美国企业中劳资双方之间的对抗性关系表现在两个方面：一方面，管理者认为管理是自己的事，工人的劳动贡献已通过工资形式加以补偿了，工人不应该再有别的要求，不应该参与管理。企业管理者利用自己信息上的优势，总是想尽办法压低员工的工资。另一方面，工人觉得自己不参与管理，自己的劳动成果大部分都被企业剥削了，对自己的命运无法控制。因此，工人对企业完全没有信任，对管理者怀有敌对的情绪，认为只有通过工会组织进行斗争才能保障自己的权益。

6. 人力资源管理战略成为企业战略的重要组成部分

美国企业的人力资源管理战略建立在企业公司层战略和事业层战略发展相一致的基础上，通过人力资源管理提高企业的绩效，实现企业的战略目标，发挥着人力资源的战略作用。美国企业的人力资源管理正在从一种单纯的管理职能转变成企业经营的战略伙伴，人力资源管理的实践活动已成为企业赢得竞争优势并达到企业总体经营目标的有效途径。

7. 人力资源管理从业人员的规范化

美国对人力资源管理从业人员的要求很高，也很规范。人力资源实际工作者正在变成战略经营伙伴，是一个组织的管理高层最有效、最实用的头号资源——雇员的顾问，这就要求人力资源管理从业人员必须在教育素养和个人特质方面具备较高的素质。美国人力资源管理从业人员必须达到以下三个标准：第一，人力资源管理实践必须能够为大多数人带来最大的利益；第二，雇佣实践必须尊重隐私、正当程序、个人意愿、言论自由等基本的人权；第三，必须公平地对待员工和顾客。

（二）欧洲人力资源管理模式

人力资源管理起源于美国，其许多理论和实践都是以美国的特殊背景为研究及发展基础的。这些理论和实践在移植到不同背景的其他国家和地区时，都因应当地环境进行了调整，于是就出现了各具特色的人力资源管理模式，如日本的人力资源管理、中国的人力资源管理和欧洲的人力资源管理。相比较而言，欧洲的人力资源管理又是其中最复杂的一种。一方面，有学者认为，世界上没有哪一个地区能像欧洲这样在这么小的范围内集中那么多的历史类别、文化和语言，每一个欧洲国家都有自己的法律，自己的工会、教育，自己的人力资源管理方式、培训体系以及管理文化;另一方面,相对于世界上的其他地区而言,欧洲各国又存在许多共同的特点,特别是欧洲共同体的建立和欧元在欧元区欧盟国家的统一使用更增强了这种共性。欧洲人力资源管理模式的主要特征体现在:

1. 在选人制度上主要采用内部招聘方式

有研究表明,欧洲只有 20% 的国家从外部招聘高级管理人员。在丹麦和德国,有半数以上的企业将员工招收为办事员(部分作为学徒工),然后从中为大多数职位谋求合适的人员。① 外部招聘被作为一种辅助方式,其来源主要是劳动力市场。在对员工的挑选上,除了参考申请表和推荐信,欧洲企业越来越重视心理测试和面谈。

2. 在育人制度上主要是为员工提供各种培训,强化优质劳动力的培训

从全球来看,在对员工培训的重视程度和投入力度上,德国企业可谓首屈一指,其职业培训和培训体系相对比较完善,尤其是其施行的学徒制培训。欧洲各国一般都在考虑自身特点的基础上参照德国的做法。有优良培训传统的国家并不需要强制性规定就可保证企业充分参与培训活动,如德国。但也有些国家往往需要通过法律规定才能使企业拨出保证最低限度培训计划的经费,如法国。有些欧洲国家的政府也会通过补贴和资助的方式鼓励企业组织员工培训。

3. 在用人制度上强调劳资双方双向选择、自由雇佣

欧洲人力资源管理与美国一样也强调职位分析基础上的绩效考核与升降奖惩制度,一般情况下主张长期雇佣,不如美国的流动性强。

4. 在留人方面主要采用薪酬留人和文化留人相结合的方式

薪酬留人主要体现在,在欧洲,除少数国家以外,企业一般以全国和行业范围的谈判为其制订工资方案的主要方法。在可变工资的实践上,与绩效相关的工资形式采用得最为广泛,除德国外,绝大部分欧洲国家的企业已将这种形式的工资用于经理和专业技术人员。

文化留人最直接的表现是沟通授权和员工参与共同决策。欧洲各国的企业都强调上下级之间的沟通和授权,但是在基层人力资源管理层面的沟通授权程度却不尽相同。目前这种授权范围数丹麦最大,几乎涉及所有的人力资源管理职能。在员工参与共同决策方面,德国最为典型。这是因为德国工人运动历史悠久,因而企业十分重视员工的贡献、权利和福利,充分尊重员工的愿望和成就感,通过法律形式将员工参与共同决策固定下来,成为一种制度。德国企业的员工是通过企业委员会、监事会两种形式参与共同决策的。

5. 在裁人方面强调政府协调作用,禁止突然解雇

在欧洲,劳资双方虽然实行双向选择和自由雇佣,但是强调政府参与劳资关系协调,建立劳动关系协调机制,禁止突然解雇。

(三) 日本人力资源管理模式

日本人力资源管理模式是在第二次世界大战以后日本经济复苏和高速发展的时期形成的。它的基本特点是以人为本,重视通过教育培养人才和加强员工系统的在职培训,并

---

① 朱勇国,《国际人力资源管理》,北京:中国人事出版社 2006 年版,第 61—80 页。

注重挖掘员工的工作潜力、进取精神、与人合作的能力以及小组集体智慧。但是,企业在人力资源管理中不注重市场调节,规范化和制度化的程度比较低。尽管如此,日本企业独到的人力资源管理制度还是为日本的经济腾飞作出了突出的贡献。日本人力资源管理模式的主要特征体现在:

1. 人力资源配置上主要依靠内部培训

日本企业在用人上相对封闭,内部培训是满足企业对人力资源需求的主要方式。他们认为:高素质的员工只要经过培训就能胜任所有工作。这种方式的好处在于,就业稳定性增强,有利于特殊人力资本的形成和积累;缺点是增加了培训费用,阻滞了员工流动,难以实现社会范围内人力资源的最佳配置。

2. 人力资源管理上具有情感式色彩

日本企业管理的基础是关系,重视富有弹性的制度安排;组织结构上具有含蓄的职务主义,侧重于靠人对企业进行控制。一方面有严明的纪律和严格的要求,另一方面又有一种无形的约束和含蓄的控制。企业更侧重于通过树立信仰、灌输价值观念,潜移默化地影响员工的行为。企业内良好、稳定的人际关系以及情感上的互动是管理的主要手段。日本企业允许而且鼓励员工在精通本职专业技术的同时学习其他专业知识,实行工作轮换制。其好处是极大地调动和发挥了员工的潜在积极性与创造性,满足个人的爱好和兴趣,有利于专业的深化、个人的全面发展和技术上的创新及开发;缺点是内部容易形成家庭主义纠纷、姑息迁就、公私混同等弊端。

3. 人力资源使用上采用有限入口和内部提拔

日本企业具有保守性和排他性,有新的工作需要时,一是从学校吸收,二是尽可能通过内部调节来满足。因而日本企业人才使用的入口狭窄,进入企业必须从基层干起,通过按部就班的培养过程,逐步了解企业、完善自身,求得提拔和重用。对人的评价与提拔采用比较慎重的态度和渐进式方法,不以一时一事取人,侧重于全面、历史地考察。其好处是能够比较客观深入地对人作出评价,鼓励人们踏实工作,树立长远的工作观念,避免短期行为,保证人才选拔的正确性;缺点是缩小了人才选择面,不利于吸引外部人才,不利于企业人才结构的优化。

4. 人力资源激励上以精神激励为主

更多地使用内部激励,发挥内在报酬的作用。采取终身雇佣制,不轻易解雇员工。领导与员工之间以及员工之间,除了在工作上互相配合、通力协作,还注重不断增强相互间的亲密感和信任感,努力营造一个友好、和谐和愉快的氛围,使员工有充分的安定感、满足感、归属感,在工作中体味人生的乐趣和意义。企业吸收员工参加管理,形成合作性的劳资关系。物质激励也是弹性工资,工人收入的 25% 左右是根据企业经营状况得到的红利。其好处是,精神激励调动了普通员工的积极性和献身精神,工资成本的灵活性使日本企业无须大批解雇员工也能比较容易地渡过经济不景气的难关;缺点是淘汰率低,容易影响员工的进取心,集体决策影响决策的果断性和时效性。

(四) 中国人力资源管理模式

中国现有人口的素质特别是劳动者的素质,同经济发展的要求存在尖锐的矛盾。根据《中国劳动统计年鉴2018》,2017 年国内具有大专及以上学历人员占总就业人员的比例仅为18.2%。在当前状况下,人力资源的合理开发与有效管理已成为经济发展的决定因素。中国人力资源的特点是,数量众多、素质不高,这就影响了劳动生产率的提高,所以强化人力资源管理是中国企业在21世纪获得发展的关键。中国企业的人力资源管理模式主要有以下几种:

1. 自我中心式,非理性化家族管理

此模式建立在将员工视为企业附属物这种认识的基础上,权力掌握在核心人物手中,企业的一切决策都是企业核心人物人格、思想的外化;员工是企业赚取利润的机器,对企业的决策要无条件地执行;企业的人力资源制度可能是健全的,但一切可能都是机械的、无效的;将人看成机器人,只要求奉献,不给人以激励;只想控制人,不想尊重人。

2. 以人为中心,理性化团队管理

此模式建立在将员工视为活动主体、企业主人这种人性基础上,权力定位于企业的所有员工,企业的一切决策都是根据员工的思想、行为表现作出的;所有员工都可以参与决策,充分体现民主,决策是在科学程序指导下理性研究的结果;员工是有思想、有主观能动性的社会人;企业的人力资源管理制度是根据员工的心理、行为表现制定的,并不断修正,其目的是最大限度地开发员工的潜力,发挥所有员工的积极性和创造性;将人看成最重要的"资源人",只有给予良好的激励,才能进行充分的开发;"着眼于人"是企业一切工作的出发点,工作绩效是衡量员工的主要标准。

这两种管理模式所导致的结果大不相同,前者的人力资源管理会步入混乱、无序的轨道,员工私欲膨胀、各自为政、放弃责任、混时度日,这定会使企业走向衰败;后者的人力资源管理会迈上科学、有序的轨道,员工团结合作、积极主动、行为规范、不断创新,企业的发展前景将是美好的。

中国许多知名大企业都采用第二种管理模式,取得了很大成功;相反,也有一些企业不重视人力资源管理的重要性,导致企业的衰败。

人力资源管理模式面临的挑战

世界经济一体化的步伐明显加快,知识创造、转移与运用的速度不断加快,其影响更具渗透力,各国知识员工的数量和比重均在发生变化,人力资源在全球范围内的流动和幅度也以惊人的频率在全球劳动力市场上进行组合与配置,环境越来越具有动态性,员工自身职业发展以及工作、生活质量均对管理者提出了更高的要求,企业内外部环境的迅速变化对各国人力资源管理模式的设计与运用提出了严峻的考验。目前人力资源管理普遍面临的挑战如下:

(1) 管理重心转向知识管理。人是知识的载体,因此人力资源管理的核心与重点就是知识管理。管理对象出现了一种由知识员工、知识密集型工作设计、知识工作系统构成的三维关系,新的人力资源管理对象需要新的管理法则。

(2) 知识员工拥有知识资本,在组织中具有更强的独立性和自主性,他们由追求终身就业和雇佣安全逐渐转向追求提升就业能力,这必将导致人力资源频繁且大跨度地流动,企业的人力投资具有高风险性。

(3) 知识员工的工作过程难以把握,工作成果难以衡量,使得企业价值评价体系复杂而不确定。

(4) 人力资源管理职能出现多维化。21世纪的人力资源管理是企业战略管理中的重要组成部分,人力资源管理模式必须考虑员工的影响,考虑包括股东、员工、企业、政府等多方面利益相关者的利益平衡,通过设计与动态实施匹配的人力资源管理模式来赢得员工忠诚,提高企业的成本效益比,使员工能力得到可持续、良性的发展。

(5) 人才引进战略激进变革。现在,各国都意识到在不断加强本国独立培养人才的基础上,还需实施更有吸引力的人力资源管理模式与政策,大力引进他国精英。德国一贯严格限制外籍人员移民到本国,但于20世纪90年代末逐渐修改移民政策,大力引进信息技术等高科技人才;日本甚至还出台"借脑"政策,旨在吸引具有不同思维方式的他国人才为其经济效力。

资料来源:赵曙明、武博,《美、日、德、韩人力资源管理发展与模式比较研究》,《外国经济与管理》,2002,24(11)。

第二节 国际企业的人员配备

一、国际企业人员的来源

发达工业国家国际企业配备人员的经验表明,它们是从以下三方面来挑选配备国际企业人员的:①挑选那些经过本国母公司教育和培训,并且取得经验的本国公民;②挑选那些经过东道国分公司教育和培训,并取得经验的东道国人才;③从第三国中选拔跨国人才。国际企业的上层主管一般由母公司派出,中下层管理者从东道国或第三国中选拔,其他所有人员则从东道国配备。

1. 从母公司派出驻外人员

由母公司派出驻外管理人员到子公司工作,这对企业在国外开设分公司之初非常重要,也是最理想的,因为这些驻外管理人员对母公司的意图和兴趣都很了解,而从东道国或第三国中选拔就很难做到这一点。但如果所有驻外管理人员都从母公司派出也有困难:第一,不可能有那么多人才,尤其是如果母公司在国外发展了许多子公司或分公司,就更满足不了这一要求;第二,开销非常大,而且他们往往会盲目地将本国的管理方法搬到子公司去实践;第三,世界上有些国家有法律方面的规定,要求必须招聘东道国人员。

2. 从东道国招聘人员

从东道国招聘人员有许多好处,比如能克服语言上的障碍,减少培训费用,解决经理人员及其家庭其他成员适应文化差异的问题,还能使国际企业充分利用当地工资水平较低的条件,花较少的钱招聘高质量的工作人员。同时,因为帮助东道国解决了就业问题,所以与东道国建立了良好的政治、外交关系。通过母公司与当地员工的交往,相互了解不同文化背景,能提高员工的士气。此外,还可以促进当地的购买力,从而加大企业产品的需求量。但是招聘东道国的人难免存在一些不足之处,比如当地经理人员往往很难在母公司和子公司之间起到桥梁作用,他们早已习惯于本国的工作方式,有时难以达到总公司的要求。

3. 从第三国选择人员

使用第三国人员的好处是,他们精通外语,了解其他国家的文化,因此他们从一个国家到另一个国家工作不会受多大影响。从第三国或其他国家招聘经理或其他工作人员,这是符合国际企业的经营原则的。但是,这需要花费大笔金钱和大量时间。

二、国际企业人员的选聘标准

(一)对母国外派人员或第三国人员的选聘标准

当今的国际企业在选聘海外高层经理时,越来越重视海外工作经验和跨国经营管理的才能。现在许多国际企业往往把有前途的年轻经理人员派遣到国外工作,使他们及时获得跨文化的管理经验,以便使他们在年富力强时能担任需要这种经验的高级管理职务。

具体来说,在母国或第三国选聘人员时,影响国际企业外派成功与否的关键因素有以下几项:

(1)专业技术技能。它包括技术技能、行政技能和领导技能。

(2)交际能力。它包括文化容忍力和接受力、沟通能力、对模棱两可的容忍度、适应新行为和态度的灵活性、对紧张的适应能力等。

(3)国际动力。它包括外派职位与原职位的对比程度、对派遣区位的兴趣、对国际任务的责任感、与职业发展阶段的吻合程度等。

(4)家庭状况。它包括配偶愿意到国外生活的程度、配偶的交际能力、配偶的职业目标、子女的教育要求等。

(5)语言技能。它包括口头和非口头的语言交流技能。

对所有的外派任职而言,使外派成功的因素并非同等重要,每个成功因素的重要性取决于四个方面的任职条件。这些条件是任职时间的长短、文化差异性的大小、与当地居民交往需求的大小、工作复杂度和工作责任的大小。例如,相对于美国与中国或法国与沙特阿拉伯之间的文化相似性,日本与韩国之间的文化相似性更高。因此,在选派前往中东或亚洲的法国或美国外派人员时,更需要强调家庭状况、交际能力和语言技能。表7-1总结了选派不同任职条件的外派人员时,需考虑问题的优先程度。

表7-1 不同任职条件下决定外派成功与否的因素的优先程度

外派成功因素	任职时间长	文化差异大	与当地居民交往的需求大	工作复杂、责任大
专业技术能力	强	不确定	中等	强
交际能力	中等	强	强	中等
国际动力	强	强	强	强
家庭状况	好	好	不确定	中等
语言技能	中等	强	强	不确定

资料来源:John B. Cullen, *Multinational Management: A Strategic Approach*, International Thomson Publishing 1999, p. 426。

（二）对东道国人员的选聘标准

国际企业若在当地选聘员工，除了要注重他们的能力、经验，还特别要注意各个国家的不同文化背景因素。比如，美国很注重员工的技术能力，而在印度、韩国、拉丁美洲等国家和地区则常常出现重裙带关系轻技术的现象。

国际企业的员工需要适应不同文化环境下的合作伙伴，需要具备较好的心理素质和自我调节能力。具备较好的心理素质的员工可以给国际企业带来的好处是：提高工作效率、节省培训开支、改善组织氛围、鼓舞员工士气、提升组织的公众形象、提高留职率、改进生产管理、减少错误解聘、削减赔偿费用、降低缺勤（病假）率、减轻管理人员的负担，等等。

三、国际企业人员配备的四种方法

一个企业从创立、发展壮大直至走出国门发展成为一个跨国企业，是在一个复杂的国际环境下逐步完成的。也正因为如此，国际企业面临更大的挑战，它对精明雇员的需求越来越迫切，而它所面临的选择也越来越多元化。国际企业会采取不同的方法进行人力资源配置，具体而言，国际企业人员配备主要有四种决定方法：民族中心法、多中心法、地区中心法和全球中心法。

（一）民族中心法

民族中心法是指企业在世界各地的重要职务均由母国人员担任。这种方法的优点是：本国派出的经理熟悉母公司的情况，包括母公司的政策、习惯做法及人事状况等；母国人员可能与国内的供应商和客户有着更密切的联系；母国人员一般更能理解整个企业的全球战略；还有一些企业则认为，只有本国人员最可靠，因此每一个子公司中必须有母公司的人。

这种方法的缺点是：若被派遣的人员不懂当地的语言、文化、政治和法律制度等，就会遇到不少的障碍或感到极不适应；母国人员可能会将母公司的管理方式不恰当地照搬到子公司去；母国人员的存在会有碍于当地管理人员的提拔；派遣母国人员的费用可能大大高于雇用当地人员的费用；东道国工人和管理人员可能不愿意与外国人共事。

研究表明，在下列情况下，子公司的关键职务应当由母国人员担任：子公司处于创始阶段；从其他来源得不到称职的管理人员；国外子公司的经营期限短暂；东道国是一个多民族或多信仰的国家，雇用一个属于某一民族或某一宗教的当地人员将会使企业蒙受政治和经济上的损失；某子公司的经营与整个企业其他地方的经营活动密切相关。

（二）多中心法

多中心法是指任用东道国人员管理海外子公司，而母公司则由母国人员管理。这种方法的优点是：可避免因文化差异造成的经营管理方面的问题；可以大大降低费用，一方面，可降低或免除外派人员培训和驻外津贴等费用，另一方面，可使企业利用一些东道国较低的工资水平的优势，以高于当地标准的工资来吸引高质量的人才；由于当地管理人员不在国际范围内流动，从而在一定程度上保证了子公司管理人员的相对稳定；使企业在当地树立良好的形象。

这种方法的缺点是：企业总部与各子公司之间的信息沟通会有许多困难；当地人员往往不了解整个企业的全球战略、产品及技术，从而在合作和协调方面产生问题；管理人员当地化不利于企业总部或国内子公司的年轻经理人员到国外工作以获得跨国经营所必需的工作经验和知识；一旦当地管理人员在子公司被提拔到最高职位，他们就不能再获得职位晋升了，这种情况往往会影响他们的士气，同时，企业也很难招聘到并留住一些优秀的具有经营管理才能的外国人；一些东道国人员把在外国子公司工作当成一种培训，一旦获得经验就另谋他职。

（三）地区中心法

地区中心法是地区中心政策。国际企业把它的经营按地理区域划分，使员工在区域间流动。区域内各国子公司实施的政策是一致的，但区域间及各区域同总部间的联系非常有限。例如，一家总部设在美国的国际企业可能形成三个地区：欧洲地区、美洲地区和亚太地区。欧洲员工在整个欧洲范围内流动，如英国人到德国、法国人到比利时、德国人到西班牙。然而，员工的跨区域流动很少，如欧洲区域子公司员工派往亚太地区工作、亚太地区员工派往美洲工作的情况极少。

采用地区中心法的优点是：可以加强地区子公司调动到地区总部的高层管理人员与地区总部的母国人员之间的互动。地区中心法是国际企业逐渐由采用纯粹的民族中心法或多中心法转为采用全球中心法的一条途径。

这种方法的缺点是：它在地区内可能形成"联邦主义"，而不是以国家为基础，从而限制了组织的全球立场；另一个困难是，即使该方法的确在国家层面能提升职业生涯前景，但它依靠的只是把障碍移至地区层面。

（四）全球中心法

全球中心法是指在整个企业中任用最适当的人选担任重要的职务，而不考虑其国籍。从理论上讲，管理人员国际化应该是招聘和开发国际企业管理人员最有效的策略。这种人员配备政策的内涵是与国际企业的经营优势相一致的，企业不但应在全球范围内合理地调配和利用自然资源、财务资源和技术，也应在全球范围内合理地调配和利用人力资源。这样做能克服企业内过分注重管理人员国籍的现象，避免近亲繁殖和高层管理者的狭隘，从而使企业更好地挖掘其跨国的潜能。

全球中心法的缺点是：许多东道国要求外国的子公司雇用当地人担任管理人员，并经常通过国家干预来达到这一目的；这一策略的花费较大，因为企业在很大的地理范围内分散进行招聘，必须对雇员进行语言和文化方面的培训，管理人员及其家属在不同国家间的调动也造成了费用的增加；这一策略要求企业在人力资源管理上实行高度集中的控制，从而限制了各地区经理在用人方面的自主权。

根据学者们的研究，二十多年来，虽然各个国家在跨国经营的人力资源配备方式上各有特点，但仍有一个共同而又明显的特征，即人力资源本土化。研究表明，国际企业在所在国的发展壮大及其人员的本土化一般要经历三个阶段，而所在国人员配备只是国际企业发展到一定阶段的产物，总之，可以预见的是国际企业最终最成熟、有效的用人理念是：只要对于你所从事的工作而言，你是最合适的人选，那么你就应该从事这项工作，而你的国籍并不重要。

四、国际企业人员的招聘

(一)国际企业人员招聘的意义

从整个企业的角度来讲,人员招聘的目的是为企业在一定的时间、地点获得一定数量和素质要求的人员。从微观层面上来看,人员招聘实际上是针对某个特定的岗位空缺,按照一定的工作标准和岗位要求,找到合适的人选进行填补的过程。

与国内企业相比,国际企业人员招聘的意义更为重大。人员招聘关系到国际企业的生存和发展,是企业组织工作的基石,企业如果能够招聘到高素质的人员并留住他们,使他们在企业技术创新和管理等方面充分发挥作用,就为企业在竞争中获胜提供了很大的保障。从成本的角度来看,招聘到优秀的人员也相当于为企业节约了培训费用,而且还可能达到培训原有人员所达不到的效果。

国际企业人力资源配置工作的灵活性很强,不仅要求按照企业的总体战略招聘合适的人员,同时还要考虑其他许多现实的因素,包括不同区域、国家和地区的特点及要求,各个国家法律法规和政策的限制,地理环境和条件的限制等;另外,还有一些限制来自企业自身,如企业经营规模、发展阶段和招聘成本预算的限制等。如何采用一定的科学方法和选拔标准,使人员招聘更加符合实际,在人员招聘过程中更加准确地作出判断,是一项复杂且有待不断开发的任务。

(二)国际企业人员招聘计划

国际企业人员招聘应采用有计划的方式。人事部门应对至少在今后若干年中的用人情况作出预测。有的专家认为,考虑到在企业内培养高层和中层管理人员需要较长的时间,超前15年的用人预测也不算太长。国际企业人员招聘工作要长期计划、中期计划和短期执行计划相结合,既要保证企业长期战略在人力资源招聘环节的落实,也要保证现时人员招聘活动的顺利进行。

切实可行的人员招聘计划总是建立在准确而细致的分析与预测基础之上的。国际企业的人员招聘计划应符合企业制定的预算要求,在一定的成本范围内通过最佳安排招聘到尽可能合适的人员。

(三)国际企业人员招聘的途径

国际企业的人员招聘工作可以通过内部和外部两种途径进行,如表7-2所示。按照企业总目标制订的人力资源计划大致规划了企业一定时期所需人员的数量和种类,再加上对空缺职位进行的工作分析以及对企业外部环境的分析,可以决定到底是从企业内部进行人员选拔,还是从企业外部吸引人员来填补一定的空缺岗位。同时,招聘工作还要力求在保证人员质量的前提下,以低成本取胜。

当企业发生职位空缺时,管理者通常首先考虑的是从内部选拔人员进行填补,这有利于调动企业内部人员的积极性,给员工提供更多的发展机会;而且从内部选拔的人员对企业比较了解,企业对他们也比较熟悉,可以降低招聘风险。调查表明,西方企业90%以上的管理职位都是由企业内部选拔的人员担任的。一般从内部选拔可以鼓舞员工士气,提高他们对企业的忠诚度。但是,采用这种方式,由于选择范围窄,在内部往往很难找到合适的人选;未被提拔的人员的士气容易受到挫伤;另外,内部选拔也会导致"近亲繁殖"等问题。

表7-2 内、外部招聘途径比较

	内部招聘	外部招聘
优点	(1) 对情况了解全面、准确性高 (2) 可鼓舞士气,激励员工进取 (3) 应聘者可更快适应工作 (4) 使培训投资得到回报 (5) 选择费用低	(1) 人员来源广泛,选择余地大,有利于招聘到一流人才 (2) 新雇员能带来新思想、新方法 (3) 当内部有多人竞争而难以作决策时,向外部招聘可在一定程度上平息或缓解与内部竞争者的矛盾 (4) 人才现成,节省培训投资
缺点	(1) 局限于企业内部,水平有限 (2) 容易造成"近亲繁殖" (3) 可能会因某些不公或员工心理等原因造成内部矛盾	(1) 新雇员不了解企业情况,进入角色慢 (2) 对新雇员了解少,可能招错人 (3) 内部员工得不到机会,积极性可能受到影响

从企业外部招聘人员,通常可以采用介绍的方法,或者利用一些中介机构,如职业介绍所、猎头公司等,还可以直接到高等院校进行招聘。利用外部途径聘用人员,最大的好处是外部人才会带来新的思想和工作方法。相对于内部培养来说,外部聘用的人员成本更低,对企业更有利。对于国际企业来讲,从外部招聘人员有着更加广阔的空间。但是,从外部招聘人员也有不利的一面,如外部人员到企业中来需要一定的时间对组织和岗位进行了解。企业刚刚走向国际时,通常不具备一支现成的从事国际经营管理的骨干队伍,此时管理人才大多从企业内部选拔。当企业通过购买或兼并方式向国外市场扩张时,一些企业可留用被购买或被兼并企业的关键管理人员。国际企业可以利用的另外一个来源就是从企业之外聘用有经验的跨国经营人才。另外,高等院校的毕业生接受过正规的系统教育,素质通常较高,也是国际企业可以聘用的重要的人力资源,但他们大多缺乏实际经验,往往需要锻炼几年方可独当一面。事实上,国际企业的管理人员招聘计划需要总部、事业部和国外子公司的通力合作。这意味着各个单位都要放弃部分独立任命权。但实际的招聘工作可以分散进行,国外子公司的经理们对雇用其下属管理人员应有相当的自主权。

(四) 国际企业人员招聘的程序

国际企业进行人员招聘与一般企业类似,也要经过制订招聘计划、对外发布信息及选拔和测试过程,形成最终的招聘决策,并通知候选人。其具体程序是:

1. 制订招聘计划

人员招聘过程的第一步是制订招聘计划,确定所招聘人员应具备的基本资格和条件;决定需要招聘人员的数目、招聘区域以及具体用人时间等。此外,还要考虑企业的招聘预算,并分析企业内部及外部劳动力的供应情况,这些都对人员招聘和选拔工作有着重大的影响。

2. 发布招聘信息

发布招聘信息是指企业面向可能应征的人群传递招聘信息以吸引应聘者的过程。为了使相关的人群能够得到企业有关职位空缺的信息，需要利用一定的媒体，在适当的时间、地点，以一定的表现形式向他们进行宣传。除了做广告，目前发展程度不同的各国人才市场和定期举办的人才招聘会，为企业更加直接地面向应征人员提供了良好的机会。企业在面对大量求职人员时，通常可以利用事先制定好的职位申请表让申请人填写，通过统一格式的申请表了解申请人的一些基本情况，为进一步的筛选工作提供方便，也便于申请人按要求提供自己的资料。

3. 选拔与测试

企业发布的招聘信息会吸引应聘者前来竞聘。管理者在众多候选人中挑选最终合格人员的过程就是选拔与测试。经过多年的发展，人员选拔与测试已形成了一套科学、系统的方法，常用的有面试、心理测验、知识测试以及模拟测试等。在保证测试的公平性、合理性的基础上，还要综合考虑人员的文化和个体差异，结合各种测试手段的优缺点，选择最为经济、有效的测试手段进行人员选拔。

4. 人员招聘决策

根据面试及各种测试的结果，企业基本上就可以决定最终录用的人员了。一般在通知候选人最后的决定并经过体检过程之后，企业将依照一定的法律规定与录用人员签订劳动合同，然后开始试工，或者对录用人员进行一段时间的培训后使其上岗工作。至此，企业基本完成了整个人员的招聘程序。需要注意的是，每次招聘工作结束之后，企业都应及时总结经验和教训，以便今后不断改进招聘工作。对国际企业来讲，人员招聘工作不仅是一个经常性、多区域的工作，而且对保证国际企业员工队伍的整体素质也是至关重要的一环。

第三节 国际企业人员的培训与开发

国际企业对外派人员和招聘人员一定要进行岗前培训，尤其应介绍其所去国家的文化、风土人情以及出国工作的注意事项，让他们从思想上做好充分准备，使他们对异国的不同文化背景、工作环境、职业生涯、发展机会、生活上可能遇到的不便之处以及两国在其他方面的基本差异等有一个清晰的了解。如果不重视对外派人员的培训，将会使国际企业遭受严重的损失。美国的一项研究表明，99.9%的驻外人员不能适应海外跨国公司工作的原因主要在于不能适应海外不同的文化和工作方式。在英国伦敦工作的美国人有18%不能适应，而在比利时布鲁塞尔有27%，在东京有36%。除了提前回国，驻外的美国人中还有30%～50%的人不能高效率或有效地在外工作。从经济角度看，每一个不成功的驻外美国人，都要使公司损失大约4万～25万美元，这还不包括公司形象的损失以及今后公司贸易合作的损失等。由此可见，对到海外工作的人员进行培训和开发非常重要。

一、国际企业人员培训与开发的跨文化特征

一般的跨文化研究是从人类学和社会学的角度进行的，其假设前提是存在"我们"和

"他们"两种对立的文化,主要目的是识别不同文化之间的差异,在这里,文化行为被简单地概括了。但是这种研究模式已不再适用于今天的全球化世界,因为我们已经从工业社会进入信息社会,进入经济全球化时代,在全球化的背景下,文化行为被描述为一种基本原型,人的行为有许多可能性,不管它的文化根源是什么,任何对一种文化进行定义的企图都会使之格式化。

国际企业人员培训与开发需要适应整个社会背景已经发生变化的现实,它应该反映出这一变化,识别、珍视新的行为,并将它们整合到个人和组织的行为中。技术、交通和通信为我们提供了创造新的文化沟通方式的可能性。国际企业人员的培训和开发需要强化跨文化培训的内容,但不再仅仅局限于课堂,而是要贯穿于跨国经营与管理的全过程。要认识到不仅驻外人员需要跨文化培训,而且组织内的其他成员也需要培养文化敏感性。这一类培训应在以下三个方面教会员工:如何理解具有不同文化、宗教和种族背景的人,并与他们一起有效地工作;如何管理多文化的团队;如何理解全球市场、全球客户、全球供应商和全球竞争者。

二、国际企业人员培训与开发的主要策略

企业跨国经营中,在东道国的文化环境中,要面临两种不同的适应策略:一种是"被人改变",即追随文化策略;另一种是"改变人",即创新文化策略,由被动适应转向能动改观。当然,比较友好的策略当属第一种。这样的结果是使企业的跨国经营成为东道国的"本地化经营"。在这一过程中,最重要的环节是学习过程,即对东道国文化的学习。因此,追随文化策略又称学习策略。对我国企业的跨国经营而言,其实力远不能与西方大企业相比,学习策略无疑是友好且有效率的方式。

三、国际企业人员的培训

培训(Training)是改变雇员的行为与态度,使其更好地实现工作目标的过程。对企业现有的管理人员进行有计划的培训,是获得国际化经营人才最实际的途径。在职管理人员虽然对本企业的情况非常了解,并且已具备某一方面的专门知识和管理经验,一旦通过培训掌握必要的跨国经营管理知识,就可以在国际市场上大显身手。但是,成功的国际企业在开发其全球范围内各国员工的能力时,必不可少地要为不同种族、不同国家的员工制订一套切实可行的培训方案。

(一)培训的对象及内容

由于资源有限,企业在安排培训时,要有计划地选择最需要接受培训的人员,按照他们最需要的方面确定具体的培训内容、选定培训时间、跟踪培训效果。一般而言,国际企业在安排培训对象时应考虑以下几个方面的人员:①对于可以改进目前工作的员工,促使他们在经过一定的培训后更加熟练地做好本职工作;②对于有能力通过学习掌握另外一门技术的员工,在培训后安排他们到更重要、更复杂的岗位上去;③对于经过考察具有一定潜力的员工,力图通过系统、全面的培训,使他们掌握各种不同的知识和更复杂的技术,或者一定的管理技能,目的是让他们进入更高一层的岗位。国际企业培训的类型及内容如表7-3所示。

表 7-3 国际企业培训的类型及内容

培训类型	主要培训内容	培训时间
一般技能培训	技术技能培训,如计算机知识、生产线操作、办公室自动化、驾驶等	1～9 个月
专业技能培训	对软件工程师、网络系统工程师、程序员、网络管理员、行政管理员等急需人才进行有关专业知识技能方面的培训	2～12 个月
人际关系培训	员工之间的交往能力和合作能力	2～6 个月
文化培训	培养外派人员对东道国文化的理解,使他们更易于在情感上与当地文化相通,以便更好地与东道国的民众相处	2～6 个月
商务语言培训	英语及东道国语言的培训,以英语为主	0.5～5 个月
实际训练	帮助外派经理及其家人轻松自如地应付他们在东道国的日常生活	2～10 个月

（二）外派人员上岗培训

根据实践经验,国际企业外派人员的岗前培训分三个阶段:预备培训、启程前培训、抵达后培训。在这三个阶段以及各阶段之间的任何时间点上,企业可以对所有成员提供从课堂培训到在线培训再到以现场指导为基础的支持、评估和咨询等活动。

1. 预备培训

驻外人员应该接受预备培训,时间为一个星期左右,主要内容有:①了解所在国的情况,包括系统了解所在国的政治制度、政府机构、经济体制、历史背景、文化传统、生活条件、服饰与住房情况、健康要求以及签证的申请办法等;②了解工作任务、职责与待遇,包括企业的政策、驻外人员在外的期限、休假、岗位职责权限、工资、奖励和补贴、所得税的缴纳、回国后的待遇等;③了解家庭安排。

2. 启程前培训

启程前培训一般为 4～5 天,其内容有:所在国的语言训练,主要是加强口语和听力的训练,强化语言培训,使其能够在短期内提高口语和听力水平;从不同角度进行跨文化的教育,如通过录像、电影介绍本国与所在国的文化差异和价值观的不同,促使驻外人员认识文化差异,正确处理好与外国同事的关系;介绍旅途和抵达的注意事项以及碰到紧急情况时的处理方法。

3. 抵达后培训

抵达企业后培训的内容有:周围环境的介绍,包括语言特点、文化差异、风俗习惯、交通状况、商店和银行的分布等情况,这种介绍可以使刚抵达的驻外人员很快熟悉周围环境;企业情况的介绍,最好请有经验教训的人给他们介绍在海外企业工作的亲身经历,使他们少走弯路,尽快适应当地的工作环境;所在国企业实际工作情况的介绍,再次强调文化差异的问题,企业应向新来者介绍同事的特点,特别是要强调不同文化背景下的不同管理方式和工作方法。许多研究都说明,驻外人员工作失败的主要原因是,他们自己不能适应不同的自然环境和文化习惯。因此,自始至终对驻外人员进行跨文化的教育是至关重要的,这是国际企业在不同国家、不同文化背景下取得成功的先决条件。

随着国际企业的发展,越来越多的人员将跨出国门,到海外去工作。因此,企业应该有一个同其全球战略和企业经营计划相适应的人力资源管理计划,使本企业的国际人力资源得到充分的发展和利用。

四、国际企业人员的开发

培训的目的在于提高员工目前的工作技能,开发强调的是提高与未来的岗位或工作相关的而且往往是管理方面的能力。长期以来,国外任职一直被看作外派人员管理技能开发和组织发展的重要方法,而建立真正的国际企业,需要有一支由母国员工和其他国员工组成的遍布世界各地的国际员工队伍。

为了开发这样一支队伍,很多国际企业认识到它们需要向各种不同层次的经理(不论国籍)提供国际经验,而不是只提供给一小部分母国的骨干。为了培养真正的全球管理者,一些美国企业在员工职业生涯的早期就提供全球培训和派遣。例如,美国运通公司将其基层管理者送往海外任职两年,其目的就是使管理者在其职业生涯早期就具有全球眼光,而不是在他们要成为副总裁之前。有些国际企业会要求其跨国管理人员必须能够在六至十八个月内从一个国家转移到另一个国家,而一些管理者在他们最初的五年职业生涯中已经有三次国际任职的经历。

国际工作轮换是开发跨国团队和跨国管理人员的好办法,它可以通过由母国人员、其他国人员和所在国人员共同参加在母国、地区中心举行的普通培训和开发项目而得到支持。美国密歇根大学提供的全球领导力课程就是外部提供培训课程的一个例子。全球领导力课程的目的是使学员具有全球思维的能力。在大约五个星期的时间内,来自美国、日本和欧洲的管理者通过行为学习来掌握全球企业管理技能。为了建立跨文化团队,这一项目利用讨论和演讲、冒险活动训练以及野外旅行等方式对管理者们进行培训,如到巴西、中国和印度等国家寻找商业机会。由于该课程特别重视参与和行动学习,因而它已被公认为培训跨国公司全球领导者最好的方法之一。

第四节　国际企业人员的绩效考核与薪酬

一、国际企业人员的绩效考核

绩效考核是对员工在一个既定时期内对组织的贡献作出评价的过程。绩效考核一般需要明确五个问题,即考核的目的、考核的标准、考核的方法、评价者的选择和考核周期。考核的目的主要有三个方面:①提升组织与员工个人的绩效,促进企业发展;②为薪酬与激励管理提供依据;③为组织的人事决策提供依据。员工绩效考核体系的设计和实施必须与考核的目的相一致。不同的考核目的需要不同的考核标准、考核方法和评价者。

(一) 国际企业绩效考核的特点

在国际人力资源管理中,绩效考核具有一定的特殊性。

首先,国际企业绩效考核的目的不仅仅是为员工薪酬调整和晋升提供依据,而且加入了许多新的因素,比如重视个人、团队业务和企业目标的密切结合,把绩效考核作为将相关各方面的目的结合起来的一个契合点。

其次,国际企业绩效考核的目的包括战略和业绩。这与一般企业常关注业绩有很大的差别,特别突出了战略方向,有利于实现企业的长远发展。业绩固然重要,但是不能因此而忽视战略。同时,在业绩中,也较全面地反映了员工工作的各个方面,如员工在财务、客户关系、员工关系和合作伙伴之间的一些作为,也包括员工的领导能力、战略计划、客户关注程度、信息和分析能力、人力资源开发、过程管理方法等方面的表现。

最后,国际企业的绩效考核必须顺应经济全球化的发展趋势,有利于选拔和培养全球化的管理者。在全球化背景下,员工越来越趋向知识型,许多员工不仅仅在工作中追求高报酬,更多的是追求一种自我价值的实现,对于公平感、工作本身对人的激励等的要求越来越多,因而对管理者素质的要求也越来越高,如何选拔优秀的管理者,如何明确定义管理者的素质,以及如何培养管理者显得越来越重要,这需要一种全球眼光。

虽然主要国家的企业在绩效管理上存在差别(见表7-4),但上述特征应该是国际企业绩效考核共同的追求。

表7-4 美国、日本和德国企业在绩效管理上的差异

美国企业	日本企业	德国企业
• 以职位分析为基础 • 能力主义、强力表现,快速评价、迅速提升,现实回报、无情淘汰	• 年功序列 • 福利型管理 • 重视能力、资历和适应性三者平衡 • 缓慢晋升	• 小幅度定期加薪、晋升、调换工作 • 公平竞争的择优机制

资料来源:王朝晖,《国际企业管理》,北京:机械工业出版社2006年版,第287页。

(二)外派人员的绩效评估

对外派管理者进行可靠而又有效的绩效评估是国际企业在国际人力资源管理方面所面临的最大挑战之一,一个企业很少能将同样的业绩考核标准及方法应用于东道国经营,为了克服国际管理者及其他雇员在业绩考核方面的困难,专家们建议采取以下几个步骤改进考核过程:①使考核标准与战略相适应。例如,如果目标是进入市场以取得长期的竞争地位,那么采取短期财务业绩评估就会失去现实意义。②调整合适的考核标准。高层管理者需要认真考虑其国际经营的所有目标,并需要出访经营地区,以更加清楚地了解外派管理者和当地管理者所面临的问题与环境。新近回国的管理者也可以详尽地提供有关当地环境的知识。③将多种渠道的考核与不同时期的考核相结合。国际环境的复杂性要求国际考核要比国内考核掌握更多的信息。因此,高层管理者应有多种信息来源。表7-5列示了海外业绩考核的一些基本内容,包括考核渠道、考核标准和考核时期。

表7-5 海外雇员考核渠道、考核标准和考核时期

考核渠道	考核标准	考核时期
自我评价	达成目标 管理技能 项目成功	六个月和在主要项目结束时

(续表)

考核渠道	考核标准	考核时期
下属	领导技能 沟通技能 下属发展	在主要项目完成后
外派管理者和东道国管理者的观察	团队建设 人际交往技能 跨文化沟通技能	六个月
现场监管	管理技能 领导技能 达成目标	在重大项目结束时
顾客和主顾	服务质量和及时性 谈判技能 跨文化沟通技能	每年

资料来源：改编自 Black, J. Stewart, Hal B. Gregerson, and Mark E. Mendenhall, "Toward a Theoretical Framework of Repatriation Adjustment", *Journal of International Business Studies*, 1992, 23(4)。

（三）国际企业常用的绩效考核方法

1. 工作述职法

利用书面的形式对自己的工作进行总结是考核的一种方法。这种方法多适用于管理人员的自我考核，并且测评的人数不宜太多。工作述职法可以让被考核者主动对自己的表现加以反省、考核。在工作述职法下，被考核人常常需要填写一份工作述职表，采用这种方法的考核一般在每个月、每个季度以及年终进行。

2. 关键事件法

关键事件法是利用从一线管理者或员工那里收集到的有关工作表现的一些特别事例进行考核。通常，在这种方法下，几个员工和一线管理者汇集了一系列与特别好的或特别差的员工表现有关的实际工作事例。这种方法由于记的只是一些好的或不好的事情，并没有贯穿整个过程，所以一般不会单独使用，只是为以后的打分提供有力的依据。

3. 评分表法

评分表法是最古老也最常用的一种绩效评估方法。在评分表中，一系列绩效因素被列示出来，如工作的数量与质量、职务知识、协作与出勤，以及忠诚、诚实和首创精神等，然后评估者逐一对表中的每一项给出评分。评分尺度通常采用5分制，如对"职务知识"这一因素的评分可以是1分（"对职务职责的了解很差"）或者5分（"对职务职责的各方面有充分的了解"）。评分表法设计和执行的总时间耗费较少，而且便于进行定量分析和比较。

4. 目标管理法

目标管理法是对管理者和专业人员进行绩效评估的首选方法。在目标管理法下，每一个员工都有若干具体的指标，这些指标是其工作成功开展的关键目标，因此它们的完成情况可以作为评价员工的依据。

5. 关键绩效指标法

关键绩效指标法(Key Performance Indicator,KPI)是基于关键绩效指标的一种绩效考核方法。它是从战略目标出发,通过系统科学的方法,找出最关键的若干指标,再进一步步分解,建立指标体系的方法。这种考核方法是在国际企业中运用得比较多的一种考核方法,可以使各海外子公司经理明确子公司的主要责任,并以此为基础,明确子公司人员的业绩衡量标准,使业绩考核建立在量化的基础之上。

关键绩效指标体系的建立,通常采用的方法是"鱼骨图"分析法,其主要步骤包括:确定个人或部门业务重点,确定哪些个体因素或组织因素与企业相互影响;确定每一职位的业务标准,定义成功的关键因素,即满足业务重点所需要的策略手段;确定关键绩效指标,判断影响一项绩效标准达到与否的实际因素;关键绩效指标的分解和落实。

6. 平衡计分卡法

平衡计分卡法(Balanced Scorecard Approach)是针对性地设计一套"绩效发展循环",由此制作多维度评价指标系统,以促进实现战略目标的方法。它打破了传统的只注重财务指标的业绩管理方法,认为传统的财务会计模式只能衡量过去发生的事情。组织必须通过在客户、供应商、员工、组织流程、技术和革新等方面的投资,获得持续发展的动力。基于这种认识,平衡计分卡法认为,组织应从四个角度审视自身业绩:客户、业务流程、学习与成长、财务。平衡计分卡中的目标和评估指标来源于组织战略,它把组织的使命和战略转化为有形的目标和衡量指标。平衡计分卡法提出后,其对企业全方位的考核及关注企业长远发展的观念受到学术界与实务界的充分重视,许多企业尝试引入平衡计分卡作为企业管理的工具。

二、国际企业人员的薪酬

薪酬是一个比较宽泛的概念,包含了企业给予员工的多种形式的回报。薪酬可分为外在薪酬和内在薪酬。外在薪酬是指员工从生产劳动和职务之外所获得的货币性和非货币性报酬,包括工资、奖金、福利、住房、有薪假期等;内在薪酬是员工从企业生产劳动和职务过程本身所获得的利益,如有兴趣的工作、挑战性与责任感、个人成长、参与决策、弹性工作时间、工作环境、社会地位等。这里主要讨论外在薪酬。

国际企业能否按国际标准并结合本国的实际提供给国际企业人员适当的工资待遇,对国际企业能否充分发挥国际人力资源的作用、调动驻外人员的积极性起着重要的作用,而且也是国际企业在国际市场上能否增强竞争力的关键性问题。韦思·卡肖就认为:"在国际人力资源管理方面,没有哪一个问题能像工资待遇问题这样引起高层管理人员的重视。"

(一)国际企业薪酬政策的特点

根据一些学者的研究,有效的工资待遇政策应该具有以下几个特点:

(1)能使海外分公司的工作对人们有吸引力,并能留住合格的人才;

(2)使国际企业的人员能十分便利地在母公司与子公司之间或者子公司与子公司之间进行调动;

(3)使各子公司的工资制度之间有一个稳定的关系;

（4）要使国际企业的工资制度与其主要竞争者的工资制度相比有较强的竞争力。

（二）国际企业制定薪酬制度的方法

实际上，各国的国际企业都有不同的工资待遇制度。每一个国际企业都应该有自己的一套世界范围内的工资待遇制度，只有这样才能正确处理国与国之间的工资差异问题。许多发达工业国家的国际企业一般采取以下两种方法来制定其世界范围内的工资制度：

第一，采用本国标准法。也就是说，所有的驻外人员，无论在哪一国分公司工作，均按本国的工资标准拿工资。这使得驻外人员能用其本国的标准去衡量自己工资收入的高低，使他们在回国时不至于感到差别太大。这种方法对高工资国家的国际企业人员比较适用，而对低工资国家的国际企业人员就很难适用，因为按照他们本国的工资水平他们到海外根本无法生活。因此，国际企业必须根据所派人员要去的国家的工资福利水平来考虑工资福利制度。

第二，采用系数法。这种方法也是发达国家国际企业所采用的一种方法，它将驻外人员的工资分解为一些"工资因素"，然后根据本国和所在国的有关法律条文对工资因素进行调整，使驻外人员的工资水平保持一致，最后用"工资系数"的数值对整个工资进行综合平衡调整。采用系数法的目的是使驻外人员在国内的购买、消费能力不变。

（三）驻外人员的薪酬特点

驻外人员的薪酬管理可能是国际人力资源薪酬管理的主要问题，一般来说，驻外人员薪酬有如下几个特点：

（1）薪酬水平较高，其中很大一部分体现在各种各样的福利和总部提供的各类服务上。由于各国的福利计划通常会很不一样，因此驻外人员除了享受国内的福利，还可能要求继续享有母国的福利，以便为以后的回国作准备。驻外人员在两国之间的活动需要很大数额的额外补贴。通常，许多国际企业在制定这些福利措施时会非常具体，以使雇员体会到组织对他们的关心。

（2）标准较复杂。驻外人员薪酬有许许多多的制定标准，包括以本国为基础、以所在国为基础、以总部为基础和以全球为基础四种确定方式。

（3）对于驻外人员的绩效薪酬尚无足够的研究，目前管理的出发点基本停留在"维持员工基本生活需要"上，许多企业采用的资产负债表法就是从降低成本的角度对待薪酬的，对于薪酬在出国工作方面的作用缺乏讨论。但是一个明显的事实是，外在薪酬在驻外人员身上所起的作用越来越小，而内在薪酬的作用越来越大。也就是说，驻外人员更需要企业对自己的工作、家庭和职业生涯的关注与支持。所以事实上对于驻外人员而言，福利比高薪更有效，所在国的支持又比福利与高薪更有效。如今能够想到的对驻外人员的激励仅仅包括"驻外津贴、困难补助和流动津贴"，显然这又是一些"保健性薪酬"，与企业业绩的完成并无多大关系。

驻外人员薪酬的解决方法除了常用的资产负债表法，还有如谈判工资等一些补充。谈判工资通常在一些小企业里或者特殊雇员身上有所应用。在国际企业里，谈判意味着雇员与雇主之间达成一个工资与业绩之间的协议。这种协议相对来说成本会比较高。对于雇主来说，雇员可能会完不成任务；对于雇员来说，国外多变的环境会使他们有许多顾虑,这些顾虑要用很高的协议工资来抵消。

本地雇员的工资通常会高于这些国家的企业里与其工作相同的员工。另外,第三国员工的工资在很大程度上应该和驻外人员的工资一致。因为第三国员工对于如何与不同国籍的同事交往或者总公司的战略和文化可能已经熟悉了,所以他们可能有更好的表现。对于他们的工资应该按照驻外期限、职务以及本职工作的完成情况来决定,并给予与母国人员相同的报酬,还要赋予其与职务相对应的充分的权力。

此外,国际企业向员工支付工资也要讲究艺术。应该要求驻外人员入乡随俗,例如在基本工资和福利之间的分配比要跟所在国员工的要求相一致;应该时刻关注驻外人员的困难,提供适当的补助;应该给驻外人员的家庭以支持,等等。

(四)驻外人员的薪酬构成

这里所讨论的驻外人员的薪酬是指外在薪酬,驻外人员的薪酬一般由两大部分组成:一部分是直接工资收入,这部分是需要缴纳所得税的;另一部分是间接工资收入,即福利待遇。

1. 直接工资

许多发达国家的国际企业一般采用当地的工资标准。如果一家企业在其所有不同国家的分公司采用同一种工资标准,那么就会碰到两种极端的情况:在工资标准较低的发展中国家,它的产品会因为成本太高而没有市场;在工资标准较高的发达国家,它又不能吸引有能力的管理人员为企业服务。发达国家的国际企业解决这一矛盾的方法之一,是根据本国的标准确定驻外人员的基本工资(即本国标准法),然后在此基础上追加各种补贴。最常见的是驻外补贴,它一般为基本工资的5%~30%,或更多一些。有些企业还对向驻外人员提供的这类补贴予以免税。对驻外人员的工资进行调整的另一种办法是,他们出国后所缴纳的所得税与他们在国内时所缴纳的相等。比如在20世纪50—80年代,美国驻外人员要为他们在海外的收入缴纳两次所得税,即既要向所在国缴纳一笔所得税,又得为同一笔收入向美国政府再缴纳一次所得税。在后一次纳税过程中,美国政府允许扣除外国政府已征收的所得税税额,但是这一税收减免办法不适用于销售收入税、财产税以及其他税目。双重征税的办法虽然主要是针对在国外有巨额收入的人,并不是针对国际企业的经理人员的,但是它适用于所有美国驻外人员。美国国会于1981年通过的《经济复苏征税法》规定,1982年,美国驻海外公民的收入在75 000美元以下的免征所得税,而后这个免税收入下限每年递增5 000美元。

除此之外,美国在海外的雇员的住房如果不是由雇主提供的,那么其住房费用超过某一基数的部分将从其应纳税中扣除。

2. 福利待遇

有关福利待遇的政策各国有自己的规定。在欧洲,一般的做法是根据雇员的家庭人口情况和工作条件在其基本工资基础上再追加一部分补贴。在日本,企业人员的福利待遇包括家庭收入补贴、住房补贴或住房贷款、假期工资补贴、年终奖(其金额相当于3~4个月的工资)、利润分成等。

国际企业对其雇员的福利待遇标准不一,发达国家一般采用的是"两国均乐"的福利待遇模式(如图7-1所示)。绝大多数美国的国际企业都向其雇员提供生活费用补贴(用来弥补本国与所在国生活费用水平方面的差别)。生活费用补贴包括住房费用补贴、教育费用补贴、所得税拉平补贴、边远地区补贴及危险工作津贴等。

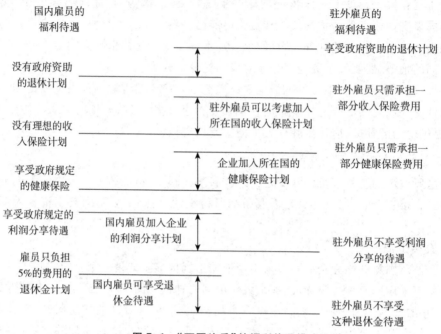

图 7-1 "两国均乐"的福利待遇模式

随着世界经济区域集团化和全球化的发展,越来越多的企业在海外兴办和发展国际企业。国际企业的成功离不开那些有政治头脑、精通经济与管理、懂法律、有熟练技术,而且了解不同社会文化、有交际能力的人才。我们知道,国际企业选派经理人员到海外工作以及招聘和雇用驻外人员,所花的费用是高昂的,因此,如果驻外人员士气低落、工作效率不高,国际企业将蒙受巨大损失。我们应该利用国际人力资源管理的各种方法去挑选、招聘合格人才;认真细致地做好跨国文化管理、上岗前后的职业培训与开发工作;慎重地处理好经理和其他所有雇员的工资福利待遇及不同文化背景下的劳资关系问题;采取各种措施去激励所有雇员,对他们的成就予以精神与物质奖励,充分调动他们的积极性,使他们更好地为企业的总目标服务。

上海贝尔:福利比高薪更有效

上海贝尔始终把员工看成公司的宝贵资产、公司未来的生命线,并以拥有一支高素质的员工队伍而自豪。公司每年召开的董事会都花相当多的时间专题讨论与员工切身利益相关的问题,如员工培训计划、奖金分配方案、工资调整和其他福利政策等,而且董事会每年用于讨论此类事项的时间不断增加。

当然,意识到人在企业经营中的重要性并不困难,难的是如何在企业的日常经营中贯彻以人为本的经营方略。上海贝尔在这方面做了一些卓有成效的探索,自然也体现在公司的福利政策上。公司管理层为了塑造以人为本的理念,在实际中致力于以下几项工作:

一、创造国际化发展空间

据上海贝尔有限公司总裁谢贝尔(Gunther Strobel)先生介绍,上海贝尔在经营初期,受当时的外部环境所限,公司福利更多地承袭了计划经济体制下的"大锅饭"形式。随着公司的发展和中国市场体系日益与国际接轨,上海贝尔在企业福利管理方面日趋成熟。其中重要的一条就是真正做到了福利跟随战略,该战略使上海贝尔的福利管理摆脱了原先不得已而为之的被动窘境,主动设计出别具特色的福利政策,营建自身的竞争优势。

为了让员工真正融入国际化的社会、把握国际企业的运作方式,上海贝尔的各类技术开发人员、营销人员都有机会前往上海贝尔设在欧洲的培训基地和开发中心接受多种培训,也有相当多的员工能获得在海外研发中心工作的机会,少数有管理潜质的员工还被公司派往海外的名牌大学深造。如果一个企业能提供各种条件,使员工的知识技能始终保持在国际前沿水平,还有什么比这更能打动员工的心的呢?

二、力推自我完善

谢贝尔认为,公司的福利政策应该是公司整体竞争战略的一个有机组成部分。吸引人才,激励人才,为员工提供一个自我发展、自我实现的良好环境,是公司福利的目的。同时,各类人才,尤其是高科技领域的人才,在专业和管理的知识及技能方面,自我更新和自我提升的需求日涨月高,这也是很自然的事情。

从公司长期发展的远景规划,以及对员工的长期承诺出发,上海贝尔形成了一整套完善的员工培训体系。上海贝尔尽管不时从外部招聘一些公司急需的人才,但主要的人才来源是高等院校毕业的本科生和研究生。他们进入上海贝尔后,必须经历为期一个月的入职培训,紧接着的是为期数月的上岗培训;转为正式员工后,根据不同的工作需要,还会接受在职培训,包括专业技能和管理专项培训。

此外,上海贝尔还鼓励员工接受继续教育,如 MBA 教育和博士、硕士学历教育,并为员工负担学习费用。各种各样的培训项目以及新近成立的上海贝尔大学,不但提高了公司对各类专业人士的吸引力,也极大地提高了在职员工的工作满意度和对公司的忠诚度。

三、强调日常绩效

在上海贝尔,员工所享有的福利和工作业绩密切相关。不同部门有不同的业绩评估体系,员工定期的绩效评估结果决定了他所得奖金的多少。为了鼓励团队合作精神,员工个人的奖金还和其所在的团队业绩挂钩。在其他福利待遇方面,上海贝尔也是在兼顾公平的前提下,以员工所作出的业绩贡献为主,尽力拉大档次差距。其意在激励广大员工力争上游,从体制上杜绝在中国危害甚烈的福利平均主义的弊端。

"我们为管理骨干配备了公务用车。我们的福利政策是,你会得到你应有的部分。但一切需要你去努力争取,一切取决于你对公司的贡献。"谢贝尔说道:"上海贝尔要在市场上有竞争力,在公司内部也不能排除良性的竞争。竞争是个绝妙的东西,它使所有人获益。自然,我们的福利政策必须遵循这一规律。"

四、培育融洽关系

上海贝尔的福利政策始终设法去贴切反映员工需求的变动。上海贝尔公司员工队伍的年龄平均仅为 28 岁。大部分员工正值成家立业之年,购房置业是他们生活中的首选事项。在上海房价高企的情况下,上海贝尔及时推出了无息购房贷款的福利项目,在员工们购房时助其一臂之力。而且在员工工作满规定期限后,此项贷款可以减半偿还。如此一来,既为年轻员工解了燃眉之急,也使为公司服务多年的资深员工得到回报,同时又在无形中加深了员工和公司之间长期的心灵契约。

当公司了解到部分员工通过其他手段已经解决了住房问题,有意于消费升级,购置私家轿车时,公司又为这部分员工推出购车的无息专项贷款。公司如此善解人意,员工当然投桃报李,对公司的忠诚度大幅提升。在上海贝尔,和员工的沟通是公司福利工作的一个重要组成部分,详尽的文字资料和各种活动使员工对公司的各项福利耳熟能详,同时公司也鼓励员工在亲朋好友间宣传其良好的福利待遇。公司在各类场合也是尽力详尽地介绍其福利计划,使各界人士对上海贝尔优厚的福利待遇有一个充分的了解,以增强公司对外部人才的吸引力。

与此同时,公司还计划在员工福利的设计方面加以创新,改变以前员工无权决定自己福利的状况,给员工一定的选择余地,使其参与到自身福利的设计中来,如将购房和购车专项贷款额度累加合一,员工可以自由选择是把它们用于购车还是购房;在交通方面,员工可以自由选择领取津贴,自己解决上下班交通问题,也可以不领津贴,搭乘公司安排的交通车辆。一旦员工在某种程度上拥有了对自己福利形式的发言权,则其工作满意度和对公司的忠诚度都会得到提升。

资料来源:《上海贝尔:福利比高薪更有效》,中国食品科技网,http://job.tech-food.com/artilce/0000172.html,访问时间:2018-11-05。

第五节 外派人员的归国管理

外派人员在国外工作期间,个人和企业都已经发生变化,其归国后面临许多问题,比如对祖国文化的再适应、对新角色的适应以及个人期望的变化等。对许多企业而言,将外派人员调回国内并重新使其融入企业是一件很困难的事情。例如,英国的一项研究发现,在被调查的公司中,有70%以上的公司反映外派人员重回公司遇到显著问题。对北美公司的研究发现,在结束国外任职的管理者中,有25%的人想离开公司。在回国后的两年内,流动率为33%～50%。要知道,美国公司将一名雇员派往海外职位得花费100万美元,这个50%的流动率是特别令人头疼的。因此,企业留住归国的外派人员是十分必要的。

一、外派人员的归国问题

管理者在返回母国重新从事原来的相关工作时所面临的困难被称为"归国问题",对外派人员而言,其归国问题主要包括文化再适应、个人职业生涯、经验低估和角色冲突等。

(一)文化再适应

文化再适应是指外派人员回到母公司后对母国文化的适应问题。由于外派人员受东道国文化的影响,回到母公司后已经不能马上适应,解决办法首先就是在外任职期间,定期或不定期地回母公司,其次就是企业内部的沟通和认可。

（二）个人职业生涯

有限的研究表明,外派人员之所以接受任职是因为他们认为驻外工作是企业对他个人的一种重视,或者他们带有一种比较高的期望。但是种种现实表明,驻外人员归国后不得不降低个人期望,接受企业提供的其"不乐意接受"的职位(因为企业认为他们并没有提升),与此形成对比的是那些没有接受驻外任务的同事现在也许成了他们的上级。

（三）经验低估和角色冲突

经验低估是指外派人员回国后并没有受到重视,他们感觉自己被安排在了"被轻视"的岗位上,做一些与他们在国外的工作经验无关的工作,这与他们的期望是不同的。经验低估同样对职业生涯产生了负面影响,并影响到企业对驻外人员的吸引力。从某种程度上说,外派人员归国后离职的行为与此也是相关的。角色冲突是指即便外派人员愿意回国工作,他们的观念受到国外任职的影响仍然存在重新适应的问题。

二、解决外派人员归国问题的措施

国际企业可采取许多措施来解决外派人员的归国问题,具体可包括:

(1) 为归国人员提供战略目标。利用外派人员的经验推进组织的目标。外派人员通常是国际企业计划利用的信息和经验的优秀来源。另外,国际企业应尽力挖掘能使外派人员最大限度地发挥其新技能的职位和活动。

(2) 建立帮助外派人员的小组。人力资源部门和外派人员的上级可帮助外派人员规划归国行为,为将要回国的外派人员提供咨询,以便使他们意识到归国后可能遇到的挑战,以及本部门的情况已发生了哪些变化等。这个小组也可以找出外派归国人员明显的逆文化冲突症状(厌倦、疲劳、挫败感以及与同事的隔阂感),并提供其所需要的帮助。

(3) 提供母国的信息。许多企业另安排顾问等人员专门负责向外派人员通报企业当前的变化,包括工作机会。

(4) 为外派人员归国提供培训和做好准备工作。这种准备可在其归国前六个月开始,为下一项任职所准备的归国访问和特定的培训可降低这种转变的难度。

(5) 提供探亲政策,鼓励外派人员经常回母公司访问。企业也可以通过企业邮件和新闻简报等形式保持与外派人员的联系。

(6) 为外派人员及其家庭的重新融入提供支持。为了缓解外派人员归国初期在调整阶段所遇到的困难,企业可帮他们寻找住房,为其调整提供假期。如有必要,还可以调整报酬体系。企业也可以帮助外派人员的配偶寻找新工作。

第六节　国际劳资关系管理

一、劳资关系的概念

在国外管理学研究文献中,与劳资关系研究有关的概念主要有两个:"Industrial Relations"和"Labor Relations"。前者是指雇主与雇员之间、雇主利益代表机构(如雇主协会、企业家协会等)与雇员利益代表机构(如工会)之间,以及它们与国家劳动立法和劳工政策制定机构之间的关系;后者是指与雇员密切关联的企业劳动过程中的社会关系、劳动力市场上的经济关系以及雇主协会与工会之间的政治关系。

从上述劳资关系的概念可以看出,劳资关系是多对象和多层次的,它们不仅涉及个人,也涉及团体和组织;它们既包括企业层面的劳资关系,又包括劳动力市场层面和国民经济层面的劳资关系。

从企业人力资源管理的实践发展看,自20世纪20年代起国外的大企业开始使用专门的人事管理人员,他们的任务当时主要限于人员配备,如招聘与解聘、编制劳动手册和编制工资单等。处理劳资关系的任务是在20年代中期后随着工会组织作用的增强而被国外的大企业纳入人力资源管理人员的工作范围的。这一时期的人事管理人员必须具备与工会进行谈判、处理劳资矛盾和冲突的能力。人事主管在企业中的地位也由原来的中低层管理人员提升为高层管理人员。

对于国际企业而言,处理劳资关系面临许多新的问题。国际企业不得不面对跨国界的劳资关系:企业的雇主和雇员来自不同的国家,具有不同的文化背景;不同国家有不同的劳动法律法规和政策;国际性劳工组织与东道国工会的关系以及对国际企业的影响等。

二、影响国际劳资关系的主要因素

劳资关系在不同国家会具有不同的特征。影响国际企业处理劳资关系的主要因素有工会、工资差异和劳动待遇以及参与管理。

(一) 工会

工会在不同国家的发展情况和作用有所不同。发达工业国的工会组织通常比较强大,发展中国家的工会组织大都比较弱;资本主义国家的工会组织具有较强的独立性以及与雇主谈判的能力,而且大多是跨企业的;社会主义国家的工会组织主要存在于国有企业,由于从理论上讲国有企业的所有者是工人利益的代表,因此工会组织与企业的根本利益是一致的,工会本身不需要具有很强的谈判能力。国际企业为了避免工会对企业经营管理的影响,在国外筹建子公司时通常会选择工会控制势力范围以外或工会影响力较小的国家和地区建厂。有的企业甚至拒绝雇用工会成员。

随着企业国际化的发展,工会的利益将更容易受到威胁,因为国际企业可以利用跨国或全球性经营,削弱工会与企业的谈判能力。这表现在以下几个方面:首先,国际企业生产能力的跨国转移可以限制工会作用的发挥。工会势力范围强的国家和地区,不会或很少能被国际企业选为理想的投资地;而在工会力量发展快和与国际企业讨价还价力量不断增强的地方,国际企业在与工会无法达成妥协的情况下,就会考虑迁址,从而导致当地工人失业,给工会造成压力。其次,工会用来威胁企业的传统手段——罢工——所能起到的作用相对降低。工人罢工不会对国际企业满足当地市场需求产生很大影响,因为国际企业可以利用它设在其他国家或地区子公司的生产能力。最后,工会的谈判权由于国际企业的存在而降低。因为国际企业可以把最终的谈判权集中在总公司,这使得工会面对的谈判对象是没有最终决策权的子公司,而且子公司也缺乏协调当地政治、经济和文化因素的能力。

随着国内企业向国际企业的发展,国内工会也有意实行国际化。但是由于各国工会在指导思想、目标、地位和作用等方面存在着很大的差异,跨国工会或国际工会很难在短期内形成。尽管如此,许多国家的工会建立跨国劳工关系准则的努力还是取得了一定的成绩。有关依照法律法规办事、注重劳资关系、尊重工人组织的权利和注重建设性谈判等内容已被写进国际劳工组织及经济合作与发展组织的文件和纲领中。

(二) 工资差异和劳动待遇

工资差异和劳动待遇是能够影响国际企业制定劳工政策和处理劳资关系的重要因素之一。各国对最低工资标准、年平均工作日和年节假日天数的规定不同。例如,欧洲发达工业国的最低工资标准高,节假日多,年平均工作日大大少于其他国家。德国的最低工资标准为 600 欧元,年平均劳动时间为 1 664 小时,法定节假日为 10~16 天(不含周末双休日)。国际企业不考虑这些差别,就不可能处理好劳资关系。

(三) 参与管理

参与管理是指工会和员工代表参与企业的决策。参与管理所涉及的具体内容可以包括确定企业的目标、结构、政策、工资和就业问题等。不同国家对参与管理的法律规定、参与管理的层次和强度各不相同。例如,德国是通过法律形式实施参与管理最典型的国家,而美国和英国则是通过工会与雇主代表直接冲突的方式来实现参与管理的。

参与管理可以发生在不同层次上。它可以发生在整个国家经济的层次,也可以发生在整个企业界,还可以发生在单个企业或企业的某个管理层。在有些国家只有国家层次的参与管理,有些国家则更多的是单个企业层次的参与管理。

参与管理的强度主要是指员工参与企业决策的范围和权限。如员工可以有企业重要决策会议的旁听权、咨询权、建议权或直接参与决策权等。

参与管理能够对国际企业子公司的经营产生重要影响。在有参与管理法律法规和参与管理强度大的国家,如果国际企业的子公司不允许职员参与管理,国际企业的经营有可能会遭遇巨大的阻力。因此,国际企业有必要根据不同国家的具体情况,采取不同的参与管理形式。

劳资关系管理的重要性

欧洲隧道公司经营着英国的肯特州与法国的加来市之间的英吉利海峡海底隧道,是欧洲最早能真正称为跨国公司的公司之一。该公司由一个英法合办的联盟机构创办,目的是"既非法国又非英国,而是全面满足两国社会的需要"。对欧洲隧道公司的创立者而言,最大的挑战不是钻探巨大的隧道带来的特殊工程问题,而是如何消除人际关系的差异。早在隧道开始承担运输之前,筹建者就意识到法国和英国鲜明的产业关系结构差异会使双方关系紧张。英法两国的这种差异,还会存在于其他一些签约为隧道提供工程服务、货运搬运装卸、客运业务和筹资理财的公司中。

公司以一套基本的人力资源管理原则为基础,慢慢演变出内容广泛的员工手册。员工手册规定了一系列问题的方针,诸如客户服务综合条款、安全措施的执行以及安全保障制度等。更重要的是,这为更敏感的问题提供了指导,如全体员工发表意见以及用他们的母语交流的权利等。公司的筹建者们商谈共同条款和条件以使双方的员工能够平起平坐,这样的举措产生了非常吸引人的成果。所有的员工按标准全年工作 1 700 个小时,每周工作 37.5 个小时,员工可以选择个性化的个人医疗保险,并由公司支付,而且如果员工生病,可从缺岗的第一天起就获得病假工资。未经员工特别审查委员会的审核,公司不能草率地解雇员工,必须至少提前一个月向所有终止合同的员工发送离职通知。资深员工享有更提前的离职通知时间——12 周,并获得在此期间的全部工资和福利。公司提供 8 倍于员工薪酬的人寿保险金。由与评估挂钩的制度来控制晋升和奖金,员工 65 岁可以退休。还有包括儿童保育和食堂的社会公益设施。公司还设计了一套复杂的制度,包括加班、假期工作奖金以及替班费,但基本薪酬对英法员工而言有相当大的不同。

英法双方有各自独立的劳资协会,并选举员工代表来履行职责,包括有关人员配置、工作安全、员工权利、员工福利的决策以及调解不公正问题。现在欧盟要求大多数跨国公司设立劳资协会,而法国的法律也要求这一点。英国尚未签署相关法律,不过欧洲隧道公司的英国代表团自愿实施了劳资协会制度。英法双方的劳资协会都由公司首席执行官担任主席,虽然他们各自制定了本国员工的自制政策,但是两个协会组成了一个战略联合监管体。

欧洲隧道公司的用工方针很大程度上受到法国和英国国内制度的影响,并且所有做法都要求符合两国的法律和惯例。尽管公司建立了权力统一的管理体制,也为员工设立了可比较的工作和技能等级,可是人力资源管理者发现他们常常必须适应三套不同的职责。他们依照英国人非正式劳动关系的预期来行事,不希望政府干预。同时,他们必须适应法国的习惯,即强调合同履行和纠纷调解过程中正式的劳动法规以及政府要求的干预。作为跨国界的欧盟企业经理人,他们发现自己还要适应另一套既不同于英国也不同于法国规则的用工行为。然而,没有人对最近由欧洲隧道公司主管发表的一个评论感到惊奇,该评论指出:"尽管公司也许是第一个真正意义上的跨国公司,但他们'仍在寻找跨文化人力资源管理的方式'。"

资料来源:〔美〕David H. Holt、Karen W. Wigginton,《跨国管理(第 2 版)》,王晓龙、史锐译,北京:清华大学出版社 2005 年版。

本章小结

国际人力资源管理(International Human Resource Management,IHRM)是对海外工作人员进行招聘选拔、培训开发、业绩评估和酬劳激励的过程。

与国内人力资源管理不同,国际人力资源管理的复杂性主要体现在六个方面:考虑更多的人力资源因素,需要一种更宽广的视野,对员工个人生活更多的关心,人力资源工作重点的适时转变,驻外风险,以及更多的外部影响。

美国、欧洲、日本和中国的人力资源管理模式存在不同之处。

发达工业国家从三方面来配备国际企业的人员:①挑选那些经过本国母公司的教育和培训,并且取得经验的本国公民;②挑选那些经过东道国分公司的教育和培训,并取得经验的东道国人才;③从第三国中选拔跨国人才。

国际企业的上层主管一般由母公司派出,中下层管理者从东道国或第三国中选拔,其他所有人员则从东道国配备。对母国外派人员或第三国人员的选聘标准与对东道国人员的选聘标准有所不同。

国际企业人员配备的方法有四种:民族中心法、多中心法、地区中心法和全球中心法。国际企业的管理人员可以来自母国,也可以来自子公司所在的东道国,还可以来自其他国家或地区,只要人选适当,一般不考虑国籍。

国际企业人员的培训和开发需要强化跨文化培训的内容,但不再仅仅局限于课堂,而是要贯穿于跨国经营与管理的全过程。要认识到不仅驻外人员需要跨文化培训,组织内的其他成员也需要培养文化敏感性。

企业跨国经营中,在东道国的文化环境中,要面临两种不同的适应策略:一种是"被人改变",即追随文化策略;另一种是"改变人",即创新文化策略,由被动适应转向能动改观。当然比较友好的策略当属第一种。

必须重视对国际企业外派人员的培训,否则国际企业将遭受严重的损失。外派人员的上岗培训分为预备培训、启程前培训和抵达后培训三个阶段。

国际企业人员招聘工作可通过内部和外部两种途径进行,这两种招聘途径各有优缺点,企业要根据实际情况进行选择。

国际企业人员招聘的程序是:制订招聘计划、发布招聘信息、选拔与测试、人员招聘决策。

在国际人力资源管理中,绩效考核具有一定的特殊性。主要体现在以下三个方面:首先,国际企业绩效考核的目的不仅仅是为员工薪酬调整和晋升提供依据,而且加入了许多新的因素;其次,国际企业绩效考核的目标包括战略和业绩;最后,国际企业的绩效考核必须顺应经济全球化的发展趋势,有利于选拔和培养全球化的管理者。

对外派管理者进行可靠而又有效的绩效评估是国际企业在国际人力资源管理方面所面临的最大挑战之一,一个企业很少能将同样的业绩考核标准及方法应用于东道国经营,为了克服国际管理者及其他雇员在业绩考核方面所遇到的困难,应采用科学的考核程序。

国际企业常用的绩效考核方法有工作述职法、关键事件法、评分表法、目标管理法、关键绩效指标法和平衡计分卡法等。

国际企业能否按国际标准结合本国的实际提供给国际企业人员适当的工资待遇,对国际企业能否充分发挥国际人力资源的作用、调动驻外人员的积极性起着重要的作用,也是国际企业在国际市场上能否增强竞争力的关键性问题。

国际企业一般采用本国标准法和系数法这两种方法来制定其世界范围内的工资制度。

驻外人员的外在薪酬一般由两大部分组成:一部分是直接工资收入;另一部分是间接工资收入,即福利待遇。

对外派人员而言,其归国问题主要包括文化再适应、个人职业生涯、经验低估和角色冲突等。国际企业应采取措施妥善解决外派人员的归国问题。

劳资关系在不同国家具有不同的特征。影响国际企业处理劳资关系的主要因素有工会、工资差异和劳动待遇以及参与管理。

❓ 复习思考题

1. 什么是国际企业人力资源管理？与国内人力资源管理相比，国际人力资源管理的复杂性体现在哪些方面？
2. 试比较美国、日本和中国的人力资源管理模式。
3. 对母国外派人员或第三国人员的选聘标准有哪些？
4. 如何理解国际企业人员培训与开发的跨文化特征？
5. 为什么要对外派人员进行培训，其上岗培训的主要内容有哪些？
6. 试比较国际企业内部和外部两种招聘渠道的优缺点。
7. 试比较四种国际企业人员配备方法的优缺点。
8. 有效的工资待遇政策要具备哪些特点？
9. 外派人员的归国问题主要有哪些？应如何解决？
10. 试分析工会对国际劳资关系的影响。

案例分析

可口可乐公司的国际化人力资源管理战略

可口可乐公司在其100多年的发展历史中，绝大多数时期都是作为国际化公司在全球范围内开展经营活动。截至2017年，该公司在200多个国家拥有分公司，全球员工超过70万人。可口可乐公司的名言之一是：我们不仅需要对资金的投入，而且需要对人的投资。可口可乐公司国际人力资源管理战略的核心是，雇用全球最优秀的管理人才，以保证公司的全球经营绩效。为适应全球化发展的要求，可口可乐公司每年都要将300多名专业人员及管理人员从一个国家调往另一个国家，而且这种跨国调动的人数正在逐年增加。

可口可乐公司的一位人力资源管理部门的经理对公司的这种战略做了如下评价："最近我们得出的结论是，我们的人才必须多国化，再多国化……"为保证公司拥有足够的、可以适应全球竞争的优秀管理人才，可口可乐公司建立了自己独具特色的管理人才"蓄水池"。公司要求其21个业务部门中的每个部门，都必须寻找、招聘和开发这样的管理人才，即使他们现在可能并不是公司所急需的，但未来他们必然是公司最需要的管理精英。一旦在全球某一个地区，由于业务发展的特殊要求，公司需要这些管理人才，就可以马上将他们安排到所需要的管理岗位上去。

可口可乐公司的人力资源管理经理这样说："用一句体育界的行话来说，我们公司必须有大量强有力的'板凳队员'，他们随时可以被委以重任。"在可口可乐公司的经营战略中，对未来人力资源来源状况的预测是整个战略的重要组成部分，其中也包括公司制定的人员招聘与雇佣甄选标准。例如，公司一般期望应聘者能熟练掌握两门以上的语言。因为公司认为，这样的雇员可以随时被调往其他国家或地区工作。这种对国际化的强调，在可口可乐高层管理机构中也表现得非常明显。

大学毕业生招聘计划是可口可乐公司国际人力资源管理战略的重要内容之一。可口可乐不仅在美国本土之外招聘大学毕业生,而且特别注重招聘那些在美国大学中学习的外国留学生。可口可乐公司一旦聘用在美国的这些学生,便会对他们进行为期一年的培训,然后再把他们派回到他们自己国家中的可口可乐分公司工作。可口可乐公司还专门为那些对公司感兴趣的外国留学生提供假期实习的机会。这种实习可能是在美国进行的,也可能是在这些留学生自己的国家中进行的。这种实习通常按小组进行,公司为每个实习小组制定研究课程,实习结束后,每一个参加实习的外国留学生都要向公司经营管理人员汇报研究结果。在这种研究课程的结业报告中必须说明公司的经营绩效如何,特别是公司在经营过程中存在什么问题。同时,可口可乐公司也对每个学生的报告作出评估,以便确定他们未来在公司工作的可能性。可口可乐公司确信,这种方法有助于其在全球范围内物色到出色的未来经营人才,公司通过这种方法可以获得大量可能被别的公司挖走的经营人才。这就是可口可乐公司在国外的销售收入要比在美国本土的销售收入多得多的原因。

资料来源:①〔加〕艾伦·M.鲁格曼、〔美〕理查德·M.霍杰茨,《国际商务:一种战略管理方法》,李克宁译,北京:经济科学出版社1999年版,第3—5页。②https://www.coca-cola.com.cn/our-company/kkklgssl,访问时间:2018-11-05。

讨论问题

1. 可口可乐公司是从什么样的角度看待人力资源管理的?公司为什么要这样做?

2. 可口可乐公司是以什么样的基本标准来选择全球管理者的?请描述其中的两种标准。

3. 可口可乐公司的管理者要熟练地掌握两种以上的语言,这对公司有什么作用?为什么?

21世纪经济与管理规划教材
工商管理系列

第八章

国际企业的组织管理

主要内容

- 国际企业组织管理概述
- 国际企业组织结构的类型
- 国际企业的生命周期与组织设计
- 国际企业的组织控制

核心概念

- 组织的管理结构
- 传统组织结构
- 全球组织结构
- 全球职能结构
- 全球产品结构
- 全球地区结构
- 全球矩阵结构
- 全球混合结构
- 控股公司结构
- 企业外国际网络结构
- 企业内国际网络结构
- 虚拟企业结构
- 无边界组织

学习要求

- 掌握五种典型的全球性组织结构类型的适用条件及优缺点
- 理解三种典型的传统组织结构类型的含义及优缺点
- 理解影响组织结构设计的五类因素

- 理解三种基本的组织控制模式的含义及基本特征
- 理解影响集权的因素及采取集权与掌控组织结构的优缺点
- 理解影响分权的因素及采取分权与自主决策组织结构的优缺点
- 了解国际企业管理的研究对象
- 了解国际企业组织结构演变中四个不同阶段的主要内容
- 了解母公司、分公司与子公司的含义及特点
- 了解控股公司结构、国际网络结构、虚拟企业结构和无边界企业结构的含义及优缺点
- 了解国际企业的生命周期与组织结构的关系

引导案例 战略与组织结构的跨国教训

企业跨越国界从事经营活动是一种全新的生存或发展战略,新的战略和竞争环境要求它们发展相应的组织能力来提高其国际竞争力,这就对它们的组织结构提出了新的挑战(Bartlett and Ghoshal,1998)。Bartlett和Ghoshal的研究表明,任一特定行业中,每个跨国企业都应针对经营环境的变化制定出不同的战略和组织对策。

20世纪70年代的电子消费品行业,成本成为全球性竞争的决定性因素,这就要求企业建立事业部组织结构,集中业务管理,实现规模经济,创立全球效率优势。但是这种变化超越了通用电气跨国经营哲学所理解的mini-GE(小通用电气)范畴,许多市场已经被日本人蚕食殆尽。1987年,通用电气退出国内外电子消费品业务,将其出售给法国汤普森(Thompson)公司。

日本花王公司在20世纪90年代以前一直是令宝洁与联合利华胆战心惊的对手,其高效集中的生产系统、强大的国内市场垄断地位和完善的技术转让计划是国际竞争力的来源。花王公司能在亚洲市场攻城略地,却一次次地在欧美市场上折戟沉沙、无功而返。面对欧美市场上不同于亚洲的复杂的消费者特征、习惯及期望,日本花王公司顽固坚持的事业部组织结构成了其跨国经营的最大障碍。

美国电话电报公司曾是全球第二大电信设备制造商,其联邦式的管理体制造就了大批强大、独立、富有企业家精神的子公司,经受住了贸易保护主义、两次世界大战、地方竞争等一系列挑战。但是当20世纪70年代末数字交换技术和世界范围的国际竞争者出现时,庞大子公司的各自为政阻碍了技术资源和知识的整合,美国电话电报公司不久就退出了国内市场,并最终从全球市场上销声匿迹。

美国通用电气公司、日本花王公司和美国电话电报公司都是世界上知名的大型跨国公司,这些公司在国际竞争中遭遇挫折与失败的主要原因并不仅在于它们战略分析的失

当,还应归咎于其组织结构的缺陷。当行业性质、竞争态势发生改变时,它们没有及时地进行组织结构的调整以配合公司的新战略,为此付出了惨痛代价。

资料来源:李长书,《新联想组织调整与企业跨国经营的结构选择》,《上海管理科学》,2006(5)。

从引导案例可以看出,一个合适的组织形式是国际企业实施其经营战略和实现跨国经营目标的重要保证。国际企业的组织形式是多种多样的,没有一个适用于所有国际企业的最佳组织模式。因此,国际企业必须根据自身发展的情况和特点设计或选择一个合适的组织形式,并且经常根据企业的内部情况和自身发展以及外界环境的变化进行调整。

第一节 国际企业组织管理概述

一、国际企业组织管理的研究对象

组织职能是管理的基本职能之一。企业为了实现既定目标,一方面需要根据分工的原则,对企业的任务和部门进行划分,以有利于充分发挥企业各成员、各部门和各分支机构的专业特长与创新力;另一方面又要按照统一指挥、统一领导和提高效率的原则,通过管理层次的划分和合理授权,确定和协调企业各成员、各部门和各分支机构的职权、职责和相互关系,以有利于企业的有效沟通和控制,为实现企业的总目标服务。

国际企业的组织结构基本上可以分为两类:组织的法律结构与组织的管理结构。组织的法律结构涉及组织的法律形式,它规定了国际企业母公司与国外子公司及各分支机构之间的法律关系和产权关系。组织的管理结构又称组织的实际结构,它是国际企业在经营活动中实际采用的结构,主要涉及企业各部门、各分支机构任务和职权的划分,以及企业的指挥和控制系统。组织法律形式的选择与确定属于管理计划职能研究的领域,国际组织管理则以研究组织的管理结构为主要对象。

在管理学研究文献中,国际组织管理大多只是针对跨国公司组织结构的研究。然而随着经济全球化和企业国际化的发展,越来越多的中小企业加入国际化经营的大潮,它们也同样面临着企业的组织管理问题。

国际企业组织管理的实质是要使企业的组织结构设置有利于提高企业的国际竞争力。国际经营环境的差异性、复杂性和多变性,要求国际企业的组织结构应该更多地具备灵活性、学习能力和自我调控能力,具有有效激励功能,以及有利于资源共享和统一协调等特征。

二、国际企业的法律组织形式

企业在国际化经营过程中,经过对外直接投资,到海外设立分支机构,从法律形式上看,形成了母公司、分公司、子公司等结构。

(一)母公司

一家公司如果拥有另一家公司的股权,并足以控制后者的业务活动,则该公司就是母公司(Parent Company),而另一家公司或其他几家公司就称为子公司(Branch)。母公司的形成与控股公司的发展有关。一般来说,各国法律都规定,控股公司必须掌握其他公司的控制权。控股公司通过掌握其他公司的股权,就能以较少的资本控制许多公司的生产经营活动,从而维持其垄断地位。这种控制其他企业的公司也就成为母公司。

控股公司按是否从事工商业经营活动可以分为纯控股公司和混合控股公司两种。纯控股公司只掌握其他公司的股权或有价证券,不再从事其他的业务活动,也不参与被控制企业的经营管理活动。混合控股公司则既进行控股参股活动,又从事其他的工商业经营管理活动。混合控股不仅盛行于制造业,在金融业也十分流行。

一般说来,跨国公司的母公司是一种混合控股公司,母公司掌握和控制子公司的股权,通过人事参与、战略管理和大政方针的决策,将子公司的生产经营活动纳入母公司经营战略的轨道。

为了有效、全面地控制海外子公司、分公司的运作,母公司必须做到以下几点:①制定整个公司的总体经营战略;②组织公司的生产、销售活动,开发公司所需的技术;③收集、处理、分析和提供各种信息;④确定母公司、分公司、子公司之间的转移价格;⑤负责海外机构的重大人事安排、培训等;⑥制定各种惯例标准、行动守则,包括公司惯例程序、仲裁标准、管理准则、评价指标体系以及晋升奖惩制度等;⑦处理与分公司之间、子公司之间的各种冲突、纠纷,以保证海外机构工作的自主性、积极性与创造性;⑧向海外机构推广新的管理技术与管理方法。

(二) 分公司

分公司是指公司的直属分支机构,无独立法人地位,必须正式授权东道国的某一公民或公司担任母公司在法律上的代理人,由母公司直接领导并对其进行控制。

分公司的基本特征是:①使用总公司名称,没有自己独立的名称;②股份资本完全属于母公司;③没有独立的资产负债表;④以总公司名义,受其委托开展业务活动;⑤其清偿责任不限于分公司的资产,而是整个母公司的资产。

企业在国外设置分公司的有利方面,主要体现在以下三点:①设置程序简单。分公司不是独立的法人,在设置上只需以母公司的名义向所在国的有关管理部门申办即可。②管理机构精练。分公司在所有的经营决策上均服从于母公司,不需要过多的管理部门与层次,只需保证顺利地执行母公司的决策即可。③直接参与母公司的资产负债。分公司自己不具有资产负债表,其收益与亏损都反映在母公司的资产负债表上,而且直接分摊母公司的管理费用。

企业在海外设立分公司也有不利的方面,主要体现在以下三点:①母公司要为分公司清偿全部债务。在特殊情况下,所在国的法院还可以通过诉讼代理人对母公司实施审判权。②母公司在设置分公司时,所在国的有关部门往往会要求其公开全部的经营状况,这不利于母公司保守其财务秘密。③所在国往往关心本国的企业,一般很少关心国外分公司的经营状况。

(三) 子公司

子公司(Subsidiary)是指那些资产全部或部分为母公司所拥有,但根据所在国的法律在当地登记注册的独立的法人组织。子公司在法律上的独立性主要表现在：①有自己的公司名称、公司章程和资产负债表；②可以独立地召开股东大会和董事会；③以自己的名义开展各种经营活动，有诉讼的权利。从经营形式上看，子公司可以是母公司的独资企业，也可以是合资企业。

企业在海外设置子公司有利的方面是：①子公司可以使母公司以相同的资本额控制更多的企业，即母公司原用于控制分公司的百分之百的股份，可以分成若干部分分别控制不同的子公司；②子公司独立承担债务责任，降低母公司的资本风险；③子公司可以有较多的资金来源渠道，充分利用所在国的资金市场；④子公司可以享受所在国的税收优惠政策，同时子公司之间、子公司与母公司之间可以充分利用转移价格、转移利润达到少纳税或不纳税的目的；⑤子公司具有所在国企业的形象，可以被当地接受，在经营业务上也很少受到限制。

企业在海外设置子公司不利的方面是：①子公司在国外注册登记的手续比较复杂，需要经过严格的审查程序；②子公司在所在国除了缴纳所得税，还必须缴纳利润汇出税——预提税；③子公司不能直接分摊母公司的管理费用。

分公司与子公司的特征及区别可用表8-1说明。

表8-1 分公司与子公司的比较

分公司	子公司
设立并不复杂，只需得到当地政府的批准，但批准可能随时会被取消	须依当地法律设立，注册费用比较低，成立之后不易被取消
母公司对之有完全控制权，不利于公司形象的建立	控制权在子公司管理层，有较佳的公司形象，但母公司难以控制
资本全部来自母公司，母公司承担分公司全部债务	能适应本地资产参股，偿还责任限于子公司资产
分公司亏损可从母公司赢利中扣除，若赢利汇回母公司时母公司必须缴纳预扣税，在当地，所得税享有租税抵扣待遇	亏损不得自母公司赢利中扣除，股息派于母公司时须缴纳预扣税，享有租税扣抵待遇
在天然资源开发上享有租税方面的减免待遇	无租税上的减免待遇

国际企业在设置国外组织机构时，需要从企业实力、社会形象、预期经营状况以及所在国的法律等方面加以综合考虑，采取更为合适的法律组织形式。

一般来讲，企业实力雄厚、国际知名度高，可选择分公司的形式，以利于借助母公司的声誉，打入国外新的市场；同时，如果预期企业在国外的机构在初期时会有亏损，则需要选择分公司的形式，以减少总体的亏损。但是，如果所在国的法律对分公司的形式有较严格的限制，则需要考虑采用子公司的形式。

总之，国际企业需要从上述因素出发，综合分公司与子公司各自的利弊，以达成企业总体目标为目标，选择最适合企业利益的国外组织机构形式。

三、国际企业组织结构的演变

从事国际化经营的企业,其组织结构随着企业国际化程度的提高、国际业务活动范围的扩大,以及国际业务活动类型的变化而变化。国际企业组织结构的演变大体经历了以下四个阶段:

(一) 出口部阶段

国内企业步入国际化的初期,通常是靠承接国外订单这种被动方式从事商品或服务的出口业务的。这一时期企业的国际业务通常规模较小、交易频率较低。由于企业总业务中的国际业务所占比重很小,因此,企业的组织结构在企业国际化初期一般也不需要作出什么改变。企业的国际业务由现有的特定部门兼管,出口业务主要通过国内外的进出口贸易公司进行。

当企业的出口业务形成一定的规模、具有持续性和稳定性特征时,企业就真正进入了国际化发展的初级阶段,即主动进出口阶段。国际业务量的猛增,使企业需要有专人和专门的机构经营及管理国际业务,这就要求企业对现有的组织结构进行调整。最简单的调整方法是在企业原有的组织结构基础上,单独设立一个新的部门,即出口部。

企业采用独立的出口部组织结构后,可以继续通过国内外贸易公司从事进出口业务,也可以在国外设立销售和服务机构,建立仓储设施等。

(二) 自治子公司阶段

随着企业国际化的发展,企业开始采用在国外设立子公司的形式进行国际业务的扩张。由于建立国外子公司的初期,子公司的规模通常较小,数量也不多,而且子公司的业务在母公司的总业务量中所占的比重不大,再加上母公司本身尚缺乏国际经营管理经验,企业通常授予国外子公司全部的经营权和管理权,让国外子公司独立地进行经营管理、开拓国外市场。换句话说,在这一阶段,国外子公司具有自治子公司的性质。从组织结构方面看,企业只是把国外自治子公司纳入现有的组织结构,母公司的出口部或公司主管兼管国外子公司的业务。这种自治子公司的组织结构简单易行,母公司通常不需要对子公司实施直接控制,而是通过赢利指标建立起母、子公司之间松散的控制关系。这种组织结构是国内企业走向国际化初期采用的一种重要形式,促进了国外子公司的发展。

(三) 国际部阶段

随着国外子公司规模和业务量的进一步扩大,国外子公司的业务成为国际企业整个业务的重要组成部分;而国外子公司数量的增多则要求加强母公司与子公司之间的联系,协调母、子公司之间和各子公司之间的关系,以便有效、合理地配置企业的总资源。在此要求下国际企业在现有组织结构的基础上增设了国际部,主管企业的国际业务。国际企业组织结构的这一变化标志着其发展进入一个新的阶段。

与出口部和自治子公司组织结构相比,国际部组织结构的重要特点之一,是母公司与子公司建立起正式的联系,企业各部门之间的横向联系加强了。20 世纪 60 年代后,国际部组织结构逐渐发展成为国际企业的主要组织结构类型。

(四)全球组织结构阶段

伴随着经济全球化的发展,国外子公司的规模和业务范围进一步扩大,这使得对企业国内业务和国际业务分别进行管理的原有的国际部组织结构已经无法适应新形势的要求。这就导致了新式国际企业组织结构——全球组织结构的出现。

全球组织结构要求企业实施全球战略,从全球的角度更有效、合理地配置企业资源;企业设立部门不再把国内业务和国际业务割裂开来,不再把它们分别交由国内部和国际部分管,而是以有利于全球业务的发展为目标,不再强调国内业务与国际业务的区别,使企业的每个部门都既管理国内业务又管理国际业务;此外,母公司为了更好地实现企业的全球战略,加强了对国外子公司的控制权。

发达国家跨国公司组织结构的比较

一、美国跨国公司组织结构的特点

美国的跨国公司在世界经济舞台上占有重要的位置,全球组织结构(如产品分部结构和地区分部结构、矩阵结构等)对美国公司来说不是一个新名词。但在20世纪60年代,调查表明,只有少数美国公司采用全球组织结构。尽管国际业务量不断增多,但大多数美国公司的组织结构却发展缓慢,仍以国际部形式来管理国外业务。进入80年代,吉姆斯·哈尔勃特(James Hulbert)和威廉·勃兰特(William Brandt)调查研究了美国、日本的跨国公司,被调查的美国公司中有1/3采取全球组织结构,而2/3仍然采用国际部组织结构来管理其世界范围内的业务。一些欧洲公司则较多地采用了全球组织结构。相关情况见表8-2。究其原因,可能是因为美国具有广阔的国内市场,其国内市场容量相当大,许多美国跨国公司以占领国内市场为主要目标。

表8-2 美国、欧洲、日本跨国公司的组织结构

跨国公司母国	直接报告(%)	组织结构设计		合计(%)
		国际部(%)	全球结构(%)	
美国	0	67	33	100
欧洲	39	17	44	100
日本	13	87	0	100
总计	18	48	34	100

资料来源:James M. Hulbert, William K. Brandt, *Managing the Multinational Subsidiary*, Praeger Publishers, 1980。

二、欧洲跨国公司组织结构的特点

从历史上看,欧洲跨国公司的组织结构通常习惯于母公司与子公司之间的一种非正式关系。海外子公司具有高度的自主性,子公司经理直接向母公司的最高管理层报告。其主要原因是,在海外投资的初期,母公司的经理主要关注通过商业冒险尽快获取利润,而不是强调实行管理控制。许多人被派往国外,独立经营企业,他们与母公司之间除了保

持一种利润汇付的关系,几乎没有其他的关系。

随着欧洲共同市场的出现以及欧洲公司的日益国际化,上述情况有了改变。根据劳伦斯·G.弗兰科的调查,随着企业经营规模的扩大、地区和产品多样化的提高,母国与子公司之间松散的、非正式的"母子关系",正在被越来越紧密的、正式的关系替代。1975年,劳伦斯·G.弗兰科调查了127家欧洲跨国公司,其中有70%左右建立起以全球性产品分部结构或全球性地区分部结构为基础的事业部制。另外,从表8-2中我们也可以看到,44%的欧洲跨国公司采用了全球结构,只有少数(17%)的公司仍然沿用国际部形式。总之,欧洲跨国公司比美国跨国公司更倾向于采用全球结构以管理其业务。

三、日本跨国公司组织结构的特点

日本公司的弹性组织结构、非正式控制、长期利润导向、终身雇佣、关心雇员福利等,在管理组织中是卓有成效的。

20世纪50年代以来,日本跨国公司就开始对外直接投资,但仍然是海外生产的新手。直到1966年,日本海外生产的投资才仅有十几亿美元。70年代以后,日本对外直接投资急剧增加,1979年达到127亿美元,这使日本跨国公司需要重新考虑组织结构安排。

80年代,日本跨国公司处于调整其组织结构的压力之下。在跨国公司发展初期,出口部门承担了管理海外商务活动,包括生产制造方面的重任。但是,当企业拥有几个海外生产制造子公司时,对新的组织形式的需求十分明显。从表8-2可以看到,87%的日本跨国公司采用国际部形式来管理国际业务,出口部和国际部往往同时存在。松下公司对国内部分采用"产品事业本部"模式,而对国外部分采用"国际事业部"模式;三菱电梯公司的国内组织由6个"产品事业部"构成,国外部分由"海外事业本部"进行运作;从1987年开始,日本东芝公司撤销海外本部,逐步向国际本部过渡。

综合商社的存在是第二次世界大战后日本产业组织的一个重要特征,它指的是那些具有多种职能、规模巨大、经营多种商品并在对外贸易中占有很大比重的综合性商业垄断组织。综合商社对日本经济贸易的发展意义重大,素有日本"国中之国"的称谓。

到1970年,许多商社设置了辅助商社经理一级的高级管理人员工作的综合部门,称为"管理部""计划部""业务部"等;同时,采用分权管理组织形式,实行产品事业部制。事业部制确立了盈亏责任制,可以使膨胀了的组织结构更加灵活。70年代后,综合商社调整了战略和政策,相应地在组织上加强了业务本部和开发本部。

资料来源:陈向东、魏拴成,《当代跨国公司管理》,北京:机械工业出版社2007年版,第131—133页。

第二节 国际企业组织结构的类型

国际企业组织结构的类型是在国内企业组织结构的基础上发展起来的,它们与国内企业的组织结构有着许多相似之处,但是在国际化经营条件下,特别是在经济全球化条件下,国际企业的组织结构还是呈现出许多新的特点。

国际企业的组织结构类型大体可分为两类:传统组织结构和全球组织结构。

一、传统组织结构

国际企业的传统组织结构又称多样化组织结构,其主要包括出口部组织结构、自治子公司组织结构和国际部组织结构。这些组织结构的共同特点是国际企业的国内业务和国际业务是相互分离、各自独立的。国际企业通常是在原有组织结构的基础上,增设主管国际业务的部门,如出口部和国际部,负责企业的国外业务。

(一)出口部组织结构

国际企业的出口部通常是在企业现有的国内组织结构的基础上,在销售部下增设的,或者在总经理下增设与国内销售部和其他部门并行的出口部,专门负责企业产品和服务的出口业务,负责在国外选择国外销售和服务代理,或建立国外销售和服务机构以及仓储设施等。国际企业出口部组织结构如图8-1所示。

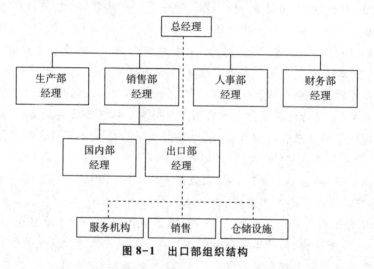

图8-1 出口部组织结构

出口部结构的优点是结构简单、便于管理,能够适应企业国际化起步阶段的需要。出口部结构的局限性在于这种结构只适用于具有简单出口业务的企业,难以适应国际化发展程度高、国际业务规模大和从事多种国际经营活动的国际企业。

(二)自治子公司组织结构

自治子公司组织结构与出口部组织结构形式上相同,它们都是对企业国内组织结构的一种补充。但是它们在内容上有很大差别:出口部只负责企业的出口业务,企业在国外没有设立独立的子公司;而自治子公司结构则是针对在国外设有子公司的企业,子公司在国外从事生产和销售等活动。

自治子公司结构有两种情况:一是企业在不同国家和地区建立独立的子公司,在国际企业内部,其作为独立的机构直属于母公司,接受总经理的指挥(如图8-2中的a所示);二是企业在不同国家和地区建立独立的子公司,接受企业销售部经理的指挥(如图8-2中的b所示)。

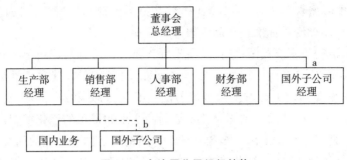

图 8-2 自治子公司组织结构

自治子公司组织结构最重要的特点是国外子公司拥有很大的决策权和经营权,基本上实行自治管理、自主经营。母公司与子公司之间的关系是一种松散的和非正式的联系,只要子公司能够完成公司的利润指标,母公司将不会干预子公司的经营活动。

自治子公司组织结构的优点:一是自治子公司对国外市场有较强的适应力和高度的灵活性,根据所在国市场的变化及时调整公司战略与经营策略,有利于开拓国外市场;二是有利于子公司实施本地化经营战略,生产和销售适合国外市场需要的产品。

自治子公司组织结构的局限性:一是母公司与子公司缺乏密切联系,这会造成母公司缺乏对子公司的了解、控制和支持;二是使自治子公司只关心自身的利益,而很少会考虑整个公司的利益,母公司很难将自治子公司的经营纳入公司的整体发展战略方案中。

(三) 国际部组织结构

国际部(International Division)是国际企业在现有组织结构的基础上,设立的专门负责企业所有国外业务的事业部。国际部由企业的副总经理负责,在企业内部具有与其他国内分部并列同等的地位(如图 8-3 所示)。

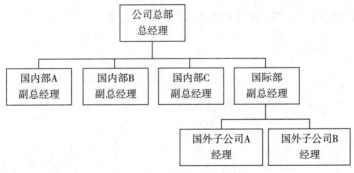

图 8-3 国际部组织结构

国际部通常把国外业务的绝大部分经营管理权集中起来,统一指挥。但是对于作为独立法人的国外控股公司,则给予它们较大的独立自主权。此外,许多规模大的国际企业实行国际部区域化方案,设立地区国际部。

国际部结构的主要优点有:第一,有利于企业对外业务进行集中管理和协调,使企业能够加强对国外子公司的支持和控制,有效协调国外各子公司之间的关系,实施企业总的发展战略;第二,有利于企业汇集国外子公司的国际商务知识和经验,更好地开展国际业务和对国外企业活动的管理;第三,有利于企业利用专业化分工原则,开拓国际市场;第四,有利于培养国际型管理人才;第五,有利于避免国内部和国际部之间的权限之争;第六,有利于满足国外市场对标准化产品和服务的需要。

国际部组织结构的主要局限性有:一是不利于企业国际部与国内部的沟通和交流,甚至会导致二者的冲突;二是由于国外子公司的决策权受到限制,其灵活性较差,对国外市场变化的反应速度受到较大影响。国内部与国际部在目标、利益、市场、经营管理等方面的差异有时会引发冲突,从而不利于企业总战略的实现和资源的优化配置。

国际部结构是国际企业采用最多的一种组织结构。当国际企业的国外业务规模不是很大、多样化程度较低,且还不具备足够的掌握国际管理知识和技能的管理人员时,较适合采用这种组织结构。

二、全球组织结构

随着国际企业规模的迅速扩大和国际业务量的猛增,企业的国际化程度不断提高,国际业务以及国际管理的复杂程度也都在不断提高。传统的组织结构已经无法适应这种发展的需要,于是形成了全球的组织结构。

全球组织结构又称一体化组织结构,其总的特征是企业把国内业务和国际业务视为一个整体,按照层级制原则设立组织机构。根据一体化程度的不同,国际企业的组织结构又有区域一体化组织结构和全球一体化组织结构之分。前者是局部性的全球组织结构,后者是完全的全球组织结构。

全球组织结构可以大体分为五种类型:全球职能结构、全球产品结构、全球地区结构、全球矩阵结构和全球混合结构。

(一) 全球职能结构

全球职能结构(Global Functional Structure)是国际企业按照生产、销售、财务、采购和研究与开发等职能设立分部,每个分部统管相应职能领域的国内业务和国际业务(如图8-4所示)。

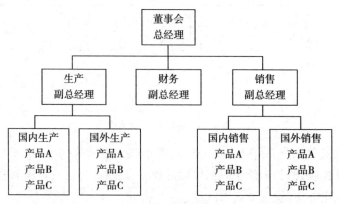

图 8-4 全球职能结构

全球职能结构的主要优点是:第一,有利于充分发挥专业化分工的优势,对国际企业的复杂业务活动实行统一、有效的专业化管理。第二,易于实施全球战略。由于企业按职能将其国内外经营决策权集中起来,就使其能够根据全球战略的需要对企业的业务活动进行集中控制和协调。第三,能够减少对管理人员数量的需求。全球职能结构可以避免机构、人员的重复设置和多头领导,使企业用较少的管理人员实施对庞大、复杂组织的控制。第四,有利于减少国外子公司之间的矛盾与冲突。因为成本核算和利润考核工作主要集中在企业总部,子公司不存在利润核算问题,这就减少了各子公司之间可能出现的利益冲突。

全球职能结构的局限性主要表现在:第一,企业总部的协调工作量大。因为企业的各职能部门缺乏横向联系,所以企业总部需要对各职能部门,特别是对有密切联系的研究与开发、生产和销售活动进行大量协调工作。第二,不适用于企业开展多种经营。按职能设计组织结构通常只适用于无差异或差异化小的产品生产和销售企业,多种经营会影响企业的决策速度,加大企业的协调工作量。第三,不利于企业经营活动的地域扩张。因为不同国家的市场条件不同,企业总部很难要求在不同国家的子公司都按与总部相一致的职能要求设立部门。

(二) 全球产品结构

全球产品结构(Global Product Structure)是一种把产品或产品线作为设立部门标准的组织结构类型。每个产品分部都对国际范围的研究与开发、原材料的采购、产品的生产和销售等负责,企业的国内业务和国际业务归属于各个不同的产品分部(如图8-5所示)。

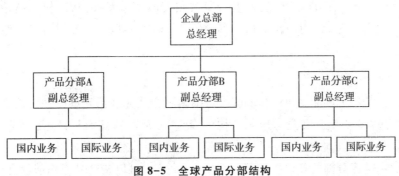

图8-5 全球产品分部结构

据统计,到20世纪70年代初,《财富》世界500强中大约90%采用的是产品部门结构。之所以有如此众多的国际企业采用全球产品结构,主要是因为这种组织结构具有以下几个突出的优点:第一,它有利于协调全球范围内的产品生产和销售,提高企业全球生产和经营效率。国内和国际业务的紧密结合可以使企业的国内外业务相互补充,有利于发挥规模经济效应;按产品或产品组确定权责可以降低实行全球产品战略的复杂性;此外,企业比较容易收集和利用相关市场及产品的国际经营经验。第二,它有利于国际企业进行多元化经营。不同国家的市场对产品和服务的需求以及经营风险各不相同,国际企业扩大国际化经营和降低风险的最重要的方法之一就是进行多元化经营。进行多种经营的国际企业采用全球职能结构的协调工作量和协调成本都很大,而采用全球产品结构则能够较好地解决这一问题。第三,它有利于企业根据产品在不同国家所处生命周期的差异安排其生产和销售。第四,它有利于国际企业进行多元化经营,一方面,产品分部的主管人员可以把精力放在降低产品成本上,另一方面,企业总体上实现产品多样化经营战略,能够有效地提高企业的国际竞争力。

生产的产品数量大,且产品的全球标准化程度高的国际企业,特别适合于采用全球产品结构。当然,全球产品结构并不意味着企业提供给国内市场、国际市场的产品和服务必须是统一的、标准化的。国际企业可以在产品分部下再设立国内业务和国际业务分支机构。对于程度较高的区域一体化成员国,如欧盟的企业,一体化成员国之间的国际商务活动被看作"国内业务",与非成员国的业务才是国际业务。

全球产品结构的主要缺点有:第一,产品分部较难充分考虑到不同国家市场的不同特征,使企业失去对当地需求的回应。第二,导致各分部人员和设备的重复设置,造成组织资源的浪费。第三,不利于不同产品分部之间的沟通、协调和合作,不利于产品分部之间的资源共享和利用。因为产品分部之间缺少沟通和协调,会使本可以共同委托第三方完成的项目不得不分别由各个产品分部独立进行。此外,同一地区的不同产品也将难以实现协调,一个产品分部很难对其经营地区所需要的其他产品进行协调。第四,不利于发挥具有国际经营专业知识、熟悉国际经营的管理人才的优势。第五,容易过度强调产品特征,从而容易忽视企业的全局利益。

以多元化经营为主,在全球范围内使用不同的技术,以及进入结构不同的国外市场的国际企业适合于采用这种组织结构类型。

日本松下电器公司1993年引入产品分部结构。其成功之处在于,通过把每个生产部门看作独立的小企业,促进内部竞争,实现最大限度的国际发展,从而使得销售额和利润剧增;其失败之处在于,采用产品结构,把研发工作集中在日本,从而错过了一系列重大的发明革新。

(三) 全球地区结构

全球地区结构(Global Area Structure)是按国际企业业务活动的空间位置设立部门的一种国际组织结构类型。在全球地区结构中,地区分部的管理人员只对特定地区的产品和经营活动负责,每个地区分部主管一个或若干个国家的业务,下设国家或跨地区的子公司。根据需要,地区分部的下属机构可以按地区设立,也可以按产品或职能设立(如图8-6所示)。

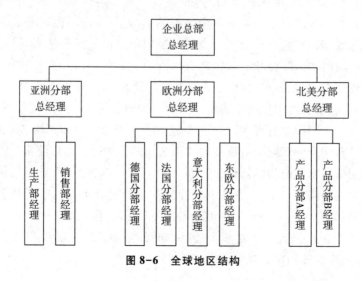

图8-6 全球地区结构

全球地区结构给予地区和下属国家子公司高度的决策权和经营权,它们有权根据所在地区和国家的特殊环境确定及调整经营战略。例如,美国的 IBM、通用汽车公司,欧洲的飞利浦、西门子公司等在全球许多地区都设有影响很大的地区总部。

采用全球地区结构的国际企业,一方面能够提供适合于一个地区的标准化、同质性的产品和服务;另一方面又积极推行本土化战略,企业的地区分部致力于生产和销售适合于特定地区和国家的产品。例如,企业生产与销售针对不同地区和国家环境特点的化妆品及饮料等。

在国际化经营实践中,很多强调销售和营销对企业发展具有重要作用的企业采用全球地区结构。美国的企业在采用全球地区结构方面已经取得了很大成功,欧洲的企业是逐渐接受这种组织结构类型的。此外,也有些国际企业采用全球地区结构是为了利用或消除国家贸易壁垒、获取利润。例如,母公司为子公司提供生产技术和管理支持,子公司在所在国生产和销售与母公司同质的产品。这使企业易于进入所在国市场,又可以靠所在国的贸易壁垒防止其他新竞争者的进入,从而保证企业能够获利。

全球地区结构的主要优点有:第一,易于适应地区环境。一方面,企业容易适应地区和国家的政治及法律环境;另一方面,企业也容易更快、更好地适应地区市场和经营环境的变化。第二,有利于企业各地区子公司之间业务的协调。地区分部可以在地区范围内对地区市场所需的各种产品进行协调,以更好地满足市场需求,克服全球产品结构只能协调本产品分部生产和经营的产品的缺陷。第三,有利于对地区分部内各国资源的统一调配和充分利用,提高资源的使用效率。第四,有利于培养国际管理人员。企业总部的管理人员可以通过地区分部收集和利用不同地区、不同国家的市场信息和经营经验,提高制定企业战略的质量,增强协调地区业务的能力。与全球职能结构和全球产品结构相比,全球地区结构的分部管理人员需要协调、处理有关管理各个职能和不同产品生产的多种复杂关系,从而有利于培养具有整体协调能力的国际性管理人员。

全球地区结构的主要局限性:一是不利于地区分部之间的交流与协调;二是容易使地区分部过度强调地区特点和地区利益,影响企业全球竞争优势的发挥;三是不利于地区分部之间相互学习,因为地区的环境不同,在一个地区成功的管理经验不一定可以运用到另一个地区;四是对含有较多异质性产品生产的地区分部进行协调的工作量和难度都很大。生产标准化和同质性产品的国际企业更适合于采用全球地区结构。

(四) 全球矩阵结构

全球矩阵结构(Global Matrix Structure)是全球产品结构、全球职能结构和全球地区结构的组合型组织结构,通常为二维矩阵结构(如图 8-7 所示)或三维矩阵结构(如图 8-8 所示)。全球职能结构和全球地区结构的组合是国际企业采用较多的矩阵结构类型。但是有的国际企业也采用三维甚至四维矩阵结构。例如,美国的道化学公司就是采用全球三维矩阵结构的国际企业,其组织结构由 5 个地区、3 个职能(营销、生产和研究)以及 70 多种产品组成。四维矩阵结构则是在职能、产品和地区基础上,再加上时间或项目等因素作为第四维度构成的组织结构。例如,当一个国际企业进入的多个国外市场处于不同的发展阶段时,采用考虑时间因素的四维矩阵结构就成为必要。

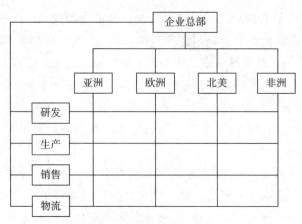

图 8-7 二维全球矩阵结构

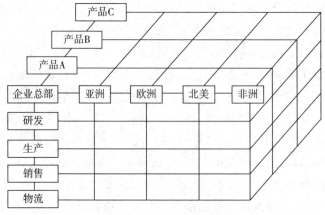

图 8-8 三维全球矩阵结构

全球矩阵结构的优点是:第一,有利于应付日趋复杂的国际经营活动,兼顾产品结构、地区结构和职能结构的优势。一维组织结构的弱点是强调一种组织结构的优势时,一般无法兼顾利用另一种组织结构的优势。例如,采用全球产品结构无法兼顾对不同国家的不同产品进行集中协调。全球矩阵结构能够较好地解决这一问题。第二,有利于企业内部、地区、产品和职能部门之间的合作与协调以及企业全球战略的实现,防范企业经营分散化风险。

全球矩阵结构的主要局限性是:第一,存在的多重指挥系统会导致企业管理效率降低。第二,协调工作量大,管理成本高。企业总部需要协调产品、地区和职能分部之间的关系,而庞大、复杂的组织则需要较多的管理层次。第三,企业需要拥有足够的、训练有素的国际管理人员。复杂的全球矩阵结构要求管理人员熟悉多维管理系统,掌握处理企业内部复杂关系的管理技巧。例如,3M 公司要求各部门主管必须向职能、地区和经营主管报告工作。

(五) 全球混合结构

全球混合结构(Mixed Structure)是把全球产品结构、全球地区结构和全球职能结构加以组合的又一种组织结构类型。尽管全球混合结构与全球矩阵结构都试图把二维或多维因素的优势结合起来,在一个企业内按混合因素设立部门,但是它们也存在着重要区别。全球矩阵结构是二维或多维因素在企业的组织结构中的全面组合,企业各部门之间有着全面、广泛的联系;全球混合结构则只是企业的部分部门按混合因素进行组合,部门之间的联系也只发生在有组合关系的部门。全球混合结构可以有两种情况:一是国际企业总部之下的二级部门是按产品、地区和职能混合设立的;二是企业的两个二级部门混合对下属子公司进行管理,形成一个企业的局部矩阵结构。图8-9是全球混合结构的简图,图中用虚线连接的部分表示产品分部与地区分部负责共同协调管理在某地区的产品子公司。企业从全局协调各产品分部、地区分部和职能分部的活动。

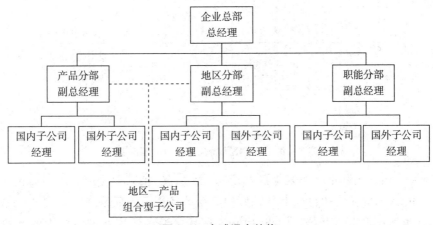

图 8-9 全球混合结构

全球混合结构的优点大体与全球矩阵结构相同,一是有利于吸收全球产品结构和全球地区结构的优点,既保证企业全球战略能够得以实施,又使企业能够根据地区和国家市场的特点及时对产品进行调整;二是有利于加强企业各部门之间的横向联系,促进部门间的合作与协调;三是易于进行组织结构的调整,企业可以根据经营环境的变化和国际经营的需要,及时调整现有的混合型部门或设置新的混合型部门。

全球混合结构的局限性主要表现在管理方面的难度和部门协调方面的难度上。由于全球混合结构是一种非常规化的组织结构,因此,各部门之间的差异性很大,不易管理和协调。

宝洁公司是为数不多的仍以国际部结构作为主要组织形式的大型跨国公司之一。宝洁公司按照产品分部形式构建其在美国的公司,同时按照国际部的形式组织其他国际生产。一般来说,对一个拥有从洗衣皂到保健与美容护理产品等40大类产品的公司来说,国际部将无法很好地运转。但是,宝洁公司却是一个运转成功的公司。为什么国际部能够在宝洁公司有效地运转呢?它是如何运转的?从许多方面看,宝洁的国际部是与其在美国的总部相平衡的部门。国际部之下是一个混合的地区与产品组织,它将公司在世界范围内分为三个大陆集团,其中欧洲被分为两个广义的产品集团。在欧洲,理查德森·威克斯负责保健与美容护理产品,同时欧洲技术中心控制着其他产品。图8-10是简化了的宝洁公司的组织图。

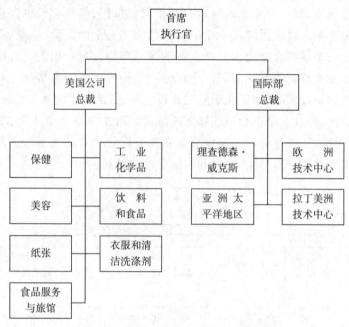

图 8-10　宝洁公司混合结构中的国际部

在宝洁公司的国际部之下是地区性组织,因为对宝洁公司生产的诸如面包和黄油这样的消费品而言,地区性调整是十分必要的。地区经理有责任重视本地区的产品开发需求。然而,虽然在组织图上没有标明,但是这些地区经理还应对国际范围的产品开发负责。如果一个地区开发出一种好的产品,那么,公司文化和高层管理者的期望就会鼓励将这种信息与美国以及其他地区的产品部共享。

我们对以上五种全球性组织结构的适用条件、优点和不足进行比较,结果如表8-3所示。

表 8-3　五种全球性组织结构的比较

名称	组织结构的适用条件	组织结构的优势	组织结构的不足
全球职能结构	(1) 经营产品的种类不多且多为标准化产品,市场需求量较稳定的企业 (2) 需求以全球为基础、由各个阶段构成的对整个生产过程进行紧密协调和控制的企业 (3) 许多产品的原材料需从世界某一地区向另一地区进行跨国转移的企业,例如石油、原材料采掘、矿业品加工企业等	(1) 企业总部可集中权利控制各个部门的业务,有助于树立母公司的权威性 (2) 充分发挥各职能部门的积极性,提高专业部门的经营效率 (3) 各职能部门的工作能合理划分、相互衔接、相互配合 (4) 各职能部门间没有直接的利益冲突 (5) 专业管理人员精简	(1) 各职能部门常从专业角度思考问题,有时会意见不一、难以沟通 (2) 难以适应经营扩大的形势

(续表)

名称	组织结构的适用条件	组织结构的优势	组织结构的不足
全球产品结构	(1) 经营规模庞大、产品种类与产品线众多且制造技术较为复杂的企业 (2) 跨国运送障碍多、运输成本高的企业 (3) 宜在东道国就地制造、就地销售,且需充分的售后服务的企业 (4) 需要将产品设计、制造、营销统一起来的企业	(1) 便于各个产品部根据东道国需要制造出最适宜的产品 (2) 便于与消费者的沟通 (3) 便于各个产品部经营行为长期化,使其能够注重原材料投入、生产、成本、研发、人事等工作一体化成长 (4) 便于母公司对各产品部经营业绩进行准确的考核	(1) 各产品部均设有自己的职能部门,造成与企业总部的管理重合,形成资源的浪费 (2) 各产品部既负责国内又负责国外,易产生两种倾向,或对国外业务不甚关心 (3) 处于相同销售区域的不同产品部的管理难以协调与沟通,企业总部与各产品部有时难以协调与沟通,总部对各产品部的决策不易把握
全球地区结构	(1) 企业经营产品种类有限,如未采用大量多元化经营的食品业、饮料业、农业、机械业、原材料业等 (2) 产品的生产技术成熟、销售稳定,同时,产品的制造技术、销售手段较相似 (3) 产品在某些方面出现较强的地区性差异	(1) 区域性经营目标明确,战略较单纯,易于下属贯彻执行,有助于母公司及区域部管理效率的提高 (2) 在同质的产品市场上,充分发挥区域部利润中心的作用,促进各区域部间的有效竞争 (3) 区域部可根据本地区的特点,协调所属各子公司的资源	(1) 区域部对产品、技术、资金难以横向、综合利用 (2) 区域部易和母公司战略目标发生冲突 (3) 无法适应产品多样化的发展 (4) 各区域部机构重叠、资源浪费、管理费用高 (5) 企业总部难以制订全球性的产品开发计划
全球矩阵组织	(1) 企业产品种类繁多,地区分布甚广 (2) 企业国外业务的开展,要求企业的产品部、区域部、职能部等要同时作出反应 (3) 企业最高决策者的协调能力强,企业内部有最完善的、效率高的管理网络 (4) 企业基础雄厚,允许资源在多重部门中共享	(1) 可综合、全面地设计企业发展战略,充分利用企业内的各种资源 (2) 多方面调整各部门的工作积极性 (3) 能够使企业更加适应外界的变化,及时调整企业的行为	(1) 组织结构过于复杂 (2) 多重的报告制度有时会造成管理混乱 (3) 管理决策者们常陷于处理部门冲突之中 (4) 有时会产生责权不清的问题
全球混合结构	(1) 企业规模庞大、经营产品种类多,经营地域广 (2) 企业成长快,兼并或新建了分布于不同国家或经营不同产品的企业	(1) 适应多元化经营 (2) 多方位地开拓国外市场,使企业的资源得以充分利用	设置不当时,易引起指挥失灵,经营效率低

三、国际企业组织结构的新发展

国际企业的组织结构随着环境的不断变化也在发展。近年来出现了一些新型的组织结构,如控股企业结构、国际网络结构、虚拟企业结构和无边界企业结构等。

（一）控股公司结构

控股公司结构(Holding Structure)是由国际核心控股公司以及若干个法律上和组织上独立的子公司组成的组织结构。核心控股公司为该组织结构的战略领导核心,各子公司则独立处理各自的经营业务活动。子公司可以是国际企业原有的国外子公司,也可以是国际企业后并购的国外企业(如图8-11所示)。

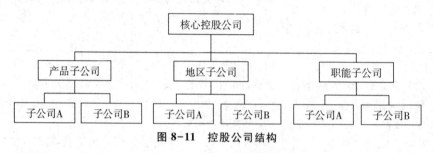

图 8-11　控股公司结构

核心控股公司通过参股、吸收子公司管理人员参与高层管理机构、签订合同,以及打造企业文化和进行有效沟通等方式来协调及控制与子公司之间的关系。

控股公司结构包括两种主要形式:财务控股和管理控股。前者主要限于对子公司的财务资金的管理;后者则承担控股公司总的战略管理任务,具体经营任务仍由各子公司独立实施完成。

与传统组织结构相比,控股公司结构的优点主要有:第一,协调国际企业内部的工作量和难度大大降低。国际企业的地区化经营和产品多样化生产会导致协调量、协调难度的增加,而采用控股结构,核心控股公司与子公司的合作和协调关系就变得简单明了了。第二,使国际企业具有高度的灵活性,子公司具有高度的自主权,决策速度能够大大加快。第三,便于企业实现快速扩张。企业可以通过并购参股新的国外企业而使企业快速扩张。第四,便于发挥优势,实施企业总体战略。当代国际企业采用控股结构最主要的原因在于控股结构可以使各子公司的核心业务领域结合成为一个整体,使子公司多样化的经营优势与企业的总体发展战略相结合。第五,能够节约管理费用。由于企业的管理宽度大,核心控股公司不需要直接参与子公司的经营管理活动,从而能够减少国际企业的管理费用支出。此外,该结构还能通过年度财务报表等形式增加母、子公司之间关系的透明度,以及享受一些国家税率方面的优惠待遇等。

控股公司结构的局限性在于:一是子公司之间缺少正式的沟通和协调机制,导致子公司之间协调困难;二是存在着子公司完全独立化的风险;三是当子公司与母公司的利益产生矛盾或冲突时,会限制企业总体战略的有效实施;四是核心控股公司管理层的确定以及企业文化建设等方面都容易遇到较大困难。

(二)国际网络结构

随着经济全球化的发展和国际互联网在国际商务活动中的广泛运用,国际企业特别是拥有众多子公司和股东的大企业的结构也呈现出网络化发展的趋势。

国际网络结构可以分为企业外国际网络结构和企业内国际网络结构两种。前者是跨越企业界限与企业外其他组织之间形成的网络关系,后者涉及企业内部各部门之间形成的网络关系。

企业外国际网络结构是由法律上和经济上独立的不同企业结盟所组成的。企业间结成的长期网络联合体又被称为"战略联盟""战略网络""动态联盟"和"合作网络"等。企业内国际网络结构是由企业内部各部门组成的联合体,它可以是地区中心式结构,也可以是内部网络结构或内部一体化网络结构等。

国际网络结构要求联合体中要有一个能起战略领导者作用的企业或分部,即核心企业或分部,其扮演着网络管理员的角色,目的是保证网络正常、高效的运行。

国际网络结构的优点是有利于解决全球化与分权化、地区化与多样化的矛盾,因为它能够把大企业和小企业各自的优势有机地结合起来。其局限性主要是协调难度较大。

(三)虚拟企业结构

虚拟企业是依托不同独立企业的核心能力,按价值链建立起来的松散型一体化联合体。主要特点:一是虚拟企业的成员可以共享对方的核心能力,相互支持和相互补充;二是虚拟企业掌握现代信息和通信技术,通过网络连接实现合作;三是虚拟企业不必设立职能部门,也不必设立专门的协调机构,而是以程序为导向,根据企业的合作发展进程对组织结构进行调整;四是虚拟企业以顾客为导向,企业根据顾客的消费需求组建相应的虚拟联合体。

虚拟企业的优点:一是表现出高度的适应性和灵活性;二是能够更迅速地开拓和进入新的市场;三是可以节省设立组织机构和协调机构的费用以及管理费用。

虚拟企业的主要局限性:一是难以形成和实施企业总的发展战略;二是难以形成企业总的价值观,难以进行企业文化建设;三是存在企业核心技术扩散或虚拟企业成员单方面获取和利用其他合作伙伴的核心技术而设法保护自己的核心技术的风险。

(四)无边界企业结构

无边界企业又称无缝组织(Seamless Organization),它是建立在打破组织内外部边界基础上的一种松散合作型组织结构。与母子公司之间、各子公司之间、公司和客户之间以正式规范联系为特征的传统组织结构不同,无边界企业致力于淡化和消除企业边界的限制。该类组织结构以团队为基本单位,企业内部部门之间与员工之间的团队合作方式得到肯定和发展,这种团队还跨越企业本身的界限与企业外部的其他团队组成联合体。无边界企业联合体的成员会不断发生变化,但是整个团队的目标可以得到保持和发展。

无边界企业结构的优点:一是具有极大的灵活性,可以更好地适应企业国际业务多样化发展的需要;二是可以利用企业外不同团队各自的优势,加快新产品研究与开发以及开拓市场的速度;三是可以通过加强企业内外部的人际沟通与交往,促进劳动效率的提高;四是可以减少管理层次,降低管理成本。

无边界企业结构的局限性主要是目前还缺乏有效的跨企业的团队管理方法,这种组织结构通常更适合于以产品和市场为导向的企业,难以形成企业的全球战略,难以实行全球化、一体化经营。

第三节　国际企业的生命周期与组织设计

企业的组织结构设计与企业生命周期的长短有着密切的关系。在激烈竞争的国际环境中,企业不进则退,只有不断创新,形成自己的组织优势,才能在竞争中生存和发展。世界上一些大型和超大型跨国公司之所以能够历经百年而长盛不衰,其组织不断创新、滚动发展是其重要原因之一。比如,三九集团在规模不断发展壮大的过程中,管理组织结构也在经历不断的调整和变化。创新的经营模式和组织结构助力三九集团实现高技术、高质量、高效率和高效益,使其发展成为一个全球性的跨国公司,取得巨大成功。

一、国际企业的生命周期与组织结构

企业种类繁多,差异很大,不同企业的生命周期差别也很大。有的企业昙花一现,尚未形成大的规模就夭折了;有的企业虽然形成了一定的规模,但在建立现代企业制度、以科学的管理手段持续发展的路上败下阵来;有的企业经久不衰,规模越来越大,如荷兰的飞利浦公司、美国的通用电气公司等。企业的生命周期大致可以归纳为创业、规范化、成熟和衰退四个阶段(如图 8-12 所示)。在不同的发展阶段,企业的组织结构各不相同,采取的调整策略也不相同。

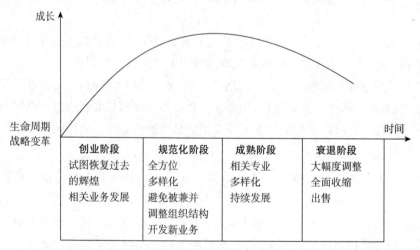

图 8-12　企业生命周期

创业阶段是企业的幼年时期。在这一阶段,企业规模小、人心齐、关系简单,一切由投资者指挥决策,高层管理者直接设计企业结构和控制系统。企业能否生存、发展完全取决于高层管理者的素质和能力。

规范化阶段是企业的青年时期。企业在市场上初步获得成功,人员迅速增多,企业不断壮大。投资者经过磨炼成为管理专家,或者引进有管理企业才能的专门人才,重新确立

发展目标,按照权力等级建立各个部门,职工情绪饱满,对企业有很强的归属感和自豪感。企业系统内的沟通和控制机制还基本上是非正式的,仍由具有很高权威的领导者主宰一切。

成熟阶段是企业的中年时期。这时企业已有相当的规模,增加了许多参谋和辅助机构,制定了一系列加强管理的规章制度,高层与中下层管理者建立了正式的协调控制系统,有明确的分工,按规范化、程序化的模式开展工作,一切秩序井然。这时企业容易出现惰性,随着时间的推移会出现信息失真、指挥不灵、工效不高等"大企业病"。

衰退阶段是企业的老年时期。在这一阶段,企业管理不善,员工人心涣散,利润大幅度下降,出现严重亏损,难以生存。

企业在其发展的不同阶段应采取不同的调整策略,如图8-13所示。

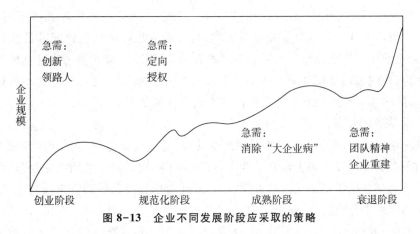

图 8-13 企业不同发展阶段应采取的策略

二、国际企业的组织设计

(一) 组织结构的选择

在全球化下,国际企业所面对的挑战越来越多,也越来越复杂,这将迫使国际企业在新的环境和竞争要求下对组织进行变革与改造。在全球竞争与经营下,国际企业面临的挑战主要有:

(1) 应如何安排组织结构以获得全球运作的高效率;
(2) 应如何对各东道国的需要及时作出反应,因地制宜地灵活调整,适应不同的需要;
(3) 应如何具备全球学习的能力,不断调整组织形式。

在竞争环境下,一个企业要实行全球化经营,就必然要对这三项挑战作出回答。然而,要实施这三个方面都得到周全考虑的组织战略是非常困难的,走向全球将使任务更繁重、组织更复杂。满足上述需要的任务是艰巨的,需要借助于组织的扁平化、员工的充分自主权和主动性、企业文化的融合、品牌与质量意识的树立、柔性生产体系、快速的产品开发创新、高效的配送体系、有力的营销手段等,才能达成目标。

一个有效率的组织必须遵循"战略决定结构"的基本原则。由此,企业必须首先制定国际经营战略,然后,在战略的指导下,实现战略目标,确定能有效实施这一战略的组织结构。企业在构建组织结构时,必须对三个问题作出回答:

(1) 企业是否应该把结构分成国内分部和国际分部? 是能够利用国内分部有效经

营,还是需要建立国际分部来完成战略任务?

(2)企业的组织管理线将采取何种组织形式,是按产品、地区、职能、矩阵划分,还是采取混合的组织结构?

(3)怎样使组织的不同部门最有效地结合起来,实现必要的分工负责和协调合作的目标?

这三个问题的回答需要考虑多个方面。一般有多种关键因素,在某种情况下,有些因素起到至关重要的作用,组织将依此而设计,不过在多数情况下,组织结构必须根据多个因素的相互作用而设计。

1. 国际经营在企业经营中的地位

企业要分析当前与未来国际市场的相对重要性。如果企业的国际业务不到10%,那么设立一个出口部或许就可以完成业务工作,企业采取出口部结构就能满足经营上的需要;如果企业预计在未来几年内国际业务将增长到25%以上,就需要考虑建立国际化结构或全球结构,否则难以处理业务快速增长带来的组织结构问题。总之,企业要根据国内市场、国际市场的相对重要性和企业发展战略来进行结构的设计。

2. 企业从事国际经营的历史与经验

如果一个企业只进行了很少的国际经营活动,它就应该选择容易理解和简单的组织结构。如果企业在国际市场上经营了几十年,积累了丰富的经验和熟练的经营者,它就有条件选择较为复杂的组织结构。一般情况下,在企业国际经营的初级阶段,企业常把国际经营从国内经营中分离出来,设立基本的组织结构来集中处理业务;而在高级阶段,企业的国际经营活动日益广泛与复杂,组织结构的考虑与设置将更多地从如何协调企业内部之间的关系与活动以充分发挥企业内部潜力的方向着手。

3. 企业的经营性质与产品战略

选择企业的结构形式,也要考虑企业经营的性质与产品战略。如果企业只生产少数几种产品,市场相对集中,产品的市场调整不太多,那么全球职能结构就十分有效,是企业的首选结构。如果企业产品线不多,最终用户市场、营销手段与渠道具有相似性,那么,全球地区结构就比较适合。当企业产品线多、最终用户分散、涉及高技术领域时,全球产品结构具有较大的优势。

4. 企业管理特色与经营哲学

欧洲一些跨国公司的经营哲学使其更倾向于选择有利于实行集中管理的结构形式,职能结构得到比较广泛的采用。而美国的跨国公司乐于采取分权决策的结构,为使这种结构更有效地运行,常设立某些控制机构,如设置利润中心来实施控制、监督与协调。因此,许多美国公司在产品结构和地区结构的基础上建立公司的组织结构。另外,企业对业务经营的控制方式也有差异。例如,日本跨国公司乐于采用非正式的控制方式,而美国跨国公司更倾向于使用预算、财务数据以及其他正式的管理工具。

5. 企业管理人员的能力

企业拥有的管理人员的数量和质量也决定着企业对组织结构的选择。一般来说,企业的组织结构越复杂,要求管理人员的数量越多、质量越高。因此,如果企业拥有大批高素质的管理人员,就有能力选择全球性结构;反之,企业的管理人员少且质量不高,则只能选择相对简单的母、子公司结构;若管理人员少但素质高,则可以采用全球性职能结构。

6. 企业对重大组织结构变动的适应能力

在国际经营中,企业不断调整组织结构以适应销售量的不断增加。但组织结构的较大调整会打破原有的结构与内部工作关系,如国际业务的增加将会要求国内部分经理放弃一部分权力,国内经营业绩对整个企业的影响力也会下降,如果他们不愿意这样做,有时会用业绩来阻止变动。一些经理常会建立一个自己的小小独立王国,往往并不愿意放弃自己的权力。当企业调整能力有限、愿望不大时,有时不得不采取一些非正式的局部结构变动,以获得一个重大变化所可能带来的益处。

企业组织结构的最终选择,属于企业最高决策层。但是,在实践中,最高决策层一般很少把重大变动的决策强加给那些直接受到这一决策影响的人,而是反复考虑人事安排问题,最终出台一个企业与个人均能接受的方案,从而形成一个既考虑组织变动要求又人道的组织结构形式。有时这个结构并不是理论上的最佳方案,而是一个妥协折中的结构。

(二) 组织结构设计的主要原则

组织结构设计是针对企业的经营活动,是有效组合和协调任务、责任、权力和利益的过程,其目的是协调组织中人与事、人与人的关系,最大限度地发挥人的积极性,提高工作绩效,更好地实现企业目标。

现代企业组织设计一般要遵循以下原则:目标导向原则,分工与协作原则,信息沟通原则,统一指挥、分级管理原则,权责对等原则,精简高效原则,稳定性与适应性原则。国际企业还需要重点关注以下原则:

1. 全球化与本地化平衡的原则

全球化与本地化是影响国际企业组织设计的两个非常重要的变量。如何平衡全球化与本地化,是国际企业在组织设计中必须考虑的问题,也是最具有挑战性的任务。为了在全球市场上获得竞争优势,追求经营规模和对市场变化作出快速反应,国际企业必须强化其在全球范围内的控制与协调能力,以实现最佳的资源配置。经济全球化要求国际企业必须具有全球视野,其发展战略必须体现全球经营的特点。同时,每个地区市场的波动及变化同样也会影响国际企业在全球范围内的业务运作。本地化要求国际企业考虑不同地区的差异性,并按照这种差异性制定与实施企业国际化经营战略的具体措施。

因此,在组织设计过程中,国际企业必须兼顾全球化与本地化的要求,其结构选择必须一方面能以全球范围内的利润最大化为目标,进行生产的专业化分工,追求规模经济,在全球范围内与企业内的各实体共享管理、技术、知识和信息资源;另一方面又必须在其经营的市场上实现当地化,根据不同市场的特点开发、生产和销售产品,利用当地优秀的管理人才,并与当地政府部门打交道。

2. 文化适应性原则

国际企业在进行组织设计时,也必须考虑文化因素。由于文化的差异性,人们对组织的理解、在组织中的活动方式、对组织权力分配的态度,以及对组织内部人际关系的看法等,都具有差异性。例如,在权力距离指数高的国家,窄幅度、多层级的组织结构能被员工接受;而在权力距离指数低的国家,宽幅度、少层级的组织结构更能有效运作。在回避不确定性程度高的国家,决策的高度集中是风险管理的有效形式;而在回避不确定性程度低的国家,决策分散化则会成为鼓励员工具有冒险精神及创造性的激励因素。在集体主义价值观占统治地位的国家,任务的明确性与责任的清晰性是组织设计过程中所强调的重要因素。所以,对国际企业来说,在规划整体组织设计方案时,必须考虑下属子公司所在国家的文化特征,并在组织结构设计过程中体现这种文化的多样性。

第四节 国际企业的组织控制

随着经济全球化的发展,国际企业国外子公司的战略地位日趋重要。因此,国际企业越来越需要跨越国界对海外子公司的目标、战略等进行协调,以保证其全球战略目标的实现。

一、国际企业的控制模式

(一)国际企业典型的组织控制模式

国际企业无论采用哪一种组织结构形式,在内部管理体制上都必将涉及如何处理企业总部与各个子公司之间关系的问题。按总部与各子公司间在集权和分权程度上的不同,可划分为三种组织控制模式:母国中心组织控制模式、多元中心组织控制模式和全球中心组织控制模式。

1. 母国中心组织控制模式

母国中心(Ethnocentrism)组织控制模式是指母公司对国外子公司的管理采取集权式的管理体制。国际企业出现初期,一般都以母公司为主对子公司进行管理,其基本思想是以本民族为中心,视本民族为最优秀的民族,一切管理方式以母公司的制度为标准。

母国中心组织控制模式的基本特征是:①国外子公司的一切决策权都集中在企业总部,企业总部是国际企业的最高决策机构,建立各种控制标准,要求各子公司必须遵照执行,并进行检查;②母公司建立起完善、复杂的组织,要求子公司仅保持简单的组织形式;③母公司的奖励水平高于子公司;④信息交流是单向的,即母公司大量向子公司输送控制指令;⑤企业派遣母国的人担任海外子公司的各层主管,而不任用当地人员;⑥母公司采用自上而下的方式制定企业的经营战略,子公司不能参与。

这种组织控制模式的好处是能充分发挥母公司总部的中心调控功能,更优化地使用资源。但该模式较易激发与子公司的矛盾,不利于发挥子公司的自主性与积极性,东道国不太欢迎这种模式。一般来说,产品单一、技术市场比较稳固的国际企业比较乐于采取这种模式,如可口可乐公司。

2. 多元中心组织控制模式

多元中心(Polycentrism)组织控制模式是指母公司对子公司的管理采用分权式的组织管理体制。如果说以母公司为中心的管理体制反映了母公司的意愿,那么,多元中心的管理体制则是子公司要求的反映。

多元中心组织控制模式的基本特征是:①母公司允许子公司根据自己所在国的具体情况独立地确立经营目标与长期发展战略,母公司不加以干涉,各子公司均是独立的利润中心,有权决定产品的设计、生产、销售、市场开拓等重大经营问题;②母公司拥有的决策权较小;③母公司鼓励各海外子公司相互竞争、共同发展;④子公司的组织随着权力的增大逐渐完善,但是,各子公司组织的复杂程度不一。

这种组织控制模式强调的是管理的灵活性与适应性。其优点是能充分发挥各子公司的积极性,且易受到东道国的欢迎。但不足之处是:母公司难以统一调整资源,各子公司的信息、技术、资源等难以共享。这一模式对于那些市场分散、投资国环境稳定、难以统一行动或无须统一行动的国际企业比较适用。

3. 全球中心组织控制模式

全球中心(Geocentrism)组织控制模式是指母公司对子公司的管理采取分权式的计划与集权式的控制,即集权与分权相结合的一种管理模式。

全球中心组织控制模式的基本特征是:①重大决策权掌握在母公司手中,子公司可以在母公司的总体经营战略范围内自行制订具体的实施计划,调配资源;②母公司对子公司的控制,通过公司的目标、战略规划、控制准则等进行;③凡是同时涉及母公司和子公司利益的问题,均需由双方协商后提出解决方案。

这种模式强调在保证企业总部有效控制的前提下,给予子公司较大的自主权。全球中心组织控制模式淡化了企业的具体国籍,着重反映全球经营活动。当企业规模进一步扩大、大股东来自世界各国,且海外公司众多、产品更加复杂、市场遍布全球时,国际企业可选用这一组织控制模式。

这三种组织控制模式的比较,如表8-4所示。

表8-4 三种组织控制模式的比较

组织控制内容	母国中心	多元中心	全球中心
组织的复杂性	母公司组织复杂,国外子公司组织简单	国外子公司各自为政,复杂程度不一	组织逐渐复杂,并增加了相互之间的依赖性
决策的权力	高度集中于母公司	母公司拥有的决策权较小	母公司和子公司通力合作,视需要而授权于各国外子公司
评估与控制	母公司的标准用于国外子公司人事、组织管理工作	子公司依当地情况自定	寻求既能在世界各地通用又能考虑地区性的标准
信息沟通	由母公司大量向国外子公司输送信息、指令	来自母公司的信息少,各国外子公司间也较少有信息沟通	整个企业有横向和纵向的信息沟通
资源配置	由母公司决定	国外子公司独立配置,各子公司间很少共享资源	资源配置由母公司和国外子公司沟通决定
报酬与奖惩	按母公司的标准	视当地情况制定	视完成当地及全球性目标与否而定
人员的招聘与任用	子公司的要职均由母公司人士担任	任用当地人担任国外子公司的要职	在全球范围内招聘合适的人士担任母公司与子公司的要职
经营战略的制定	自上而下地制定	自下而上地制定	母公司与子公司协商制定

需要指出的是,企业的组织控制模式不是一成不变的。进入20世纪90年代以来,随着计算机大量应用于管理,信息网络化与信息高速公路化使国际企业更加具备了调控庞大的全球性企业的能力。因此,许多企业开始放弃母国中心组织控制模式或多元中心组织控制模式,转而采用全球中心组织控制模式。通过合作,母公司与子公司的经营目标充分实现,双方的积极性得以提高;同时,这种模式也照顾了母国和东道国的利益,缓解了国际性的经济矛盾与政治矛盾。

(二) 影响国际企业控制模式选择的因素

国际企业对组织控制模式的选择并无统一标准,视各企业的具体情况而定。但不管选择哪种组织控制模式,必须有助于实现三个目标:一是提供有关企业环境、客户需求以及竞争发展的资讯,以供高层管理者据以评估全球战略;二是协调组织内各个单位各行其是的决策,以获取最大的经济效益;三是提供各阶层管理业绩评估的衡量基础,看是否能达到预定的目标。

国际企业组织控制模式的选择要受到各种不同因素的影响,主要体现在:

1. 民族文化

研究发现,海外子公司的决策制定在很大程度上受到民族文化的影响。例如,法国和德国子公司倾向于采取集权式的管理模式,高层管理者愿意保持对企业的高度控制。尤其是德国,企业中等级分明,最为重要的决策都由企业最高领导人作出。美国企业倾向于采取高度集权式的决策制定方式来管理其国外经营,在诸如营销策略、财务和生产决策等方面尤其如此。而挪威、瑞典、丹麦等国家的企业及其驻国外子公司则实行高度的分权式管理,因为这些国家更重视的是生活的质量而不是经济效益。日本企业大多采取高度集权管理和分权管理相结合的管理体制。

2. 国外子公司的成长阶段

大多数国际企业的子公司都是作为相对独立的实体而发展起来的。在这一成长过程中,随着子公司发展起自己的资源和能力,对总公司及其他子公司的依赖性会逐渐下降。当子公司成长到一定程度,其规模和实力达到一定水平时,往往就会有独立进行投资的能力。有些子公司甚至可以在研究开发上作出大量投资,相对独立于母公司进行技术创新。随着行业的成熟,母公司相对于子公司的技术优势也将逐渐消失。随着进一步的发展,具备大量技术和管理能力的子公司还可以发展自己的海外投资及经营活动,从而在战略上具有更大的自主性。在子公司发展的不同阶段,母公司应该随着其相互间能力、实力以及战略关系的变化,来调整控制模式。

3. 母公司和国外子公司的管理能力

当子公司的管理人员不足,又缺乏国际经营能力时,母公司往往采取母国中心组织控制模式;若子公司有足够数量的具有较高国际经营能力的管理人员,则可采取多元中心组织控制模式。通常的情况是,在不同的经营环境中所需要的管理技能并不相同,母公司往往很难具备在全球不同国家经营所必需的管理技能。因此,母公司也不可能对子公司进行完全的控制,而应让具备东道国知识和管理技能的子公司拥有一定的自主经营及决策权,以发挥子公司的能动性,从而加强企业整体的竞争优势。

4. 产品特性与市场因素

对于产品品种单一、生产技术比较稳定、产品专业化水平高的企业，可采取母国中心组织控制模式；对于产品多样化程度高、技术变化迅速、新产品多的企业，则应采取多元中心组织控制模式。如果企业产品的各个销售市场间差异较小，可采取母国中心组织控制模式；如果市场差异很大，竞争十分激烈，且市场规模足够大，则适宜采取多元中心组织控制模式。

5. 东道国政府的影响力

如果东道国政府对子公司的经营活动施加影响，例如东道国对子公司的生产定位、技术转移、市场价格、产品范围等方面的决策进行限制，则国际企业的协调和控制将会趋于复杂。如果东道国政府想利用国际企业的子公司实现本国的经济和技术发展目标，并因此施加强有力的影响，则子公司将有可能在战略发展上受到影响。

6. 信息通信技术的应用

信息通信技术的快速发展让企业有了更强的处理、转移、共享和整合信息的能力。这对国际企业具有深远的影响。例如，许多国际企业通过因特网等信息通信技术的应用，可以迅速获得全球不同市场的动态信息，并对当地的市场需求作出更为快速的反应。信息通信技术的应用可以让母公司与子公司之间的沟通及协调变得更加实时和有效，使得分权的灵活性与集权的统一性在一个更高的水平上得到整合。

二、国际企业的集权与分权

国际企业的组织控制说到底是一个集权与分权的问题，即决定企业不同的决策应该由哪一层作出，这实际是一个决策所在地的问题。一个实施全球经营战略的企业，其内部各部门之间的理想关系是由总部管理层制定企业整体的经营目标，确定战略与策略，将企业的各种资源分配给各个部门，并建立起一套行之有效的沟通、协调和控制系统。在这种系统中，各部门主管给予一定的自主权，能够就这一层次的各种经营活动作出独立的决策，从而达到能力整合、实现企业整体目标的要求。

但是在实践中，由于各种复杂且矛盾的因素，这种理想的关系并不容易实现，企业最高管理层常常要在集中管理和分散管理方面作出决策。

（一）集权与掌控的要求

如前所述，在全球竞争环境中，国际企业会从规模经济的角度，倾向于采取集权与掌控的方式，把全球工作任务整体融入日常的经营管理中去。

集权与掌控的组织结构的决定因素是多方面的，下面就一些主要方面进行阐述：

1. 规模经济

在全球经营背景下追求组织的高效率，在很大程度上与规模经济相关。企业在某些特定的区位进行大批量生产，形成规模经济从而最终获得效益。在研究与开发方面，集中于一个或少数几个地点，也可形成规模经济。企业的研究与开发费用通常有限，把企业研发活动集中起来，可获得相互协调合作的好处，知识可共享。从总体上说，生产制造、研究开发的地点越少，企业就越能控制质量、速度、成本、供应等成功的关键因素。在各产品线相似、产品多样化程度低、市场需求相似、各业务单位相互依赖程度高的情况下，规模经济成为组织高效的关键，企业必将采取集权的方式来保证规模经济的实现。

2. 需求同质化趋势

当产品处于生命周期的成熟阶段时,用户对产品的需求趋于同质化,此时多半会从产品的质量、价格及性价比角度考虑选购,在这种情况下,集权与强化控制的组织形式常常是首选的结构形式。随着信息化的发展,网络拉近了时空距离,厂商与用户更近了。广告带来大量信息的同时,也改变了不同地区的习俗与消费方式,人们更易通过学习来采取趋同的生活方式,例如,人们习惯于在大型超市里购买日常生活用品。

3. 生产投入品的全球筹供

随着竞争的日趋激烈,为保持竞争力,企业需要以最符合成本效益的方法,来获得高品质的生产投入品。有些企业生产的关键投入品如矿石因高额的运输成本而必须把产地设在靠近原材料产地的地方。对劳动密集型产品的生产来说,对获得低廉能源来说,也都必须把产地设在靠近该投入品产地的地方。生产投入品的全球筹供,可以通过筹供工作的整合,大幅度地降低供应成本。许多跨国公司为此设立了公司集中的采购机构,负责全公司大宗投入品的购买。施乐公司通过对采购流程的整合,把原来 5 000 家供应商缩减至 400 家左右。这 400 家供应商目前提供了施乐 90% 以上的原材料与物料。比如,施乐公司向一家分别在亚洲、欧洲和美国设有工厂的供应商采购复印机所需的灯泡。通过集中采购,不仅降低了生产投入品的成本,而且也大大降低了办公经常费用,使其从占原材料与物料总成本的 9% 下降到 3%,仅此一项就节约了 1 亿美元以上的费用。

4. 目标市场的全球化

跨国公司在确定全球经营战略时,服务于全球用户是其重要的立足点。全球竞争必然导致本国市场对本公司产品的有效需求不足,公司将不得不在国际市场上寻求新的市场空间。

5. 竞争对手的全球化

以全球化为目标的跨国公司,不断地开拓全球各地的不同市场,这对只为国内市场服务的企业来说是一个巨大的威胁。不论是子公司还是母公司,都需要全球协调、联合行动,以应对国际竞争。在全球化的压力下,集权是企业调动内部与外部全部可用资源,组织力量开展竞争的有效途径。

采取集权与掌控的组织结构的优缺点如表 8-5 所示。

表 8-5 集权与掌控组织结构的优缺点

优点	(1) 自上而下的决策指令线,具有权威性 (2) 对关键资源实行集中决策,强化对财务等关键部门的控制 (3) 生产制造与研发可实现规模经济 (4) 总部掌握与控制全球战略目标和战略 (5) 总部的管理能力因可招聘到优秀人才而得以提高 (6) 各分支机构的行动能得到统一,全球战略易于实施
缺点	(1) 企业对当地市场需求的适应能力减弱 (2) 不易根据当地的市场需求情况调整产品 (3) 各分支机构常常强调自身利益,协调差、合作少 (4) 分支机构的高级主管常由母公司委派,不熟悉当地市场 (5) 总部与分支机构的管理关系有时不合理

(二)分权与自主决策的要求

促使企业采取分权与自主决策的组织结构也有许多决定因素,主要有:

1. 当地市场需求的差异

从事国际经营的企业在东道国进行竞争,如果当地竞争者采取本土化的战略,提供的产品极富地方特色,那么从事国际经营的企业如果采取集权化的组织结构,提供的是全球一致的产品,就很难与当地竞争者竞争,并占据一席之地。为了适应当地市场的需求,企业常需要建立迎合当地需求的本土化战略,掌握当地的消费偏好,调整产品与经营。总部集权的企业提供标准化的产品,即使成功地进入一个国家,也无法获得较好的收益。对于食品、饮料、化妆品、日化用品等产业来说,调整产品以适应当地偏好这一点尤为重要。像食品需要有口味方面的调整,洗衣粉需要在洁净率、适应水质和洗涤习惯等方面进行调整,以满足当地消费者的需求。

2. 当地化渠道建设与配送

当地渠道建设对国际经营至关重要,但渠道具有明显的当地特点。对于市场运作规则不太健全、市场成熟度不高的国家来说,国际企业最感困惑的可能是对流通渠道的把握。在当地市场,外来的企业常常有"强龙压不过地头蛇"的感觉,当地市场的地区分割、极大的地区差异、不同城市的差别以及中间商的短期利益驱动、信誉、道德、能力、素质、中间商之间的争夺等因素,使外国企业、厂家深感分销渠道运营的困难。有些发达国家在分销渠道上的特殊性也会造成进入市场的困难。比如,日本独特的多层分销体系、流通体系以及制造企业和银行之间的关系,使外国企业要想进入日本市场,只能采取与日本企业合作的方式。应该说,分销配送是极具当地色彩的业务。

3. 政府保护与贸易壁垒

当一国进口品增加超过政府所能容忍的数量时,东道国会采取相应的保护国内市场与企业的做法。对于一些重要的产业,东道国也会对外国资本有所限制,不对外开放这些产业。政府除了用关税等手段来保护本国市场,还会使用进口许可、数额限制、政府补贴等非关税壁垒。在这种情况下,进入东道国市场可能只剩下合资方式了。

4. 文化因素

当地文化、习俗、消费观念、价值取向、经营惯例、市场风格等方面也会影响外国企业在当地开展经营的形态。外国家电企业在中国市场经营10年,几起几落,积累了相当的经验教训。外国企业终于认识到,中国市场虽然巨大,但绝非一个统一的市场,不同地区的区域文化、经营惯例和市场风格以及地方分割与保护,造成了中国市场的分割状况。菲利普·科特勒的《营销管理》(亚洲版)一书告诫跨国经营者:要注重权力与公共关系;可口可乐推行"思考本土化、行动本土化";摩托罗拉说要以中国为家,比中国企业更中国;飞利浦说不要视我为外国企业。外国企业认识到,在中国这样的市场,要想取得成功就要做一个地地道道的中国企业,把洋品牌做土。这充分表明了国际经营本土化的重要性。

分权与自主决策组织结构的主要优缺点如表8-6所示。

表 8-6　分权与自主决策组织结构的优缺点

优点	（1）子公司管理层有较大的自主权 （2）能深入了解当地市场,对市场变化能迅速作出反应决策 （3）子公司管理层比较有"企业家精神" （4）子公司有当地企业形象,能较好地融入当地市场 （5）能较好地适应当地文化,采取当地习惯的做法 （6）子公司的绩效有人负责 （7）能适应东道国的某些政策要求
缺点	（1）子公司权限过大会使总部全球战略执行起来很困难,目标不易统一 （2）各子公司分权运作,易受到采取全球一致战略企业的挑战 （3）各子公司之间沟通不易,交流与合作很少 （4）规模经济效益较难实现 （5）子公司重复设置的机构带来整个企业的臃肿和成本的增加 （6）资源配置上可能过于分散与不经济

集权与分权决策各有利弊。企业在组织机构设置和决策管理制度的确立上,应该充分利用集中决策的各种优势,如协调各部门和各子公司的活动、降低成本、节约开支,从战略和全局的高度制定企业总的战略和目标,实现企业整体最优。同时,也应考虑分散决策有利的一面,如灵活、及时地处理千变万化的国际经营活动,当机立断地作出决策,激发下属机构或部门的经营主动性和积极性,使企业总部管理层从繁杂的具体工作中解脱出来,专注于全盘战略和发展方向方面的思考与决策。当然,在实践中处理集权与分权仍然是比较困难的,布鲁克等学者在研究了九个国家的跨国公司在附属机构的组织关系、母公司-子公司决策权以及控制体系后得出"分权其表、集中其实"的结构。这是一种可供借鉴的组织控制准则。

集权与分权的决策实际上是一种取舍和权衡。许多学者生动地描述出企业如何在集权与分权中取得均衡,企业面对挑战时如何同时达到这些目的,如图 8-14 所示。

对集权与分权的决策可以从业务性质、功能特点和活动类型三个方面来决定。企业应对每一项业务进行仔细分析,搞清每一项业务所需的集权与分权的程度,以决定适合业务的组织结构与工作流程。比如对许多家电产品来说,全球协调是非常重要的,因此适合采取集权的模式。

企业应对每一项业务的功能、特点进行剖析,分清不同业务功能需要集权与分权决策的程度,从而决定结构形式与工作流程。例如,对大多数企业来说,研究与开发、战略制定及财务比较需要全球协调与集权管理,而销售等功能则基本上以当地需要为基础,根据当地市场的特点来作出决策,因此多采取分权与自主权较大的结构形式。而对于生产制造来说,集权与分权的区分较模糊,全球性生产、区域性生产及当地化生产的要求都有可能,故可以视具体情况决定决策权的大小问题。

企业还应对每一功能所需的特定活动进行分析,以确定对集权与分权的要求。例如,在整个企业全球战略远景目标的设定上,需要总部一级来进行规划与设想,而对各子公司的具体战略计划,则可以由下面制订,再上报总部进行审查与整合。又如,在研发功能方面,研究的主题与主要范围通常由总部决定,研究人员的聘用由总部与分支机构共同决定,而对研究进展的检查与具体管理则由分支机构负责,采用分权制。

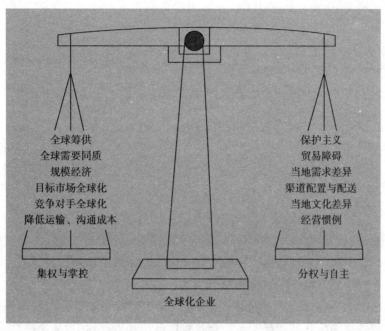

图 8-14　全球化对集权与分权的影响

联合利华的组织改革

英-荷联合利华由英国、荷兰两国的公司合并而成,是一家国际食品和家庭及个人卫生用品集团。

在过去,联合利华是高度分权化的,每一个主要国家的市场都设有子公司,各子公司均享有高度的自治权,进行一系列的价值创造活动。自1930年以来,联合利华公司总部分别设立在荷兰鹿特丹和英国伦敦,英荷双方各有一名首席执行官共同掌管公司。两家公司虽然在联席董事长制度期间取得了令人瞩目的业绩,但也因效率低下而受到指责。除了联席董事长制,联合利华一直未能理清全球总部与当地公司的权力分配。

到了20世纪90年代,联合利华开始改变其经营方法,转变为奉行全球战略的管理严谨的公司,这是因为联合利华意识到传统的经营方法在竞争舞台上已经不再有效。实现实质性的成本节约,进行创新并对市场变化趋势迅速作出反应已变得至关重要。

联合利华的主要竞争对手宝洁公司从80年代起不断通过新产品占领市场,使联合利华的问题显得尤为突出。联合利华要"说服"17个欧洲分部生产新产品需要花四五年的时间。此外,由于在每一个国家的分支机构中都要重复添置生产设备,联合利华的高成本使其无法采用有竞争力的定价,也无法取得同宝洁一样的规模经济。

为了改变这种状况,联合利华建立产品部门来协调各地区的经营。如今,17个欧洲子公司都直接向欧洲联合利华汇报,这一新举措的背后有一个协议:17个子公司放弃以往市场的自治权,以换得有助于发展和实施统一战略的机会。

这些改变使生产变得理性化了,欧洲市场上的洗涤剂生产集中在一些主要地区,生产肥皂的欧洲厂家由10家削减到2家。一些新产品将只在一个地方生产。产品的大小和包装实行一体化,以降低采购成本,并为在整个欧洲统一做广告铺平了道路。通过这些举措,联合利华估计一年在欧洲分部就能节省4亿美元。

欧洲联合利华正试图加快新产品开发的速度并在整个欧洲同时上市。联合利华的努力是有回报的:20世纪90年代初在德国上市的碗碟洗涤剂一年后在整个欧洲上市,这是一个明显的进步。

资料来源:作者根据相关资料整理。

本章小结

国际企业的组织结构基本上可分为两类:组织的法律结构与组织的管理结构。国际组织管理以研究组织的管理结构为主要对象。国际企业组织管理的实质是要使企业的组织结构设置有利于提高企业的国际竞争力。

组织的法律结构涉及组织的法律形式,它规定了国际企业母公司与国外子公司及各分支机构之间的法律关系和产权关系。企业在国际化经营过程中,从法律形式上看,形成了母公司、分公司和子公司等结构。国际企业在设置国外组织机构时,需要从企业实力、社会形象、预期经营状况以及所在国的法律等方面加以综合考虑,采用更为合适的法律组织形式。

组织的管理结构又称组织的实际结构,它是国际企业在经营活动中实际采用的结构,主要涉及企业各部门、各分支机构任务和职权的划分,以及企业的指挥和控制系统。

国际企业组织结构的演变大致经历了四个阶段,即出口部阶段、自治子公司阶段、国际部阶段和全球组织结构阶段。

国际企业的组织结构类型大体可分为两类:传统组织结构和全球组织结构。

国际企业的传统组织结构又称多样化组织结构,主要包括出口部组织结构、自治子公司组织结构和国际部组织结构。这些组织结构的共同特点是国际企业的国内业务和国际业务是相互分离、各自独立的。

全球组织结构又称一体化组织结构,其总的特征是企业把国内业务和国际业务视为一个整体,按照层级制原则设立组织机构。

全球组织结构可以大体分为五种类型:全球职能结构、全球产品结构、全球地区结构、全球矩阵结构和全球混合结构。这五种组织结构类型各有优缺点,适用于不同环境条件的企业,国际企业要慎重选择。

国际企业的组织结构随着环境的不断变化也在发展。近年来出现了一些新型的组织结构,如控股公司结构、国际网络结构、虚拟企业结构和无边界企业结构等。

企业的生命周期大致可分为创业、规范化、成熟和衰退四个阶段,在不同的发展阶段,国际企业应采取不同的组织结构和调整策略。

组织结构必须根据多个因素的相互作用而设计，这些因素包括：国际经营在企业经营中的地位、企业从事国际经营的历史与经验、企业经营性质与产品战略、企业管理特色与经营哲学、企业管理人员的能力、企业对重大组织结构变动的适应能力。

现代企业组织设计一般要遵循以下原则：目标导向原则，分工与协作原则，信息沟通原则，统一指挥、分级管理原则，权责对等原则，精简高效原则，稳定性与适应性原则。对于国际企业而言，还需要重点关注全球化与本地化平衡的原则以及文化适应性原则。

按国际企业总部与各子公司间在集权和分权程度上的不同，可划分为三种基本的组织控制模式：母国中心组织控制模式、多元中心组织控制模式和全球中心组织控制模式。

组织控制模式不是一成不变的，它受民族文化、国外子公司的成长阶段、总公司和国外子公司的管理能力、产品特性与市场因素、东道国政府的影响力以及信息通信技术的应用等多种因素的影响。但不管采取哪种组织控制模式，都必须有助于实现三个目标：一是提供有关企业环境、客户需求以及竞争发展的资讯，以供高层管理者据以评估全球战略；二是协调组织内的各个单位各行其是的决策，以获取最大的经济效益；三是提供各阶层管理业绩评估的衡量基础，看是否能达到预定的目标。

影响国际企业采用集权与掌控的组织结构的因素包括：规模经济、需求同质化趋势、生产投入品的全球筹供、目标市场的全球化、竞争对手的全球化。

影响国际企业采用分权与自主决策的组织结构的因素包括：当地市场需求的差异、当地化渠道设置与配送、政府保护与贸易壁垒、文化因素。

集权组织结构与分权组织结构各有优缺点，国际企业要根据企业自身的实际情况谨慎选择。

❓ 复习思考题

1. 国际企业海外子公司与分公司有何不同？
2. 简述国际企业组织结构演变中四个发展阶段的主要内容。
3. 什么是传统组织结构与全球组织结构？其特征分别是什么？
4. 试述三种典型的传统组织结构类型的含义及优缺点。
5. 试述全球职能结构的适用条件与优缺点。
6. 试述全球产品结构的适用条件与优缺点。
7. 试述全球地区结构的适用条件与优缺点。
8. 试比较全球矩阵结构与全球混合结构的不同。
9. 简述虚拟企业结构的含义及优缺点。
10. 国际企业组织结构设计需考虑的因素有哪些？
11. 简述国际企业组织结构设计的原则。
12. 国际企业的三种内部管理体制有何不同？国际企业应如何在它们之间进行选择？
13. 影响国际企业集权与分权的因素有哪些？
14. 一些跨国企业采用集权控制的方式管理海外分支机构，你认为是什么原因促使它们采用这样的方式？这种方式会遇到什么样的问题？

案例分析

三九集团的组织设计与变革

三九集团是中国目前五大制药工业企业之一，是一家特殊形式的国家所有制——军队所有制企业。1992年8月1日，三九药业通过股份制方式组建，初步解决了药品研制开发、生产和销售中存在的资金短缺及发展后劲不足的问题，在1992—1994年全国国有企业普遍滑坡形势下仍保持发展态势，这是三九药业"三级跳的第一跳"。

三九药业的第二跳是扩股。1993年下半年，三九正大药业有限公司进一步改组为三九药业有限公司，股东由原来的2个增加到9个。通过这次扩增海外股份，三九药业获得了6 000万美元的扩展资金，为生产经营的上规模、上档次提供了更为可靠的物质保证，而且将股东扩展到美国4家公司、泰国和中国香港各2家公司后，三九集团在财产组织上也初步演化为国际性的跨国制药公司。

三九集团在财产组织上的第三次变革是它将作为全军22家现代企业制度试点企业之一进行股份制改造。三九集团内的企业除三九药业外全都是单一的国有制独资企业。这次改制拟采用中外合资、兼并私人企业和让员工参股等多种方式，把集团的核心企业逐步改组为以国有制为主、集体和私有制为辅、多种所有制并存的混合所有制形式的企业，并争取在将来条件具备时向股份有限公司转化，乃至成为股票在国内外同时上市的公众公司。

在规模不断发展壮大的过程中，三九集团的管理组织结构也在不断的调整和变化之中。概括起来它经历了如下几个阶段：

1. 创业阶段

从1985年开始筹建到投产前的那一段时间，三九集团的中心任务是尽快把科技成果转化为生产力，形成药品的批量生产能力。赵新先厂长带领5个年轻人，各自独立负责一摊子工作，权力高度集中、精干高效。赵新先发现这种办法用人少、矛盾小、责任明确、效率很高，故将其归纳为"正职领导一人负责制"，并视其为一条基本组织原则，在企业发展壮大后的日常生产经营管理系统的多次组织改组中都予以坚持。

2. 投产阶段

三九集团于1987年9月建成投产以后开始形成正式的直线职能制。这种组织形式的特点是，企业设立两套组织系统，一套是按统一指挥原则设立的直线管理系统，另一套是按专业化分工原则设立的参谋职能系统。三九集团投产初期的组织机构包括开发部、供应部、生产部、贸易部、企管部和后勤部，遵循的一条重要原则是"大职能小部门"，即在坚持少用人的前提下尽可能地把相关工作归并在一个部门内，使现场作业活动与其联系密切的专业管理活动紧密地结合起来。

3. 强化经营阶段

三九贸易公司在原贸易部基础上组建，隶属于三九药业有限公司，在全国各大城市建立了62个分支机构，销售网络共达3 000多个，并在1994年完成了对宁波、长沙、无锡三家营业额在1亿元以上的国营医药商业单位的收购。同时，三九集团投资建立了三九广告传播公司,一方面为药厂制作了高水平的广告,并形成独具特色的广告风格,有力地宣传了三九系列药品,另一方面通过承揽其他厂家的广告业务获得了额外的收益。三九集团还完成了制药产业链上配套供应环节的纵向一体化经营,创设了九星印制包装中心、九辉实业有限公司等。

三九集团组织结构调整的再一个步骤是成立"两部""两院"。1992年3月成立了质量管理部,将药品质检工作与药品质量管理工作有机地结合起来;1994年将人事部和党务部合并为党务人事部,加强对干部的考核和使用、企业的思想宣传工作及文化建设。三九集团成立的"两院",一个是在撤销药厂开发部基础上设立的三九医药研究院,另一个是新近着手筹建的三九医院,建立药厂自己的科研基地和新药临床试验基地,以进一步增加产品储备,占领和扩大医药市场。

4. 以药品生产为主,实行多元化经营,开拓国际市场阶段

这一阶段的组织结构调整是伴随着三九集团的成立与发展进行的,主要包括如下几个方面:①建立西药生产基地九新药业有限公司、生化制品生产基地九升生物制品厂、九阳天然保健制品厂、九泰保健日用品厂等。②1990年,三九集团与外商合资建立了一个生产厂——九美企业,在美国就地加工和生产"三九胃泰",胶剂的英文名称为 ST.MTAE。③投资和联合了一些军队与地方企业,与三九集团管理机关合署办公,实行"两个牌子,一套班子",以更有效地精简机构和管理人员。

三九集团在作业活动组织方面也形成了自己的特色。首先,从药品生产经营活动来看,辅助作业"二线"和附属性作业"三线"活动对主体作业"一线"活动的主从关系的处理是否妥当,是衡量企业作业组织水平的重要方面。三九集团在作业组织设计上注意合理化方向,不断优化,始终秉承"以市场为导向,以科技为动力,科工贸并举"的经营思想。再从生产现场的组织来看,三九集团用高技术和一流设备创造高质量、高效率和高效益,达到自动化、管道化、密闭化,极大地提高了生产效率。

资料来源:窦胜功,《组织行为学教程》,北京:清华大学出版社2009年版,第252—254页。

讨论问题

1. 试析三九集团中集权与分权的关系。
2. 三九集团所形成的组织原则是否具有普遍适用性?为什么?

21世纪经济与管理规划教材
工商管理系列

第九章

国际企业的生产管理

主要内容
- 国际生产系统
- 国际企业生产系统的营运与控制
- 国际采购
- 国际技术转移

核心概念
- 生产系统
- 生产标准化
- 生产差异化
- 筹供
- 内部筹供
- 外部筹供
- 中心筹供
- 分散筹供
- 生产整合程度
- 集中采购
- 自主采购
- 技术转移
- 技术引进
- 技术输出
- 独家使用权
- 排他使用权
- 普通使用权

- 转售权
- 交叉使用权
- 回馈转让权

学习要求

- 掌握技术转移与国际技术转移的含义
- 理解国际企业生产体系设计的指导思想
- 理解影响投资区位选择的因素
- 理解生产整合程度的概念及影响采购与自制决策的因素
- 理解影响进口与当地采购决策的因素及国际采购的技巧
- 理解国际企业利用国际分包可获得的优势
- 理解技术转移中的成本与费用构成
- 理解技术转移的战略与策略选择
- 了解生产系统的设计
- 了解国际企业生产系统的营运与控制
- 了解国际采购方式的类型及采取混合方式的影响因素
- 了解技术转移的类型
- 了解技术转移的定价原则与支付方式

引导案例 雅戈尔并购案

2007年年底,一条并不显眼的公告出现在上市公司雅戈尔股份的个股信息中:公司以现金方式收购 Xin Ma Apparel International Limited(下称 Xin Ma)和 Smart Apparel Group Limited(下称 Smart)股权的议案:公司于2007年11月6日与美国 Kellwood 公司(下称 KWD)及其全资子公司 Kellwood Asia Limited(下称 KWD ASIA)签订三方《股权购买协议》,公司出资约7 000万美元收购 KWD ASIA 持有的 Smart 100%的股权、出资约5 000万美元收购 KWD 持有的 Xin Ma 100%的股权。本次海外投资金额共计1.2亿美元(30%为公司自筹,70%为银行贷款)。

雅戈尔和 KWD 公司之间早有业务往来。除了正常的品牌加工业务,KWD 公司的男装核心业务部门新马集团还是雅戈尔旗下纺织企业日中纺公司的股东。因此,双方的高级管理团队对对方的企业状况非常了解。作为一个被出售的部门,新马集团管理团队特别希望雅戈尔集团成为收购方,其中的原因,是其深知在纺织服装这个劳动密集型行业,中国特有的劳动力资源使中国企业具有强大的竞争力,而雅戈尔在其制造基地中大规模的技术设备投资,则使雅戈尔成为中国国内最具竞争力的企业。因此,雅戈尔是一个再好不过的收购方。

其实,社会舆论对雅戈尔在纺织服装行业如此巨大的投资,存在一些不同的看法。这些分歧,在董事长李如成决策投资服装城、纺织城,构建自有渠道中,就有些议论。这主要是因为从一系列的宏观因素上,纺织服装行业并不是一个被看好的行业,而雅戈尔多元化的投资中,其他行业产生的利润更高,收益也更快,比如向地产业和金融业的投资,都因为国家政策的偏向和宏观环境的推动有着更高的收益率。由于有了优秀的团队和企业知名度,再加上强有力的资本,雅戈尔的多元化更多的是被推动着向前,因此有很大的选择余地。就全行业来说,纺织服装行业在中国政府的产业政策导向上并不是一个优先级很高的产业,尤其是在宁波这个经济发达的城市。纺织服装产业被视为腾笼换鸟的对象,而人民币汇率的上升和出口退税的变化使得纺织服装业在国内普遍不被看好,因此是否要在纺织服装业上投入巨资,进行跨国并购,成为对雅戈尔公司管理层的一个考验。

但是雅戈尔集团董事长李如成作为在服装业摸爬滚打了近三十年的业界巨子,对这个行业有着自己的看法。他认为中国纺织服装行业之所以被认为是一个低端行业,是因为高端市场大多被国际知名品牌和二线品牌占据,而出口则是以贴牌加工为主,自主品牌产品的比重很低,因此企业获得的利润率也较低。只要雅戈尔能够培养自主品牌和掌控营销渠道,就能进入高端市场并增加品牌的附加值。而收购新马集团,掌握它的营销渠道,不仅符合雅戈尔创国际品牌和铸百年企业的长远目标,而且符合政府对纺织工业"培育自主品牌,提高跨国营销水平"的要求,更为中国民族服装企业探索国际化发展道路积累了有效经验。

在国内发展的道路上,雅戈尔与中国服装业的同行们走过了一条不完全相同的道路。这个宁波纺织服装企业从艰难起步的一开始就两条腿走路:一方面不断地通过与更高端的企业合作来提升自己的制造能力;另一方面以精细化管理来提升质量,促进品牌价值的提升。到了2006年,雅戈尔不但完成了纺织服装行业整个产业链的建设,搭建了一个巨大的产业平台,而且有了巨大的产能。上游的棉田和纺纱企业能够保证企业优质的原料供应,自有的色织和毛纺企业能够保证成衣公司的设计有自如的原料选择,而下游的营销渠道保证了销售的畅通。在这样的基础上,雅戈尔离国际化已经只有一步之遥了。

但是要走向品牌的国际化,李如成和他的管理团队深感人才和国际营销渠道的缺乏。在与国际知名公司的交流中,李如成一次又一次地感受到国际化思维的重要性。从长远来看,缺乏跨文化背景和有国际视野的人才的支撑,品牌的国际化是困难的。而从现实来看,国际营销渠道则是确保雅戈尔巨大产能和品牌价值体现的重要途径。因此,在收购新马集团的意图上,雅戈尔管理层的意见是高度一致的。新马集团的长处正是雅戈尔的短板,双方的互补性相当强。

2005年,雅戈尔首次启动对KWD公司男装业务的收购。这样做的主要原因是KWD公司是一个以女装业务为主的公司。为使核心业务更为专业,KWD公司希望能够出售主要以新马集团和SMART两家公司旗下男装业务为核心的子公司。雅戈尔集团董事长李如成获知这一消息之后迅速引导雅戈尔主动加入收购方的行列。基于在商务上的优势地位,当时雅戈尔提出的收购价格基本上以净资产为收购价基准,出价为1.6亿美元。在与KWD公司有多年业务交往,相当了解对方公司的业务状况的前提下,雅戈尔高管层再次对相关客户和工厂进行了严格考察,之后,双方高管层达成了口头协议。但由于双方都是上市公司,因此必须由第三方来完成评估和法律程序。

2006年,在KWD公司聘请的财务顾问瑞银公司(USB)到位进行了评估之后,并购遇到了不可抗拒的阻力,瑞银公司对新马集团和SMART公司的评估价格为3.2亿美元,这在KWD公司的股东层面引起了不小的反应。而当KWD公司转而向雅戈尔再次询价时,雅戈尔管理层对3.2亿美元这个价格表示不予接受。

说出这个"不",是要有勇气的。事实上,新马集团加上SMART公司,仅现有业务就包括像世界著名品牌POLO在内的20多个品牌的ODM业务,14个加工基地分布在中国、斯里兰卡和菲律宾等地;在中国香港有设计中心,拥有优秀的设计团队。新马集团作为一家美国大型服装公司的附属部门,有着多年积累的营销渠道,与美国数十家大型百货公司有着密切的业务关系,同时还有强大的物流配送体系,可以与这些销售网点实行一对一的实时送货,满足它们零库存的销售要求。

新马集团和SMART公司所有这些业务,与雅戈尔建立跨国品牌、扩大产能的利用率是有着极高的契合度的。而在并购之前,新马集团就已经是雅戈尔的一个重要客户,2006年雅戈尔有7%的产品和原材料销售收入就来自新马集团,对其业务能力有着深入的了解。但对于雅戈尔来说,并购除了战略上的考虑,更多的还有现实的盘算。从契合度来说,新马集团更需要雅戈尔,雅戈尔的生产基地和原料供给能力同时也是新马集团未来发展的一个保障。基于这样的强弱形势,雅戈尔高管咬住了价格,坚决说"不"。而由于主要收购对象雅戈尔的坚决拒绝,新马集团被出售一事在KWD公司被暂时搁置下来。2007年,KWD公司再次表态愿意出售男装部门,雅戈尔再次加入收购的行列。

2007年,美国的宏观经济由于次贷危机而出现了轻微的衰退迹象,消费开始有所下滑,利润较为丰厚的中高档服装市场竞争开始加剧。在男装市场上,新马集团与其他两家竞争对手各方面的竞争都开始加剧。要在竞争中胜出,新马集团就需要新的投资,而KWD公司无法提供这笔投资,加之其他因素,使得新马集团在2006年的利润出现了较大程度的下滑。这使得KWD公司再次萌发了出售男装部门的意愿,同时也给了雅戈尔一个以较低价格收购的极好机会。

此次收购,雅戈尔集团董事长李如成亲自挂帅,聘请国内一流的中信证券为财务顾问、英国史密孚律师事务所为法律顾问、上海东驹集团为评估事务顾问、英国毕马威审计师事务所为审计顾问,同时针对新马集团和SMART公司的业务及工厂分布在中、美、斯、马、菲五国的情况,专门聘请了五国相应的律师为所在国法律顾问,进行了全面而详细的调查。8月24日,双方的保密协议签订,收购谈判正式开始。

整个谈判并不太顺利,因为收购是非排他性的。虽然从整合企业的角度看雅戈尔处于极其有利的地位,背靠雅戈尔会使新马集团未来有很大的发展,但对于KWD公司来说,卖出一个好价钱是其最重要的诉求。而雅戈尔对并购价格有着极其强势的坚守。这是最后的分歧,也是最关键的分歧。围绕着收购价格,双方开始了针锋相对的艰苦谈判。参加谈判的雅戈尔集团常务副总张飞猛回忆说,谈判常常进行到后半夜,为包括文化、法律、思维方式等领域的细节差异而反复沟通。

当谈判进入最艰难的时刻时,新马集团现有管理层起到了极大的推动作用。由于新马集团原为中国香港公司,是经过一场并购后进入 KWD 公司的,因此在长期的运作中保持着相对的独立性,其为集团的前途考虑,纷纷游说母公司,认为以雅戈尔作为收购方最佳。而雅戈尔方面,董事长李如成也亲自出马,与 KWD 公司高层进行了多次沟通。

此时,天时地利人和的天平全部倒向雅戈尔。董事长李如成的说法深深地打动了 KWD 公司高层和股东们的心,他认为,KWD 公司与雅戈尔之间的长期合作是愉快的,而雅戈尔对 KWD 男装业务的收购,可以视作对 KWD 公司的一种投资。这种合作,将会开辟双方长期合作的巨大空间,而新马集团进入雅戈尔之后也会得到长足的发展。新马集团作为 KWD 公司的一个部门,在并购后的未来也是其股东和高管关注的一个重要内容。KWD 公司作为一家业内知名公司,其男装部门如果在并购后得到长足的发展,将会是它的一个荣耀。在这样的前景面前,价格已经成为一个次要的考虑因素,因为 KWD 同时还是一家服装公司,与雅戈尔在服装业的合作还会给它带来相当的利润。它同样要考虑未来与雅戈尔这个重量级的纺织巨子合作。慎重考虑了新马集团的未来和雅戈尔无可动摇的收购价格之后,KWD 公司终于答应以雅戈尔的最终出价 1.2 亿美元出售其原来所拥有的部门。而雅戈尔方面虑及资产可能会变动,还在合约中加上了对自己更为有利的一条,即交割时的资产如果低于收购价,1.2 亿美元的收购价还要随之下浮。

在收购结束后,相关人士评价,这是中国公司进军海外时最具潜力的一次收购。以新马集团和雅戈尔公司集团业务的契合度来说,从业务量、业务的互补性和市场的价值来说都是难能可贵的补充和提升,净资产收购更属空前。

资料来源:苏华、肖坤梅,《雅戈尔并购美国新马集团》,《大经贸》,2008(3)。

从引导案例可以看出,对新马集团的收购完成,使雅戈尔在欧美对中国纺织品有种种限制的环境下,进一步增强了海外生产和海外销售的能力。在整合的基础上,以雅戈尔对成本的控制能力,并购后的新马集团将有更大的赢利空间。同时,雅戈尔将以开放的胸怀面对竞争,最大限度地降低成本以占有世界范围内的市场份额。而地处中国香港的新马集团,在内地文化与海外市场之间搭建了一座极好的桥梁,推动雅戈尔的国际化。同时,雅戈尔与新马集团未来的合作,也会使新马集团原有的强大的接单加工能力,因有雅戈尔先进制造业和优质的劳动力资源而具备更强的竞争力。同时,雅戈尔在海外市场的动作,除了促进海外市场的销售,对内销市场上自身品牌的形象将是一个很好的提升,更为重要的是,加盟新马集团使雅戈尔缩短了建立国际品牌所需要的积累人才的时间,新马集团的设计团队所拥有的对服装的理解和设计的能力,有助于提升雅戈尔的整个服装文化,最终实现对企业可获资源的最有效利用,给国际企业全球生产管理树立了一个典范。

在当今经济全球化的大趋势下,尽管世界各国在管理方法、市场机制、规章制度等方面有许多不同,但就生产活动本身而言,各国有许多相似之处。每个企业都要选择厂址、设计工厂、投入要素、进行转换、得到产出、销售产品。而在国际企业中,以上过程因其跨国性又产生了生产系统的标准化与差异化、研究开发的集中式与分散式、对内与对外采购等问题。

生产管理是对企业日常生产活动的计划、组织和控制,是和产品制造密切相关的各项管理工作的总称,是整个企业管理的重要组成部分。从亚当·斯密的劳动分工理论算起,已过去了两个世纪。在这段漫长的时期里,生产管理从主要凭经验式的管理,逐渐发展和完善起来,形成了自己的一些重要原理和方法体系。当代,市场需求日趋多变,消费者对产品质量、性能的要求变得更高,行动变得更加具有选择性。同时,技术进步突飞猛进,设备不断更新,通信和监控装置也不断改型换代,从而形成了效率更高、更具有灵活性的生产系统。企业管理广泛应用自然科学和社会科学的最新研究成果,许多现代科学技术的不断发展,尤其是计算机技术和信息技术的飞速发展,使得先进的制造技术日新月异。先进的管理理论和技术常常来源并应用于制造业,同时结合其他先进的科学技术(如计算机技术和信息技术)形成先进的制造技术。随着社会生产力水平的提高,人们也已把生产的概念从物质资料的制造过程扩大到服务领域。

第一节　国际生产系统

生产系统是指为提供产品或服务而结合在一起的一系列转化过程。通常,生产系统将投入的资源转变为产品,而产品是最终顾客所需要的。通过这些转化过程,投入物改变其性质或形态,成为适合特定需求的产品。每个企业都力求使整个生产过程的各个阶段能相互衔接、协调配合,保证人力、物力和空间等都能得到充分、合理的利用,从生产中取得最佳的效果。国际企业的生产是跨国生产,因此,管理上具有其特殊性。国际企业的生产管理必须从其战略出发,对产品生产的诸多方面,如指导思想的确定、厂址的选择、工厂技术和规模等的设计进行决策,以实现全球范围内的产品生产、营销的综合成本最小化及利润最大化。

一、生产过程

生产过程是输入(投入)与输出(产出)之间的转换功能,且受内部和外部的反馈影响(如图9-1所示)。它是企业生产活动最基本的过程。

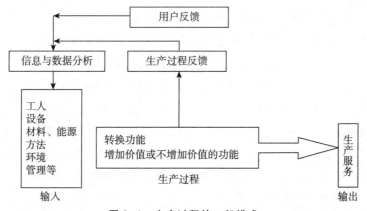

图9-1　生产过程的一般模式

国际企业的生产体系是由其在海内外各地的工厂和相应的辅助系统所构成的。国际企业在世界范围内作出厂址选择、工厂设计等的决策之前,必须先确定其指导思想,即确定对生产系统是实行标准化还是差异化。

（一）国际企业生产系统的标准化

1. 国际企业生产的标准化及作用

在实行全球战略的企业中，产品及其生产过程的标准化是实现规模经济、提高全球生产效率最基本的条件。所谓标准，是对重复性事物和概念所作的统一规定。生产标准化是指在产品制造的各个环节推行统一的标准，包括产品设计，生产工艺，生产流程和产品质量检验方法的标准化，产品的包装、维护、储运规范化等内容。

一般而言，国际企业希望其生产过程和程序标准化。这样尽管其活动范围是世界性的，标准化了以后就能简化行政管理，产生规模经济，从而降低全球生产成本，增加利润，提高管理效率。国际企业生产中推行标准化的作用是：精简机构，降低成本，缩短建设时间；加强生产的专门化，促进生产资源的合理配置；降低技术复杂性，便于后勤供应，从而减少技术培训的需求，方便技术的调整和更新；便于公司总部的统一控制与协调。

2. 国际企业生产的标准化与生产过程和方法的标准化

国际企业生产的标准化，往往从母公司的生产系统开始。母公司生产系统的标准化可以为国外子公司的标准化提供模式或样板。母公司生产系统的标准化对跨国经营的影响主要表现在以下两个方面：①产品的标准化。以标准化产品为基础开展跨国经营，可以实现生产资源的合理配置，从而节省设计费用，并为各工厂零部件互换与设备维修创造条件，达到提高全球性经营效率的目的。②生产过程和方法的标准化。国外子公司采用与母公司相同的生产过程，母公司的生产方法、操作技巧和生产经验可以直接转移到国外子公司中去，使生产技术人员能够更好地适应跨国流动的环境。

3. 国际企业生产标准化的障碍

在国际企业生产实行标准化的过程中，由于跨国经营环境的复杂性，如文化背景、消费习惯、经济收入的差异，各国消费者的偏好往往不同；政治因素尤其是东道国政府实施的当地化政策，不利于生产标准化的推行；推行产品生产的标准化通常需要采用资本密集型的自动化生产线，企业的资金实力是决定能否推行标准化生产的一个重要因素。正是这些因素，使生产标准化的推行常常面临重重困难。

（二）国际企业生产系统的差异化

国际企业生产系统的差异化是指种种障碍使得标准化难以实施之时，企业在不同地区采用不同的生产系统以达到跨国生产经营的目的。在以实行多国战略为主的企业中，战略重点是强调各国的差异性和对各国当地市场的适应能力。推行生产的差异化，降低产品的标准化程度，是有效实施这种战略的前提。科学技术的进步及其在生产中的应用，尤其是计算机的广泛应用，为差异化生产提供了降低成本的条件。因此，消费者差异化意识的觉醒及新技术的使用将成为推动差异化生产的巨大力量。

1. 国际企业生产差异化的表现

（1）产品的设计和生产。由母公司提供的产品技术要根据当地市场需求的特点进行适应性调整，因此，同一品牌、规格的产品在不同国家可能具有不同的性能或特征。为了在当地市场获得尽可能多的份额，新产品的设计和开发、品牌的建立都应体现当地的特色，由此产生的结果是，生产中使用的机器设备都可能是非标准化的。

(2) 强调技术的适用性。世界上没有普遍适用的生产技术,适合于某一国家文化、经济和政治环境的技术并不一定适用于另一国家。这意味着,即使生产相同的产品,在不同国家也可能需要采用不同的技术。例如,在教育水平高、经济较发达国家采用资本密集型技术,在经济较落后的发展中国家采用劳动密集型技术。

(3) 生产系统相对独立。由于强调根据东道国当地经营环境自主发展,子公司的生产系统往往自成体系,追求小而全,结果往往是组织机构尤其是职能部门设置与母公司重叠,导致效率低下。

2. 影响当地化生产效率的因素

为提高当地化的生产效率,跨国公司必须注重与东道国的顾客、供应商、政府和其他机构建立密切联系,注重吸引当地的管理和技术人才,根据当地市场需求开发和销售产品,从而具有较强的适应能力和较大的经营灵活性。在决定当地化生产效率的诸因素中,以下三种因素最重要:

(1) 当地化生产管理的授权。在分权式管理的国际企业中,授予东道国子公司负责生产的经理必要的权力,是提高他们对生产过程中突发事件的应变能力,激发其企业家精神的重要手段。例如,飞利浦公司实行多国战略,每个国外子公司都具有高度自主经营权和分权控制的管理方式,使子公司经理能够有效地管理各种生产经营活动。

(2) 建立国外子公司经理与总部决策过程的联系。这种联系是国际企业作为一个整体进行有效管理的重要条件。在欧洲的许多公司中,由母公司派到国外的子公司经理负责建立和保持这种联系。他们通常在国外的子公司工作,积累国际经营管理经验,然后被提升到公司总部负责管理的位置上,也就是说,欧洲跨国公司依靠公司晋升机制,保证国外子公司经理介入公司总部的决策。

(3) 子公司内部各种职能工作的一体化。在分权管理的国际企业中,各子公司内部的这种跨职能一体化可以提高当地化经营的效率。这种跨职能一体化可以表现在国外子公司组织结构的不同层面上。在基层,每个项目小组由来自生产管理一线的管理人员和技术人员构成,负责制订产品生产和销售计划;中层管理人员负责考核经营绩效,推荐正确的行动方案,解决不同职能部门之间的冲突;高层管理人员负责协调各职能部门的活动,保证经营战略的顺利实施。

二、投资区位的选择

从一家国际性大企业的生产管理的角度来看,厂址的选择涉及三个层次:一是厂址设在哪一国,二是设在某国的何地,三是设在某地的哪一处以及工厂内车间、设备的布置。

从全球经营管理战略的基本需要出发,厂址的选择最为重要。厂址的选择包括选择建厂的国家和在该国选择建厂的地点。选择建厂的国家与国际企业总体跨国经营战略以及目标市场的各种比较优势有关,属于目标市场的进入战略问题。对国际企业而言,目标市场进入有商业企业目标市场进入与工业企业目标市场进入两种不同情况。

就影响厂址选择的因素而言,选择一个合适的厂址应考虑多种因素,其中主要包括:

第一,气候条件。一些幅员广阔的大国,不同地区的气候条件差异较大。一些产品的生产对温度和湿度的要求较高,选择气候条件合适的厂址十分重要。

第二,基础设施,包括电信、交通、供电、供水等。

第三,劳动、资本和土地等生产要素的成本。人力资源可供量,包括技术人员、管理人员、熟练工人和非熟练工人的可供量。

国际企业的选址策略主要有:①在发展中国家设厂,利用东道国半熟练而廉价的劳动力,生产劳动密集度较高的产品,以便取得或维持其所生产产品的市场垄断地位;②在发达国家设厂生产,利用所在国技术熟练劳动力的可供性,使之与资本设备的先进性相结合,生产资本密集度较高的产品。

第四,原材料、零部件的可供量(不能都依赖进口)。对于有些行业来说,是否接近原材料产地或供应市场将是选址决策的主要条件。

第五,运销成本。运销活动也称后勤工作,是企业产品的实际分配业务,包括外包装、仓储、装卸和运输以及分销渠道与设施等。其中,运输问题常常是国际企业选址的重要决定因素。当一个国际企业的厂址远离它的产品市场时,显然要付出较高的运输成本。为了使运输成本最小化,企业有必要考虑运输路线和运输方法。

第六,当地政府的补贴或其他优惠政策。在保税区或经济特区建厂,通常可以享受一些优惠政策。关税和配额是一种更为直接的贸易壁垒,东道国常以此来限制外国制品的压价倾销,政府的优惠政策往往对国际企业的选址决策有很大的影响。

对厂址进行选择,除了自然条件,在很大程度上还取决于谈判的结果。谈判的对象包括备选厂址所在地的当地政府机构、供货商、合资伙伴,尤其是对于采用合资经营方式的国际企业,最终厂址的确定很可能取决于在哪里可以找到合适的合资伙伴。因此,厂址选择可能是一个动态过程,通过多轮谈判、对比、优惠条件的获得来确定。某一工厂生产区位的选择,在开始阶段可能是好的或合理的,但若干年后并不一定仍旧是好的或合理的。市场地区的重心可能发生变化,工业价格政策也会发生变动。当某些因素的平衡条件改变时,对市场生产能力的配置也需要作相应的改变。

肯德基的选址策略

连锁店的正确选址,不仅是其成功的先决条件,也是实现连锁经营标准化、专业化的前提条件和基础。肯德基对其连锁店的选址非常重视,选址决策一般是两级审批制,通过两个委员会的同意,一个是地方公司,另一个是总部,其选址成功率几乎是百分之百。肯德基的选址能力,已构成其核心竞争力之一。肯德基按以下几个步骤进行选址:

一、商圈的划分与选择

(1) 划分商圈。肯德基计划进入某城市,就先通过有关部门或者专业调查公司搜集这个地区的资料。商圈规划采取的是计分的方法,例如,这个地区有一个大型商场,商场营业额为1 000万元算1分,5 000万元算5分,有一条公交线路加多少分,有一条地铁线路加多少分。这些分值标准是多年平均下来的一个较准确的经验值。通过打分把商圈分成好几大类,有市级商业型、区级商业型,还有社区型、社区与商务两用型、旅游型,等等。

(2) 选择商圈,即确定目前重点在哪个商圈开店,主要目标有哪些。在商圈选择的标准上,一方面要考虑餐馆自身的市场定位,另一方面要考虑商圈的稳定度和成熟度。比如，规划局说某条路要开发，会在什么地点设立商场，将来这里有可能成为成熟商圈，但肯德基一定要等到商圈稳定、成熟后才进入。假如说这家店三年以后效益可能会很好，对现今却并没有帮助，难道肯德基要因为三年后的收益而在这三年中亏损经营吗？肯德基投入一家店要花费好几百万元，当然不会冒这种风险，一定是比较稳健的原则，保证开一家成功一家。

二、聚客点的测算与选择

（1）要确定这个商圈内最主要的聚客点在哪里。例如，北京西单是很成熟的商圈，但不可能任何位置都是聚客点，其中肯定有最主要的聚集客人的位置。肯德基开店的原则是：努力争取在最聚客的地方和其附近开店。古语说："一步差三市。"开店地址差一步就有可能差三成的买卖。这跟人流活动的线路有关。如果人们走到岔路口需拐弯才能找到这家店，则该店就可能是客人不易到达的地方，差不了几步路，生意却差很多。人流活动的线路是怎么样的？肯德基选址人员去掐表、测量，将采集来的人流数据输入专用的计算机软件，就可以测算出在此地投资额不能超过多少，超过多少这家店就不能开，据此确定地址。

（2）选址时一定要考虑人流的主要活动路线会不会被竞争对手截住。如果主要客流是从东边过来的，那么选址就不要太偏西，否则大量的客流就会被其东面的店铺截住，开店效益就差了。为了规划好商圈，肯德基开发部门投入了巨大的精力。以北京肯德基公司为例，其开发部人员常年跑遍北京的各个角落，对这种每年建筑和道路变化极大、当地人都易迷路的地方了如指掌。经常出现这种情况：北京肯德基公司接到某顾客电话，建议肯德基在他所在的地方设点，开发人员一听地址就能随口说出当地的商业环境特征，判断出是否适合开店。

截至2018年10月，在北京，肯德基已经在根据自己的调查划分出的商圈成功开了390家餐厅。

资料来源：①www.360doc.com/content/11/1221/11/8169114-173829405.shtml，访问时间：2019-04-20，有删改。②http://www.kfc.com.cn/kfccda/storelist/index.aspx，访问时间：2018-10-29，有删改。

三、生产系统的设计

国际企业生产系统的设计任务与国内工厂设计本质上相同，但技术选择与工厂规模问题则比较特殊。

（一）技术选择

决定国外工厂技术选择的因素主要有以下几个方面：

（1）国际生产体系标准化的要求。如果强调标准化，则偏向于选择与母公司或者其他子公司同类的生产技术；反之，则技术选择的范围更大。需要流程型工艺的产品对技术选择的刚性较大，一般需使用与母国相同的技术和设备，因而国外工厂设计和布置就与国内基本相同。

（2）劳动力成本与人员素质。从经济的角度来看，技术型机制在于生产成本的节约，当东道国劳动力对资本的相对成本低廉时,选择半手工操作的劳动密集型技术无疑会大大降低技术资本投入,从而保证生产成本的节约。现代化的技术需要有现代化的管理人员进行管理和调度,需要有高水平的技术人员进行安装、调控和维护。

(3) 对产品的质量要求。国际企业为了维护其产品在市场上的质量地位,或保证多工厂体系中各工厂相互之间的正常制造交换,从整体利益出发,会强调采用高水平技术,即使该工厂是建在劳动力成本低廉的国家。

(4) 生产规模。自动化程度高的机器设备专用性强,需要长期按设计能力进行生产才能保证单位产品折旧成本降到可行的水平。如果市场容量有限,则工厂难以长期满负荷生产,这时,如果技术上可行,自动化程度低、通用性较强的技术设备就是一种必然的选择。

(5) 政府就业目标。在发展中国家,政府往往鼓励或规定采用劳动密集型技术,以创造更多的就业机会,缓解失业矛盾,这会影响甚至限制技术选择。

(6) 技术发展。国际企业为国外工厂提供技术时应考虑工厂的整个生命周期,否则,该工厂在将来会无法与本公司其他更现代化的工厂及竞争对手的现代化工厂竞争。

(二) 工厂规模

决定工厂规模的因素有多种,主要包括:

(1) 市场潜力。新建工厂主要是为未来市场而不是已有市场建立的,市场潜力大小对工厂规模的确定起着决定性作用。市场潜力大,工厂规模就应该大些,以保证满足将来不断增长的市场需求。然而,市场潜力的大小又与国际企业的经营战略有直接关系,实行多国战略,侧重点是当地市场,其规模很难与全球市场相比。因此,以全球市场为目标建立的工厂,规模通常较大。

(2) 市场结构。市场结构决定了进入市场的障碍。垄断型市场结构,由于市场中企业的规模普遍较小,因此新进入而建立的工厂规模相对较小。在寡头垄断市场中,产品的生产和销售集中在少数几家大型企业手中,这些企业的生产规模较大,由此产生的绝对成本优势形成了重要的进入障碍,进入这类市场,必须建立较大规模的工厂,才有能力与大型寡头企业抗衡。

(3) 行业特征。不同行业对工厂规模的要求不尽相同。资本密集型行业,如汽车制造、化工生产,要求工厂具有较大的生产规模;食品生产要求的生产规模则要小得多。

(4) 投资力度。工厂规模的大小与投资规模直接相关。在企业投资能力有限的情况下,可选择适当缩小工厂规模,或选择借入资金,或选择寻找投资合伙人。后两种选择都涉及项目的吸引力和企业的筹资能力。通常受资金所限,企业在初期所建的工厂规模较小,后面随着业务的扩大和资金的充裕情况,再逐步扩大规模。

(5) 生产活动的一体化程度。一种产品的生产是由相互衔接的多个生产环节、多道工序完成的。生产的一体化程度高,设立的生产环节工序较多、较全,工厂规模就较大;反之,若许多零部件是外购的或工厂只为生产某一种或少数几种零部件而建立,规模就要小得多。

(三) 灵活性

对市场变化能否作出迅速反应决定了国际企业的国际竞争能力,而其关键又在于工厂体系是否有足够的灵活性。为了使生产流程加快,并更具可调整性和效率,许多国际企业投入大量资金建立灵活的制造系统,以期取得规模经济。

一些东道国要求外商投资于高技术、大规模的工厂,并通过各种政策加以扶持,也有一些国家对工厂规模有一定限制或要求。国际企业只有综合各种条件,充分考虑当地政府的要求并利用当地的优惠政策,建立规模合理的工厂,才能取得较好的投资效益。

第二节 国际企业生产系统的营运与控制

一、国际企业生产系统的营运

国际企业生产系统投入营运时,包含生产性活动和辅助性活动两类。

(一) 生产性活动

生产性活动的主要内容包括:管理部门要求整个生产系统能按一定的速度和设计的生产能力进行生产,以满足市场的需要。为了及时生产所需的一定数量的产品,并按预算的成本使产品符合所要求的质量,各级管理人员有责任把劳动力、原材料和机器有机地结合起来,以确保生产的正常进行。

在生产性活动过程中出现的主要问题及原因有:

1. 产量方面的问题

对于生产系统不能达到设计标准的产出量,可以从下述因素中寻找原因:

(1) 原材料的供应商不能及时交货或所供应的原材料不符合规格。这种现象在发展中国家的卖方市场中很是普遍。采购部门必须影响供应商,使其明白及时供货和正确供货的重要性,但是在"只此一家,别无分号"的供货条件下,采用这一战略的效果是有限的。增加购货付款额以及派送技术人员去帮助供应商通常能改善上述情形。

(2) 生产计划调度混乱。生产计划调度的不协调会延误最终产品的交货。因此,对计划调度员应加强培训和监督,就这一点而言,他们常常和一些生产工人一样,并不知道其工作的重要性,缺乏全局观念。因此,企业不仅要教会员工怎么做,而且要使他们懂得那样做的目的是什么。使企业员工作有一个良好的工作态度将会提高生产率,所以,在这方面所做的教育工作和努力是值得的。生产计划调度导致低产的另一个原因是没有认识到增加每批产品作业量可取得的规模经济效益。有的企业手中有大量的欠交订货,而根据它们的交货期又不得不一次次突击生产批量很小的产品来满足供货。这种情况经常出现的话,说明企业的生产系统营运不协调,为此需建立适当的库存,并增加每批产品的作业量。把增加的产量存放入库,这样也就能使销售部门随时满足订单的要求,及时交货。

(3) 缺勤。缺勤也是使生产管理人员很头痛的一个问题。在有的发展中国家,它已是工厂无法达到预定产量的一个重要原因。遇农忙时,有的工厂甚至被闲置起来。而交通运输系统的落后又使一些员工无法准时上班,所以企业得自备厂车。为了克服因病痛或因伤造成的缺勤,有的国际企业提供津贴性的工作午餐,并由专职营养师负责配菜,以确保员工饮食的营养与卫生,有的企业则免费提供一些劳动防护用品,如工作服、工作鞋等,并鼓励员工对安全作业提出建议报告。员工士气的低落也是造成缺勤率的一个原因。

在不同的国家,同样的领导作风会有不同的效果。在发展中国家员工遇到各种个人问题,如个人债务、婚姻与家庭的纠纷等,都希望企业领导能帮助解决,所以处理好管理人员和员工的关系在国际企业中也是十分重要的。

2. 产品质量问题

产品质量的好坏是相对的,有的产品质量在工业化国家被认为是好的,但在某些国家中却因维修与操作技术的局限,被认为是差的。假如产品或服务能达到用户购买的目的,那么买方就认为该产品的质量是好的。

产品质量标准不能凭个人的想象主观、武断地制定。从某种意义上讲,这是营销人员的责任,在对目标市场进行研究后,选择最适当的价格与质量组合来满足该市场的需要。在掌握上述信息的基础上,才可以确立原材料、在制品及制成品的质量标准。

如果国际企业的总部坚持要让设在国外的子公司保持其国内生产厂的质量标准,有时会引发不少问题。一些地区的生产由于投入品本身的质量较差,且又没有其他的货源,因此加工出的产品往往很难符合标准。即使使用了一些自动化程度较高的设备来加工产品,也常常因其对原材料的质量要求较高而无法生产出令人满意的产品来。为了维护其产品在国际上的声誉,国际企业的母公司常常要求子公司按统一的质量标准来生产,但这会导致某些地区的产品成本过高。许多跨国公司就采用一些较为折中的办法,允许附属子公司制造质量稍逊的产品,但不得使用相同的品牌。假如它们希望某地区成为其全球运销系统的一部分,则应要求子公司生产符合出口标准的特殊质量的产品,在一些地区"出口质量"就意味着优质产品。此外,产品的质量管理并不一定由子公司自己控制,多数跨国公司要求其海外生产厂提供成品样本进行常规质量检验。

3. 制造成本问题

出现制造成本过高的现象,即超出预算成本,这不仅是生产方面人员的责任,营销及财务经理人员也应关注这一现象。实际上,上面谈及的种种导致低产的因素都可能引起成本问题,当然问题也可能出在预算本身。此外,销售预测过于乐观、供应商交货延期、政府对基本原材料的进口没能及时签发许可证,以及水或电供应的短缺也都可能引起制造成本上升的问题。

原材料、零部件和制成品的库存管理在发展中国家常常处于非正常状态,因为在那里供应情况有很大的不确定性,易于失控。为了避免因某一原材料的耗尽而影响到生产作业计划的完成,企业常常不得不储存过量的投入物。维修人员储存过量的零部件,以备急需。营销部门则担心因生产延误而无法按时交货,于是也增大了不必要的库存。在许多国家,即使销售量下降,生产还将照旧,却不能裁减工人,因为劳工法的规定使得裁员变得既困难代价又很高。在有的国家,技术工人很短缺,所以即使法律允许解雇工人,管理部门也不敢轻易裁减他们,因为裁掉后再要找回来并不容易。在短期内唯一的选择就是仍然保持工厂运转,这样就大大增加了不必要的成本。

一般说来,企业总部的财务部门总是设法限制库存,但是由于一些国家惊人的通货膨胀,库存的积压有时反而能够赚取大量利润。子公司和母公司有时会在库存管理上存有严重的分歧,直至有些工业国也开始遭受两位数字的通货膨胀影响时,总部行政人员才认识到所属子公司高库存的做法是不无道理的。但是如果在通货膨胀得以合理控制的地区,供应商发货正常,那么谨慎的办法应是把库存压缩至最小,即根据保险库存量和经济订货批量进行管理。

(二) 辅助性活动

每一个生产系统都需要一些职能部门提供辅助性活动。这对于生产的正常运行是必不可少的。

1. 采购

生产有赖于采购部门购买的原材料、零部件、其他供应物及生产制品所需的机器设备。这些材料若无法在需要时及时提供,将导致停产和滞销等重大损失。如果采购人员用高于竞争对手的价格买进各种材料,那么企业或者提高成品的价格,或者用削减利润的方法使价格保持竞争力。此外,成品的质量也可能因所购进材料的质量不合格而出现问题。

由此,采购人员的素质显得颇为重要。在国际企业大部分材料依靠进口的情况下,雇用采购人员的主要标准是他们是否熟悉有关进口方面的知识及其与当地政府官员的关系。他们必须时刻关注政府可能影响其所得外汇的各种行为。因此,国际企业在其附属的国外子公司或厂家中,选择合适的采购人员须慎重考虑:雇用当地人的有利之处在于其更熟悉地方的供应渠道和政府官员,不利之处在于其不太了解公司的采购程序;派遣企业现有人员去负责采购部门的工作,其利弊与雇用当地人恰恰相反。

2. 维修保养

为防止因设备损坏而引起非计划性停工,企业往往专门设立维修保养部门。从一定意义上说,适当的维修保养比百分之百的工人出勤率更显重要。一个生产小组中缺了一两名工人也不至于造成停产,但是如果一台重要的机器设备坏了的话,就有可能造成整个工厂窝工。然而,在许多发展中国家的企业里,大家对设备的维修采取了一种消极的态度:任其运转,不坏不修。这种态度对企业生产计划的顺利执行潜伏着很大的威胁性——一旦设备损坏,生产计划被迫搁浅,许多相关资源(劳动力、资金等)就会被闲置。现阶段,许多国际企业建立了预防性维修制度,对企业的厂房和机器设备实行以预防维修为主的维修政策,以防止机器设备的突然损坏而影响生产。根据计划,机器将定期进行检修并更换磨损的零件。生产部门由于事先收到了停机通知,故在生产安排上可以早作准备。如让该机器事先进行超时工作,并存储一定量的备件,使下道工序能在其大修期间继续生产。

3. 技术职能

技术部门的职能是提供生产所需的制造工艺规范,并对检查投入物和成品的质量负有责任。

为适应市场需要,国际企业需要不断地推出逐步优化的产品,这在客观上要求技术部门对制造工艺推陈出新,进行技术创新。现阶段,国际企业的技术创新机制主要通过四种典型的具体形式来运作:

(1) 母公司的研究与开发。这几乎是所有国际企业都采用的形式。

(2) 创办海外技术创新机构。如飞利浦公司在各个不同国家的子公司中都拥有规模不一的属于子公司自己管理和支配的研究及开发机构。松下电器公司在美国的子公司成功地兼并了美国摩托罗拉公司的电视部门,使这一部门规模庞大的研究与开发实验室成为它的海外技术创新机构。

(3) 参与教学、科研、生产联合体。这主要是指国际企业与国内外高等院校在技术创新领域的合作。埃克森石油公司与麻省理工学院签订了为期10年的改进燃烧系统和节能的合作研究协定,日立公司在加州大学欧文分校创办了生物工艺学实验室。国际企业与高等院校在技术创新领域的合作关系是十分紧密的。

(4) 与其他国际企业缔结技术创新战略联盟。如英国的罗斯·罗伊斯公司和法国的史耐克马公司共同开发新一代超高速发动机,日立公司与IBM公司签署协议共同开发用途广泛的各种计算机软件。战略联盟的优势在于各跨国公司可以相互利用对方的高新技术力量、资金和设备,从而分摊技术创新的风险,并因科研互补而提高技术创新的成功率。

二、国际企业生产系统的控制

国际企业生产与国内企业生产有着根本不同。国际企业生产是在比国内企业生产的地理范围大得多的多国空间进行的,因而其生产规模往往比国内企业大得多,其所接触的前向和后向连锁厂商也远比国内企业多。国际企业的生产活动就不仅仅表现为本国的企业内部生产活动,而且表现为该企业在国际上进行主件、零部件等各种投入物的制造、运输、采购、储存和装配等广义的生产活动,这种生产活动可视作一种筹供活动。

由此可见,国际企业的生产活动不只是传统观念中的一国企业内部的生产,还包括一国企业进行国际筹供活动的内容。

(一) 筹供

筹供是指通过采购、转包生产和国外子公司生产等方式,取得物资供应的活动。

1. 按控制形式有内部筹供和外部筹供两种

所谓内部筹供,是国际企业通过企业股权的占有,来控制子公司内部的生产,为企业其他部分的生产单位取得生产所需投入物的内部供应。内部筹供是一类控制程度较高的形式,可细分为独资持股子公司的生产和合营公司的生产两种形式。

所谓外部筹供,是通过国内外的外部交易市场,为企业的另一些生产单位取得有关投入物的供应。外部筹供是在竞争程度不同的交易市场上进行的,因此控制程度较低。

国际企业是采取内部筹供还是外部筹供,与企业核心产品所需投入物的要求不同有关,例如对投入物的质量、数量以及规格和交货期限的要求等。一般地,对于产品多样化程度高的国际企业来说,由于其最终产品对投入物的要求多样化,因此其可能会同时采取内部筹供和外部筹供两种形式。

2. 按物流方向还可分为中心筹供和分散筹供两大类

所谓中心筹供,是指企业成品的主要投入物的筹供基本上围绕该企业的某一中心工厂展开。中心筹供方式下的国际生产,其优越之处在于:形成工厂生产的规模经济,易于实行生产自动化与集中式的质量控制,以确保产品质量高度一致,成本降低。

所谓分散筹供,是指企业成品的主要投入物的筹供分别围绕着若干相距较远的中心工厂进行。分散筹供方式下的国际生产的优越之处在于:可降低运输成本,且能及时地对当地市场变化作出反应,以控制企业在当地的生产,适当地修正生产计划。

国际企业生产和筹供方面的上述特点，使得对其的管理相当复杂，为了保证企业在整体上做到以最小的投入获得最大的产出，国际企业总部必须对生产实行整体控制，并在各分部门、子公司之间进行协调。

（二）国际企业生产协调体系

对大型跨国生产的企业来说，典型的高度集权式的管理实际上是不可能的。不管是中心筹供方式下的生产，还是分散筹供方式下的生产，生产能力的运转总是以不同程度的分散决策活动为基础的。国际企业的生产协调体系也只能以不同程度的分散决策活动为基础，对国际范围内的生产进行协调。从国际企业尤其是西方跨国公司发展的经历来看，国际企业内部的生产协调体系有以下两种：

1. 二分式的生产协调体系

在二分式的生产协调体系下，国际企业的国内生产和国外生产基本上自成体系。生产控制基本上在各体系内自主进行，企业总部的协调策略是低度协调效率与低度协调成本的平衡。但由于在国内分部与企业总部之间易于传递信息和指令，且国内生产这部分又是企业的基本部分，故国内的生产活动往往处在企业总部的有效协调与控制之下。相比之下，国外的生产活动则很难受到企业总部的有效控制，特别是在生产能力方面很难实现全球范围内的和谐协调。因此，二分式的生产协调体系只适用于国际生产的早期阶段，此时，国际企业往往采用母子结构或国际部结构。当国际企业的国外业务继续扩大，生产、贸易、金融活动所伴随的企业内部的物质、技术和资本的国际性流动随之扩大时，企业组织结构的设计也就会向全球组织结构演变。二分式的生产协调体系整体上缺乏统一的协调，不能充分利用规模经济，增加了整个系统的生产成本。为了改善生产系统的运行，国际企业在进行国际化生产经营时，一般多采用一元化的集中协调体系。

2. 一元化的集中协调体系

一元化的集中协调体系强调整个企业生产活动上的统一、协调。国际企业对全球范围内生产能力的扩充和储备能力的发挥进行统一安排和调整，对各子公司的库存量进行统一的调度和控制，并进而将各子公司本身生产规模计划的制订权掌握在企业总部，或掌握在统一运筹国外市场的国际部手里。一元化的集中协调体系不利于发挥子公司的积极性与主动性，有时还会引发企业总部或国际部与地位重要的生产性子公司之间的矛盾。

（三）国际企业内部沟通

1. 国际企业内部沟通的障碍

国际企业内部上下级单位之间对生产进行管理时，或者有产品依存关系的各生产单位在国际生产方面试图协调时，它们相互之间意见的沟通和决策信息迅速而准确的传递是很重要的。但由于国际企业的生产是在多国空间进行的，相互之间的沟通往往存在许多困难。

首先，时间与距离可能引起信息交流与准确执行等方面的困扰。例如，国际企业的总部、各生产性子公司、分部门位于不同的国家，所在的时区不一样，于是，相互间的电信联系被限制在双方的工作日范围内。而通过书信这种方式，易于导致信息传递的延误。

其次，长距离的通信交流可能造成生产信息传递的失真。交流的费用昂贵，使得双方尽量缩短交流时间或者对信息进行过度筛选，容易造成双方的了解不够。

最后，语言上的隔阂以及文化心理上的差异，也会导致双方理解与判断问题的障碍，从而带来决策与决策执行的不一致。

2. 克服内部沟通障碍的策略

（1）弥补性策略。国际企业对东道国语言、文化的特点加以研究，并派有国际商业经验的人或有东道国血统的母籍人员担任国际事业部经理或国外子公司经理。母公司或子公司经理经常视察国外子公司，尽量取得第一手材料，加强双方在经验、见解以及人际感情方面的交流。国际企业还可以专门指定某些人负责双方的信息交流，以保证双方沟通的有效性与及时性。

（2）组织调整性策略。当国际企业的国外业务部分和国外活动的地理范围不断扩大，企业内部沟通的信息量大大增加，且要求得到有效、及时的反馈和处理时，需要在组织结构上作相应的调整。例如，从母子结构调整为国际事业部结构，或者从国际事业部结构调整为全球性的组织结构等。

（3）计算机化策略。国际企业采取计算机化策略，即在母、子公司之间和各部分之间的国际信息交流与处理方面采用电子计算机系统，以便更有效地配合国际生产的整体控制与协调。计算机可以系统地收集、储存、处理有关资料数据。在生产控制领域可用于库存控制、长期计划安排、进度计划编制、工艺文件编制、工具管理、外购计划单编制、生产进度统计与质量统计等。随着电脑信息系统逐渐向广度和深度发展，企业的生产控制与协调方法取得了重大突破，也就是生产经营信息处理的自动化。这对于那些制造业的巨型国际企业来说意义重大，因为其库存零部件的型号和种类数以十万计，采用手工统计和管理不仅工作量大，而且准确性差，而用计算机辅助生产管理能极大地提高生产管理的反应速度和准确程度。

（4）网络化策略。信息技术的巨大进步、各种信息网络的建立和连接、多媒体技术的应用正将国际企业的不同单位在世界范围内联系起来。电脑系统可将国际生产经营活动的情报及时提供给各级部门与各子公司经理，帮助他们有效地控制整个企业和下属各国企业的制造、采掘、加工、贸易和金融等活动，并且对未来业务进行预测，以便使目标业务与国际企业的长期战略目标尽可能趋于一致。

（四）国际企业质量控制

1. 国际企业质量控制的意义

质量是产品的灵魂，以质量求生存、以质量求发展是世界公认的经营之道。世界著名企业之所以具有强大的竞争力，很重要的一点就在于，它们始终围绕质量既是挑战又是机遇这一主题，改善经营管理，发展科学技术，不断开拓质量方面的新领域和潜在方向，从而生产出质量很高的产品。例如，杜邦公司采取"1% = 100%"的质量管理公式，它们认为每一种产品中只要有一个不合格，其用户就会因此认为它们的产品质量差，并向外界宣传，从而使更多的人不愿使用它们的产品。于是，100个产品都无法售出，与次品无异。可见，对于国际企业而言，其质量控制是非常重要的。随着国际经济合作和竞争的深入，不少国家纷纷以质量为武器抵挡国外产品进入本国市场，因此，从这个意义上说，国际竞争在很大程度上是质量的竞争。

2. 国际企业质量控制的特点

在实际工作中,国际企业的产品质量控制除了必须遵循一般企业质量管理的原则,还必须注意以下特点:

(1)"保名牌"。同国内一般企业一样,国际企业也考虑加快产品更新换代的速度,争创名牌。但它更注重对现有名牌的保护,将生产能力向国外转移,在国外重复生产现有规格和质量水平的产品。国际企业十分重视把同种产品在各国市场上的差异与各国子公司的产品质量控制结合起来,用严格的质量控制树立企业产品长期、稳定的名牌形象,同时辅以大量的国际广告宣传来强化这种名牌形象,从而使名牌产品具有更强的生命力,使企业取得最大的经济效益。

(2)质量控制需软硬件齐备。国际企业在向子公司输入质量管理的软件系统的同时,还输入用于质量控制的硬件系统,如一些精密仪器、测试手段和生产设备。这样有利于完全将子公司纳入总公司的生产系统,保证产品质量。

(3)吸收各地先进的管理技术。国际企业活动舞台的广阔有利于吸纳世界各地的先进质量、管理技术。国际企业采用合资、合作和收购方式成立的国外子公司,其前身往往是东道国有一定经营实力的企业,在并入国际企业之前,其质量管理方面通常有一定的合理成分。因此,国际企业在开展质量管理的方法和技术方面可以兼容并包,吸收、利用国外一切合理化、有效的成功经验,建立起高效的质量管理体系。

(4)质量控制费用的补偿。国际企业实施质量控制计划的费用可以从质量效益中得到补偿。国际企业的经营规模较大,综合生产能力强,因此有实力在质量控制方面进行较大规模的投入。这种高费用、高科技的投入,往往能够取得技术和管理上的突破,从而取得较好的质量效益。这一效益一方面足以补偿质量控制方面的高额投入,另一方面使国际企业在产品质量和信誉方面处于优势地位。

3. 国际企业对主要供应商的产品质量管理

当国际企业采用外部筹供方式,即通过国内外的外部交易市场,为企业的一些子公司取得有关投入物时,必须用不同供应商提供的原材料和零配件,生产出具有同一质量水平的产品,因此,质量控制的难度大,所以供应商的产品质量管理对于国际企业的质量管理是必不可少的。为了保证以各条渠道汇集到本企业又分配到企业下属各子公司的原材料、零配件的质量,国际企业需指派专人进行这方面的管理。管理工作主要包括对供应商资信能力的调查和对供应商的产品进行管理与监督等内容。

对于所有可能成为本企业供应商的对象,应组织力量进行调查,以确定调查对象是否具备足够的能力生产出满足本企业产品质量的原材料和零件,是否有良好的资信记录以证实其质量管理的稳定性和履约的可靠性,调查的结果作为选择供应商的依据。调查可以采用实地考察和调查表两种方式。采用实地考察方式,企业要选调财务、采购、工程制造、质量控制、工艺管理等部门的人员组成考察小组,去现场考察供应商的设施、经营管理现状、技术水平、制造能力和质量保证体系,掌握供应商在资信方面和能力方面的第一手材料,这使得这种调查的可靠程度高。采用调查表方式进行调查,调查表要精心设计,明确提出各种问题,以简便方式送达被调查的供应商,要求供应商在规定期限内填好寄回。对供应商的产品进行管理和监督,应该在合同中载明具体的质量要求。为了加强监督,可以派人员定期走访供应商工厂,也可向其派出常驻审核员。

(五) 国际企业库存控制

越是需要互换产品和零部件的国际企业,库存控制的过程就越困难。距离、时间、国际政治和经济环境的不确定性等因素,使得企业难以确定准确的再订货点(Reorder Point)。例如,假如在弱币国家的一个制造企业经常从强币国家进口库存原材料或零部件,管理层就可能不顾高昂的存储成本和损坏或偷盗的风险仍然准备储藏库存物资以应对货币贬值。当然,管理层也可能期望发生政治不稳定或立法减少进口的情况,从而准备增加库存。快速变化的国际事件会破坏按部就班运行的库存控制系统。

近年来,日本人十分推崇准时(Just In Time,JIT)库存管理概念。JIT库存管理系统作为全面质量管理(Total Quality Control,QTC)的一个组成部分,在美国制造商中也越来越流行。

JIT库存管理概念的实质是原材料、零部件必须按时、准点运送到所需的生产工序,其结果是企业不需要有很多的库存,这样就可以节省库存资金和库存成本。按JIT库存管理的要求,原材料或零部件必须没有缺点,并且在需要使用时能准点送到。但是,由于供应线可能发生中断从而导致混乱,因此对JIT库存管理来说,国外供应可能产生很大的风险。不言而喻,JIT库存管理所需的库存是很小的,但是国外供应商经常需要保持很高的库存水平以应对可能发生的风险。JIT库存管理的基本思想是及时生产所需的零部件或产品,以便使用或出售。国际企业如果要在其他国家也采用这个系统,就需要在生产制造系统和生产过程中作一些调整和改进,比如,生产计划的均衡稳定,制造过程更富有灵活性,生产投入品和产出品的质量更高,管理层与工人之间的协调较好,发展与可靠的供应商之间的关系,比较关注地区供应商和制造商,比较恰当的工厂结构,强有力的管理承诺和支持。

对国际企业的国外制造战略来说,合理利用JIT库存管理是一个重要的方面。国际企业企图通过在海外生产以降低成本,同样,利用JIT库存管理系统也可以减少库存量,降低库存成本。这里的关键是要解决国外生产与JIT库存管理相结合的矛盾问题,从而可以同时运用这两种战略,使得国际企业更有竞争力。

JIT 生产系统

JIT生产系统,又译为实时生产系统,简称JIT系统。它是1953年由日本丰田公司的副总裁大野耐一综合单件生产和批量生产的特点及优点,创造的一种在多品种、小批量混合生产条件下的高质量、低消耗的生产方式。JIT生产方式在推广应用过程中,经过不断发展完善,为日本汽车工业的腾飞插上了翅膀,提高了生产效率。这一生产方式亦为世界工业界所瞩目,被视为当今制造业中最理想且最具生命力的新型生产系统之一。

一、JIT系统的基本思想

JIT系统的基本思想是"只在需要的时候,按需要的量,生产所需的产品",也就是追求一种无库存或库存达到最小的生产系统。JIT系统的基本思想是生产的计划和控制及库存的管理。

JIT系统以准时生产为出发点,首先暴露出生产过量和其他方面的浪费,然后对设备、人员等进行淘汰、调整,达到降低成本、简化计划和加强控制的目的。在生产现场控制技术方面,JIT系统的基本原则是在正确的时间,生产正确数量的零件或产品,即准时生产。它将传统生产过程中前道工序向后道工序送货,改为后道工序根据"看板"向前道工序取货,看板系统是JIT系统生产现场控制技术的核心,但JIT系统不仅仅是看板管理。

JIT系统的基础之一是均衡化生产,即平均制造产品,使物流在各作业之间、生产线之间、工序之间、工厂之间平衡、均衡地流动。为达到均衡化,在JIT系统中采用月计划、日计划,并根据需求变化及时对计划进行调整。

JIT系统提倡采用对象专业化布局,用以减少排队时间、运输时间和准备时间,在工厂一级采用基于对象的专业化布局,以使各批工件能在各操作间和工作间顺利流动,减少通过时间;在流水线和工作中心一级采用微观对象专业化布局和工作中心形布局,减少通过时间。

JIT系统可以使生产资源得到合理利用,包括劳动力柔性和设备柔性。当市场需求波动时,要求劳动力资源也作相应调整。当需求量增加不大时,可通过适当调整具有多种技能操作者的操作来完成;当需求量下降时,可减少生产班次,解雇临时工,分配多余的操作工去参加设备维护和维修。这就是劳动力柔性的含义;而设备柔性是指在产品设计时就考虑加工问题,发展多功能设备。

JIT系统强调全面质量管理,目标是消除不合格品。消除可能引起不合格品的根源,并设法解决问题。JIT系统中还包含许多有利于提高质量的因素,如批量小、零件很快移到下一工序、质量问题可以及早发现等。

JIT系统以订单驱动,通过看板,采用拉动方式把供、产、销紧密地衔接起来,使物资储备、成本库存和在制品大为减少,提高了生产效率。

二、JIT系统的目标

JIT系统的目标是彻底消除无效劳动和浪费,具体要达到以下目标:

(1) 废品量最低(零废品)。JIT系统要求消除各种引起不合理的原因,在加工过程中每一工序都要求达到最高水平。

(2) 库存量最低(零库存)。JIT系统认为,库存是生产系统设计不合理、生产过程不协调、生产操作不良的证明。

(3) 准备时间最短(零准备时间)。准备时间的长短与批量选择相联系,如果准备时间趋于零,准备成本也趋于零,就有可能采用极小批量。

(4) 生产提前期最短。短的生产提前期与小批量相结合的系统,应变能力强,柔性好。

(5) 减少零件搬运,搬运量小。零件搬运是非增值操作,如果能使零件和装配件运送量减小、搬运次数减少,就可以节约装配时间,减少装配中可能出现的问题。

(6) 机器损坏率低。

(7) 批量小。

三、JIT系统的主要原则

为了达到上述目标,JIT系统对产品和生产系统设计考虑的主要原则有以下三个方面：

（1）在单个产品生命周期已大大缩短的年代，产品设计应与市场需求相一致，在产品设计方面，应考虑到产品设计完成后要便于生产。

（2）尽量采用成组技术与流程式生产。

（3）与原材料或外购件的供应商建立联系，以达到 JIT 系统供应原材料及采购零部件的目的。

资料来源：http://wiki.mbalib.com/wiki/JIT，访问时间：2018-08-25。

第三节 国际采购

一、采购与自制决策

（一）生产整合（一体化）程度

生产整合（Integration）程度是指某种产品由一个企业制造的百分比，即一个企业产品自制而非依赖供应商供应原料的程度，也称生产一体化程度。某一特定产品生产的整合程度可以看作从一端的百分之百外部购买到另一端的百分之百自己制造的连续统一体，包括两端之间供应及装配的程度。自己生产的该产品越多，整合程度越高。整合程度的高低取决于自制部分增加值占产品总价值的比例。单个企业的生产整合程度如图 9-2 所示。

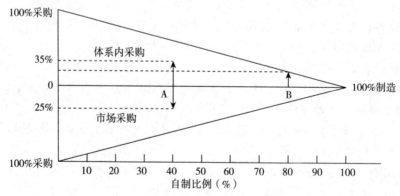

图 9-2　单个企业的生产整合程度

在图 9-2 中，就单个企业的生产整合程度而言，在 A 点时，该企业对所在的国际企业体系内（以共同的所有权为基础）的采购为 35%，而通过市场采购（指从国际企业体系之外）的比例为 25%，则相对于该企业来说，其自制的比例为 40%；但从整个国际企业来看，生产整合程度的衡量应将国际企业体系内采购的 35% 也计算在内，即整合程度达到 75%（单个企业自制比例与从国际企业内部采购比例之和）。在 B 点时，该单个企业的自制比例达到 80%，虽然从单个企业来看，其生产整合程度提高了，但国际企业体系内采购的比例却低于 20%，可以说，单个企业与整个国际企业体系的协作范围可能缩小了。因此，从国际企业体系来看，单个企业生产整合程度的高低不一定能反映整个国际企业体系的生产整合程度。在分工高度细化的今天，立足国际企业体系的生产整合比追求单个企业的生产整合更为重要。

在某一特定的国家市场内部，各种政治因素可能会阻碍工厂或企业的一体化，特别是在该工厂或企业占有东道国国家或地方经济某一行业很大部分的情况下。有些企业努力使自己成为地方经济的组成部分。具体做法就是与当地企业联合，即承包当地技术所不具备的所有工序及服务，有时甚至向当地企业提供培训、资金及技术援助。这里还包括由其他独立的地方企业所承担的合作制造及装配。国际企业所能采取的最好的战略就是有计划、有步骤地改变自己在原材料和部件供应或生产方面的形象。若这样做，企业千万当心不要在此过程中失去有价值的东西——产品的制造秘诀、企业已花大本钱培养的员工或市场地位。这种转变有时是迫不得已的，例如，墨西哥政府规定所有在墨西哥装配的汽车，其中必须有一定价值的零件在当地生产；还有的国际企业可能会被迫分期、分批最终百分之百地在当地生产。

（二）影响采购与自制决策的因素

对所需的各种生产投入或产品可以通过对外采购即从企业外部来源获得，也可以通过企业内部自制取得。选择自制还是采购，涉及成本收益分析，除此之外，还要考虑其他相关因素，具体来说，国际企业在决定自制还是外购时，应考虑以下诸多因素：

（1）采购与自制的成本比较。如果采购的成本低于自制的成本，从经济角度出发，应选择采购；反之，则选择自制。例如，某种零件如采购，每件采购成本 3 元，如改为自己生产，需增加一些设备，设备购置和安装总投资 10 万元。按使用期 10 年计算，每年折旧费 1 万元。生产该零件每件所用原材料、动力、工资等成本 2.8 元。我们很容易计算出，当零件产量每年达 50 000 件时，自制与采购的经济效益相等；年产量达不到 50 000 件时，自制零件的成本高于采购零件的成本，因而应选择采购；年产量超过 50 000 件时，应选择自制。

（2）供应商的可靠性。国际企业在决定自制还是采购时，除了经济合理性，还应考虑其他的经济因素。能否不间断地供应企业所需的原材料、半成品、成品，对于企业的生存和赢利能力有很大影响。这是决定自制还是采购的另一个重要因素。

（3）技术因素。在资本密集行业以及使用连续过程型生产技术（Process Production）的领域，国际企业很可能利用内部资源取得所需材料，否则，可能会形成生产的瓶颈。

（4）管理者的偏好。管理者的偏好有时对采购与自制的选择也有很大影响。一般来说，美国和欧洲的跨国公司比日本的跨国公司更喜欢利用内部资源和选择自制的方式，但日本的跨国公司通常以长期合同方式与外部的供应商保持密切的联系。

（5）政治因素。有关国家特别是东道国的有关出口政策、当地化政策、民族感情等因素都有可能影响企业对自制还是采购的选择。

（6）国际企业整体运转的需要。在生产一体化程度高的国际企业中，各子公司或分支机构可以进行广泛的分工与协作，相互提供部件与半成品（水平联合），或相互之间在生产阶段上形成生产流水线（垂直联合），由总部协调或安排它们之间的物流，从而也就决定了有关子公司或分支机构的内部采购。即使某一子公司所产零部件的质量、成本在市场上缺乏竞争力,或者这些零部件需求的季节性较强,总部为了维持企业整体的正常运营,也有可能要求其他子公司采购该子公司的零部件,以保证该子公司的均衡运营。

（三）采购方式

国际企业的采购方式主要有集中采购、自主采购和混合式采购三种。集中采购指由母公司统一建立基地,通过企业内部交易取得所需的生产投入或产品。自主采购则由国外子公司或工厂自主地从企业外部获取所需的生产投入或产品。实际上,集中采购和自主采购只是两种极端的方式。国际企业常常将两者结合起来,采用混合的方式,即在一些国家,对一定的产品,采用集中采购的方式；在另一些国家,对另外的产品,采用自主采购的方式。

国际企业建立集中的供货来源,目的是进行理性的生产和销售,即把特定的生产过程或整个产品的生产集中在某个地区的几个工厂,然后分销到各地,以求最高的效率。

集中采购方式的主要优点是:有利于实现规模经济,降低生产成本；有利于快速开发新产品；有利于减少库存。但这种方式也有缺点,主要是:不能满足东道国政府就地生产的要求,因而有失去该国市场的危险；对市场和消费者偏好变化的适应性弱；主要基地所在国如发生社会经济和政治事件,国际企业容易受到损害。国际企业采用自主采购方式的优缺点正好与采用集中采购的优缺点相反。

国际企业采用集中采购方式要有一定的条件。从行业角度看,最好是产量与单位成本高度相关的行业。产量越高、单位产品成本越低,采用集中采购方式就越能取得规模经济。从技术角度看,生产系统最好能运用连续过程型的制造技术。从地区角度看,一些国家对出口采取鼓励政策,有利于集中采购方式的采用,例如,世界各地有许多出口加工区,它们成为美国、欧洲、日本跨国公司的供应来源基地。其部分原因是当地政府有出口补贴,且劳动成本较低。但是,在关税和运输成本高、外汇汇率波动的条件下,采用自主采购方式是适宜的。

混合方式的采用往往受下列因素的影响:①技术。例如,在资本密集型行业,随着产量的增加,单位产品的间接费用减少,可以取得规模经济。在这种情况下,很有可能选择理性生产,实行集中采购。②市场竞争。如果某个市场竞争激烈,则要求企业尽可能降低单位产品成本。在这种情况下,理性生产和销售也就显得十分必要。③零部件的互换性。产品要标准化,零部件才能互换；否则,所谓实行理性生产以提供零部件就是不可能的。因此,产品在其生命周期的成熟阶段,很可能会实现理性生产。④东道国政府的要求和压力。一些发展中国家如印度、印度尼西亚、马来西亚、巴西等,为了自力更生发展本国经济,不但要求跨国公司在当地生产和制造产品,而且对商品进口课以高额的关税和罚款。在这种情况下,实行自主采购方式是适宜的。

从总体上看,欧洲和日本的跨国公司,其供应来源的集中程度高于美国的跨国公司。

二、进口与当地采购决策

国际企业国外生产与国内企业生产相比,还需要作出一个重要抉择,即物资是在当地市场采购,还是到其他市场采购。

(一) 进口与当地采购决策的影响因素

从总的情况来看,国际企业国外生产单位的物资供应来源的选择是多种因素综合作用的结果。进口与当地采购决策的影响因素主要有以下几个方面:

(1) 当地货源情况。当地货源的各种短缺(如持续性短缺、季节性短缺、周期性短缺等)使得国际企业采取相应的进口方式。

(2) 外汇管制。在外汇管制下,当地企业(即使是外国企业的子公司)必须获得官方许可证方能进口货物,买进支付所需的外汇。因此,在需要进口许可证及外汇许可证的情况下,企业要维持进口部件的连续性是不可能的。结果可能是有些部件大量积压,有些部件供不应求,生产因而时断时续。与当地采购相比,进口需要更长的订货间隔期,因而必须作出更周密的计划。

(3) 差异成本。进口决策会导致关税和非关税壁垒、出口补贴、保险、运费等的发生,从而使进口成本与当地采购成本产生差异。这种差异成本的大小是国际企业在制定进口或当地采购决策时要考虑的一个重要因素。

(4) 企业之间或企业内部协议情况。

(二) 国际采购存在的问题

国际采购中存在许多值得重视的问题,其中主要有:对海外声誉好的卖主的地点选择与评价,订货与交货的间隔时间,政治与劳工问题,汇率波动,付款方式,商品质量,拒收与退货问题,关税,货物结关需要额外文件的成本,法律问题,运输,语言,社会文化习俗。如果国际采购来自非联属企业,上述许多问题会更为突出,因为企业不能像对待联属企业那样对非联属企业施加影响。

(三) 国际采购的技巧

现代化生产推进了 JIT 生产系统,要求配件收到后迅速投入制造过程,使得企业更加注重采购品的质量,迅速交货,残次品少。由于与当地采购相比,到国际市场采购需要更长的备运时间,因而必须采取一定的采购技巧。为此,企业需要把握以下几点:

(1) 寻找可靠的供应商。供应商的可靠性不仅表现在能力上,而且表现在意愿上。只有那些有能力并愿意以合理价格按时、按质、按量供应本企业所需的部件或其他投入物的供应商才是可靠的。在存在卖方垄断的情况下,企业需要注意适当分散供应来源,以免陷入被动局面。

(2) 周密预测供应线上可能出现的短缺或阻塞,如罢工、运输能力不足等造成的阻塞。

(3) 建议供应商使用合适的喷头、文件、包装和运输工具。

(4) 如果企业选择离岸价(FOB)而非到岸价(CIF),则需采用低成本运输方式。

(5) 越过关税壁垒(即确定货物的价值,尽量将其归类于低税档,预测最后的征税情况——最后征税可能在实际进口几个月之后进行)。

(6) 维持当地制造竞争产品与进口的平衡,以避免国内生产者通过价格大战或指控倾销等手段进行报复。

(7) 随着当地进口限制和外汇管制的变化而调整国际采购策略。

国际采购所需要的技巧与企业对外国资源的渗入程度有关。如果通过企业外的进口商、出口商、国外卖方驻当地代理、进口经纪人或当地经销商进口,进口的专业技巧可以低一些;但如果企业直接向当地出口代理商、出口商或本企业在国外的分公司、子公司、代理商自行采购,所需要的采购技巧就要高得多。如同出口一样,国际采购渠道的选择在很大程度上取决于采购量、法律规定、竞争者对现有渠道的控制程度、企业的国际结构以及企业所拥有的采购技能。

三、国际分包

国际分包(International Subcontracting)是从国外取得外部投入来源的重要途径,大致有工业分包和商业分包两大类。前者是委托人将部件和某些工序转包给分承包人生产;后者是委托人就产品的制造转包给分承包人,最后由委托人用自己的商标组织产品销售。工业分包委托人总是大型制造企业,而商业分包委托人则通常是大型百货商店或连锁店。

20 世纪 60 年代中期以后,发达国家的跨国公司认识到了国际分包的成本优势,与依赖国内部件来源相比,向要素成本特别是劳工成本低廉的国家的分承包商购买部件可以大量节约成本支出。国际分包中的成本节约来自以下几个方面:①分承包商使用低廉的生产要素;②受本企业生产范围和规模的限制,有些部件本企业不能生产,否则,就需要另行投资,增添设备;③在生产机械化程度高的情况下,产品的工业集中已达到经济规模的极限,超过这一规模则会产生收益递减。这也是许多企业将那些不再有望产生规模经济的产品进行分包的重要原因。当然,国际分包加长了部件产地与使用地的距离,由此带来额外的运输和关税等成本,因此,计算国际分包的比较成本时需考虑这类因素的反向作用。

除了成本节约,国际企业利用国际分包还可以获得以下三个方面的优势:

第一,灵活性。经济的周期波动会影响企业产品的市场供求状况与要素成本。在经济繁荣时,订单大增,会超过企业的生产能力,通过国际分包能够使企业产量跟上市场需要。在经济萎缩时订单减少,企业可减少国际分包数量,自行承担主要生产活动,从而避免生产能力闲置。此外,在出现罢工、运输不畅等梗阻时,国际分包也能保证订单的完成。

第二,获得一些政府优惠条件。发展中国家设立的免税区、出口加工区等利于外向经济活动的区域为外国企业进行国际分包提供了便利的场所。

第三,降低或防范风险。在某种意义上,国际分包是海外直接投资的替代形式,它利用了东道国的生产要素,又不需要进行实际投资,不需要增加新的生产设施,避免了投资风险。同时,东道国即使征用外资企业,或者对外资企业实施其他政治干预,也不会影响国际分包业务。

对分承包人而言,国际分包为其提供了发展的良机。我国台湾地区和韩国的许多国际企业的成长都得益于它们曾成功地开展了国际分包业务,包括运动鞋、运动器材、汽车、家用电器等产品的分包制造。待到海外投资发展了以后,这些企业就努力减少对分包的依赖,更多地依靠出售拥有自身品牌的产品,同时,它们也慢慢变成了委托人,利用其他成本更低的国家或地区的分承包人进行部件与产品的生产。

国际企业的分包决策与管理的重点有以下三个方面:

第一,是否进行国际分包。企业进行国际分包主要是为了获得国际分包带来的优势,因而对外分包的动因主要有:降低成本、跟上需求波动、满足专业性生产需求以及降低风险等。在某些行业,劳工成本在总制造成本中所占的比例很小,因而节约劳工成本的意义不大,这时,企业选择分包的积极性就不高。有时,企业需要在短时间内取得大量的高质量产品,分包往往就成了捷径。

第二,在何处进行分包。就总体情况而言,理想的分包地点是劳工成本低廉而又具备必要的生产技术水平的国家和地区。这也是韩国、中国台湾地区等新兴工业化国家和地区曾是跨国理想分包地的原因。然而,随着这些国家和地区工业化的实现,劳工成本每年以20%的幅度上升,与发达国家的劳工成本差异日益缩小,同时,这些国家与地区的经济发展也使其货币不断升值,出口竞争力逐渐削弱,这时,发达国家的跨国公司就将眼光移到了那些劳动力成本更为低廉的国家和地区,例如,美国的跨国公司曾一度对韩国和中国台湾地区进行大量分包,而现在则转向墨西哥,这主要是由于墨西哥有政府鼓励、低廉的劳动力成本且又成为北美自由贸易区成员国。

第三,合理选择分承包人。不同行业、不同类型的国际分包对分承包人的要求不完全相同,企业应根据将进行转包的部件或产品的生产特征和发包目的,结合企业自身的实力,确定此项分包在数量、质量、成本、交货时间等方面的基本要求,进而确定合格的分承包人应具备的生产技术水平、生产能力、管理水平、获得合格投入要素的能力以及应有的信誉,在选择分承包人时,还要防止培植潜在的竞争对手。

第四节 国际技术转移

技术的创新与进步是世界经济增长的重要因素,先进技术在生产中的应用常常会带来巨大的经济效益,并且日益成为国际竞争的主要动力,技术优势成为国际企业保持垄断优势的重要部分。跨国公司对世界技术的进步和发展具有举足轻重的作用,不仅是先进技术的主要发源地,而且在高精尖技术上占有垄断地位。世界上先进的生产技术绝大多数由跨国公司开发、拥有和控制,世界上最大的500家跨国公司垄断和控制了世界技术贸易的90%,美国目前的技术转移收入中有逾八成来自本国跨国公司向海外子公司的技术转移。因此,跨国公司被称为国际技术转移的"重量级选手"。

一、技术转移的含义

"技术"在不同场合和不同研究领域的含义不尽相同。根据世界知识产权组织(WIPO)的定义:技术是指制造一种产品或提供一项服务的系统的知识。这种知识可能是一项产品或工艺的发明、一项外观设计、一种实用新型、一种动植物品种,也可能是一种设计、布局、维修和管理的专门技能。而在国际企业海外投资中所涉及的技术,主要是指把投入转化为产出过程中所需的方法或技能。

技术转移(Technology Transfer)是指拥有技术的一方通过某种方式把一项技术让渡给另一方的活动。技术转移的行为,从技术供应方的角度来看,是技术的输出;从技术接受方的角度来看,是技术的引进。

技术转移可以发生在一国范围内,也可以发生在不同国家之间。一般来说,跨越国界的技术转移被称为国际技术转移(International Technology Transfer)。其中,跨越国界包含两个层面的含义:一是转移的技术必须是跨越国界而传递的,二是技术转移的供应方和接受方不在同一国家内。将这种跨越国界的技术转移行为视为国际技术转移,无论在发达国家还是在发展中国家,观点上都是一致的。

从事国际经营活动的跨国企业为了取得竞争优势,时常要设法从国际上引进先进技术;同时,为了谋取最大利益也可能考虑将本企业所拥有的技术让渡出去。因此,国际技术转移是企业国际经营活动的重要内容,是企业家必须重点关注的事项之一。

需要指出的是,技术的国际流动不是完全自由的,各国政府均设有政策限制。首先,技术转移要受母国政策的影响。任何国家为了保证自己的某些技术在世界上的领先地位,总是对先进技术的输出作出种种限制性规定。其次,技术转移也要受东道国政策的影响。任何国家都会根据自己的国情,制定对技术的引进或限制政策。

二、技术转移的类型

国际技术转移可以从不同的角度分为以下几种类型:

1. 贸易方式转移与非贸易方式转移

贸易方式转移是通过市场渠道的技术转移,即把技术作为商品,按一定的交易方式与条件有偿转移给国外的交易对象。非贸易方式转移一般是通过技术交流、技术援助、技术情报交换等多种形式无偿进行的技术转移。随着技术商品化趋势的加速,通过市场渠道进行的有偿的技术转移在国际技术转移中越来越起到主要作用,占绝对比重。

2. 垂直转移与水平转移

技术可以沿着两个方向转移:一是垂直方向,二是水平方向。垂直方向的转移是指从基础研究部门向应用研究部门,进而向工业生产经营部门的技术转移;水平方向的转移主要是指工业企业之间的技术转移。由于企业的技术开发活动更接近市场,提供的技术也更实用,因此,多数企业更喜欢从其他企业那里获得技术,这就使得国际间的水平技术转移比垂直技术转移要活跃得多。

3. 内部转移与外部转移

当技术是在国际企业本系统内部的母公司与子公司、子公司与子公司之间进行时,称为内部技术转移;相反,发生在国际企业系统之外的企业之间的技术转移则称为外部技术转移。一般来说,内部技术转移比外部技术转移的价格更低,转移速度也更快。

国际企业在内部转移技术的方式有两种:一种为纵向转移,即指国际企业内部母公司与子公司之间,以及母公司统率其子公司按其全球战略运营时发生的技术转移。这种技术转移一般通过技术培训方式进行。另一种为横向转移,即通过各地子公司将本企业的某种技术转让给当地的民族企业。比如,通过子公司直接投资建立新的企业;通过子公司输出技术;以及参与技术合作,在合作中进行技术转移等。从美国的国际企业来看,最受欢迎的技术转移方式是派出子公司进行直接投资,美国技术输出总额中的82%是由国际企业下属的子公司实现的。

外部技术转移有多种方式,具体方式的选择需要符合技术转让双方的利益,特别是国际企业的利益。

三、技术转移的实施方式

拥有技术的企业一般通过技术专利、专有技术、商标、版权和商业秘密五种方式保持其对某项技术的产权。技术转移就是对上述五种产权的转让。国际技术转移由于所转移的具体项目的性质、水平、渠道不同而采取不同的实施方式。转移的具体实施方式有很多,但可分为两大类:一类是单纯的技术转让,这就是通常所说的技术许可证;另一类是通过贸易或投资方式附带进行的技术转让。

(一)技术许可证

与普通商品的交易不同,技术转让是使用权的转让。因此,在利用许可证进行技术转移时,必须在许可证合同中对技术使用权的权限、地域范围、有效期限以及处理纠纷的程序和办法等进行确认。

1. 使用权限

在技术许可证合同中,使用权限的限定是最重要的条款。技术使用权限的大小可分为:

(1)独家使用权,是指在许可证合同中规定的许可方允许受权人在合同有效期限内,在规定的地域范围内,对所许可的技术享有独占使用权。许可方不得在所规定的期限内在该地区使用该项技术制造和销售产品,更不得把该项技术转让给第三方。独占许可证合同所规定的地域范围,实质上是转让双方就该项技术所制造的产品的销售市场进行国际划分。很显然,这种转让卖方索价会比较高。

(2)排他使用权,是指许可方允许受权人在规定地域范围内、在一定条件下享有使用某项技术、制造和销售产品的权利。同时,许可方自己保留在上述地域对该技术的使用权,但许诺不会再将这一技术转让给第三方。

(3)普通使用权,是指许可方在合同规定的时间和地域内可以向多家买主转让技术,同时许可方自己也保留对该项技术的使用权和产品的销售权。

(4)转售权,受权人有权在规定的地域范围内,将其所获得的技术使用权转售给第三方。

(5)交叉使用权,交易双方以各自拥有的技术(专利或专有技术)进行互惠交换。因此,这种交易一般互不收费,亦即以技术换技术。双方的权利可以是独占的,也可以是非独占的。

(6)回馈转让权,是指许可方要求受权人在使用过程中把转让技术的改进和发展情况反馈给许可方的权利。

2. 地域范围

技术许可证中大都规定了明确的地域范围,在这个范围内受权人被许可使用该项技术。在这个范围之外,受权人不得使用该项技术。

3. 有效期限

技术许可证合同一般都规定了有效使用期限,时间的长短因技术而异。技术服务合同可以是1年、2年,专利技术或版权的许可期限则要与该专利或版权的法律保护期相适应，一项商标的使用合同则可能超过20年。

4. 纠纷仲裁

技术许可证合同是法律文件，是依照技术交易双方所在国的法律来制定的，因此受法律保护。如果一方毁约，另一方可依法律程序寻求保护，追回受损权益。某些许可证合同还规定了处理纠纷的仲裁机构、处理程序和办法等。

（二）依附贸易或投资的技术转让

除上述单独的技术许可证，技术转移也可以同其他贸易或投资安排一起进行。

(1) 在承包工程和交钥匙工程后转让操作技术。交钥匙工程是一种特殊的承包，它由承包方提供包括技术、设备、厂房在内的全部的设计、安装、调试，甚至包括产品打入市场的一揽子转让。这种方式一般由大型跨国公司承担，它们一般对这种形式比较热心，因为这种一揽子的转让不仅可以获得比纯技术转让更多的收益，而且能够保证生产技术自然、完整地掌握在自己手中。而这种方式对技术引进方来说虽然能够很快投产并形成生产能力，但花费巨大，且只是获得操作技术，由于缺乏对成套技术的了解，引进后仍有可能受到技术供应方的控制。

(2) 通过合资、合作和联合开发的方式转让技术。这种方式使双方结成一个利益共同体。对于技术受让方来说，在引进技术的先进性和适用性方面比较有保证，便于很快地消化吸收，产生经济效益，而且可以节约引进费用；对于技术转让方来说，由于可以在其他方面利用对方的优势，也将有较大收益，特别是联合开发，对方的技术也是可以广泛利用的。

(3) 在购买商品的同时转让其中的全部或一部分技术。例如，在购买飞机时转让飞机操作和维修技术。

(4) 在加工贸易中转让有关加工技术。

四、技术转移的定价和支付

技术转移的定价和支付方式的确定是技术转移的核心问题，同时又是技术贸易、技术转让谈判的焦点，因为它们关系到技术出让方和接受方经济利润的分配。

（一）技术转移的定价

技术是一种特殊的商品，技术转移的定价原则与一般商品的定价原则不同，技术转移一方面受价格成本、需求和利润的影响，另一方面还受到技术自身特殊性的影响。

1. 技术转移中的成本与费用

国际企业常常把技术转移作为获取利润的一个基本途径，从而谋求技术转移的价格高于转移中的技术的成本。必须考虑的技术转移中的成本与费用有以下五个方面：

(1) 研究与开发成本。研究与开发是技术的生产过程。国际企业在技术的研发中，需投入人力、物力和财力进行科学实验、调查研究、理论论证、设计与优选、试制与鉴定等必要工作，于是形成了一项技术的研究与开发成本。

(2) 技术转让税。国际企业技术转移通常是要纳税的。一般地，东道国政府对国际企业取得的技术转移费用要征收一定的所得税，而国际企业母公司在收到这笔收入时也可能需要向母国政府缴纳所得税。在这种情况下,国际企业通常会把这部分税负转嫁给技术接受方。

(3) 交易费用。技术转移过程本身也是要付出代价的,一般包括联络沟通、项目设计和准备技术资料等方面的费用。一部分交易费用是由技术提供方支付的,随着技术提供方责任的增加,这部分交易费用也会增加。

(4) 产权保护费。技术转移中最大的风险就是产权失去保护,如专利技术被盗用,商标被假冒,专有技术被泄密,这些都会削弱国际企业的技术优势。国际企业要设法进行产权保护,如在多个国家申请专利和注册商标,并且广泛收集信息,检查是否存在侵权现象,在技术转移过程中强调保密条款等,为此需付出一定的产权保护费。

(5) 市场机会成本。技术转移大多在同行业内进行。国际企业向东道国企业转让技术,实际上是要让出部分市场给对方,并把对方培养成强劲的竞争对手。因此,国际企业要计算出让市场的机会成本。

2. 技术作价原则

技术转移价格实质上是技术引进方从因应用技术而获得的新增利润中分配给技术供应方的份额。由于信息的不完全性,准确评估技术的价值很困难,因此,国际上认为应采用利润分成原则(Licensor's Share on Licensee's Profit, LSLP)来制定技术转移价格,即技术转移价格应当来自对因应用技术而新增的利润的分成,其核心是确定利润分成率,计算公式为:

利润分成率(LSLP%) = (许可方得到的费用 / 接受方得到的增值利润) × 100%

技术转移价格 = 接受方的利润总额 × 利润分成率

出根据联合国工业发展组织对印度等发展中国家引进技术价格的分析结论,利润分成率为16%~27%比较合适。但不同国家、不同行业以及不同适用性和先进性的技术,采用的利润分成率不尽相同。

(二) 技术转移支付

按照国际惯例,对专利和专有技术的使用费,目前主要采用一次总付、提成支付、入门费加提成三种支付方式。

1. 一次总付

一次总付(Lump-sum)是指在许可协议中规定技术转让的一切费用,在签订合同时一次算清,然后一次支付或分期支付。该办法对技术供求双方各有利弊,但对于接受方弊多利少。一般来讲,当接受方有能力吸收、利用全部技术,不需要供应方提供技术协助和服务,且有资金实力时,采用该方式比较好。

2. 提成支付

提成支付(Royalty)是按引进方应用技术后在某一时期内获得收益的比例来计算和支付这一时期的技术使用费。其特点可归纳为八个字:事后计算,按期偿付。提成支付的最大好处是技术引进风险小,在整个协议期间,技术转移双方的利益或风险都捆在一起,因而可约束技术供应方尽心尽责地传授技术,帮助引进方迅速进入正常生产阶段。

提成支付的金额计算主要涉及提成基价和提成率两个因素:①提成基价指的是以什么为基础计算提成费,国际上普遍采取按销售价格提成的做法,也有按产品数量或利润提成的;②提成率即按提成基价的多大比率来计算提成费,国际上使用的提成率有固定提成率和滑动提成率两种。

3. 入门费加提成

入门费(Initial Payment)是指许可方为约束接受方严格履行合同收取的订金,也是对许可方提供资料、披露技术机密、传授技术的报酬。入门费加提成支付方式是指引进方在所签订的技术转移合同正式生效后,或确认供应方已开始执行合同后,先向供应方支付一笔入门费,待项目投产后再按商定的办法逐年支付提成费。入门费加提成实际上是一次总付和提成支付这两种方式的折中。入门费一般占技术转移价格的15%左右。在这种方式下,提成率相对较低,但可约束技术供应方共担风险,并设法提高项目的实际经济效果,保证技术引进方的效益。

五、技术转移的战略选择

技术转移战略规定企业技术转移的方向,安排技术转移的领域、任务、目标和内容。国际技术转移不仅对国际企业是一个重要的收入来源,而且会对国际贸易和投资格局的变化产生影响。因此,无论对于技术许可方还是技术接受方来说都要做好技术转移的战略选择。

1. 延长技术生命周期战略

在技术发展日新月异的今天,产品更新换代越来越快,技术的生命周期不断缩短。如何延长技术的生命周期从而为企业带来效益也是国际企业需要考虑的。国际企业可将在本国已处于成熟期的技术转移到还需要这种技术的国家或地区。这种策略对双方都有利。对于技术让渡国来说,这种战略延长了其所拥有的某项技术的生命,实际上等于延长了依靠这种技术获取利润的时间;同时,还可以为更新的技术腾出时间和空间,从而获得更大的利益。因此,这种技术转移不但不会影响母国在国际上的竞争地位,反而因促进更新技术的发展而增强了实力。对技术输入国来说,由于费时较短,没有研制风险,又能填补国内空白、缩短技术差距,因而有利于其经济和技术的发展。

2. 扩大技术效用战略

这种战略是指国际企业在一项新技术问世之初,就立即以高价向外转移。采取这种战略的目的在于:①新技术可以索取高价,从而在更大范围内取得更多收益,及时回收研制成本;②可迅速占领技术市场,并可将利润转化为下一轮研制开发的资本,在技术领域保持领先一步的地位。但这种战略要冒被仿制的风险,且要得到母国政府的许可。这种战略只适用于梯度相同或相近的国家,这是因为在技术差距很大的国家之间,最先进的技术有时难以被东道国接受。不过,对于技术梯度相近的国家,这种战略有利于缩短技术差距、获取竞争优势。

3. 寻找出路战略

有些国际企业发现其拥有的技术在本国、本地区暂时无法转化为生产力。在技术更新换代日益迅速的年代,若不尽快转化为生产力,技术有可能在"闲置"过程中被淘汰。在这种情况下,不如尽快出手,收回研制成本,获得报酬,进入新一轮的研究开发。当然,这种技术转移的前提是对母国的经济、政治发展没有不利影响。

六、技术转移的策略选择

(一)技术转移方式的策略选择

国际企业进行国际技术转移的主要目的是尽快收回技术开发中的投资,并以技术换市场,赚取更多的超额利润。因此,在技术转移策略这一问题上,国际企业根据实际情况,通常采用以下三种策略:

1. 技术转移的优先方案是技术投资和建立子公司

对于已有的技术优势,国际企业既要设法最充分地加以利用,使之为企业带来更多的超额利润,也要尽力加以保护。因此,国际企业的技术转移,相当一部分是以对外直接投资的形式进行的。通过直接投资,国际企业可绕过对方的关税壁垒进入该国市场,也可实现技术转移内部化,即只向子公司转移其优势技术。

国际企业的内部技术转移大量采用纵向垂直方式,即母公司投入大量资金从事研究开发,发明新技术,除自己使用外,也转让给子公司。子公司只是技术接受方,仅将引进的技术消化、吸收,适用于当地市场环境。这样就形成了具有技术产生、传递、应用、反馈、调整等多重机制的一体化内部技术转移系统,并且资金运动、技术运用和管理运动三者高度一体化。

在不同类型的直接投资中,国际企业转移技术的方式是有区别的。对于拥有全部股权的子公司,实行无偿或低价提供系统性技术,以提高其利润率;对于与东道国合营的企业,所提供的技术往往折算成股权投资,或索取较高的使用费。一般情况下,母公司拥有合资企业的股份越多,就越愿意转让其先进的、系统的技术。

2. 技术转移的区位选择

国际企业对发达国家主要采取互换许可策略转移先进技术。随着当今世界范围内高技术的迅速发展和高技术产业的兴起,工业发达国家为保持自己在高技术方面的优势,对一些尖端技术和高新技术采取保护性措施。国际企业为从某个发达国家获得先进技术,就采取交叉许可策略,以先进技术换先进技术,由此可使发达国家继续保持技术领先地位。

对于发展中国家,国际企业则着重转让其成熟的技术或过剩技术。这种策略所利用的是各国经济、技术发展不平衡等条件。一种技术在发达国家进入成熟期时,它在发展中国家可能还处于开发期。这一技术生命周期差异现象及由此形成的技术梯度,可使国际企业获得双周期、多周期的技术生命,为国际企业延长其技术寿命、继续从中谋利创造了机会。

3. 技术资本密集产业中的技术转移主要采取成套设备转移方式

成套设备的交易不仅包括巨额产品的出口,而且包括数额颇丰的技术转让费。目前,国际企业40%以上的销售额集中在化学工业、机器制造、电子工业和运输设备四大资本技术密集部门。业务集中度这样高的原因之一是这些部门中成套设备的交易量大。在许多新兴的工业部门,资本、技术密集化程度都很高,大多采用"整个工厂"或"整个实验室"的技术转移方式,除了成套设备,还包括人员培训、试生产等许多项目,即所谓的"交钥匙工程"。

(二)技术转移时间的策略选择

一项技术的产生和发展,有其自身的规律性。雷蒙德·弗农的产品生命周期理论把产品分为形成、发展、成熟和衰退四个时期,按照该理论,结合企业在竞争过程中所处的支配、优势、有利、维持、微弱五种地位,国际企业技术转移可采取不同的时间策略。

1. 选择中的市场竞争地位因素

国际企业的竞争地位分为五类:①支配地位,即企业在经营中能左右其他竞争者的活动,在同行业中处于支配地位;②优势地位,即企业不受竞争对手行为的影响,可以长期保持稳定地位;③有利地位,即有较多机会改进本企业所处的地位,在个别环节上还具有一些优势;④维持地位,即有足够令人满意的经营业绩,有一定的机会改进自己所处的地位;⑤微弱地位,即目前的经营业绩不够理想,但还存在改进机会。

处于不同竞争地位的国际企业在产品生命周期的不同阶段,所采取的市场战略姿态、投资策略以及技术转移策略是不相同的。

(1) 当技术处于创新阶段时,无论是处于支配地位还是处于微弱地位的企业,一般都不转移技术。

(2) 当技术处于发展阶段时,处于支配地位和优势地位的企业原则上不转移技术,而处于有利地位的企业则考虑适当转移技术,处于维持地位和微弱地位的企业则考虑转移技术。

(3) 当技术处于成熟阶段时,处于支配地位的企业考虑有选择地转移技术,但转移条件苛刻;处于优势地位的企业比较愿意转移技术,但对地区、市场和对象有一定的考虑;处于有利地位的企业愿意转移技术,挑剔的地方较少;处于维持地位和微弱地位的企业则主动寻找转移机会。

(4) 当技术处于衰老阶段时,处于支配地位、优势地位的企业分别采取有选择地转移和愿意转移的态度,处于有利地位的企业则主动寻找机会转移技术,处于维持地位和微弱地位的企业则急于寻找机会转移技术。

2. 选择中的非市场竞争地位因素

尽管多数企业按照上述时间选择策略转移技术,但也有少数企业的技术转移不尽相同。出现这种情况的因素有:

(1) 少数技术开发能力较强的大企业,由于其技术研发面广,成果多,且无法都在本企业形成新产品,也转移创新和发展阶段的技术;

(2) 一些靠专利和专有技术获得收益的中小企业,由于资本实力薄弱,生产能力受限,市场开发不足,也会在产品技术早期转让技术;

(3) 少数人组织起来的风险企业,尽管拥有先进的技术专利,但无力进行投资和市场开发,往往倾向于通过签订许可证合同来获得较多的利益。

本章小结

生产系统是指为提供产品或服务而结合在一起的一系列转化过程。国际企业的生产是跨国生产,因此,管理上具有其特殊性。国际企业的生产管理必须从其战略出发,对产品生产的诸多方面,如指导思想的确定、厂址的选择、工厂技术和规模等的设计进行决策,以实现全球范围内的产品生产营销的综合成本最小化及利润最大化。

国际企业的生产体系是由其在海内外各地的工厂和相应的辅助系统所构成的。国际企业在世界范围内作出厂址选择、工厂设计等决策之前,必须先确定其指导思想,即对生产系统是实行标准化还是差异化。生产标准化是指在产品制造的各个环节推行统一的标准,包括产品设计,生产工艺,生产流程和产品质量检验方法的标准化,产品的包装、维护、储运规范化等内容。国际企业生产系统的差异化是指当种种障碍使得标准化难以实施之时,企业在不同地区采用不同的生产系统以达到跨国生产经营的目的。

影响国际企业厂址选择的因素主要包括:气候条件,基础设施、劳动力、资本和土地等生产要素的成本,原材料、零部件的可供量,运销成本,当地政府的补贴或其他优惠政策。决定国外工厂技术选择的因素主要包括:国际生产体系标准化的要求、劳动力成本与人员素质、对产品的质量要求、生产规模、政府就业目标、技术发展。决定国外工厂规模的因素主要包括:市场潜力、市场结构、行业特征、投资力度、生产活动的一体化程度。

国际企业生产系统投入运营时,包含生产性活动和辅助性活动两类。国际企业在生产性活动过程中出现的主要问题有:产量、产品质量、制造成本。国际企业应根据产生问题的不同原因采取相应对策,以确保生产活动的顺利进行。

国际企业生产系统的辅助性活动主要包括采购、维修保养、技术职能。筹供是指通过采购、转包生产和国外子公司生产等方式,取得物资供应的活动。国际筹供按控制形式可分为内部筹供和外部筹供,按物流方向可分为中心筹供和分散筹供。

从国际企业尤其是西方跨国公司发展的经历来看,国际企业内部的生产协调体系有两种:二分式的生产协调体系和一元化的集中协调体系。

由于国际企业的生产是在多国空间进行的,因此相互之间的沟通往往存在许多困难,而国际企业克服内部沟通障碍的策略主要有:弥补性策略、组织调整性策略、计算机化策略、网络化策略。

国际企业的产品质量控制除了必须遵循一般企业质量管理的原则,还必须注意以下特点:保名牌、质量控制需软硬件齐备、吸收各地先进管理技术、质量控制费用的补偿。供应商的产品质量管理对于国际企业的质量管理是必不可少的,供应商的产品质量管理工作主要包括对供应商资信能力的调查和对供应商的产品进行管理与监督等内容。

越是需要互换产品和零部件的国际企业,库存控制的过程就越困难。距离、时间、国际政治和经济环境的不确定等因素,使得企业难以决定准确的再订货点,不过国际企业可利用JIT生产系统来减少库存量,降低库存成本。

生产整合程度是指某种产品由一个企业制造的百分比,即一个企业产品自制而非依赖供应商供应原料的程度,也称生产一体化程度。在分工高度细化的今天,立足国际企业体系的生产整合比追求单个企业的生产整合更为重要。

国际企业在决定自制还是外购时,应考虑以下因素:采购与自制的成本比较、供应商的可靠性、技术因素、管理者的偏好、政治因素、国际企业整体运转的需要。

国际企业的采购方式主要有集中采购、自主采购和混合式采购三种。其中,混合方式的采用往往受下列因素的影响:技术、市场竞争、零部件的互换性、东道国政府的要求和压力。

与当地采购相比,到国际市场采购需要更长的备运时间,因而必须采取一定的采购技巧。

国际分包是从国外取得外部投入来源的重要途径,大致有工业分包和商业分包两大类。国际分包可节约成本,除此之外,国际分包还可获得以下优势,即灵活性、政府优惠条件、降低或防范风险。国际企业的分包决策与管理的重点有三个方面:是否进行国际分包、在何处进行分包、合理选择分承包人。

技术转移是指拥有技术的一方通过某种方式把一项技术让渡给另一方的活动。跨越国界的技术转移就被称为国际技术转移。国际技术转移的具体实施方式有很多,但可分为两大类:一类是单纯的技术转让,也就是通常所说的技术许可证;另一类是通过贸易或投资方式附带进行的技术转让。

技术转移价格和支付方式的确定是技术转移的核心问题。国际企业必须考虑的技术转移中的成本与费用包括研究与开发成本、技术转让税、交易费用、产权保护费与市场机会成本五个方面,并采用利润分成原则来制定技术转移价格。按照国际惯例,对专利和专有技术的使用费,主要采用一次总付、提成支付、入门费加提成等三种支付方式。

技术转移战略规定企业技术转移的方向,安排技术转移的领域、任务、目标和内容。国际技术转移战略主要包括延长技术生命周期战略、扩大技术效用战略和寻找出路战略三种类型。

在技术转移方式的策略问题上,国际企业通常采用以下三种策略:第一,技术转移的优先方案是技术投资和建立子公司;第二,技术转移的区位选择;第三,技术资本密集产业中的技术转移主要采取成套设备转移方式。处于不同竞争地位的国际企业在产品生命周期的不同阶段所采取的技术转移策略是不相同的。

复习思考题

1. 试述标准化的优越性及实施标准化的障碍。
2. 决定国际企业厂址选择的因素有哪些?
3. 简述决定国外工厂技术选择的因素。
4. 国际企业生产系统在营运过程中会遇到哪些问题?
5. 国际企业技术创新机制的具体形式有哪几种?
6. 简述国际企业质量控制的特点。
7. 简述影响国际企业采购与自制决策的因素。
8. 国际企业的采购方式有哪几种?混合方式的采用要受到哪些因素的影响?
9. 简述影响国际企业进口与当地采购决策的因素。
10. 国际分包对国际企业有什么好处?
11. 什么是技术转移与国际技术转移?国际技术转移的实施方式有哪些?
12. 简述国际技术转移中的成本及费用构成。
13. 应如何选择国际技术转移战略?

14. 简述国际技术转移的策略选择。

案例分析

德国伍德公司的组织与管理

德国伍德(Uhde)公司,是世界大型的化工工程公司,创建于1921年,总部位于德国多特蒙德。隶属于德国蒂森克虏伯(ThyssenKrupp)集团的伍德公司拥有超过4 100名工程设计专家(遍布于全世界),承包涵盖全部化工领域的工程项目建设。伍德是一个高科技的化工工程公司,它的合成气、甲醇、化肥、制氢、聚合物、有机化学品、电解、油和气、制药、氯碱、硝酸、黄磷、乙醛、焦炭、高压容器等技术,在世界上处于领先地位,它承建的化工装置和工程遍布于世界50多个国家和地区,年营业额超过10亿欧元。伍德公司的业务特点主要有三项。

一、业务范围广泛,服务机动灵活

伍德公司是一个完全企业化的工程设计公司,是一个在激烈竞争中求生存的企业。因此,它的业务活动要在最大可能的活动场所寻找机会。其工程设计业务活动的范围广泛,反映在以下几个方面:

(1) 能够承担设计的工艺品种多,从无机化工产品到有机化工产品,从原料生产到产品加工,而且跨越到炼油、食品、纺织、轻工和核能等其他行业。

(2) 公司规模大,部门多。

(3) 公司业务面向世界。伍德公司只有20%的业务是为在德国国内的厂家服务的,大部分业务在国外。

(4) 工作范围广。为顾客提供多方面的服务,包括市场调查、可行性研究、调查专利、厂址选择、资金筹集、人力计划、基础设计、详细设计、采购设备、施工指导、培训等,均可向顾客提供分项或联合服务。它的各种服务,按项目计,有70%做到设计,25%做到安装,5%是从头到尾的全包合同。按工作量和金额计,后两类服务占70%以上。

国外工程设计单位在竞争中所面临的情况和问题是:工程设计单位企业化后,如果服务到位,业务就会越来越多,而且可以跨行业发展;如果战略规划不合理,业务就会收缩,工程技术人员也会外流,甚至企业会被淘汰。伍德公司能够在激烈的竞争中得以发展,是与其业务范围广泛、服务机动灵活分不开的。

二、企业战略三要点:时间、技术、管理

伍德公司经理雅什克博士说:"经营工程设计公司有三个原则:控制时间、抓先进工艺技术、选择领导人才。"伍德公司对工程的战略计划管理和各项工作的时间控制给予了高度的重视。公司的目标脱离不开追求利润,由于工程工作的特点,伍德公司每天都要组织几百个制造、装运和施工安装单位的工作,每天的现金流通量平均可达300万马克,如果这些工作发生脱节或时间耽搁,都会造成经济损失,使公司原来可望获得的利润付诸东流。因此,伍德公司把时间控制放在经营管理工作的首位,计划工程师是经理的主要助手。

伍德公司为了节约时间,提高各部门反应的灵敏性和准确性,从战略高度重视时间控制工作,其主要措施有两个:一是建立大型计算机中心,不惜巨资装备计算机和配备人力为管理服务;二是设置计划和时间控制专职机构,直属经理领导。伍德公司的组织结构也是符合战略规划要求的:以6个工艺技术部为纵向骨干,其他各专业和商务等部门为横向辅助。而且,有时为了获得先进的工艺技术,即使是竞争中的老对手,伍德公司也可能与之进行暂时的合作。

工程公司业务活动的多样性和复杂性,使得其只有在符合现代组织结构原则的组织管理下,才能顺利实现其战略目标。伍德公司十分重视对于各部门领导的选择,其部门领导都是熟悉业务的工程技术人员。16个部门主任除1人外都具有学士或以上学位,其中有6人获得博士学位。每个部门只设1个主任,没有副主任和其他同级人员,在业务活动中充分相信和发挥这些领导者的作用。伍德公司的管理人员不仅有资历、懂专业技术,同时也具备管理方面的相应资质。技术人员被提拔到领导岗位之前,先要接受管理技术方面的培训,取得相应资质以后,才能晋升到领导岗位。伍德公司从战略高度抓住了时间控制、先进工艺技术和人才管理这三项工作要点,使员工的基本素质和劳动生产率都达到较高的水平,形成了很强的竞争力。

三、负责全面工程,内部配合紧密

伍德公司是以设计工作为中心,工程技术全面负责的承包商。它承担工程建设各个环节的组织工作,可为顾客提供完善的"全包服务"。其顾客除化工厂外,还有许多只有资金而毫无化工生产知识的外行,向他们提供平地起家的"交钥匙"工厂。就是说,顾客只要筹好建厂资金和装备好生产人员,不必为基本建设操心,在预定的竣工时间内就能得到一个立即能生产合格化工产品的工厂。这种服务特别受第三世界国家的欢迎。现在,伍德公司有60%以上的业务是在发展中国家和地区,一个"全能机构"的建立是必要的前提,即把工程建设的各个环节,包括规划、设计、采购、施工组织、计划、财务和销售等业务有机地组织在一个企业内。伍德公司为适应这个战略要求建立了合理的组织机构,主要部门及其业务有:销售部负责对外联系、宣传广告等销售活动;商务部承担会计、税务、财务、商务报价、法律、保险和专利等事务;工艺技术分为6个业务部,分别从事化工等各行业的技术业务。在技术部内,项目实行项目负责人制;每个部又设4个组,即报价组、工艺组、工艺安装组、项目负责人组。中心技术部包括各个公共专业,有电气、仪表、土建、设备,还有采购、检验、装运、现场工作等。

这种全能机构把设计和采购紧密地结合在一起,因此各项工程实行独立经济核算。在伍德公司内,设计和采购不仅是工作上的顺序关系,而且也是反复联系的配合关系。设计部完成设计后,向采购部提交设备清单和技术规格表。采购部把每台或每类设备,分别向至少4家制造厂商发出询价书。询价书中除设备的技术要求以外,还有商务条件,如交货日期、借款条件等。采购部在收到各制造厂的报价后,根据既要满足技术要求又要满足商务要求的标准,选出3家制造厂报价,送到技术部作技术评价。技术部推荐1家制造厂,再返回采购部。采购部的商务人员根据价格、交货日期等商务条件作出比价报告。技术部和采购部对制造厂家的意见一致就进行订货。如因价格或交货日期不能满足要求而意见不一致时,即由项目经理裁决。若最后采纳的是技术部的意见,则技术部要写一份备忘录存档,分析订货厂家的产品可能给工程带来哪些问题,以便将来发生事故时分清责任。制造厂接受订货后,车间制造部仍要返回伍德公司技术部进行审核批准。在后面的制造和检验过程中,技术部也要和采购部相互配合。由于设计和采购在一个公司内,因此,各项工程容易进行独立经济核算,同时项目的花费也能得到控制。

这种全能的工程组织结构具有很多优点。首先,是对工程全面负责,责任明确,工作效率高;其次,是建设项目的技术问题从头到尾归口管理,整个工程统一组织,避免了建设中各个环节脱节;最后,是人、财、物计划统一管理,能有效地控制工程进度、质量和费用,保证工程在规定的投资内如期竣工。一个现代化的化工生产装置,其先进性不仅仅体现在工艺流程上,更是机械、材料、控制仪表、能量综合利用、三废处理等多方面技术的综合反映。早期附属化工厂的小型专业设计队伍,很难满足建设这类大型先进装置的需要。伍德公司组织结构和经营管理的特点,能够适应现代化化工装置工程建设的要求,因此业务发展得很快。特别是目前发展中国家大力发展化学工业,不仅需要化工生产技术知识,同时也很需要这些知识的工程技术服务。这些都给伍德公司的业务发展提供了广阔的空间。

资料来源:https://www.docin.com/p-1730972085.html,访问时间:2019-03-28。

讨论问题

1. 面对公司业务范围广、工程复杂全面的情况,伍德公司设计了具有什么特点的组织结构?

2. 在实践当中,针对复杂而又多样的业务活动,怎样做到各个部门配合密切又机动灵活,使组织结构完善、工作效率高?

主要参考文献

1. 〔美〕David H. Holt、Karen W. Wigginton,《跨国管理(第2版)》,王晓龙、史锐译,北京:清华大学出版社2005年版。
2. 〔美〕John B. Cullen、K. Praveen Parboteeah,《国际企业管理:战略要径(第三版)》,孔雁译,北京:清华大学出版社2007年版。
3. 〔美〕阿尔温德·V. 帕达克等,《国际管理》,北京:机械工业出版社2006年版。
4. 〔美〕艾里丝·瓦尔纳、琳达·比默,《跨文化沟通(原书第3版)》,高增安等译,北京:机械工业出版社2006年版。
5. 〔加〕包铭心等,《国际管理:教程与案例(第3版)》,北京:机械工业出版社1999年版。
6. 〔加〕包铭心等,《国际管理(第5版)》,李刚、吴宏译,北京:中国人民大学出版社2006年版。
7. 曹洪军,《国际企业管理》,北京:科学出版社2006年版。
8. 曹群,《经济全球化与发展中国家可持续发展问题》,《学术交流》,2005(6)。
9. 常志有,《国家竞争优势理论述评》,《思想战线》,1999(6)。
10. 陈同仇、薛荣久,《国际贸易(修订本)》,北京:对外经济贸易出版社1991年版。
11. 陈向东、魏拴成,《当代跨国公司管理》,北京:机械工业出版社2007年版。
12. 崔日明、徐春祥,《跨国公司经营与管理》,北京:机械工业出版社2005年版。
13. 丁宁、穆志强、闫红、惠碧仙,《企业战略管理》,北京:清华大学出版社、北京交通大学出版社2005年版。
14. 范晓屏,《国际经营与管理》,北京:科学出版社2002年版。
15. 方虹,《国际企业管理》,北京:首都经济贸易大学出版社2006年版。
16. 甘碧群,《国际市场营销学(第二版)》,北京:高等教育出版社2006年版。
17. 蒋瑛,《跨国公司管理》,成都:四川大学出版社2006年版。
18. 金润圭,《国际企业管理》,北京:中国人民大学出版社2005年版。
19. 黎孝先、刘舒年,《国际贸易与国际金融》,北京:中国人民大学出版社1997年版。
20. 李秀平、韦海燕,《跨国公司经营与管理》,重庆:重庆大学出版社2006年版。
21. 〔美〕理查德·M. 霍杰茨、弗雷德·卢森斯,《国际管理——文化、战略与行为(第5版)》,赵曙明、程德俊主译,北京:中国人民大学出版社2006年版。
22. 梁能,《国际商务》,上海:上海人民出版社1999年版。
23. 廖小蓓,《经济环境与企业国际茶叶市场营销》,《茶业通报》,1996(4)。
24. 廖小蓓,《文化环境与企业国际茶叶市场营销》,《茶业通报》,1997(3)。
25. 林新奇,《国际人力资源管理》,上海:复旦大学出版社2004年版。
26. 刘松柏,《国际管理》,北京:中国经济出版社2003年版。
27. 罗云平,《发展中国家与经济全球化》,《甘肃科技》,2005(6)。
28. 马春光,《国际企业管理》,北京:对外经济贸易大学出版社2005年版。
29. 〔美〕迈克尔·波特,《国家竞争优势》,李明轩、邱如美译,北京:华夏出版社2002年版。
30. 秦辉,《跨国经营与跨国公司》,杭州:浙江人民出版社2005年版。

31. 邵晨、吴集声、温南雁、陈克勤,《国际企业管理导论》,厦门:厦门大学出版社 1999 年版。
32. 宋亚非、王玉霞、刘英群,《国际企业管理学》,大连:东北财经大学出版社 1999 年版。
33. 谭力文、吴先明、陈立敏、秦仪,《国际企业管理》,武汉:武汉大学出版社 2004 年版。
34. 〔美〕汤姆森等,《战略管理:概念与案例(第十版)》,段盛华等译,北京:北京大学出版社 2004 年版。
35. 王朝晖,《国际企业管理》,北京:机械工业出版社 2006 年版。
36. 王坚平,《国际企业管理学》,北京:科学出版社 2000 年版。
37. 王晰,《从国家竞争优势理论看我国汽车行业的竞争力》,《商业研究》,2005(1)。
38. 王晓红,《跨国公司定义应具有开放性》,《中国经贸导刊》,2003(15)。
39. 吴健安,《市场营销学(第三版)》,北京:高等教育出版社 2007 年版。
40. 伍贻康、张海冰,《经济全球化与经济一体化》,《求是》,2004(1)。
41. 闫国庆,《国际市场营销学(第二版)》,北京:清华大学出版社 2007 年版。
42. 姚晓,《经济全球化对发展中国家影响及对策》,《合作经济与科技》,2005(6)。
43. 于桂兰、魏海燕,《人力资源管理》,北京:清华大学出版社 2004 年版。
44. 原毅军,《跨国公司管理(第 4 版)》,大连:大连理工大学出版社 2006 年版。
45. 袁晓丽、雷银生,《国际市场营销学》,北京:清华大学出版社 2007 年版。
46. 曾忠禄,《国家竞争优势理论及其意义》,《当代财经》,1997(5)。
47. 张静中、曾峰、高杰,《国际市场营销学》,北京:清华大学出版社、北京交通大学出版社 2007 年版。
48. 张新胜等,《国际管理学——全球化时代的管理》,北京:中国人民大学出版社 2002 年版。
49. 孙忠群,《国际营销精要》,北京:中国经济出版社 2007 年版。
50. 赵曙明等,《跨国公司人力资源管理》,北京:中国人民大学出版社 2001 年版。
51. 朱勇国,《国际人力资源管理》,北京:中国人事出版社 2006 年版。
52. 邹昭唏,《跨国公司战略管理》,北京:首都经济贸易大学出版社 2004 年版。
53. 石建勋,《战略规划中国跨国公司》,北京:机械工业出版社 2004 年版。
54. 窦胜功等,《组织行为学教程(第 2 版)》,北京:清华大学出版社 2009 年版。
55. 何志毅,《北大案例经典》,北京:中信出版社 2008 年版。
56. 王勇,《中外企业管理经典案例》,北京:党建读物出版社 2006 年版。
57. 于立、孔文、陈福军,《MBA 管理案例》,大连:东北财经大学出版社 2002 年版。
58. 郑奕耀、邵国良、熊巍俊,《企业管理实务》,北京:高等教育出版社 2010 年版。

教辅申请说明

　　北京大学出版社本着"教材优先、学术为本"的出版宗旨,竭诚为广大高等院校师生服务。为更有针对性地提供服务,请您按照以下步骤在微信后台提交教辅申请,我们会在1～2个工作日内将配套教辅资料,发送到您的邮箱。

◎ 手机扫描下方二维码,或直接微信搜索公众号"北京大学经管书苑",进行关注;

◎ 点击菜单栏"在线申请"—"教辅申请",出现如右下界面:

◎ 将表格上的信息填写准确、完整后,点击提交;

◎ 信息核对无误后,教辅资源会及时发送给您;如果填写有问题,工作人员会同您联系。

温馨提示:如果您不使用微信,您可以通过下方的联系方式(任选其一),将您的姓名、院校、邮箱及教材使用信息反馈给我们,工作人员会同您进一步联系。

我们的联系方式:

通信地址:北京大学出版社经济与管理图书事业部
　　　　　北京市海淀区成府路205号,100871
联 系 人:周莹
电　　话:010-62767312 / 62757146
电子邮件:em@pup.cn
Q　　Q:5520 63295(推荐使用)
微　　信:北京大学经管书苑(pupembook)
网　　址:www.pup.cn